U0456705

本书为国家社会科学基金重点项目“我国农村社会养老保障问题调查研究”（10ASH007）成果

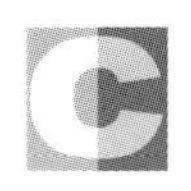

农村社会发展丛书 · 钟涨宝 主编

中国农村社会养老保障问题研究

Zhongguo Nongcun Shehui Yanglao Baozhang Wenti Yanjiu

钟涨宝 著

中国社会科学出版社

图书在版编目（CIP）数据

中国农村社会养老保障问题研究／钟涨宝著．—北京：中国社会科学出版社，2017.9

（农村社会发展丛书）

ISBN 978－7－5203－1100－7

Ⅰ.①中…　Ⅱ.①钟…　Ⅲ.①农村—养老—社会保障—研究—中国
Ⅳ.①F323.89

中国版本图书馆CIP数据核字(2017)第238473号

出 版 人　赵剑英
责任编辑　田　文
特约编辑　陈　琳
责任校对　张爱华
责任印制　王　超

出　　版　中国社会科学出版社
社　　址　北京鼓楼西大街甲158号
邮　　编　100720
网　　址　http://www.csspw.cn
发 行 部　010－84083685
门 市 部　010－84029450
经　　销　新华书店及其他书店

印　　刷　北京君升印刷有限公司
装　　订　廊坊市广阳区广增装订厂
版　　次　2017年9月第1版
印　　次　2017年9月第1次印刷

开　　本　710×1000　1/16
印　　张　29.5
插　　页　2
字　　数　446千字
定　　价　118.00元

《农村社会发展丛书》编委会

《农村社会发展丛书》总序

自周、秦以来，中国一直是个农业国家，是农业社会的社会结构。直到1978年，农民仍占82.1%，只能说还是农业国家的社会结构。真正发生大变局，转变为工业国家社会结构的是改革开放30年后。改革开放30余年，我国坚持以经济建设为中心，基本实现了经济现代化。2010年，中国的GDP达到39.8万亿元（约合6.2万亿美元），按不变价格计算，比1978年的3645亿元增长20.6倍，年均递增9.9%。三大产业结构由1978年的28.2∶47.9∶23.9转变为2010年的10.1∶46.9∶43.0。在经济建设取得巨大成就的同时，中国的社会建设却“落”下了不少功课。由此带来的是老百姓上学难、就医难、住房难、城乡差距加大、社会矛盾凸显。而这些问题，对于生活在中国当代社会的普通老百姓来说，体会得痛楚而深切。从世界各国发展经验看，在社会现代化进程中，从农业社会向工业社会转变，首先经历的是经济发展为主的阶段；在工业化中期向工业化后期转变中，关注的是经济社会协调发展；进入后工业社会时期，则是以社会发展为主的阶段。现在，从整体看，我国经济结构已达到工业社会中期阶段水平，但社会结构和社会发展水平尚处于工业化初期阶段。

经济结构与社会结构是一个国家（或地区）最基本、最重要的两个结构，两者互为前提、相互支撑。一般来说，经济结构变动在先，推动着社会结构的变化；而社会结构调整了，也会促进经济结构的优化和持续变化，所以经济结构和社会结构必须平衡、协调，相辅相成。国内、国外的经验和教训说明，经济结构不能孤军独进，社会结构的变化可以稍后于经济结构的变动，但这种滞后有一个合理的限度，超过了这个限度，如果长期滞后，就会阻碍经济结构的持续变化，从而阻碍经济社会的协调发展。改革开放以来，随着经济体制改革和经济快速发展，社会结构已经发生了深刻变动。但是，由于没有适时进行社会体制改革，社会建设的投入也不足，使社会结构相对滞后，出现了经济和社会两大基本结构不契合、不匹配的状况。

总体来看，当前我国的经济结构与社会结构存在着严重的结构差，这是中国经济社会发展中最大的不协调，也就是我们常说的存在“一条腿长、一条腿短”的畸形尴尬状况，这是产生当今中国诸多经济社会矛盾和问题，而且久解不决的结构性原因。而“三农”问题为什么长期解决不好？凡是一个经济或社会问题，不是一个单位、一个地区的问题，而是比较普遍存在的问题；做了工作，一年两年解决不了，而且多年解决不了。这一类问题就是经济社会的结构问题、体制问题。靠加强领导、靠加强工作是解决不了的。必须通过改革，通过创新体制，调整结构才能得到解决。“三农”问题之所以迟迟解决不了，就是因为存在这样一个普遍性的问题。“三农”问题就是一个需要从经济社会结构层面来认识，从改革体制的层面才能解决的问题。“三农”问题，说到底是个结构问题、体制问题。我们搞工业化，但没有按社会发展规律搞城市化，而用种种办法把农民封闭在农村里。

现在的城乡结构、经济社会结构，既不平衡，也不合理。这种城乡结构、经济社会结构是20世纪50年代以来，我国长期实行计划经济体制条件下的户口、土地、就业、社会保障等一系列制度而形成的，总称为城乡二元结构。这种城乡二元结构，同国外讲的不完全一样。刘易斯的二元结构，主要是讲城乡二元经济结构；中国的城乡二元结构，是在上述一系列体制下逐步形成的，既是经济结构，也是社会结构，应该称作城乡二元经济社会结构。它以户口制度为基础，把公民划分为非农业人口和农业人口。国家对城市居民（非农业户口）实行一种政策，对农民（农业户口）实行另一种政策。对这种格局，有学者称为“城乡分治，一国两策”。

1978年改革开放，农村率先改革，实行包产到户和家庭联产承包责任制。农村改革到今年35年了，“三农”工作取得了巨大的成就，而这些成就是在农村改革还没有完全到位，还是在城乡二元经济社会结构的背景下实现的。虽然成绩很大，但问题也很多，应该有个好的总结和反思。从建设中国特色社会主义现代化事业，从国家长治久安，从中国跻身世界先进国家行列的全局看，解决“三农”问题仍是最大的难点和重点，仍然是我们各项工作的重中之重。现在的这套结构是不行的。今后要着力破除城乡二元结构，形成城乡经济社会一体化格局。统筹城乡经济社会发展是解决好“三农”问题的根本途径。

“统筹城乡经济社会发展”，最早是在党的十六大政治报告中提出来的。作为建设现代化农业，发展农村经济，增加农民收入的重大原则，也就是解决好“三农”问题的根本方针。2002 年后每年中央全会所作的决定，都一再重申这个重大原则，2008 年的十七届三中全会再次重申：“必须统筹城乡经济社会发展，始终把着力构建新型工农、城乡关系作为加快推进现代化的重大战略。”10 年过去了，我国的城市和乡村都有了很大的发展，经济和社会也都有了很大的进步，这是要充分肯定的。但是城市发展得快，农村发展得慢；经济这条腿长、社会这条腿短的格局，还没有从根本上扭转。一个重要的例证，就是城乡差距还在继续扩大。这表明统筹城乡经济社会这个方针还没有得到全面有效的贯彻。所谓统筹，就是要兼顾、要协调、要平衡，使城乡经济社会协调发展。在这里，统筹的主体是党中央、国务院和各级地方党委和政府，按照统筹兼顾的原则，进行宏观调控，改变过去重（城市）一头、轻（农村）一头，乃至挖一头（农村）、补一头（城市）的做法。所以，要贯彻落实统筹城乡经济社会发展这个重大战略和方针，作为统筹主体的各级党委和政府，首先要有明确的认识。其次，要贯彻落实统筹城乡经济社会发展，必须对现行的城乡体制机制进行改革。要统筹城乡经济社会发展，就一定要统筹安排进行诸如户口制度、土地制度、财政金融体制、教育医疗体制、社会保障体制等方面的改革，这些方面的每一项改革，都涉及全局，单靠农业、农村方面的力量是改不动的，而必须由党和国家，各级党委、政府统筹安排来进行。所以，要实现城乡经济社会一体化的理想，应该把统筹城乡经济社会发展加进改革的内容，称为统筹城乡经济社会的改革和发展。最后，要实现统筹城乡经济社会发展的战略任务必须在组织上落实。

政治路线决定组织路线，组织路线是为政治路线服务的。新中国成立以来，特别是改革开放以来，社会主义建设实践证明，这个理论是正确的。所以，在新时期，建一个为党中央解决好“三农”问题的工作机构，从组织上落实统筹城乡经济社会的改革和发展这个重大战略任务，就很有必要。

统筹城乡经济社会发展，进行农村的经济社会建设离不开对农村深入细致的研究。从杨开道先生（1899—1981）到李守经先生(1932—2000)，再到钟涨宝教授，华中农业大学社会学系一直秉承优良传统，孜孜不倦，潜心农村社会发展研究，产生了一大批优秀研究成果。这套《农村社会发展丛书》便是钟涨宝教授及其团队近年来产生的优秀成果选编。丛书以农民、农业和农村为主线，从中国实际出发，系统研究了农村社会变迁、农村组织、农村教育和农村社会保障等值得关注的农村社会面临的重大问题。更为可贵的是，钟涨宝教授及其团队多年来扎根农村基层，了解民情民意，探索农村性质，剖析农村结构，寻找农村发展之道，不可谓不勤劳，不可谓不努力，付出总有回报，这套丛书的出版即为世人展示了该团队的执着精神及卓越水平。

丛书研究大部分来源于农村经验，但又不是单纯农村经验的展示和罗列，而是包含着研究者对农村长久和深入的思考，是一套不可多得的优秀作品，值得同行学者、新农村建设的实践者以及关注中国农村发展的朋友们品鉴。

陆学艺

2013 年 4 月 18 日

农村社会发展与社会转型研究的新探索

——序钟涨宝教授主编《农村社会发展丛书》

从1978年以来，中国的社会转型进入了一个新的阶段，具有了以往不曾具有的特点。其中一个最明显的特点，就是在经济体制改革的带动下，社会结构转型和经济体制转轨两者同时并进、相互交叉，形成相互推动的趋势。这里，社会结构主要是指一个社会中社会地位及其相互关系的制度化和模式化的体系。社会结构转型就是不同的地位体系从传统型向现代型的转型；经济体制转轨则指的是从高度集中的计划经济体制向市场经济体制转换。无论是社会结构转型还是经济体制转轨，都是广义的社会转型的内容。用世界的眼光看，这种转型的复杂性在其他发展中国家的现代化过程中是很少见的。更进一步说，两种转变的实质在于文明形态的变更。而这种深层次的文明转型发生在中国这个地区发展极不平衡的巨型国度里，经历了不同路径的探索和实践，也呈现出纷繁复杂的社会现象。

另一方面，在20世纪与21世纪的交替期间，旧式现代性已经进入明显的危机时期，全球社会生活景观因此呈现出重大转折的种种迹象。在世界，在中国，探索新型现代性便成为一种势在必行的潮流和趋向。所谓旧式现代性就是那种以征服自然、控制资源为中心，社会与自然不协调，个人与社会不和谐，自然和社会付出双重代价的现代性。而所谓新型现代性，就是指那种以人为本，人和自然双盛、人和社会双赢，两者关系协调和谐，并把自然代价和社会代价减少到最低限度的现代性。作为一个具有历史规律性的人类追求方向，提倡并促进新型现代性的全面实现应该是具体研究领域的一种学术自觉。因此，这种对新型现代性的追求需要更多有志之士在相应的具体层面进行系统研究。这其中，作为社会系统重要构成的农村是一个不可忽视的研究领域。在城市化基本实现的当下，在推进新农村建设的现实背景下，如何进一步推动农村转型升级，实现城乡一体化，最终建成中国特色的新型社会主义，是摆在学界面前的一个重大课题。

事实上，在中国社会学的发展史上，农村研究一直占据重要地位。早在中国社会学的传播和发展时期，社会学的前辈们就深入到农村广阔的天地之中，探索和思考中国农村社会发展和转型面临的问题。从某种意义上说，对农村的经验研究成为早期中国社会学的研究重心。

改革开放后，中国社会学在中断近 30 年后得以恢复，农村社会学的教学与研究也获得长足发展。其中，华中农业大学社会学系是国内较早恢复农村社会学教学与研究的系所之一。我国第一位农村社会学博士、老一辈著名社会学家杨开道先生（1899—1981）曾经是华中农学院（华中农业大学的前身）的筹委会主任，他所开创的中国农村社会学教学研究事业给该校留下了宝贵遗产和优良传统。1986 年，该校开设了国内第一个农村社会学专业。华中农业大学社会学专业自建立之日起，就十分重视农村社会学教学与研究中的学风建设，不但继承和发扬了杨开道先生的“理论研究与实地调查相结合，用科学方法研究中国农村”的学术理念，而且在首任系主任李守经教授的带领下，逐步形成了严谨治学、求真务实的教学和科研风气与传帮带、团结合作的工作氛围，以及“教学、科研、社会实践”三结合培养社会学应用人才的教学理念。现今，这种优良的教风学风由钟涨宝教授带领他的团队进一步发扬光大，他们所取得的成绩有目共睹，为学界公认。

这样一种注重“理论研究与实地调查相结合”，务实开拓创新的精神理念，一定程度上与我近年来提倡的中国社会学要有一种"顶天立地"的精神相契合，也是一种"理论自觉"的自我实践。所谓"顶天"，就是社会学研究要站在国际社会学研究的前沿，把握当前学术研究的前沿问题，也就是说，中国社会学必须要有国际视野。所谓"立地"，是指社会学研究一定要立足于本土研究，扎根本土社会，这就是本土视野。"顶天立地"就是要把追求前沿与深入基层结合起来，把世界眼光与草根精神结合起来。只有把两种视野结合起来，农村研究的水平和价值才能得到提升。而所谓"理论自觉"，是指对社会学理论或社会理论进行"建设性的反思"。显然，"理论研究与实地调查相结合，用科学方法研究中国农村"的学术理念，其实质正是"顶天立地"和"理论自觉"。正是在这样一种务实开拓创新的精神理念下，该校的农村社会学研究一直走在学科的前沿，取得了丰硕的成果。

此次由钟涨宝教授主编的《农村社会发展丛书》无疑是农村社会学领域的又一新探索，也是对中国农村社会学的又一大贡献。该丛书立足农村社会转型和体制转轨的时代背景，综合运用社会学理论和方法，以实现农村社会和谐发展和促进农村社会建设为目标，围绕"农村社会发展行为逻辑与制度安排的互动规律"这一主线，对我国农村社会政策、农村社会组织、农村社会保障等核心问题进行系统的交叉学科研究。具体而言，这套丛书综合运用了个案研究、统计调查、历史比较研究等多种社会学研究方法，对农村经济社会变迁进行了不同侧面的研究，着重关注了当前农村发展和转型过程中的热点问题，比如农村社会保障、农民合作经济组织、民间金融组织、农村教育等事关城乡一体化的社会问题。有关这些问题的系统研究，对探索农村社会发展规律，消减农村社会发展进程中不协调的音调，从而将农村社会发展的代价减缩至最低程度，实现农村社会的良性运行和协调发展，具有重要的理论和实践价值，是对如何实现新型现代性的一种积极回应。我们有理由相信，这套丛书的出版，对于读者在理论上认识把握中国农村社会发展大有裨益，对于相关部门的政策制定亦具有重要的参考价值。

总之，这套丛书凝聚了华中农业大学社会学系多年来农村社会学研究的心血，把握了学术研究的前沿，是一套值得研读的精品。

是为序。

郑杭生

2010 年 3 月 25 日于

中国人民大学理论与方法研究中心

目　录

第一章　导论

我国是一个农业大国，农村人口占3/4左右。[①] 邓小平同志曾明确指出："中国稳定不稳定，首先要看农村人口是不是稳定，没有农村这一稳定的基础，城市搞得再漂亮也是不行的。"[②] 长久以来，"三农"（农业、农村、农民）问题一直是我们党和国家工作的重中之重，特别是作为"三农"问题核心的农民问题，如果不能妥善得到解决，将会极大地掣肘我国社会安全运行、健康发展的实现。而在农民问题中，农民的养老问题首当其冲，养老能否得到解决、如何解决以及解决速度，直接关系当代农民及其子孙后代的福利，这已经成为影响社会主义新农村建设，实现小康社会目标的重要因素。在这种情况下，探讨并解决农村养老保障问题，对农村社会的安全运行和健康发展，不仅十分必要，而且十分迫切。

第一节　背景与问题

赡养老人是每个社会都会面对和解决的问题[③]，让人们到了晚年能够保持一定的生活水平并免于陷入贫困，是一个社会文明进步的重要标准，是社会发展水平的重要尺度，同时也是现代民族或国家应该承担的责任。然而在我国，国家在农村老人的养老责任承担上却极其

---

① 这里所说的农村人口是指农村户籍人口。

② 《邓小平文选》第3卷，人民出版社1993年版，第65页。

③ 费孝通：《家庭结构变动中的老年赡养问题——再论中国家庭结构的变动》，《北京大学学报》（哲学社会科学版）1983年第6期，第6—15页。

有限，受我国城乡二元结构的影响，长期以来农村老年人的养老保障一直被排斥在国家的保障体系之外，直到2012年新型农村社会养老保险在全国范围内的普遍实施，才标志着农村老年人被纳入国家的保障体系内，但保障水平远未达到农村老人的基本生活需求，绝大多数农村老人仍然主要依靠家庭养老。家庭养老是以家庭为单位、以血缘亲属关系为纽带、以传统孝道和尊老文化为支持的养老方式，在我国历史上乃至当今农村社会一直发挥着举足轻重的作用。但随着我国由农业社会向工业社会的转变与城市化进程的加速，作为农村社会主要养老方式的家庭养老面临着多方面的挑战和冲击。

在分析我国农村的养老保障问题时，我们必须考虑到我国农村养老的现实背景。从经济情况来看，我国目前处于社会经济发展的关键时刻，农村养老保障的“问题性”凸显；从人口因素来看，我国农村人口老龄化的迅速发展使得农村家庭养老压力增大；从家庭因素来看，我国农村家庭结构越来越趋于核心化和简单化，家庭养老承载力弱化；从社会因素来看，我国农村劳动力向城镇转移，家庭养老的内容和载体脱离；从文化因素来看，我国农村家庭的伦理道德观念发生变化，家庭养老的思想文化基础发生动摇。正是这种现实背景凸显了我国养老问题的复杂性和多样性。

一　我国城乡居民收入差距大，农村养老保障经济压力大

我国依然是发展中国家，从当前的经济状况来看，2014年虽然国内生产总值达到了63.6亿元，在世界主要经济体中名列前茅；我国13.68亿人口，人均国内生产总值仅为4.64万元，与世界经济发达国家水平还有很大差距。因此，在我国人口特别是农村人口的老龄化速度不断加快，进入未富先老的人口结构状况下，国家对支持日益庞大的农村老年人口的能力是有限的，即国家对农村老年人口提供的养老保障水平必然与经济发展水平相一致，在今后相当长时间内，对新型农村社会养老保险或城乡居民社会养老保险提供的基础养老金水平不会过高，农村老年人口的养老经济来源依然主要依靠家庭。不仅如此，而且城乡居民收入差距大，2014年全国居民年人均可支配收入20167元，其中，城镇居民年人均可支配收入28844元，农村居民年

人均可支配收入 10489 元，城乡居民人均可支配收入相对比为 2.74 : 1[①];由于城乡居民巨大的收入差距，大大增加了农村人口的相对剥夺或贫困感，影响着农村人口对家庭养老经济压力的心理承载力。同时，我们还应看到，农村依然存在着大量的贫困人口，2014 年按照年人均收入 2300 元（2010 年不变价格）的农村扶贫标准计算，有 7017 万贫困人口[②]，对于这部分人口来说，更是面临着养老的经济压力。

二 我国农村人口老龄化速度快，农村家庭养老负担系数不断加重

老龄化是指在一个国家或地区的总人口中老年人口比重上升，人口结构老化的过程。国际上，当一个国家 60 岁及以上人口的比重达到 10% 时，或 65 岁及以上人口达到全国总人口比重的 7% 时，我们就说这个国家已经进入老龄化社会。一般认为，老龄化是经济高度发展的产物，但是我国由于居民健康水平的快速提高以及计划生育政策的实施，人口结构在经济发展水平比较低的时候提前进入了老龄化阶段。1997 年，我国 65 岁及以上人口 8747.6 万人，占总人口的比重为 7.04%，这表明我国于 1997 年已经进入老龄化国家行列。2010 年第六次全国人口普查数据显示，60 岁及以上人口为 1.78 亿人，在全国总人口中的比重已经达到 13.26%，而 65 岁及以上人口为 1.19 亿人，在全国总人口中的比重也达到了 8.87%，同 2000 年第五次全国人口普查数据相比，无论是 60 岁及以上人口的比重还是 65 岁及以上人口的比重都有所上升[③]。预测显示，2015 年以后，我国将进入人口老龄化和重度老龄化发展时期，到 2020 年，我国 60 岁及以上人口比重将超过 17%，2050 年以后在 30% 以上，进入深度老龄化阶段。我国老龄化不仅呈现出全国总人口的速发态势，而且呈现出城乡老龄化倒置的特点，乡村表现出比城市更为严重的人口老龄化。由于城镇化进程的加速及农业机械化程度的提高，农村大批中青年劳动力流入城市务

① 国家统计局：《2014 年国民经济和社会发展统计公报》。

② 国家统计局：《2014 年国民经济和社会发展统计公报》。

③ 国家统计局：《2010 年第六次全国人口普查主要数据公报》。

工经商，但由于城乡二元结构，伴随农村中青年劳动力流入城市的同时，出现了大批农村留守老人，导致的结果是在减缓城市老龄化的同时，相对增加了农村老年人口的比例，从而农村的老龄化程度比城镇的老龄化程度更为严重。我国农村刚建立起来的普惠式社会养老保障，即新型农村社会养老保险其保障水平很低，农村养老从经济支持、生活照料到精神慰藉依然以家庭为主，快速发展的农村人口老龄化，使得农村家庭养老负担日益加重；同时，随着农村青壮年人口的大量外流，影响着家庭养老功能的发挥，目前农村巨大规模的“空巢留守老人”生活堪忧。

三　我国农村家庭结构趋于小型化和核心化，家庭养老承载力减弱①

20 世纪 70 年代计划生育政策的实施，使得我国社会发生了巨大的人口转变，这给城乡家庭的规模和结构带来了很大的影响，特别是生育率下降的累积效应使家庭户规模大幅度下降。1990 年第四次全国人口普查的户人均规模为 3.96 人，2000 年“五普”时户人均规模下降为 3.44 人，2010 年“六普”时户人均规模为 3.10 人，20 年间户人均规模下降了 0.86 人。美国、加拿大等西方国家的户人均规模在 3 人左右，而我国的家庭规模已经逐渐与这些国家的水平相接近。可以说，家庭规模的小型化、简单化已经成为我国城乡家庭结构变化最重要的特征之一，这给家庭养老保障也造成了深远影响。在传统社会，多代同堂的联合大家庭占据主要地位，这意味着老人可以获得更多的资源供应，但随着社会经济的发展和文化的变迁，城乡家庭规模逐渐小型化，家庭中子女数量也相比传统社会有所减少。这意味着家庭赡养系数的增加，一定程度上加重了子女的养老负担，减弱了家庭养老的承载力，特别是对于独生子女家庭，他们的后代一方面要抚养小孩；另一方面还要赡养双方的老人，在代际结构上甚至会面临

① 这一部分内容节选自课题组成员已经发表的成果，详见钟涨宝、冯华超：《论人口老龄化与代际关系变动》，《北京社会科学》2014 年第 1 期，第 85—90 页。

“4—2—1”形式。赡养老人，需要子女在时间、金钱、物质、情感的任何一个方面都拥有充足的资源，但独生子女家庭可能不能支撑家中老人的生活，这必然给生活在底层的家庭带来不堪重负的负担[①]。

四　我国农村外出务工人员增多，家庭养老资源供给面临挑战

20 世纪 80 年代以来，我国工业化和城市化的进程逐渐加快，越来越多的农村劳动力流向城镇，流动的数量规模之大前所未有。据国家统计局 2013 年抽样调查结果显示，2013 年全国农民工总量 26894 万人，外出农民工 16610 万人，比上年增加 274 万人，增长 1.7%[②]；国家统计局《2014 年国民经济和社会发展统计公报》显示，全国农民工总量为 27395 万人，环比增长 1.9%，其中外出农民工 16821 万人，本地农民工 10574 万人。从流动结果来看，农村劳动力外出务工无论对输入地还是输出地的经济发展都起到了很大的促进作用，提高了家庭经济的支付能力，也提高了整个家庭的保障水平。但是，长久以来受我国二元经济社会结构、户籍制度以及家庭经济状况等因素的影响，大多数外出务工人员很难做到举家迁移并在城市定居，因而多数务工人员像候鸟一样往返于城乡之间，而父母和妻儿则留守农村。从年龄结构和劳动能力来看，相比儿童和妇女，老人更有可能成为照看家园、维持农业生产的留守者。但是，农村养老主要靠家庭内子女的赡养，子女的外出使得两代人的空间距离拉大，对老年父母生活照料增加的可能性大大降低。子女的赡养方式也发生了一定的变化，从实物与劳务供给向以货币化转变，以致赡养关系中内容与载体出现了分离。从目前来看，子女外出使得家庭不仅对于高龄老人的生活照料难以提供，而且农村老年人口的精神慰藉也难以满足。

五　我国农村的家庭伦理道德嬗变，家庭养老思想基础动摇

我国农村养老问题的解决必须要考虑我国特殊的文化背景，传统

① 李培林、李强、马戎主编：《社会学与中国社会》，社会科学文献出版社 2008 年版，第 263 页。

② 国家统计局：《2013 年全国农民工监测调查报告》。

社会农村养老是以孝道文化作为重要的文化基础，无论是在家庭还是在社会层面上，代际关系具有鲜明的尊老和敬老的特征。老年人在家庭和社会中都具有崇高的社会地位，在经济上不但能“老有所养”，在精神上能够得到敬重，政府还把尊老敬老提高到政治的高度，“以孝治天下”。有学者认为，中国传统社会通过三层机制将养老作为一种责任和人生价值观灌输给子代：一是家庭内父母的言传身教；二是社会层面的教化和道德舆论约束；三是国家的法律制度等规范。在这三种机制下，子代在日常生活中会被潜移默化，自觉成为养老责任的承担者，这样，子代就放弃了自我的个人利益，而追求家庭养老目标的实现①。但是，随着市场经济的发展，一系列以经济理性为特征的价值观使得生活世界中的现实与公众印象中孝亲敬老的传统正在发生背离，传统的诸如宗族组织、家庭私有财产、法律、宗教信仰等支持孝道的机制受到了根本的冲击，两代人对于孝道有了不同的看法：父母认为自己应该得到子女的尊重、服从和长久的回报，而子女虽然认同赡养老人的义务，但是却注重即时的回报，不再将养育之恩看得那么神圣，结果以父母养育之恩的神圣性为基础的传统孝道不复存在②。子女价值取向上的伦理逐渐让位于经济理性，老年父母赡养问题自然显现，一些地区甚至出现老人因子女赡养不到位而自杀的现象。有学者据此认为，家庭养老正在从以孝文化为主的模式变为以家庭个体能力自愿选择的行为模式③。

可见，随着我国农村人口流动与农村人口老龄化速度的加快，传统的家庭养老方式面临着巨大挑战。在新形势下，国家与社会如何担负起农村老年人口的养老责任，让农村老年人口能够共享改革成果，这是本研究试图解决的问题。

---

① 姚远：《血亲价值论：对中国家庭养老机制的理论探讨》，《中国人口科学》2000 年第 6 期，第 29—35 页。

② 郭于华：《代际关系中的公平逻辑及其变迁》，《中国学术》2001 年第 4 期，第 221—254 页。

③ 姚远：《对中国家庭养老弱化的文化诠释》，《人口研究》1998 年第 5 期，第 48—50 页。

第二节　文献综述

养老保障从老年人口由谁来养或养老主体来划分，主要有两种方式：一是家庭养老保障，主要是由家庭成员为老年人提供养老保障的方式；二是社会养老保障，主要是由国家和社会来承担老年人养老保障责任的方式。因此，对我国农村养老保障问题的研究也可以具体从家庭养老保障和社会养老保障两个方面入手。

一　农村养老保障总体研究

学界在论述我国农村养老保障问题时，主要涉及以下几个方面：农村养老保障制度的演变路径与养老方式嬗变、农村的养老模式、养老保障的现状以及针对现有问题构建农民养老保障体系的对策研究。

（一）中国农村养老保障的演变

目前，学术界普遍认为中国养老保障制度演变先后经历了三个主要阶段：传统时期，农村的养老保障建立在以个人的终身劳动积累为基础、家庭内部进行代际交换的“反哺式”家庭养老[①]；集体化时期，建立了以集体保障为主、家庭保障弱化的制度体系[②]；后集体化时期，农村养老主要是以家庭保障和土地保障为主、集体和国家保障为辅[③]。就三个阶段具体开始和结束的时间划分上，仍然存在分歧。首先就集体化时期开始的时间来讲，存在三种观点：第一种观点认为应该以 1949 年新中国的成立为时间节点，此时国家已经开始致力于探索集体养老制度的建设[④]；第二种观点则认为应该以 1956 年为时间

---

① 张仕平、刘丽华：《建国以来农村老年保障的历史沿革、特点及成因》，《人口学刊》2000 年第 5 期，第 35—39 页。

② 杨翠迎：《中国农村社会保障制度研究》，中国农业出版社 2003 年版，第 46 页。

③ 张敬一、赵新亚：《农村养老保障政策研究》，上海交通大学出版社 2007 年版，第 88 页。

④ 苏保忠：《中国农村养老问题研究》，清华大学出版社 2009 年版，第 53 页。

节点，此时我国农村的集体养老保障的重要内容之一的“五保”制度的框架基本形成，而在1949年新中国成立到社会主义制度正式建立这段时期，农村养老保障仍然以家庭养老为主[①]；第三种观点认为应该以1958年为时间节点，此时我国正式进入人民公社时期，集体养老保障制度正式形成和巩固[②]。而关于集体化时期结束的时间，也形成了两种观点：一种观点以1978年党的十一届三中全会前后为标志，此时我国农村的养老保障制度逐渐从传统向现代转型，国家逐渐承担起更多责任[③]；另一种观点则以1984年人民公社正式解体，家庭联产承包责任制的实施为标志，此时集体养老保障失去了存在的经济基础，家庭养老重新回归[④]。之所以会有这些不同观点，只是参照标准和线索不一所致，但实际上的差异不大。

从养老方式嬗变来看，与养老保障制度的演变历程相一致，也经历三个阶段：传统时期，农村养老方式主要是家庭养老；集体化时期，家庭养老功能弱化但仍然发挥重要作用，集体养老在家庭养老方式弱化时起到了有益的补充作用；后集体化时期，某种程度上来讲集体养老方式存在的基础不复存在，而家庭养老虽然仍旧是广大农村的主要养老方式，但由于养老功能外移，国家在内的多方主体共同参与养老，养老方式逐渐多元化。从我国农村养老保障的演变历程来看，农村养老保障的模式与同时期社会经济发展水平密切相关，同时受当时政府执政理念的影响较大，而家庭养老一直是演变的主线，发挥了基础性的作用。

（二）中国农村养老模式的研究

针对当前农村养老问题的现状，学者们提出了农村养老的不同理

---

① 张敬一、赵新亚：《农村养老保障政策研究》，上海交通大学出版社2007年版，第88页。

② 张仕平、刘丽华：《建国以来农村老年保障的历史沿革、特点及成因》，《人口学刊》2000年第5期，第35—39页。

③ 苏保忠：《中国农村养老问题研究》，清华大学出版社2009年版，第56页。

④ 王习明：《乡村治理中的老人福利》，华中师范大学博士学位论文，2006年，第42页。

想模式，具有代表性的观点有：（1）“一元养老模式”。周莹等认为基于土地基础上的传统家庭养老保障模式具有内生脆弱性和不可持续性，必须由国家财政来承担农村养老[①]；（2）“双轨养老模式”。杨复兴等认为家庭养老在未来仍具有强大的生命力，应建立起家庭赡养和政府干预相结合的农村双轨养老保障体系[②]；（3）“三层次养老模式”。穆光宗等认为在未来虽然家庭养老仍旧是农村的主要养老方式，但是自我养老和社会养老的比例会逐渐上升，因此，应建立家庭养老、社会养老和自我养老三者结合的农村养老保障体系[③]；（4）“四机制模式”。谭克俭等认为家庭养老仍然是目前农村主要的养老方式，但社区养老可以起到引导和督促作用，同时自我养老和社会养老能够有效弥补家庭养老和社区养老的不足，因此要建立家庭养老、自我养老、社区养老和社会养老互补的养老保障方式[④]；（5）“五层次养老模式”。郑功成等认为为实现经济保障与服务保障及精神保障相结合的目标，必须要发挥有关各方的积极性并让各方积极承担养老保障的责任，应该构建自我保障、政府负责、政府主导、责任分担、单位负责、市场提供的养老保障体系[⑤]。

以上关于养老模式的观点不同，主要是由于各自对养老内容及其供给主体理解的不同而导致的。从养老的内容来看，涉及经济、生活和精神三个方面，但三个方面的供给主体在不同时期和阶段却具有很大差异：在传统农村社会，经济、生活和精神三个层面的养老都由家庭来供给，但在现代农村社会供给主体却呈现多样化的局面，政府、

---

① 周莹、梁鸿：《中国农村传统家庭养老保障模式不可持续性研究》，《经济体制改革》2006年第5期，第107—110页。

② 杨复兴：《中国农村家庭养老保障的历史分期及前景探析》，《经济问题探索》2007年第9期，第182—189页。

③ 穆光宗：《中国传统养老方式的变革和展望》，《中国人民大学学报》2000年第5期，第39—44页。

④ 谭克俭：《农村养老保障机制研究》，《人口与经济》2002年第2期，第71—75页。

⑤ 郑功成：《中国养老保险制度的未来发展》，《劳动保障》2003年第3期，第22—27页。

社区、家庭等不同程度地参与了三个方面的养老，而且不同主体的侧重点不同。随着社会经济的持续快速发展，人们的生活水平进一步提高，老年人在养老方面的需求也会日益丰富，养老资源由单一的家庭供给向着个人、家庭、社会、国家供给发展，从目前学界的认识来看，供给主体多元化已经成为大家普遍认同的观点。

（三）中国农村养老保障现状分析

目前，学界普遍认为我国经济社会的转型对农村地区养老保障造成了影响，使得农村养老保障出现了以下问题：(1)家庭养老照顾资源不足。从资源理论视角出发，研究者认为目前家庭养老面临的主要问题是照料资源不足，老年人建立在婚姻与血缘基础上的亲情支持网的规模下降，其承担的功能弱化[①]，使得老年人在经济、日常照顾和精神支持方面都面临家庭支持资源减少的问题。在家庭照料功能日趋弱化的情况下，社会支持也严重匮乏，适合老年人日常照料所需的社会资源供给不足[②]；(2)土地养老保障功能下降。土地收入是农村家庭养老的重要经济来源，有土地收入的老人，一般依靠家人养老[③]，但是随着社会经济的发展，土地收益增加缓慢，在养老中的作用和地位开始下降。目前，中国农村的土地承载着农业生产和农村社会保障双重功能，在城乡分割背景下土地越来越多地转变为以承担农民社会保障功能为主[④]。可以说，土地已经不能担负起抵御农民家庭生活风险的重任[⑤]；(3)国家和集体分担的养老责任“缺位”。张敬一等人对农村养老保障中政府责任的研究发现政府分担的责任过小，在集体化

① 张友琴：《老年人社会支持网的城乡比较研究——厦门市个案研究》，《社会学研究》2001 年第 4 期，第 11—21 页。

② 贾云竹：《老年人日常生活照料资源与社区助老服务的发展》，《社会学研究》2002 年第 5 期，第 117—122 页。

③ 苏保忠：《中国农村养老问题研究》，清华大学出版社 2009 年版，第 104—106 页。

④ 温铁军：《农民社会保障与土地制度改革》，《学习月刊》2006 年第 10 期，第 20—22 页。

⑤ 梁鸿：《苏南农村家庭土地保障作用研究》，《中国人口科学》2002 年第 5 期，第 32—40 页。

时代农村养老保障虽然由国家和集体来保障但不具有可持续性且水平较低，在家庭联产承包责任制实施后一段时间，政府和集体的养老责任逐渐消失，虽然之后国家努力探索农村养老保障制度改革但是政府承担的财政与管理责任一直处于“缺位”状态。对于农村养老保障问题的成因，表面上看是支持资源不足的问题，更深层次的原因是社会结构和家庭结构等的改变①②。

（四）转型期构建农民养老保障体系的对策研究

针对我国农村养老保障存在的问题，学者们普遍认为应当对目前的养老保障体系进行改革，具体表现在改革理念、改革思路和责任分担三个层面。在改革理念方面，景天魁认为养老保障制度改革要确立“底线公平”，政府必须明确自己责任的边界，要建立一种新的价值基础使得全社会都可以共同接受和维护，同时，为增强制度的可持续性，必须形成责任共担与分担相协调、激励与约束互补的调节机制③。在具体实施改革时，林闽钢从城乡一体化社会保障制度的角度指出，享受养老保障是农村居民的一项公民权利，要坚持均等化原则，既要保证城市和农村居民在保障面前有相同的权利和机会，也要保证城乡居民有相同的保障效果④。而郑功成基于当前城乡分割和农村人口不断分化的事实指出，在实现城乡一体化的养老保障体系建设时，短时间内不宜让农民享受与城市居民一样的待遇，而要根据农民的现实需求与可能按照分类保障的原则来提供养老保障⑤。

---

① 郭于华：《代际关系中的公平逻辑及其变迁》，《中国学术》2001 年第 4 期，第 221—254 页。

② Shi, Shih-Jiunn, Left to Market and Family-Again? Ideals and the Development of the Rural Pension Policy in China[J]. *Social Policy & Adiministration*, No. 7.

③ 景天魁：《底线公平与社会保障的柔性调节》，《社会学研究》2004 年第 6 期，第 32—40 页。

④ 林闽钢：《中国社会救助体系的整合》，《学海》2010 年第 4 期，第 55—59 页。

⑤ 郑功成：《加入 WTO 与中国的社会保障改革》，《管理世界》2002 年第 4 期，第 37—54 页。

在改革思路方面，有学者从经济层面出发，主张以“土地换保障”，鉴于土地本身有资源产出和社会保障的双重功能，可使农村居民在年老的时候让出其原来承包经营的土地，由转入者给予一定的经济补偿促进其参加养老保险①。在当前土地保障功能弱化的情况下，从提高土地利用效率和经济结构调整的角度来看，应鼓励土地流转制度创新，因地制宜地做好农民土地以外的社会保障，把土地内外的保障方式结合起来，努力实现养老方式的转变②。也有学者从文化层面出发，主张将家庭养老的文化基因发扬光大，鉴于老年人由家庭来赡养符合传统的习惯，在农村社会经济发展水平低、社会保障层次低且制度不够健全的情形下，家庭养老仍然具有强大的生命力。即使家庭养老出现了一些问题，我们要正视家庭养老的不足，积极拓展新的内容和形式，继续探索家庭养老的社会化形式③。

在责任分担机制方面，学界并没有达成共识，争论的焦点是谁来承担责任主体。一种观点认为政府应当承担保障的主体责任，如郑功成认为我国社会保障制度建设的关键在于优化制度设计，而明确政府责任和构建高效的管理体制是优化制度设计的核心任务④。他将社会保障制度的发展划分为国家—单位保障和国家—社会保障两个阶段，并认为国家—单位保障阶段的责任主体是国家，而国家—社会保障阶段的责任主体多元化，企业和个人也分担了一些责任，但是国家的责任主体地位并没有改变，国家对社会保障制度改革仍然发挥着主导性作用⑤。另一种观点认为社会保障以经济为基础，高福利的社会保障制度势必给政府造成极大的负担，一些发达国家都在增加个人的责

---

① 陈颐：《论“以土地换保障”》，《学海》2000 年第 3 期，第 40—45 页。

② 姜长云：《农村土地与农民的社会保障》，《经济社会体制比较》2002 年第 1 期，第 49—55 页。

③ 高和荣：《文化变迁下的中国老年人口赡养问题研究》，《学术论坛》2003 年第 1 期，第 136—139 页。

④ 郑功成：《中国社会保障制度改革的新思考》，《山东社会科学》2007 年第 6 期，第 5—10 页。

⑤ 郑功成：《中国社会保障制度变迁与评估》，中国人民大学出版社 2002 年版，第 3—15 页。

任，减轻削弱政府的作用和份额，社会保障不可能解决老年人全部的经济需求。此外，养老回归家庭是不现实的，因为家庭养老的生命力正在削弱，所以未来的养老保障不可能是家庭全包，也不可能是政府全包，应该建立起一种社会化的保障模式，以个人为责任主体、国家来帮助，建立一种多渠道的养老资源整合方案或终身养老计划来满足养老的需求①。

二　农村家庭养老保障研究

家庭养老作为农村养老保障体系的主要组成部分，一直是学术界关注的焦点。本书将从农村家庭养老的概念、内容、作用、问题、对策等方面对学界已有研究进行回顾。

（一）农村家庭养老保障的概念剖析

对“家庭养老”这一概念学界有不同的认识，但不论持何种观点，大都从以下几个方面进行解读：(1)家庭养老的内容，即“怎么养”或“养什么”。一般而言，养老涉及经济上支持、生活上照顾和精神上慰藉三个层面。传统的农村家庭养老包含了上述三方面的内容；现代社会随着家庭生产功能的弱化，农村人口流动与职业分化等，促使农村养老责任家庭、社会、国家共同分担机制的逐步形成，以至不同学者对农村家庭养老的内容也有了不同的认识。认识的差异主要表现在对农村养老的经济支持与生活照顾家庭该承担多少责任上，从而导致不同学者在研究家庭养老时往往侧重于某一方面的内容，以致对家庭养老有不同的界定。(2)家庭养老的主体。我国法律规定：老年人的赡养主要依靠家庭，家庭成员应该关心和照顾老人，老人的赡养人主要指老人子女以及有赡养义务的人。从这一角度出发，多数学者都认为家庭养老是由子女或者老人亲属供养②，这一看法指出了家庭养老的主体，对家庭成员有了比较清楚的界定，指出了

---

① 姜向群：《养老转变论：建立以个人为责任主体的政府帮助的社会化养老方式》，《人口研究》2007 年第 7 期，第 57—62 页。

② 穆光宗：《中国传统养老方式的变革和展望》，《中国人民大学学报》2000 年第 5 期，第 39—44 页。

"谁来养"的问题。(3)家庭养老的文化基础。有学者认为家庭养老实际上是建立在血缘基础上的亲情养老，这指出了"为什么养"的问题[①]。虽然目前学术界对家庭养老的概念界定本身并未达成一致，但是对这一概念界定而言都离不开"怎么养"、"谁来养"、"为什么养"这三个问题。

（二）农村家庭养老保障的内容研究

目前，学界就家庭养老的内容基本达成一致，即包括经济赡养、生活照料和精神慰藉三个层面，但是就不同时期不同特征的老年人来讲其侧重点不一样，由此形成三种观点：(1)强调经济支持。有学者认为，对农村老年人来讲，由于大部分老人仍以子女和亲属的支持为主要经济来源，因此经济支持是老人赡养的主要问题。当子女经济条件有限时，在抚养后代和赡养老人不能兼顾时，老人利益往往会受损伤，因此养老突出的是"老有所养"的问题[②]。陈彩霞更是从社会交换论的角度指出，经济独立才是农村老年人晚年幸福的首要条件，老年人是否拥有一定的生产和生活资料，对于其晚年生活能否得到保证是很重要的[③]；(2)强调生活照料。目前，我国农村人口的老龄化和高龄化趋势越来越严峻，有学者认为日常照料问题将变得更为突出，特别是在农村劳动力外出的情况下，照料资源的可获得性受到影响，在家庭照料质量下降的同时，也难以获得正式制度的弥补。因此，老人普遍缺少日常生活照料和扶助，生活照料存在很大风险[④]；(3)强调精神赡养。精神慰藉是老年人生活质量的重要内容，但是在我国农村地区经济快速发展的今天，老年人的精神赡养问题却日益突出。方

① 姚远：《中国家庭养老研究述评》，《人口与经济》2001年第1期，第33—43页。

② 张晖：《建立我国农村社会养老机制的迫切性及可行性》，《人口学刊》1996年第4期，第56—59页。

③ 陈彩霞：《经济独立才是农村老年人晚年幸福的首要条件——应用霍曼斯交换理论对农村老年人供养方式的分析和建议》，《人口研究》2000年第2期，第53—58页。

④ 贺聪志、叶敬忠：《农村劳动力外出务工对留守老人生活照料的影响研究》，《农业经济问题》2010年第3期，第46—53页。

菲在对农村劳动力迁移过程中老年人的精神赡养研究中发现，子女外出后农村老年人精神生活比较单调，孤独感相比子女外出前增加，容易诱发精神危机，城乡迁移阻碍了子女与老年人的精神交流，老年人的期望与现实之间的差距又加大了其心理失衡，使得老年人处于“问题化”状态[①]。

（三）农村家庭养老需求研究

关于老年人养老需求的研究主要包括两个方面：一是基于老年人生活状况对养老需求现状进行描述性分析；二是对影响老年人养老需求的因素进行回归分析。在对农村老年人养老需求的描述性分析中，由于学者们对“养老需求”的操作化存在差异，得出的结论不尽相同，但就希望或现实境遇中“谁来养”这个问题上，基本达成以下共识：(1)从资源供给来看，家庭养老仍然是大多数农村老年人的首要选择，但随着农村社会养老保险事业的发展，农民的养老意愿也在发生变动，养老意愿日益呈现出多元化特征[②]；(2)在性别偏好方面，由男性后代提供养老资源仍然是当今农村老年人的主要选择，但是这种养老的性别偏好呈现出弱化趋势，女性在养老中发挥着越来越重要的作用，个别地区和家庭女性对老年人的支持比重已经超过了男性，老年人的养老期望逐渐从依靠男性转为依赖全部子女[③]；(3)依靠自己及配偶养老的老年人的比例上升，在一些地区和家庭特别是在农村劳动力迁移的情况下，老年人养老的主体主要是自己及配偶，无论是经济上、生活上和精神层面由子女来支持的比例都不高，有学者甚至论断当今农村养老主要是自己养老[④]。

---

① 方菲：《劳动力迁移过程中农村留守老人的精神慰藉问题探讨》，《农村经济》2009年第3期，第107—110页。

② 李建新、于学军、王广州、刘鸿雁：《中国农村养老意愿和养老方式的研究》，《人口与经济》2004年第5期，第7—13页。

③ 杨立雄、李星瑶：《性别偏好的弱化与家庭养老的自适应——基于常州市农村的调查》，《江海学刊》2008年第1期，第112—118页。

④ 阳义南、詹玉平：《农村养老谁是主体》，《经济论坛》2003年第20期，第4—5页。

在对农村老年人养老需求的解释性研究中，变量选择主要包括个体特征与家庭特征。首先，就个体特征而言：(1)农民的养老意愿表现出一定的性别差异，男性老人相比女性老人更倾向于自己储蓄养老，对子女依赖少一些；相对于男性而言，女性老人的经济安全状况和自我保障能力要差一些，因而对子女也更为依赖[①]。(2)从年龄来看，年龄在40—60岁间和60岁以上的农民更倾向于依赖“养育子女养老”，40岁以下的农民更倾向于“自己储蓄养老”[②]。(3)从受教育程度来看，教育水平越高，老人们越不倾向于家庭子女养老，一方面教育水平越高的老人社会经济地位也不差，有能力依靠自己养老；另一方面受教育程度越高，个体独立意识更强，似乎越愿意依靠自己或者政府而不是子女。(4)从职业来看，当前务农农民更倾向于依靠子女养老，不再务农的农民比务农的更愿意参保养老[③]。其次，就家庭特征而言：(1)从子女人数来看，对于60岁及以上的老年人来说，子女越多，选择靠国家养老的可能性越大，认可子女养老的可能性降低[④]，但是也有其他学者认为孩子数量对农民养老意愿的影响并不显著。(2)从家庭收入来看，有学者认为家庭收入越少的老人更愿意接受家庭照顾，对养老院等机构照顾持谨慎态度[③]，但也有学者认为家庭收入对农民养老意愿的影响并不显著[④]。再次，从地区来看，受生活水平和生活质量的影响，不同地区老年人长期照护意愿呈现梯次变化，由发达地区向发展中地区逐渐减弱[④]。

值得提出的是，多数研究都是从经济因素入手研究养老意愿，

---

① 孔祥智、涂圣伟：《我国现阶段农民养老意愿探讨——基于福建省永安、邵武、光泽三县（市）抽样调查的实证研究》，《中国人民大学学报》2007年第3期，第71—77页。

② 李建新、于学军、王广州、刘鸿雁：《中国农村养老意愿和养老方式的研究》，《人口与经济》2004年第5期，第7—13页。

③ 曹艳春、吴蓓、戴建兵：《中国农村老年人长期照护意愿及其影响因素——基于上海、湖北两地的对比分析》，《大连理工大学学报》（社会科学版）2014年第1期，第117—123页。

④ 同上。

侧重个体、家庭和地区变量的影响，但是却忽略了非经济因素的影响。雷华等人则从非经济因素出发研究农村老年人的家庭养老偏好，他们认为农村老年人的养老意愿是一种“情境理性”，并不完全是一种“经济理性”。老年人选择家庭养老模式仅仅在当个人无法维持生活，且子女有意愿也有能力提供支持时，也即老年人并不愿意成为家庭的养老负担，他们的养老意愿是嵌入生活境遇中的[①]。从这个角度来看，对农村养老的研究必须考虑到具体生活情境的影响。

（四）农村家庭养老的功能及其作用研究

针对我国目前家庭养老的功能，学术界形成了两种观点：一种观点认为家庭养老出现弱化，主要理由有：社会转型期家庭养老的文化基础转变[②]，使得家庭养老规范渐失；家庭结构的变化使得家庭资源供给不足[③]；劳动力外流使得家庭养老的载体与内容发生分离[④]；老年人自我养老的意识和能力增强，对家庭养老的依赖降低[⑤]等。另一种观点认为不能轻易作出家庭养老功能弱化的结论，虽然传统家庭在社会转型中多重功能已经发生变迁，但是在经济支持、生活照料和其他日常服务方面仍然发挥着不可替代的重要作用[⑥]。此外，有学者通过对老年人养老性别偏好的变化研究认为，农村家庭养老具有一定的

---

① 田北海、雷华、钟涨宝：《生活境遇与养老意愿——农村老年人家庭养老偏好影响因素的实证分析》，《中国农村观察》2012 年第 2 期，第 74—85 页。

② 郭于华：《代际关系中的公平逻辑及其变迁》，《中国学术》2001 年第 4 期，第 221—254 页。

③ 李培林、李强、马戎主编：《社会学与中国社会》，社会科学文献出版社 2008 年版，第 263 页。

④ 张文娟、李树茁：《劳动力外流对农村家庭养老的影响分析》，《中国软科学》2004 年第 8 期，第 34—39 页。

⑤ 阳义南、詹玉平：《农村养老谁是主体》，《经济论坛》2003 年第 20 期，第 4—5 页。

⑥ 姚远：《中国家庭养老研究述评》，《人口与经济》2001 年第 1 期，第 33—43 页。

自适应能力，因而会继续发挥作用①。之所以得出两个不同的结论，主要是判断标准不一样所致：如果以传统家庭居住方式和子女赡养作为标准，在家庭结构变动和孝文化动摇的情况下可以视为家庭养老功能出现弱化；如果以子女赡养中的血缘道义和责任作为标准，家庭结构的变动并不影响子女责任的付出与表达，也就不存在家庭养老弱化的情况②。

关于家庭养老的作用，也存在两种观点：一种观点认为家庭养老存在一定的反功能，如强化了农村的养儿防老的观念，助长了农村的高生育率，不利于调动广大干部群众参加社会养老保险的积极性③；另一种观点认为家庭养老的存在具有积极意义，不仅能够保证老人得到经济上的供养和生活上的照料，最重要的是还能够保证老人的精神赡养问题，部分老人反过来还能够帮助和支持子女，这有利于家庭的和谐和社会的稳定。此外，在社会经济发展水平还比较低的阶段还能够极大地缓解政府在社会保障方面的压力④。

（五）农村家庭养老保障的前景研究

家庭养老保障的前景如何，这也是众多学者关注的焦点，围绕着这个问题基本形成了两种观点：一种观点认为家庭养老的社会基础正在遭到破坏，未来农村养老保障方式如果仍以家庭养老为主体，不利于调动农民生育观念转变和生育水平及出生性别比的降低，也不利于调动广大干部群众参加社会养老保险的积极性，因此，家庭养老不宜片面提倡。周莹等也认为基于土地基础上的传统家庭养老保障模式具

---

① 杨立雄、李星瑶：《性别偏好的弱化与家庭养老的自适应——基于常州市农村的调查》，《江海学刊》2008 年第 1 期，第 112—118 页。

② 姚远：《中国家庭养老研究述评》，《人口与经济》2001 年第 1 期，第 33—43 页。

③ 方新：《农村养老方式对家庭生活的影响——湖南省同仁村调查》，《中国人口科学》1992 年第 2 期，第 49—54 页。

④ 姜向群：《家庭养老在人口老龄化过程中的重要作用及其面临的挑战》，《人口学刊》1997 年第 2 期，第 18—22 页。

有内生脆弱性和不可持续性，必须由国家财政来承担农村养老[①]。张敏杰也认为我国家庭养老制度存在一定的弊端，渐渐不适应新经济发展的需要，为了加快社会经济的发展和满足老年保障的需要，必须克服家庭养老为主的狭隘性[②]。因此，在有效的替代模式没有普遍建立起来之前，作为良好的传统家庭养老应该继续发挥作用，但是由于较多的弊病不能片面提倡，只能当作权宜之计，否则不利于更有效的赡养方式的建立[③]。另一种观点认为虽然家庭养老会向社会养老转化，但是这一转化需要一个过程，在长时间内家庭养老仍将继续存在。从养老资源的供给来看，我国现阶段低下的生产力水平决定了国家和社会无法保障老年人日益增长的养老物质需求，另外，家庭在生活照料和精神慰藉方面发挥着社会化服务难以替代的功能。从社会基础来讲，由家庭来养老符合传统和习惯，受到我国法律的保障，也得到了国际社会的认可和肯定[④]。如，郑功成认为，尽管家庭养老保障的功能在持续弱化，但是我国家庭文化传统的影响比较深厚，有意识地扶持家庭养老可以发挥其不可替代的作用，因此社会化养老保障体系的建设和发展，应当有利于维护这个基础而不是简单地替代[⑤]。

以上两种前景论断固然都有一定道理，但对前景的判断仍然存在两个方面的问题：首先，从动态层面来看，家庭养老是一个长期的过程，在此过程中，养老的主体（子女）和客体（老年人）会进行多种形式的互动，养老方式也是一个动态的变化过程。如果主体的意愿和能力发生变化，而客体的预期和行为也随之发生变化，那么家庭养

① 周莹、梁鸿：《中国农村传统家庭养老保障模式不可持续性研究》，《经济体制改革》2006年第5期，第107—110页。

② 张敏杰：《中外家庭养老方式比较和中国养老方式的完善》，《社会学研究》1994年第4期，第85—92页。

③ 王海江：《我国农村养老保险面临的挑战和农村社会养老保险制度的建立》，《人口学刊》1998年第6期，第32—38页。

④ 刘庚长：《我国农村家庭养老存在的基础与转变的条件》，《人口研究》1999年第3期，第41—42页。

⑤ 郑功成：《中国社会保障改革与发展战略——养老保险卷》，人民出版社2011年版，第13页。

老也可能会出现新的形式从而具有更好的适应性。因此，从动态变化的角度来看，以上论断都对家庭养老的能动性关注不够。其次，以上论断多是从养老主体的责任角度来论述家庭养老的前景，其暗含的隐喻就是家庭养老是一个资源供给的过程，当前家庭养老存在的问题主要是资源供给不足，因此以上论断关注点在于什么样的资源供给方式才是最理想的。但从资源供给的角度来讲，更多地侧重养老的经济支持和生活照顾层面，而养老是经济、生活和精神三个层面的互动，任何一个层面的不足都可能严重影响养老的实际效果，撇开这一点来谈家庭养老是有失偏颇的。

（六）巩固家庭养老的对策研究

针对我国农村家庭养老功能不断弱化，而老年人养老需求多样化的趋势，一个普遍的看法是在当前农村社会保障水平低下、社会保障制度还不够健全的情况下，家庭养老仍然发挥着不可替代的作用，因此巩固家庭养老保障，继续发挥家庭养老的功能是当前解决农村地区养老困境的主要选择[①]，但就具体建议而言涉及两个方面：

首先，从养老服务与经济支持来讲，学术界普遍认为单一化的家庭养老保障供给主体和服务主体已无法满足农村老年人口多样化的养老需求，探索构建多元化的社会化养老服务体系成为当今中国社会发展的必然选择[②]。其在实现方式上有两种途径：第一，发展社区居家养老和机构养老服务，巩固家庭养老。周兆安提出家庭和社会联动性的“居家养老模式”，主张以家庭为核心、以社区为依托、以专业化服务为依靠，整合国家、集体和家庭的资源并发挥各方优势为居住在家的老年人解决日常生活困难，破解家庭养老困境[③]。周伟文提出“村级主办、互助服务、群众参与、政府支持”的农村社会互助养老

① 郑功成：《中国社会保障改革与发展战略——养老保险卷》，人民出版社2011年版，第13页。

② 任德新、楚永生：《伦理文化变迁与传统家庭养老模式的嬗变创新》，《江苏社会科学》2014年第5期，第11—16页。

③ 周兆安：《家庭养老需求与家庭养老功能弱化的张力及其弥合》，《西北人口》2014年第2期，第45—49页。

新模式，作为从家庭养老向社会养老的一种过渡形态，通过最大限度地动员乡村的养老资源，既保持了乡村养老传统，又满足了老人离家不离村、继续感受家庭亲情、乡情和子女照顾的需要[①]。第二，要破解我国家庭养老的困境，学者们认为关键在于制度建设，为此，积极推进农村养老、医疗、社会救助制度，保障老年人的基本生活[②]，同时在制定社会经济发展规划时将社会保障和社会发展与家庭养老结合起来[③]。

其次，家庭养老包含物质和精神两个层面，仅从经济支持和生活照顾入手是远远不够的，对农村老年人来讲，家庭养老的精髓就在于基于血缘亲情的精神慰藉，因此巩固家庭养老不仅要在物质层面努力，精神层面也不能落后。家庭养老之所以能够延续千年其生命之源在于有孝文化基础。因此，巩固家庭养老，还应从思想文化建设方面进行努力[④]。一方面，要加大宣传和弘扬传统敬老养老的美德，使子女自觉承担养老的责任和义务；另一方面，家庭养老的实现很大程度上在于子女要积极承担责任和义务，有学者认为解决老年人口问题的根本途径在于从法律上确保家庭履行养老责任和义务[⑤]，为此积极促使家庭养老由家庭情感和道德维系的伦理型向强调责任和义务的法理型转变也是一种有效手段[⑥]。

---

① 周伟文：《农村家庭养老方式的危机与变革——基于冀南前屯村养老方式的思考》，《社会科学论坛》2013 年第 3 期，第 217—222 页。

② 陈芳、方长春：《家庭养老功能的弱化与出路：欠发达地区农村养老模式研究》，《人口与发展》2014 年第 4 期，第 99—106 页。

③ 刘观海：《家庭养老仍是我国养老的主要方式》，《福建省老年学学会——老年学论文集》（二），1998 年，第 29—36 页。

④ 姚远：《对中国家庭养老弱化的文化诠释》，《人口研究》1998 年第 5 期，第 48—50 页。

⑤ 汪正鸣：《迎接“银色浪潮”的挑战——“中国人口老龄化国际学术讨论会”综述》，《中国人口科学》1990 年第 1 期，第 60—61 页。

⑥ 王育忠：《论家庭养老应从伦理型向法制型转变》，转引自姚远：《中国家庭养老研究》，中国人口出版社 2001 年版，第 39 页。

三　研究评述

综上所述，关于农村养老保障的研究涉及农村养老的主体与非主体、功能与文化价值、理论探讨与实证研究，从单一学科到多学科综合，研究的角度与内涵不断变化和深入。不可否认，这些研究成果对于我们认识和理解农村社会的养老保障问题提供了很好的启示，但是仍有几个问题值得进一步探讨：

首先，在研究视角上，现有研究大多是从农村养老保障责任分担的视角，即家庭、社会、国家该如何分担各自的责任，无论是强调政府主导责任的，还是强调家庭或社会养老责任的，都忽视了践行责任分担机制的经济、社会与文化基础。往往从应然的角度，界定家庭、社会与国家在农村养老保障中的各自责任，得出偏离我国农村现实的研究结论。

其次，在研究取向上，现有研究大多从我国农村的现有状况出发，立足于横截面的资料分析提出相应的对策，缺少对我国农村养老保障历史演变规律的分析，并从历史演变中预估农村养老的发展趋势。养老保障不仅是一种社会财富的再分配方式与家庭财富代际传递方式，还是一种文化与规范，其变迁必然是一个传承与创新的过程，因而对农村养老保障的研究不仅要立足现实，也要尊重历史、前瞻未来。

再次，在研究内容上，较多从应然角度分析社会转型对传统养老模式的冲击和构建社会养老保障体系的必要性与可行性，较少从实然角度对当前农村养老的实践形态及其困境进行系统的反思。养老保障不仅是一种经济活动，作为经济活动，谁来保障，怎么保障，达到什么效果均涉及生产和分配，从马克思主义角度出发，一定时期内人们消费的数量、种类和水平都取决于生产力水平，因此在讨论养老保障问题时一定要放在社会再生产的整个过程中；养老保障也是一种社会活动，作为社会活动，养老保障涉及不只是代际关系问题，还是个人、家庭、社会与国家的关系问题，因此我们不仅要关注微观层面的个体意愿与行为，还要关注宏观经济环境下的制度与文化，只有如此才能抓住农村养老保障问题的本质。

鉴于以上认识，本书试图在分析我国不同时期农村养老保障的实践的基础上，揭示我国农村养老保障的演变规律；通过在对我国农村居民养老观念与行为实证分析的基础上，客观描述我国现阶段农村养老保障的现状、问题及其原因，探讨我国农村养老保障的发展趋势。

第三节 研究内容与方法

本书从尊重历史、立足我国农村的现实出发，以农民需求为导向，分析现阶段我国农村养老保障的实践机制，探讨适应我国农村经济、社会发展趋势的农村社会养老保障方式的建构。本研究涉及以下几个核心概念界定如下：

养老保障：是对老年人口提供的经济支持、生活照顾、精神支持，以满足其物质生活和精神生活需要的保障；提供经济支持、生活照顾、精神支持的责任主体可以是家庭也可以是社会与国家，但各责任主体随着经济与社会的发展其承担的责任大小与具体提供的内容是不断变化的。

农村社会养老保障：农村社会养老保障有狭义与广义之分，狭义的农村社会养老保障是指国家与社会为农村老人提供的养老保障；广义的农村社会养老保障是指农村社会的养老保障，具体包括家庭养老保障与国家和社会为农村老人提供的养老保障。为便于对农村社会的养老保障进行系统分析，本研究是从广义上来理解农村社会养老保障的，简称农村养老保障。

家庭养老保障：是指家庭成员（包括自己与配偶及其子女或其他亲属）提供的养老保障。

一 研究内容

首先，通过对我国不同历史时期的农村养老保障方式分析，即分析不同时期家庭、社会、国家在农村养老保障中的作用及其三者之间的关系，以及不同时期农村养老保障方式存在与运行的经济与社会基础，揭示农村养老保障方式的运行机制与演变规律。养老保障作为一种经济与社会活动，不仅涉及代际之间以及家庭、社会、国家之间的财富分配与转移关系和主体责任关系；而且涉及建立这种关系的经济与社会基础以及维持这种关系的文化与价值基础。文化与价值观念相对于经济关系变迁的滞后性，决定了养老保障方式的变迁必定滞后于经济方式的变迁且是一个渐进的过程。因而我们不仅要研究不同时期我国农村养老保障的特点及其不同时期农村养老保障方式的传承关系，也要研究不同时期农村养老保障的共同特点。

其次，通过对农村居民养老观念、意愿、赡养行为的实证分析，研究我国农村养老的现状、问题及其存在的原因，揭示我国社会转型期农村养老保障方式的运作机制及其演变趋势。农村居民是农村社会的主体，农村经济、社会发展的根本目的是不断满足人们日益增长的需要与人的全面发展，因此，对农村养老保障的研究必须从农村居民的需求出发。人们的需要是随着经济与社会的发展而日益增长，即不同时代的人们其需要的内容、水平及其满足的方式与途径是不一样的，如人们对养老的需求，随着人们生活水平的提高与个性的发展，在内容上由偏重对物质的需求向着物质与精神需求并重发展，在需求实现的方式与途径上，也由依赖与被动需求向着独立与主动需求转变。养老保障对于中青年来说是一种需求预期，对于老年人来说是一种实时需求，老年人的实时需求满足状况将会直接影响着中青年对未来的需求预期。因而对农村养老保障的现状与发展趋势分析，必须分析不同农村居民群体的养老观念、意愿与赡养行为及其影响因素，进而分析现时养老保障方式的运作机制及其演变趋势。

再次，通过对新农保制度实施及其保障能力、可持续性与农村居民参与新农保意愿与行为及其影响因素的分析，研究在建立城乡统一协调的农村社会养老保障体系过程中家庭、社会、国家三者之间的互动关系以及存在的问题与原因，进一步揭示农村居民养老保障的行为逻辑，探讨新型农村社会养老保障方式的建构。现阶段，我国农村养老问题的主要矛盾是随着人们生活水平的提高，传统家庭养老经济支持无法满足农村老年人日益增长的物质需求。因此，在经济支持、生活照料、精神慰藉养老内容的三个方面，解决经济支持问题，特别是提高农村老人的经济独立性与自主性，是当今中国农村养老的基本问题。新农保作为一种普惠式的养老经济福利制度是如何嵌入农村社会的，在嵌入过程中农民与国家是怎样互动的，农民又是什么样的行为逻辑参与新农保的，新农保推行后在多大程度上满足了农村居民养老的经济需求即养老保障能力如何，从农村居民参与行为来看新农保制度是否具有可持续性等，对这些问题的解答是探讨新型农村社会养老保障方式建构的重点。

二 研究方法

本研究通过定性与实量相结合的方式研究我国农村养老保障的演变规律，揭示在社会转型期我国农村养老保障存在的问题及其原因，探讨我国新型农村社会养老保障方式的建构。在本研究中主要采用了以下几种研究方法：

（一）文献研究法

文献研究主要通过对历史文献的梳理，运用定性分析的手段，分析我国传统时期、集体化时期与后集体化时期家庭、社会、国家在农村养老保障中分别承担的责任与发挥功能，以及上述不同时期农村养老保障方式运行的经济与社会基础及特点，从而揭示我国农村养老保障方式的演变规律。

（二）实证研究法

实证研究主要通过问卷调查法收集我国农村居民的养老观念、意愿、赡养行为及其参与新农保的意愿与行为，运用统计模型对问卷资料进行定量分析（采用的统计模型介绍详见正文）。为使问卷调查的样本尽可能地具有代表性，同时考虑到调查方案的可行性，调查地点分别从我国的东、中、西部选取了浙江省温州市、山东省武城县、湖北省广水市、江西省寻乌县及四川省宜宾市5个地区进行抽样调查，这5个地区经济与社会发展水平较好地代表了我国现阶段农村经济社会发展的区域差异。5个地区的统计资料显示，调查前一年的农村居民人均纯收入浙江省温州市16194元、山东省武城县11042元、湖北省广水市9120元、江西省寻乌县5088元、四川省宜宾市8806元；江西省寻乌县虽地处中部，但属于贫困山区，交通闭塞，是国家级贫困县，与西部地区经济社会发展水平较一致。在选取的5个地区分别依据当地的经济发展水平抽取优、中、差3—5个乡镇，再依据乡镇的大小在每个乡镇选取2—4个行政村，在每个行政村随机选取30个样本。此次调查共选取了22个乡镇58个行政村的1740个样本，调查于2012年8月至2013年8月由课题组成员带领所在单位的研究生组成的调查小组分赴不同乡镇驻村入户展开。由于部分样本调查时无法找到其人或不配合调查，剔除这部分样本，回收有效问卷1599份，有效率达到91%，全部问卷由调查小组成员与访谈对象面对面访谈完成。对这部分的调查问卷数据在后面的行文中简称为“5省问卷调查数据”。

为便于对个别专题问题进行深入的调查，课题组除了上述5个地区的大规模问卷调查以外，还对湖北省黄梅县的孔镇、武汉市新洲区等地进行了专题问卷调查与个案深访，以弥补大规模问卷的不足，这些专题调查在具体章节中再作介绍。

另外，为进行动态比较分析，本课题组也采用了有关研究单位曾经做过且已公布的调查问卷数据，如中国人民大学组织的“中国综合社会调查（CGSS2006）”、台湾“中央研究院”组织的“台湾社会变迁调查（TSCS）”以及武汉大学社会保障研究中心（CSSS）2007年组织的农村问卷调查等，这些调查问卷的采用在具体章节中已作说明。

三　研究创新与不足

本成果有以下几方面的创新：

一是研究视角有新意。本成果从历史长时段的角度，以农村传统的家庭养老保障方式演变为主线，分析了家庭、社会、国家在农村养老保障中的作用及其三者之间的关系，探讨了我国农村养老保障的演变规律及发展趋势；从农村居民参与新农保行为逻辑的角度，分析新农保的养老保障能力与可持续性。

二是研究内容有新意。首先是对养老内容研究系统全面，本研究从经济支持、生活照顾、精神支持研究养老保障，改变了以往研究偏重某一方面养老内容的局限性；其次是研究内容宏观与微观、整体与个体有机结合，本研究不仅从历史长时段分析家庭、社会、国家在农村养老保障中发挥的功能及其功能发挥的经济与社会基础，而且研究当代农村居民的养老观念、意愿、赡养行为与老人养老现状及其影响的主客观因素。

三是研究结论有新意。本研究提出的家庭养老虽然从古至今是我国农村养老的主要方式，但现代家庭养老与传统社会的家庭养老相比正在发生巨大变化：即养老责任主体由单一的儿子责任向着儿子为主女儿为辅或儿子与女儿共同责任转变，子女对父母赡养行为的约束也由“传统的孝道”向着“情感、良心”转变，家庭对养老的经济支持也由实物形态为主向着货币形态为主转变；以及老人在家庭中经济的独立性与自主性不仅影响着其养老的物质水平，也影响着生活照料与情感支持的获得，现阶段农村养老问题核心是养老的经济支持问题，新农保对提高农村老人养老中经济的独立性与自主性起到了较好的作用等研究结论，具有创新性。

本研究的不足点：由于以农村传统养老保障方式即家庭养老方式演变为主要线索，从农村居民养老观念、意愿、赡养行为着手，研究我国农村养老保障的演变趋势，对如何开展社会化养老服务研究不够；另外，我国由不同民族组成，不同民族的养老文化存在着很大差异，由于客观条件限制，调查样本选取主要在汉族地区，因而研究结论的代表性只能局限在一定的范围内。

第二章　传统时期的农村养老保障

列宁曾经指出："要科学地分析一个问题，最为重要的就是不忘记其与历史的基本联系，要看这种现象在历史上到底是怎样产生的，在其发展过程中会经历哪些主要的阶段，我们要做的就是根据它的发展阶段去考察这种现象到底是怎样的。"① 在农村养老保障这个问题上，清楚地认识到农村养老保障的起源、发展及其特征，有助于我们更好地认识我国当前和今后的农村养老问题。本章将主要分析传统时期家庭、家族和国家分别在养老保障中发挥的功能，在此基础上剖析传统时期农村养老保障的基础和特点。在这里，"传统时期"泛指解放以前土地归家庭私有和国家支持的家族长老统治的时期，此时农村的养老保障主要以个人的终身劳动积累为基础、家庭内部进行代际交换的"反哺式"家庭养老，与此同时家族和国家也发挥了重要作用，一方面优待和救济弱势老人；另一方面在意识层面强化和巩固了家庭养老。

第一节　国家的养老保障功能

原始社会末期，随着社会的发展，母权制度逐步向父权制度转变，私有制逐渐产生，个体家庭也随之出现，社会上逐渐形成了敬老养老的传统。姚远通过对恩格斯《家庭、私有制和国家的起源》的解

① 《列宁全集》（第37卷），人民出版社1986年版，第61页。

读指出，在共产所有制（母权制）和有限私有制（家长制）时期，赡养老年人就成为群体的习惯和自然而然的事情，并逐渐成为家庭和子代不容置疑的责任[①]。在我国，敬老一直是传统的美德，据史料考证它形成于尧舜时期，到了周代已经成为当时的行为规范和社会准则。如《礼记·祭义》有载："昔者有虞氏贵德而尚齿，夏后氏贵爵而尚齿，殷人贵富而尚齿，周人贵亲而尚齿。虞、夏、殷、周，天下之盛王也，未有遗年者。"[②]《礼记·王制》中也有记载："凡养老，有虞氏以燕礼，夏后氏以飨礼，殷人以食礼，周人修而兼用之。"[③] 这两处记载的尚齿和养老礼制都说明了当时社会尊敬老人的程度，也表明了农村养老制度已经具备了一定的理念基础。

秦汉时期，儒家形成了报恩事亲的一套思想体系，即孝道，并大力宣扬孝的地位，认为"夫孝，天之经也，地之义也，民之行也"，并提出"老吾老以及人之老"，将孝道从家庭推广到国家。由于强调家庭内部父系家长的权威和父子关系的延续性，符合封建国家利用血缘来巩固统治的需求，孝道被大力推行，从而形成"以孝治天下""求忠臣必于孝子之门"等执政理念。而养老作为孝道的具体表现，也备受国家和社会重视，具体来讲，国家在养老保障方面的功能主要体现在以下六个方面[④]：

一　赐予老人尊号和官衔等，提高老年人地位

传统社会，统治者为了达到社会稳定的目的，会通过赐予高年老人王杖（几杖）、爵位和官衔等来尊崇老年人，提高其社会地位，这里的爵位和官衔多是荣誉性的，而非实职，赏赐的目的在于使这些老

---

① 姚远：《中国家庭养老研究》，中国人口出版社2001年版，第94—95页。

② 《礼记·祭义》，转引自舒大纲：《中国孝经学史》，福建人民出版社2013年版，第19页。

③ 《礼记·王制》，转引自舒大纲：《中国孝经学史》，福建人民出版社2013年版，第19页。

④ 苏保忠：《中国农村养老问题研究》，清华大学出版社2009年版，第46—48页。

年人“垂范乡里、纯洁风俗、教导乡民”。汉朝时，创立了“高年赐王杖”的养老制度，《王杖诏令》称：“高皇帝以来，至本始二年，朕甚哀怜耆老，高年赐王杖。”[①] 西汉时持王杖的老人可享受多种优待，如政治地位与“六百石”的官吏相当，可以自由行走官府，行走驰道、经商不征市税、终身免除赋役等。东汉时继续实行王杖制度，每到仲秋之月都会进行敬老的活动，《后汉书·礼仪志》载：“年始七十者，授之以王杖，辅之以糜粥。八十、九十，礼有加赐。”北魏孝文帝时期，对老年人采取了不少优待措施，赐“几杖”也包括在内，北齐时也规定“都下及外州人年七十以上赐鸠杖黄帽”[②]。唐高宗显庆二年的诏书则直接点明了赐“几杖”的目的，“古之为政先于尚老，居则致养，礼传三代，行则就见，制问百年……念其将智尤重乞言，俾申恩于几杖，其布惠于乡国。”[③] 历朝历代的这些诏书，其意义在于表明了当时的国家已经考虑到养老、敬老对国家统治与稳定的作用。

《册府元龟·卷五十五》曾详细记载了历代帝王在养老方面的作为，其中一条就是对老年人赐予爵位。赐予老人爵位出现在北魏孝文帝时期，孝文帝对尊老极其虔诚，不仅尊敬三老五更，还会对平民多次赐予爵位和官衔，对于生活不能自理的老人也会赐予物品，如孝文帝十九年时下诏对于百岁老人赐予县令爵位，九十岁以上老人赐爵三级，八十岁以上老人赐爵二级，七十岁以上老人赐爵一级。[④] 明代时，君王不仅会赐予老人爵位，还会给予老人一定的地位优待，如《明会典·卷八十》记载明太祖对于应天凤阳两个地区的八十岁以上老人赐

---

① 王卫平、黄鸿山、曾桂林：《中国慈善史纲》，中国劳动社会保障出版社2011年版，第19页。

② 王卫平、黄鸿山：《中国古代传统社会保障与慈善事业：以明清时期为重点的考察》，群言出版社2004年版，第37页。

③ （宋）王钦若：《册府元龟·卷五十五》，转引自骆明、王淑臣：《中华孝文化研究集成3——历代孝亲敬老诏令律例（先秦至隋唐卷）》，光明日报出版社2013年版，第312页。

④ （宋）王钦若：《册府元龟·卷五十五》，转引自骆明、王淑臣：《中华孝文化研究集成3——历代孝亲敬老诏令律例（先秦至隋唐卷）》，光明日报出版社2013年版，第113页。

爵里士，九十岁以上老人赐爵社士，在地位待遇方面都可以与县官平礼，并免除杂差。[①]

在赐予爵位之外，帝王也会赐予老人官衔，但这些官衔也多是荣誉性质的，这也始于北魏孝文帝时期，孝文帝太和十九年十月，下诏对于相州民百年以上假郡守，九十岁以上老人假县令，而八十岁以上老人赐爵三级[②]。孝明帝则承继了孝文帝的遗风，也大力推崇尊老，如在神龟元年对于京畿地区百岁以上老人授予大郡板，九十岁以上老人授予小郡板，八十岁以上老人授予大县板，七十岁以上老人授予小县板，对于京畿之外的诸州老人也会各有所授。[③]

隋唐时期，也多有君王赐予老年人官衔，如隋炀帝七年二月巡抚民俗时，诏曰："其河北诸郡及山西山北，年九十以上者，板授太守，八十者，授县令。"[④] 到了唐代，帝王多在正月大赦诏告天下时赐予老人官衔，如唐睿宗太极元年，"正月藉田大赦，赐老人年九十以上板授下州刺史，绯衫牙笏。八十以上板授上州司马，绿衫木笏。"[⑤] 唐代宗"广德二年二月亲祠南郊，礼毕大赦诏天下侍老，九十以上板授刺史，七十以上板授上佐县令。"[⑥]

---

① （明）李东阳：《大明会典·卷八十·养老》，转引自苏保忠：《中国农村养老问题研究》，清华大学出版社2009年版，第46页。

② （宋）王钦若：《册府元龟·卷五十五》，转引自骆明、王淑臣：《中华孝文化研究集成3——历代孝亲敬老诏令律例（先秦至隋唐卷）》，光明日报出版社2013年版，第114页。

③ （宋）王钦若：《册府元龟·卷五十五》，转引自苏保忠：《中国农村养老问题研究》，清华大学出版社2009年版，第46页。

④ （宋）王钦若：《册府元龟·卷五十五》，转引自骆明、王淑臣：《中华孝文化研究集成3——历代孝亲敬老诏令律例（先秦至隋唐卷）》，光明日报出版社2013年版，第143页。

⑤ （宋）王钦若：《册府元龟·卷五十五》，转引自骆明、王淑臣：《中华孝文化研究集成3——历代孝亲敬老诏令律例（先秦至隋唐卷）》，光明日报出版社2013年版，第144页。

⑥ （宋）王钦若：《册府元龟·卷五十五》，转引自骆明、王淑臣：《中华孝文化研究集成3——历代孝亲敬老诏令律例（先秦至隋唐卷）》，光明日报出版社2013年版，第145页。

二 行养老礼和乡饮酒礼，倡导尊长敬老

传统社会，历代统治者会选取有丰富阅历和经验的老者，来担任三老五更，通过亲身示范来宣扬尊长敬老从而教化民众，这也是我国养老制度的最早起源。《礼记注疏·卷二十·文王世子》记载：“三老五更各一人也，皆年老更事致仕者也。天子以父兄养之，示天下之孝悌也。”① 依照礼制，天子在向三老表示尊敬时，有一定的仪式，如《史记·书·乐书》记载：“食三老五更于大学，天子袒而割牲，执酱而馈，执爵而酳，冕而总干，所以教诸侯之悌也。”②《后汉书》也曾记载养三老五更仪的过程：“天子迎于门屏，交礼、道自阼阶，三老升自宾阶。至阶，天子揖如礼。三老升，东面，三公设几，九卿正履，天子亲袒割牲，执酱而馈，执爵而酳，祝鲠在前，祝饐在后。五更南面，公进供礼亦如之。”北齐仲春令辰陈养老礼，“皇帝拜三老，群臣皆拜，不拜五更。乃坐，皇帝西面肃拜五更，进珍馐食，亲袒割牲执酱以馈，执爵而酪以次进五更，乃设酒醴于国老、庶老。”③

在民间，人们在聚会饮酒时也会遵循一定的礼仪来宣扬尊长敬老，这种礼仪就是乡饮酒礼，它是一种由政府出面主持的，自先秦以来就流传社会的民间仪式。《礼记·乡饮酒义》详细记载了乡饮酒礼的具体状况及其目的，“乡饮酒之礼，六十者坐，五十者立侍，以听政役，所以明尊长也。六十者三豆，七十者四豆，八十者五豆，九十者六豆，所以明养老也。民知尊长养老，而后乃能人孝弟。民人孝弟，出尊长、养老，而后成教，成教而后国可安也。君子之所谓孝

---

① 《礼记注疏·卷二十·文王世子》，转引自徐少锦、温克勤主编：《伦理百科辞典》，中国广播电视出版社 1999 年版，第 48 页。

② 《史记·书·乐书》，转引自顾晓鸣主编：《史记鉴赏辞典》，上海辞书出版社 2013 年版，第 29—32 页。

③ 《通典·卷二十七·礼二十七》，转引自骆明、王淑臣：《中华孝文化研究集成 3——历代孝亲敬老诏令律例（先秦至隋唐卷）》，光明日报出版社 2013 年版，第 135 页。

者，非家至而日见之也。合诸乡射，教之乡饮酒之礼，而孝弟之行立矣。"[①] 从这一段记述中我们也可以看出定礼仪的目的，是让天下的百姓明白敬老这一习俗，最后达成维护社会稳定的目的。

唐太宗时期，为达到"庶乎时识廉耻，人知礼节"的目的，录《乡饮酒礼》一卷，颁示天下，"每年令州县长官，亲率长幼，依礼行之。"[②] 据《大唐开元礼》记载："每年季冬之月，县令为主人，乡之老人年六十以上有德望者一人为宾，次一人为介，又其次为三宾，又其次为众宾。"[③] 后唐明宗时，要求"诸科举人，常年荐送，先令行乡饮酒之礼……复行乡饮酒之礼。"[④]

明代时，乡饮酒礼发展到了高峰，逐渐形成了一定的规则，即"叙长幼，论贤良，别奸玩，异罪人"[⑤]，同时，对于坐席的齿位也有一定的安排，《明会典·卷七十九·乡饮酒礼》记载："其坐席间，高年有德者居于上，高年淳笃者并之，以次序齿而列。其有曾达条犯法之人，列于外坐，同类者成席，不许于善良之席。"而举办乡饮酒礼之人，在具体安排时如果混淆了齿位，会被以罪处之，"主者若不分别，致使贵贱混淆，察知，或坐中人发觉，罪以违制。"[⑥] 此外，根据举办范围的不同，形成了府州县和里社举办两种不同特色的乡饮酒

---

① 《礼记·乡饮酒义》，转引自秦永洲、吴伟伟：《以孝齐家：孝与社会风俗》，中国国际广播出版社 2014 年版，第 107 页。

② 《全唐文·卷五·太宗皇帝二·令州县行乡饮酒礼诏》，转引自骆明、王淑臣：《中华孝文化研究集成 3——历代孝亲敬老诏令律例（先秦至隋唐卷）》，光明日报出版社 2013 年版，第 268 页。

③ 骆明、王淑臣：《中华孝文化研究集成 3——历代孝亲敬老诏令律例（先秦至隋唐卷）》，光明日报出版社 2013 年版，第 268 页。

④ 《全唐文·卷一百一十·后唐明宗六》，转引自骆明、王淑臣：《中华孝文化研究集成 3——历代孝亲敬老诏令律例（先秦至隋唐卷）》，光明日报出版社 2013 年版，第 276 页。

⑤ 《明会典·卷七十九·乡饮酒礼》，转引自龚贤：《时代管理思想：基于政策工具视角的研究》，经济管理出版社 2014 年版，第 228 页。

⑥ 《明会典·卷七十九·乡饮酒礼》，转引自葛荃主编，李宪堂、王成副主编：《中国政治思想通史（明清卷）》，中国人民大学出版社 2014 年版，第 154 页。

礼，二者都要求勤俭不奢靡，但举办时间有所不同。《明会典·卷七十九·乡饮酒礼》记载："一各处府州县，每岁正月十五日、十月初一日，于儒学行乡饮酒礼"，"一里社，每岁春秋社祭会饮毕，行乡饮酒礼"[①]。清朝早期，乡饮酒礼遵循明朝旧制，但在此基础上也有了一定的发展，其中一个比较有特色的地方在于，仪式活动中有生员"读律令"，律令点明了乡饮酒礼的目的以及仪式活动的相关安排。读曰："律令，凡乡饮酒，序长幼，论贤良，别奸顽。年高德劭者上列，纯谨者肩随。差以齿，悖法面规者毋俾参席，否以违制论。敢有哗噪失仪，扬觯者纠之。"[②] 清朝早期，乡饮酒礼的经费来源于公家；但在清道光末期这笔经费移充军饷，开始改归地方指办；清光绪时期，这种仪式活动被废止。

三　设立养老救济机构，收养鳏寡孤独老人

养老救济机构是国家民政救济工作的重要方面，它的服务对象是社会上孤苦无依的老人。早在夏商周时期，统治者就比较重视老年人的赡养，《通典》就有"五十养于乡，六十养于国，七十养于学"的记载。[③] 南北朝时期，出现了专门的收养机构：六疾馆与孤独园。"六疾馆"的"六疾"泛称各种疾病，在南北朝时期是疾病的代名词，南朝宋明帝泰始元年（465）规定鳏寡孤独、残废六疾不能自存者，地方政府要给予生活上的照顾和援助，由此"立六疾以养穷民"。孤独园出现于南朝梁武帝年间，统治者意识到政府收养"单老幼稚"的责任，"于京师置孤独园"[④]。六疾馆与孤独园的创立，开国家设立收养

① 《明会典·卷七十九·乡饮酒礼》，转引自龚贤：《时代管理思想：基于政策工具视角的研究》，经济管理出版社2014年版，第228页。

② 《清史稿·志六十四·礼八》，转引自王俊良：《中国历代国家管理辞典》，吉林人民出版社2002年版，第159页。

③ 《通典·礼二十七·沿革二十七·嘉礼十二》，转引自骆明、王淑臣：《中华孝文化研究集成3——历代孝亲敬老诏令律例（先秦至隋唐卷）》，光明日报出版社2013年版，第45页。

④ 王卫平、黄鸿山、曾桂林：《中国慈善史纲》，中国劳动社会保障出版社2011年版，第24页。

机构，对鳏寡孤独、贫病无依者予以集中救助的先河，自此以后，类似的救助机构也出现在之后的朝代。唐朝武则天年间，出现了悲田养病坊，“矜孤恤穷，敬老养病”，政府还会选派官员专门负责机构的运行，武则天之后悲田养病坊的工作经历了由寺院运营、政府监督再到官营的转变，但养老机构的发展逐渐走上了规模化之路。

到了宋元时期，随着我国经济的繁荣和市民阶层的兴起，国家有了一定的财力来兴办养老机构，官办的养老救济事业达到了一个高峰。北宋建立之初，即于首都开封设立了东、西两个福田院，用来收容老幼、乞丐与残疾之人。宋仁宗嘉祐八年（1063），又增设南、北两个福田院，每院收容 300 人，四院共计收容 1200 人左右，而福田院所需要的经费都来源于国家财政，并且经费由每年的五百万增加到八百万。[①] 宋哲宗元符元年（1098）下旨颁布了著名的“元符令”，全国各地政府的官员要为当地贫穷无依的老者提供物质和医疗保障，并为他们安排养老的住处，这是最早的老人居住法令，福田院则成为名副其实的老人院。福田院刚开始仅仅在首都开封开设，并未在地方展开，宋徽宗时期设立收养安置鳏寡孤独贫民的居养院，贫穷老人不管有没有亲人照顾都可以入住，这样养老的机构和设置在全国实现了制度化、固定化和法定化。

元朝基本延续了两宋时期的做法，设立养济院收养鳏寡孤独、老弱病残、穷而无告者，并为老人提供医疗服务，死后还负责安葬。明朝的养济院也沿袭前朝，但是由于人口的增长不得不提高了入园老人的标准。明万历年间（1573—1620）吕坤在山东任“参政”时，把当地需要收养的老人按照年龄、伤病和残疾程度等情况，分为四个等级：第一等为“尽数收养”；第二等是待养济院有空位，再补缺；第三等和第四等就只能先自己解决生活问题，直到超过六十岁，才有可能得到收养。[②] 到了清代，经过几个世纪的发展，养老机构的管理、

① 梁盼：《以孝侍亲：孝与古代养老》，中国国际广播出版社 2014 年版，第 50 页。

② 梁盼：《以孝侍亲：孝与古代养老》，中国国际广播出版社 2014 年版，第 54 页。

设施和制度都臻于完善，一直到民国时期，很多省份地区养老机构的运行仍沿用清朝的旧制。

四　赏赐物品，改善老年人生活条件

从秦汉到晚清时期，帝王在老年人养老方面最主要的举措就是赏赐物品，改善老年人生活条件。汉文帝时设存问制度以了解老年人生活状况，并赏赐物品来体现国家敬老的意愿。据《汉书·帝纪第四·文帝》记载："今岁首，不时使人存问长老，又无布帛酒肉之赐，将何以佐天下子孙孝养其亲？……有司请令县道，年八十已上，赐米人月一石，肉二十斤，酒五斗。其九十已上，又赐帛人二匹，絮三斤。"① 南朝宋文帝元嘉十年春发布孤老令，"孤老、六疾不能自存者，人赐谷五斛。"北魏孝文帝时期，由于虔诚尊老曾多次下诏赏赐老年人物品，此外，对有疾病却无法救治的老人还遣医救护，如太和二十一年秋九月丙申诏："可敕司州洛阳之民，年七十已上无子孙，六十已上无期亲，贫不自存者，给以衣食；及不满六十而有废痼之疾，无大功之亲穷困无以自疗者，皆于别坊遣医救护，给医师四人，豫请药物以疗之。"②

唐代时，也多有君主赏赐老年人物品，如武则天光宅元年，"诸年八十已上各赐粟二石，绵帛二段；九十已上赐粟三石，绵帛三段；百岁已上赐粟五石，绵帛五段，并依旧例版授。"③ 唐玄宗时期，对于老年人的赏赐已经不局限于男性，老年妇女也会赏赐官衔和物品，如天宝十三年有诏令："天下侍老，百岁已上版授本郡太守，妇人版授

① 《汉书·帝纪第四·文帝》，转引自骆明、王淑臣：《中华孝文化研究集成3——历代孝亲敬老诏令律例（先秦至隋唐卷）》，光明日报出版社2013年版，第3页。

② 《魏书·帝纪第七下》，转引自骆明、王淑臣：《中华孝文化研究集成3——历代孝亲敬老诏令律例（先秦至隋唐卷）》，光明日报出版社2013年版，第107页。

③ 《全唐书·卷九十六》，转引自骆明、王淑臣：《中华孝文化研究集成3——历代孝亲敬老诏令律例（先秦至隋唐卷）》，光明日报出版社2013年版，第188页。

郡夫人，各赐绵帛五段、粟三石；八十已上版授本县令，妇人版授县君，各赐绵帛二段、粟二石。”①

明朝时，鳏寡孤独老人的生活所需由官府来提供，同时，国家对于老年人的物品赏赐已经不再局限于贫穷老人，对于有田产但不能自给的老人也会给予一定的赏赐。洪武十九年（1386），对于八十岁以上贫困老人每月给五斗米、五斤肉、三斗酒，九十岁以上老人加给一匹帛、五斤絮。对于那些有田产但仅能够自足的老人，给予同样的酒肉絮帛。② 永乐二十二年（1424），令“民年七十以上及笃废残疾者，许一丁侍养；不能自存者，有司赈给。八十以上者，仍给绢二匹，绵二斤，酒一斗”③。明英宗时，不仅会赏赐老人物品，对于百岁高龄老人死后还给予棺具，“凡民年七十以上者，免一丁差役，每年给酒十瓶，肉十斤。八十以上者，加赐绵二斤，布二匹。九十以上者，给予冠带，每年设宴招待一次。百岁以上者，给予棺具。”

五　推行免役、“给侍”、告养等制度，提高老年人生活照料水平

赡养老人需要一定的物质基础，而减免老人及其家庭的赋税负担，或保证有充足的人力去照顾老人，无疑是增强老人及其家庭的经济实力，提高老人照顾水平的实惠做法。自周代开始，五十岁以上老年人就可以享受免除赋役的特权，对于高龄老人，为保证有充足人力去照顾，还可享受全家免除赋役的待遇。如《礼记·王制》记载“五十不从力政，六十不与服戎”，“八十者一子不从政，九十者其家不从政”。④《管子·入国》中的记载略有不同，但做法一致：“所谓老老

① 《全唐书·卷四十》，转引自骆明、王淑臣：《中华孝文化研究集成3——历代孝亲敬老诏令律例（先秦至隋唐卷）》，光明日报出版社2013年版，第185页。

② （明）李东阳：《大明会典·卷八十·养老》，转引自龚贤：《时代管理思想：基于政策工具视角的研究》，经济管理出版社2014年版，第227页。

③ （明）李东阳：《大明会典·卷八十·养老》，转引自张敬一、赵新亚：《农村养老保障政策研究》，上海交通大学出版社2007年版，第79页。

④ 《礼记·王制》，转引自白坤编注：《礼记选读》，浙江古籍出版社2013年版，第73页。

者，凡国都皆有掌老，年七十已上，一子无征，三月有馈肉；八十已上，二子无征，月有馈肉；九十已上，无征，日有酒肉。”① 汉代时，对于有高龄老人的家庭，通常会减免部分人口的赋役，如汉景帝二年时，“又礼高年，九十者一子不事，八十者二算不事。（一子不事，蠲其赋役。二算不事，免二口之算赋。）”汉武帝建元元年，“制：八十复二算，九十复甲卒。（二算，二口之算也。复甲卒，不在革车之赋。）”② 北魏孝文帝时期，对于有老人的家庭，则直接免去全部徭役，如太和四年“诏会京师耆老，赐锦彩、衣服、几杖、稻米、蜜、面，复家人不徭役。”③

唐代时，继续推行优待老年人及其家庭的制度和措施，但相比之前的朝代更加人性化。如赋役之制规定：“若祖父母老疾，家无兼丁，免征行”④，不仅如此，田亩制度也会给老人以优待，“授田之制，丁及男年十八以上者，人一顷，其八十亩为口分，二十亩为永业。老及笃疾、废疾者，人四十亩。”⑤ 此外，唐代在养老方面的一个重大举措是实行给侍制度，即对于八十岁以上的老人，许给侍丁照顾，家人享受免役优待。《唐六典·卷三》户部郎中员外郎条云：“凡庶人年八十及笃疾，给侍丁一人，九十给二人，百岁三人”。唐玄宗时期，给侍制度不再局限于老年男性，老年妇女也有惠及，如《唐大诏令集·卷

---

① 《管子·入国》，转引自张晖：《居家养老服务输送机制研究：基于杭州的经验》，浙江大学出版社2014年版，第38页。

② 《通典·卷四·食货四》，转引自徐建设、张文科主编：《儒家文化慈善思想研究》，中国社会出版社2013年版，第140页。

③ 《魏书·帝纪第七上·高祖孝文帝》，转引自骆明、王淑臣：《中华孝文化研究集成3——历代孝亲敬老诏令律例（先秦至隋唐卷）》，光明日报出版社2013年版，第125页。

④ 《旧唐书·志第二三·职官二》，转引自骆明、王淑臣：《中华孝文化研究集成3——历代孝亲敬老诏令律例（先秦至隋唐卷）》，光明日报出版社2013年版，第255页。

⑤ 《新唐书·志第四十一·食货一》，转引自骆明、王淑臣：《中华孝文化研究集成3——历代孝亲敬老诏令律例（先秦至隋唐卷）》，光明日报出版社2013年版，第235页。

九》记载了高龄老人的给侍状况，丈夫七十五岁以上，妇人七十岁以上，应该给予一中年男子在身边侍奉照料，对于八十岁以上的也应该这样。[①]

唐代以后，侍丁制度也得以延续，如明代洪武元年（1368）诏令“民年七十之上者，许一丁侍养，免杂泛差役”，但是这条制度似乎并未被普遍推行，在洪武二年又有“令凡民年八十之上，止有一子。若系有田产应当差役者，许令雇人代替出官。无田产者，许存侍丁，与免杂役。”[②] 到了清代，顺治时已有规定：“凡军民人等，年七十以上者，免其丁夫杂差”，至康熙二十七年，为使家庭能充分照顾老人生活，把免除差役的范围也扩大到老人的家庭成员身上，“军民七十以上者，许一丁侍养，免其杂派差役”。此外，清政府还颁布官员告养制度，对于父母都在七十岁以上但是儿子们都在外地当官家中没有子嗣照顾的，或者是儿子们因为得病不能侍奉父母的，或者是兄弟是同父异母的但母亲又老了的，都允许其回家侍奉老人。对于那些父母在八十岁以上，即使家中有人照料，愿意回去侍奉的也会批准。[③] 总之，历朝历代免除老年人赋役以及给侍、告养等规定和措施，给老年人及其家庭都带来了优惠，也为照顾老人提供了人力的保证，提高了老年人的照顾水平，也间接提高了老年人在家庭中的地位与尊严。

六　刑律优免老人犯罪，严惩子女不孝行为

对老年人的优待还体现在刑律上，当老年人犯罪时，国家会给予量刑从轻的待遇。汉朝时，律法对于七十或八十以上的老年人予以宽免，这一做法对后世法典影响深远。汉景帝曾下诏“高年老长，人所

① 王卫平、黄鸿山：《中国古代传统社会保障与慈善事业：以明清时期为重点的考察》，群言出版社 2004 年版，第 39 页。

② 《明会典·卷二十·赋税》，转引自杨子慧主编：《中国历代人口统计资料研究》，改革出版社 1996 年版，第 979 页。

③ 王卫平、黄鸿山：《中国古代传统社会保障与慈善事业：以明清时期为重点的考察》，群言出版社 2004 年版，第 106 页。

尊敬也。……其著令：年八十以上，……当鞠系者，颂系之。”[①] 汉孝宣帝元康四年下诏曰：“自今以来，诸年八十非诬告、杀伤人，它皆勿坐。”[②] 成帝时“王杖诏书”载曰：“制诏御史：年七十以上，人所尊敬也，非首，杀伤人，毋告劾，它毋所坐。年八十以上，生日久乎？”北魏孝文帝太和十八年，诏诸北城人：“年满七十以上及废疾之徒，校其元犯，以准新律，事当从坐者，听其一身还乡，又令一子抚养，终命之后，乃遣归边；自余之处，如此之犯，年八十以上，皆听还。”[③]

唐代时，律法逐渐成熟，将礼教仁爱精神与国家刑法有机结合起来治理国家，执法过程中带有同情心，对后世影响较大，而对老人犯罪时的处理就体现了这一点。《唐律疏义·卷四》中条例有老年人等犯罪处罚从宽的规定，对于高龄老人即使犯死罪也不加刑，“诸年七十以上及废疾，犯流罪以下，收赎”；“八十以上及笃疾，犯反、逆、杀人应死者，上请”（疏曰：“有不可赦者，年虽老小，情状难原，故反、逆及杀人，准律应合死者，曹司不断，依上请之式，奏听敕裁。”）；“盗及伤人者，亦收赎”；“九十以上、七岁以下，虽有死罪，不加刑”。[④] 此外，《唐律疏义·卷四》还有“犯时未老疾”的条例，这直接体现了唐代律法的宽容与仁爱，“诸犯罪时虽未老、疾，而事发时老、疾者，依老、疾论”。[⑤] 唐代律法对老年人犯罪的宽免，在明清时期得到延续，清代时甚至规定不得状告八十岁以上的老人，官员如果受理会遭

① 《汉书·志第三·刑法》，转引自骆明、王淑臣：《中华孝文化研究集成3——历代孝亲敬老诏令律例（先秦至隋唐卷）》，光明日报出版社2013年版，第34页。

② 同上。

③ 《魏书·帝纪第七下·高祖孝文帝》，转引自邵正坤：《北朝家庭形态研究》，科学出版社2008年版，第144页。

④ 《唐律疏议·卷四》，转引自王立民：《唐律新探》，北京大学出版社2007年版，第7页。

⑤ 《唐律疏议·卷四》，转引自翁腾环：《世界刑法保安处分比较学》，商务印书馆2014年版，第207页。

到处置，如《大清律令·刑律》载曰："其年八十以上十岁以下及笃疾者，若妇人除谋反叛逆、子孙不孝或己身及同居之内为人盗诈侵夺财产及杀伤之类听告余压不得告，官司受而为理者笞五十。"① 这样，历朝历代对老年人犯罪时的宽免，不仅仅是免除了犯罪老年人的牢狱之灾，而且在封建等级与特权社会，也提高了老年人的社会地位。

同时，国家刑律也为保障老年人的生活，作出了严格处置不赡养父母子女规定，对于不孝行为历朝历代在刑律上都不会豁免。汉代时，不仅在经济上对丧失或部分丧失劳动能力的高年老人会进行赡养，还以法律形式强制执行子女养老。汉光武帝建武二十九年，诏："天下系囚自殊死已下减本罪各一等，不孝不道不在此书。"②汉章帝时，诏："其婴儿无父母亲属，及有子不能养食者，禀给如《律》。"③ 北魏孝成帝时也规定："其不孝父母，不顺尊长，为吏奸暴，及为盗贼，各具以名上。其容隐者，以所匿之罪罪之。"④ 作为后世典范的《唐律》列有十恶不赦之罪，而不孝位列十恶中的第七种，同时详细列举了不孝的种种行为，对于不孝的子女要处以流刑，如供养有缺，父母在别居异财等⑤。明代时，《大明律》也规定子孙凡是违反祖父母和父母的教诲，以及供养有缺的一律处以一百杖刑。

综上所述，历朝历代国家在保障老年人养老方面有两个方面作为：一是在制度设置和意识形态层面维护老年人的权威和地位，通过

---

① 《大清律令·刑律》，转引自郭成伟主编：《中国证据制度的传统与近代化》，中国检察出版社 2013 年版，第 196 页。

② 《后汉光武皇帝纪·卷第八》，转引自程树德：《九朝律考》，商务印书馆 2010 年版，第 20 页。

③ 《后汉书·帝纪第三·肃宗孝章帝》，转引自吕洪业：《中国古代慈善简史》，中国社会出版社 2014 年版，第 33 页。

④ 《魏书·帝纪第五·高宗文成帝》，转引自邓奕：《北朝法制研究》，中华书局 2005 年版，第 44 页。

⑤ 《唐律疏议·卷二》，转引自曹小云：《汉语历史词汇研究》，安徽大学出版社 2014 年版，第 237 页。

对老年人权威和社会地位的维护，使得家庭养老成为国家支持下的普遍养老方式，传统家庭的赡养功能发挥到极致；二是对部分老人特别是弱势老人，会予以一定的资助和救济。因此，在探讨传统社会的养老保障时，国家的养老制度和措施必须纳入分析讨论的视野和框架内。值得提出的是，从历史长时段来看，由于王朝更迭使得养老制度比较散乱，缺乏稳定性和持续性，覆盖面较窄，保障水平也很低，对于老年人的实际生活影响有限，对于这一点将在下文介绍传统时期农村养老保障的特点时予以分析。

第二节 家族的养老保障功能

“以孝治天下”，是历朝历代一直坚持的方针和政策，但是由于“皇权不下乡”，中国古代乡村管理体制更多的是乡村自治，只要不违背国家意志，政府一般不干预乡村事务，家族或宗族就成为了国家贯彻其意志最直接也最有效的组织单位，统治者也会支持和引导家族或宗族的自治和发展[①]。具体而言，家族或宗族在给老年人提供养老保障方面发挥的功能，主要体现在以下几个方面：

一 制定家法族规，宣传和强化孝道

家法族规是家族制约族中众人的行为规范，为了保证严肃性和制度化，多数宗族一般都将家法族规收入族谱并缮列粉牌，悬挂祠堂内。家法族规的主要内容包括尊祖、敬宗、倡孝悌、睦宗族等伦理道德，其目的在于以长幼尊卑等级观念和忠孝节义的道德要求，将族人团结在宗法制度之下，以加强管理。如浙江山阴县《项里钱氏宗族》，卷首《宗规条》：“孝顺父母，尊敬长上，和睦乡里，教训子孙，各安生理，毋作非为。”[②] 林耀华在《义序的宗族研究》中写到祠堂设立

① 王习明：《乡村治理中的老人福利》，华中师范大学博士学位论文，2006年，第24页。

② 《项里钱氏宗族·宗规条》，转引自李文治、江太新：《中国宗法宗族制和族田义庄》，社会科学文献出版社2000年版，第296页。

有《祖训》、《家庙十规》等规条，其中就包含有“尊祖、孝亲、敬长、教子孙、均财、睦族”、“重孝悌”等内容。[①] 朱勇关于14省30份清代宗谱族规统计显示，族规共456条，其中有关血缘伦理者238条，而维持血缘伦理是族规的主要任务，具体条目就有“孝父母”、“敬长上”等内容。[②]

家法族规制定之后，家族会采用不同的形式和活动去宣传，以强化认同从而加强管理。《华阳邵氏宗谱·新增祠规》中曾记载了宣传族规的两种方式：第一，定期在祠堂宣讲。邵氏宗族认为族规是家族规范行为的重要形式，但是其不能自己实行，所以应该仿照王孟箕《宗约仪节》那样，每季定期在族长的带领下来祠堂，选择善于讲解的读书少年将祠规宣讲一遍，并讲解训俗遗规一二条。第二，缮列粉牌，悬挂祠堂。“爰集族众，将祠规公同核定，缮列粉牌，悬挂祠内，俾有遵守，用垂久远。”[③]

此外，家法族规中不仅规定了“重孝悌”等内容，也包括了对孝子顺孙的嘉奖以及对不孝行为的惩罚方式。《林塘宗规》中记载：“凡有孝子顺孙义夫节妇，皆系圣朝作养上司培植廖致，大裨风化，礼当敬崇。各门尊长查明鸣众，率本宗职官斯文族众登门奖劝。”这是对孝子顺孙的表彰，而对不孝行为的惩罚则比较严厉，“子孙雍肃，……向来并无不孝不悌、……奸盗诈伪等事故，能柑食一堂，共始祭拜。以后子孙如有经犯前项过恶，即系件逆祖宗，非我族类，除奸盗听族长房长率子弟以家法从事外，余犯与众绌之，生不得齿于宗间，殁不得祔于家庙。”[④] 广东南海县《潘氏典堂族谱》中甚至规定：

---

① 林耀华：《义序的宗族研究》，生活·读书·新知三联书店2000年版，第199—203页。

② 朱勇：《清代宗族法研究》，湖南教育出版社1987年版，第140页。

③ 汪良发主编：《徽州文化十二讲》，合肥工业大学出版社2008年版，第97页。

④ 《林塘宗规》，转引自李文治、江太新：《中国宗法宗族制和族田义庄》，社会科学文献出版社2000年版，第287页。

“忤逆父母，轻者议责，重者出族，尤重者送官。”[①] 虽然家法族规是属于民间性质的公约，但是在传统社会却具有合法的地位和性质，受到国家正式法律的支持和保护。正是通过这种非正式约束，不孝的行为受到惩罚，老年人的养老得到了保障。

二 调解涉老纠纷，维护老人地位和权威

费孝通认为传统乡土社会是一个“无讼”的社会，大部分的纠纷是通过法律之外的调节以及旧有的人情礼俗来解决的，而家族内的族长和长老在劝导和调解纠纷中发挥着重要作用，冲突的人更容易接受他们的劝导和调解。在养老方面，宗族对孝是特别重视的，认为不孝是十恶不赦，要受到严厉惩处。《毛氏族谱》有训：“凡子逆父、弟犯兄，必有先见之端，亲房自能觉察。如有此种子弟，亲房会同房长，登门晓谕。倘仍不化，传祠惩治其分居。”[②] 释光绪福建福州《通贡龚氏支谱·祠堂条例》还指出媳妇是儿子不赡养父母的重要原因，并给出了相应的处理方法：“不孝为十恶所不赦。人心不古，有好货财私妻子，以至老年人不得所，且有牝鸡司晨，听妇人言而生身老父母转若赘疵公众之物，此等禽兽之行，吾族所绝无而不忍其有者。如或有之，其父母孤犊之私，或不忍言，则许同居之伯叔兄弟鸣之家族长及有官爵者，于祠堂重杖之，或鸣之官痛惩之。”[③]

在注重血缘关系的宗族内，孝还被扩大化了，不孝不仅局限于父母及尊长，五服之内皆可构成不孝。广东南海廖氏《家规》：有“忤逆罪”一条：“族内绅吾、伯叔兄辈均届一家尊长”，如有触犯则以“忤逆”论。个别地区的宗族，对于不孝的处罚已经不局限于杖刑、鞭刑等肉体惩罚，如镇江赵氏族众凡二万余人，“族人有犯，不鸣之

---

① 《潘氏典堂族谱》，转引自李文治、江太新：《中国宗法宗族制和族田义庄》，社会科学文献出版社 2000 年版，第 292 页。

② 马小红、庞朝骥等：《守望和谐的法文明》，北京大学出版社 2009 年版，第 10 页。

③ 《通贡龚氏支谱·祠堂条例》、《林塘宗规》，转引自李文治、江太新：《中国宗法宗族制和族田义庄》，社会科学文献出版社 2000 年版，第 287 页。

官而鸣之祠，评事议之，族长判之，行杖者决之。有干名教、犯伦理者，缚而沉之河中”。[①]

总之，在养老方面，宗族对子代行为能够进行有效的规制，对违反孝道的越规者给予从肉体、经济层面的惩罚到剥夺个人在家庭和宗族中的权利等，特别是后者对个人的影响是非常大的，因为一旦脱离了家庭和宗族的庇佑，个人是很难较好生活下去的。千百年来，人们的思想意识都被宗族宗法制所浸透，虽然在明清时期人们的宗法血缘思想趋于淡薄，但在不少地区，由于宗族组织深入民间，整个家族之内的成员都被家法族规所制约。家族或宗族也正是通过孝悌思想来维护老人的地位和权威，使长幼尊卑合理合法化，使得孝顺父母等家庭伦理合理化。

三 建设族产，资助和救济穷苦老人

族产是宗族的共有财产，可用来祭祖、助学、睦族等，可以增加家族的凝聚力和向心力，培养人才，提高家族社会地位。族产主要以族田为主，一般采用出租和雇人耕种的方式经营，根据用处的不同可分为三类：一种是祭田，其收入主要用于祭祀祖先的各种活动；一种是义田，收入主要用来帮助和救济宗族内的贫困、灾病者；一种是学田，收入主要用于兴办宗族学堂。在族田收入中，用于赡族济贫的占相当大的部分，这也是设置族田的最主要的目的。道光《广东通志》中记载了祭田的三种用处，其中一条就是赡给族中老人，“年登六十者，祭则颁以肉，岁给以米”[②]。江苏苏州府陆氏义庄给予老年人的赡养的规定尤为详尽和特殊：“凡贫老无依不能自养者，无论男女，五十一岁为始，每月给米一斗二升；六十岁以上每月给米一斗五升，七十岁以上每月给米二斗，八十岁以上每月给米二斗四升，九十岁以上

---

① 李文治、江太新：《中国宗法宗族制和族田义庄》，社会科学文献出版社2000年版，第139页。

② 《广东通志·卷九十二》，转引自李文治、江太新：《中国宗法宗族制和族田义庄》，社会科学文献出版社2000年版，第203页。

每月给米二斗八升，百岁建坊，贺仪七十串制钱一百两，以申敬老之意。”①

赡族济贫的资金除了来自族田收入外，家族也会提倡所有族人特别是相对富有者念及同宗之情出资救助。如在徽州族谱中就涉及对老人等贫困者进行救助的内容，并分“恤孤寡”、“周窘急”等不同项目，不同的项目大都立有条规，资金来源于全族成员的集资帮助以及部分富者的自愿捐赠，形式上也有富者无息或低息贷给贫困者钱米等等②。唐力行对徽州宗族社会的研究还发现，有的徽商还建造房屋供贫困族人居住，如胡天禄“又建宅于城中，与其同祖者居焉”，鲍立然“里中营广厦数处，任族人居之，不居其值”等③。除常规的抚恤外，宗族还会有临时的善举，如代族人纳税供役、救灾等，在有余力的情况下，个别宗族还会把这样的保障延伸到乡里，参与到地方保障中去。如徽商项国修，“道光丁未，岁歉，村人告籴无门，修恻然创立义仓，首捐谷百余石，修独兹息二十年，置田产，建仓廒，岁给贫户”。④ 这里的保障范围不局限于宗族内部，而是惠及到地方上的乡里。从上述可知，宗族的保障是一个对贫困族人生老病死、衣食住行全面抚恤的系统工程，而资助和救济穷苦老人也是其中的应有之义。

值得提出的是，传统社会家族组织虽然在维护老年人地位和保障其生活方面发挥着不可忽视的作用，但是由于各个地区的社会、经济、文化和地理环境条件不同，宗族组织的发展也呈现出不同的水平，特别是随着社会的发展，人们的血缘关系趋于淡薄，宗族作用的发挥也受到限制。从经济支持力来讲，宗族的养老保障依赖一定的物质基础，而那些结构复杂、族产较多的大家族仅仅存在于少数地区，大多数家族还是不足以较好地资助和救济家族内的穷困老人。因此，

① 《陆氏葑门支谱·卷十二》，转引自李文治、江太新：《中国宗法宗族制和族田义庄》，社会科学文献出版社 2000 年版，第 210 页。

② 汪良发主编：《徽州文化十二讲》，合肥工业大学出版社 2008 年版，第 104 页。

③ 唐力行：《徽州宗族社会》，安徽人民出版社 2005 年版，第 251 页。

④ 唐力行：《徽州宗族社会》，安徽人民出版社 2005 年版，第 252 页。

从全国来看，虽然宗族对老年人的生活可以提供一定的保障，但保障作用的发挥也是有一定局限性的。

第三节　家庭的养老保障功能

关于传统时期农村家庭养老保障，费孝通曾有经典的论述。他认为，任何社会都要解决抚育幼儿和赡养老人的问题，我国传统社会是采用“反馈模式”通过均衡社会成员世代间取予来解决这两个问题的，“反馈模式”就是父母在子女年幼时对其抚育，而在父母晚年时得到长大后的子女的反馈式赡养。费孝通从文化比较的观点指出，西方的“接力模式”下子女并没有赡养父母的义务，但“反馈模式”下的子女却要回报父母的养育之恩，这样父母的养育和子女的回报之间就达成了一种均衡的回路，这种模式是中国文化的一个特点，有着相当悠久的历史，儒家思想所提倡的孝道是这种社会通行模式的反映，起着在意识形态上强化、巩固的作用①。本节将主要分析传统社会家庭养老的主体和内容。

一　传统社会家庭养老的主体

从养老主体来讲，子女是家庭的重要成员，子女对老年人的支持是传统时期农村社会养老支持力尤其是经济支持力最主要的来源。有学者认为，在生产力落后和保障水平低下的传统社会，家庭保障了老年人的晚年生活，但进一步分析来看，家庭可能是老年人唯一可以获得稳定保障的主体②。因此，在某种程度上可以说，传统社会子女的支持是老年人养老唯一的来源。

就子女性别而言，赡养老人的责任和义务主要以儿子为主体，女儿并不承担赡养义务。这是因为在父系的家庭制度中，女儿是不承担

---

① 费孝通：《家庭结构变动中的老年赡养问题——再论中国家庭结构的变动》，《北京大学学报》（哲学社会科学版）1983 年第 6 期，第 1—6 页。

② 李培林、李强、马戎主编：《社会学与中国社会》，社会科学文献出版社 2008 年版，第 254—277 页。

赡养父母和家计责任的，相应也没有继承财产的权利[①]。有学者认为，女儿之所以没有继承财产的权利是因为其不承担赡养义务，在某些层面上主要是因为女性身份以及归属的不确定性和模糊性。在女儿出嫁之前，女儿在父系家族之中并没有权利和地位，是家庭的附属成员，身份具有暂时的性质，出嫁后就成为“泼出去的水”，同样成为婆家的附属成员，经济上的不独立也限制了对父母的回报能力[②]。与女儿相比，儿子是父系家族的主要成员，在父子轴为重的家庭格局中具有一定的地位和权利。父母将其主要的财富都留给了儿子，儿子在继承父母的财产的同时，也就具备了在经济上赡养父母的能力，这样通过代际之间财富的流动，儿子开始赡养老年人，这就奠定了养老经济支持力的基础。因此，从养老主体来看，儿子是传统社会农村老年人养老的主要供给者，“养儿防老”就是对这一现象真实的描述。

二 传统社会家庭养老的内容

从养老行为来看，“孝”是这一行为生动而准确的体现，家庭对于老年人养老的保障，正是通过子女的“尽孝”来实现的。“孝”，《说文解字》对其解释为“善事父母者”，“善事父母”也即赡养父母。从养老内容来看，“善事父母”主要包括物质生活供养和精神奉养两个方面，具体包括以下三个方面：

（一）养则致其乐

赡养父母，最基本的就是要使父母衣食无忧，“养则致其乐”是指在日常饮食起居方面要让父母感到幸福、欢乐，也就是说衣食起居要敬父母。《孟子·离娄章句下》记载：“世俗所谓不孝者五：惰其四支，不顾父母之养，一不孝也；博养好欲酒，不顾父母之养，二不孝

① 这里仅仅针对绝大多数状况，实际上女儿在少数情况下也可继承财产。如白凯在《中国的妇女与财产：960—1949》一书中曾指出，唐宋时女儿也具有继承财产的权利，但仅仅限于绝户家庭，而且也并不是绝对的。准确来讲，女儿继承财产的权利极为有限。

② 唐灿、马春华、石金群：《女儿赡养的伦理与公平——浙东农村家庭亲子关系的性别考察》，《社会学研究》2009年第6期，第18—36页。

也；好货财，私妻子，不顾父母之养，三不孝也；从耳目之欲，以为父母戮，四不孝也；好勇斗狠，以危父母，五不孝也。”① 在“五不孝”中，“不顾父母之养”就占了三条，这样看来孝顺父母，首先就是要养父母。

在起居方面，《礼记·内则》“子事父母，鸡初鸣，咸盥漱，栉缡笄总，拂髦冠緌缨，端韠绅，搢笏”，“男女未冠笄者，鸡初鸣，咸盥漱，栉缡，拂髦总角，衿缨，皆佩容臭，昧爽而朝，问何食饮矣？若已食则退，若未食则佐长者视具。”② 在饮食方面，《礼记·内则》强调，对父母要“问所欲而敬进之”。也就是说，在力所能及的情况下，父母想吃什么，子女就应该供养什么。饭做好后，要先端给父母，端上来就走不行，要等父母开始吃才能退下，即“父母舅姑必尝之而后退”，司马光《袜水家仪》中也载有“尊长举筯（举筷），子、妇乃各退就食”。

古代人也十分重视对父母的奉养，要求“生则养”，对父母的供养要尽心，甚至不能因父母品行不端等因素而拒绝供养。柳之言在《宋代的家庭和法律》中记载了这样一则案例：北宋一位婆婆控告媳妇不肯收养，媳妇答辩，是因为婆婆在公公死去不久便改嫁，后来因为穷困投归媳妇，却取走若干财产再嫁，现在又陷困境，再来投奔，媳妇就拒绝。执法者劝媳妇，婆婆虽然不良，但应念在丈夫的份上包容她，又劝媳妇的儿子应看在父亲的份上收容祖母，也劝婆婆改过。最后，执法者把家里的衣服送给婆婆，把若干官粮送给媳妇，让她供养婆婆。当时的法律指南《折狱龟鉴》的评论是婆婆虽然不对，但卑幼仍应侍养③。

（二）居则致其敬

奉养父母是物质层面的要求，相比较而言，尊敬父母是精神奉养

---

① 刘爱玉、杨善华：《社会变迁过程中的老年人家庭支持研究》，《北京大学学报》（哲学社会科学版）2000 年第 3 期，第 59—70 页。

② 《礼记·内则》，转引自冯卓慧：《汉代民事经济法律制度研究：汉简及文献所见》，商务印书馆 2014 年版，第 117—119 页。

③ 柳立言：《宋代的家庭和法律》，上海古籍出版社 2008 年版，第 375—380 页。

的要求，这也是儒家特别强调的一个方面。儒家认为对父母只有养那是不够的，因为禽兽也会有养亲的举动，所谓“羊有跪乳之恩，鸦有反哺之义”。所以，在养的基础上还要尊敬父母。孔子就指出了养和敬的差别，“有事，弟子服其劳；有酒食，先生馔；——曾是以为孝乎?”“今之孝者，是谓能养。至于犬马，皆能有养。不敬，何以别乎?”[①]。康熙皇帝也认为：“凡人尽孝道，欲得父母之欢心者，不在衣食之奉养也。惟持善心，行合理道，以慰父母而得其欢心，斯可谓真孝也者也。”[②]“居则致其敬”，就是说在日常生活起居中要尊敬父母，其内容主要有：聆听和恪守父母教诲；尊重、维护父母尊严；不触犯父祖的名讳；立身扬名，为父母增光等。

尊敬父母，要讨得父母欢心，使其高兴，这其实是较高的要求，《孟子·万章上》提到“孝子之至，莫大于尊亲”[③]，《礼记·祭义》记载：“众之本教曰孝，其行曰养。养可能也，敬为难；敬可能也，安为难；安可能也，卒为难。”[④] 明仁孝文皇后《内训·事父母章》中也说：“孝敬考，事亲之本也。养非难也，敬为难。以饮食奉养为孝，斯末也。”[⑤] 孝敬父母，必须对父母和颜悦色，让父母感到愉悦，如《礼记·祭义》说：“孝子之有深爱者，必有和气；有和气者，必有愉色；有愉色者，必有婉容。”[⑥]

尊敬父母，就要孝顺父母，维护父母的权威，不违背父母的指令。在《论语·为政》中，孔门弟子孟懿子问孝，孔子回答说：“无

① 《论语》，转引自上海辞书出版社编：《国学名篇鉴赏辞典》，上海辞书出版社 2009 年版。

② 戴素芳：《传统家训伦理之维》，湖南人民出版社 2008 年版，第 72 页。

③ 汤一介、张耀南、方铭：《中国儒学文化大观》，北京大学出版社 2001 年版，第 703—704 页。

④ 《礼记》，转引自钱玄、钱兴奇、徐克谦等：《注译·礼记·下》，岳麓书社 2001 年版。

⑤ 明仁孝文皇后：《内训》，转引自刘英杰：《中国教育大事典》，浙江教育出版社 2004 年版，第 304 页。

⑥ 《礼记·祭义》，转引自葛荣晋：《儒学精蕴与现代文明》，中国人民大学出版社 2014 年版，第 84 页。

违。”就是说儿女在日常行为、学习、婚姻、仕宦、生活礼节等各方面都要恪守父母的教诲和训导，如《弟子规》有言：“父母呼，应勿缓；父母命，行勿懒；父母教，须敬听；父母责，须顺承。”如果父母有过错，子女要敢于劝谏，盲目听从不算做孝，劝谏之后父母不听，最后还是要听从父母，但子女必须劝谏。《孝经·谏诤》载，曾子问孔子：“敢问子从父之令，可谓孝乎?”孔子说：“是何言与，是何言与！昔者天子有争（诤）臣七人，虽无道不失其天下；诸侯有争臣五人，虽无道不失其国；大夫有争臣三人，虽无道不失其家。士有争友，则身不离于令名；父有争子，则身不陷于不义。故当不义，则子不可不争于父，臣不可不争于君，故当不义则争之。从父之令，又焉得为孝乎?”[①] 如果子女谏诤父母不听，最后还得服从，《礼记·曲礼》记载：“子之事亲也，三谏而不听，则号泣而随之。”[②] 也即儿子对父亲的言行不能绝对地服从，子女理应委婉耐心地力谏，劝谏可以说是孝子的义务和责任，“谏者，为救过也。亲之命，可以从而不从，是悖戾；不可从而从之，则陷亲于大恶。然而，不谏是路人，故当不义，则不可不争也。”[③] 荀子则具体指出了在面对父母过错时，子女的三种态度和行为：“故可以从命而不从，是不子也；未可以从而从，是不衷也；明于从不从之义，而能致恭敬，忠信、端悫、以慎行之，则可谓大孝矣。”

值得提出的是，在传统社会早期，孝顺父母并不意味着要绝对地服从父母的意志，如上文所言当父母有过错和过失的时候，子女要敢于劝谏，但是宋朝之后，儒家思想对孝道作了进一步的规制，强调父亲的绝对权威和子女对父母的绝对服从，宣扬“天下无不是底父母”，“父要子亡，子不得不亡”，将“孝亲”推崇至“愚孝”的地步。而统治阶级也从法律上予以合法化，对不顺从父母的予以惩处，如瞿同

---

① 《孝经·谏诤》，转引自葛荣晋：《儒学精蕴与现代文明》，中国人民大学出版社 2014 年版，第 84 页。

② 《礼记·曲礼》，转引自葛荣晋：《葛荣晋文集》（第十卷），社会科学文献出版社 2014 年版，第 9 页。

③ 戴素芳：《传统家训伦理之维》，湖南人民出版社 2008 年版，第 72 页。

祖指出："清代的法律授予父母呈送发遣的权利，只要子孙不服父母的教诲，或者有触犯父母的情节便可依例请求。忤逆父母教诲而不孝的子孙，一旦被父母呈送，常由内地发配到云贵、两广，这一类的犯人按照律令是不准援赦的"，而"父母呈送触犯之案多系情节较轻者，大抵系因不服管束或出言顶撞一类情事。"①

（三）病则致其忧

赡养父母，很重要的一条就是当父母病了，要尽其忧虑之情，请医诊治，亲自侍奉汤药，早晚服侍在旁。早在夏商周时期，人们就表示出了对父母病痛、老死不能照料而悲叹之情，如《诗经·小雅·蓼莪》："蓼蓼者莪，匪莪伊蒿，哀哀父母，生我劬劳。""病居母痛在儿心，儿生无母生曷为"，也同样说明了这个道理，因此当子女的应该及时了解父母的身体状况，当看到父母身体健康时应该感到欢喜，看到父母衰老多病时应该知道担忧，正如《论语·里仁》所言："父母之年不可不知也。一则以喜，一则以忧。"②

《礼记·曲礼》讲："亲有疾饮药，子先尝之"③，《弟子规》也有言："亲有疾，药先尝；昼夜侍，不离床。"古人认为，当父母亲有了疾病，熬好的汤药，做子女的一定要先尝尝，是否太凉或太热，无论是白天还是夜晚，子女都应该侍奉在父母身边，不可随意离开父母太远。特别是在父母重病时，如果子女们能在身边悉心照顾和陪伴，那么父母心中将会感到温暖和满足。世俗社会的孝子们，纷纷效法这一孝亲行为，从而使"亲尝汤药"等护理病人的行为在我国传统社会蔚然成风。而对那些父母生病却不闻不问的子女，一般都会遭到指责，正如诗歌所言："君不见，世间吴起辈纷纷，母病在床如不闻。"

养老，从实际来看就是进行养老资源供给的过程，传统社会的养老一般而言由家庭成员特别是儿子来提供养老资源，保障老人的衣食

---

① 瞿同祖：《中国法律与中国社会》，中华书局2003年版，第157页。

② 《论语·里仁》，转引自戴楠、任仲才编著：《论语》，西苑出版社2011年版，第53页。

③ 《礼记·曲礼》，转引自张云风：《漫说中华孝文化》，四川人民出版社2012年版，第20页。

住行。在具体内容上，除了要满足物质上的需求，还要提供更高层次的精神上的满足，具体而言即儒家所言“居则致其敬，养则致其乐，病则致其忧”。从现实来看，人们更加重视的是当父母身体不健康或者生活贫困时子女的赡养，此时是父母最需要子女赡养的时候，也是真正考验子女的时期。正如一家法族规所言：“父母之待，孝尤切者有四：曰老、曰病、曰寡、曰贫乏。父母盛壮，起居犹能自理，至于龙钟鹄立，扶杖易仆，寒夜苦寂，铁骨难挨。又如偏风久病，坐卧不适，遗溲丛秽，席荐可憎，子所难奉惟此时，亲所赖子亦惟此时。”①

在养老方面，以上仅仅涉及父母在世时的供养，事实上，传统社会对父母的养老不仅要求“生而有养”，也会要求“死而有葬”，时常祭祀。如《孝敬》对孝子的事亲要求“丧则致其哀，祭则致其严”，人们认为“生者恪守丧葬礼，死者倍感黄土暖”。因此，以上对家庭养老的内容分析，仅仅局限于父母在世时子女的赡养内容。

第四节　传统时期农村养老保障的经济与社会基础

如上文分析，我国在长达两千多年的农耕文明中，国家倡导尊老敬老文化，家族或宗族也通过制定家法族规来宣传和强化孝道，同时也会给予老人一定的优待，资助和救济贫困老人。但老年人的养老仍然是在家庭中进行的，依托土地在自我劳动终身积累的基础上通过家庭内部的抚养——赡养关系的转换得以实现。这样，形成了以家庭养老为主体、国家和家族养老为补充的养老保障体系，也即养老是以家庭为单位进行，家庭承担着经常性的养老职责，国家和家族为家庭养老提供文化与规范支持，同时对弱势老人给予一定的物质或道义上的帮助。鉴于家庭养老保障是传统社会最主要的养老方式，本节将分析其经济、社会基础。

① 乾隆边氏：《笃叙堂家训》，转引自李文治、江太新：《中国宗法宗族制和族田义庄》，社会科学文献出版社2000年版，第324页。

一　经济基础

养老方式是由经济形态决定的，并随着经济形态的发展而变化，可以说，家庭养老是家庭经济所决定的[1]。在传统农业社会，生产资料归家庭所有，家庭是生产与消费的基本组织单位，其成员共同劳动、共享成果，积累的剩余产品都留在了家庭内部。自给自足的小农经济下知识的更新换代较慢，生产的技术和生活的经验都是在漫长的实践过程中通过积累形成，并且由上一代传给下一代。在家庭中，老年人相对子女积累了更丰富的生产和生活经验，即便在进入晚年不再参加农业生产和劳动，他们凭借丰富的经验知识仍然可以指导和监督家庭其他成员开展生产活动。因此，在传统的农业社会，老年父母在家庭中的地位是十分牢固的。

从经济基础来讲，家庭成员对老年人的供养，是一种以土地保障为基础，通过以土地为主要财产的代际之间财富的流动而实现的。农业社会发展缓慢，技术的进步依托于经验的积累，在“农本商末”的大环境下，土地经营是获取收入的主要渠道，在收入来源有限的情况下老人们缺乏储蓄，养育儿女成为一种长远的养老投资和储蓄。依靠众多家庭成员的劳动，通过对土地的占有和使用，家庭获得了就业和收入保障。但在父系家长制条件下，老年人作为一家之主掌握着生产的指挥权以及财产的分配权，可以对家庭财产集中进行统一分配，而子女不能完全独立，被束缚在以父母为核心的家庭内。在父母劳动能力下降或失去劳动能力时，通过把土地等财富分配给儿子使用，儿子获得了赡养父母所需的经济条件，养老的经济支持力成为可能。

这样，老年人在个人劳动终身积累的基础上，通过家庭内代际交换获得了晚年生活的保障。因此，家庭成员对老年人的供养，是一种以土地保障为基础，通过代际之间财富的流动而实现的。在另一层面上，可以说，土地和子女相结合形成了传统社会的家庭养老制度。值得提出的是，由于小农经济只能维持一种简单的再生产，当遇到战

---

① 姚远：《血亲价值论：对中国家庭养老机制的理论探讨》，《中国人口科学》2000年第6期，第29—35页。

乱、灾荒等特殊情况，再生产无法继续，家庭养老也就面临困境。

二 社会基础

正如上文分析，从经济基础来看，家庭养老依托于简单再生产的小农经济，当再生产无法继续时，可能就面临着挑战，但是家庭养老具有坚实的社会基础，社会力量规定了养老的原则，约束了子代的行为，一定程度上保障了这种再生产的继续。而孝道就是这种预警机制，可以使老年父母即便在丧失长老权力的情况下依然能够维护他们的利益和尊严。

孝道，是儒家提倡的一套报恩事亲的思想体系，在家庭层面至少包含两方面的内容：第一是指奉养、尊敬父母，孝敬父母不仅要满足其生活上的需求，还要使其精神上得到尊重和享受，二者缺一不可，相比之下尊敬父母要比奉养父母更重要，如《孟子·万章上》："孝子之至，莫大于尊亲"；第二是指要继承祖先和父母的思想和行为，如《中庸》所言："夫孝者，善继人之志，善述人之事者"，《礼记·祭义》说："君子之所谓孝者，先意承志，谕父母于道。"孝道思想，大大加强了父母和子女之间的关系，保障了老年人的生活，增强了家庭的稳定性。在此基础之上，儒家提出了一套将孝道从家庭推广到国家的思想体系，移孝为忠，这符合封建国家利用血缘来巩固统治的需求，从而被大力推行，孝逐渐成为社会通行的行为模式。"孝道"在约束子女的赡养行为方面，具体通过以下几个途径实现：

第一，政策和法律力量。这对子代的养老行为是一种"硬"约束力量。传统时期政策和法律建立在长幼尊卑的基础上，多强调亲代的权利和子代履行赡养和照料的义务。国家将子女养老作为正面的价值来宣传，将尊老、敬老作为一种美德来弘扬，并通过各种政策和法律来保障老年人的生活，维护老年人的利益。《唐律·名例》规定凡属违犯"善事父母"者均称不孝，它包括告言、诅詈祖父母、别籍异财、供养有缺等，而不孝不养的子女在历朝历代都会遭到严格处置，这种政策和法律力量一方面约束了子女的赡养行为；另一方面也提高了老年人在家庭中的地位。

第二，家族规训力量。传统社会，人们往往聚族而居，宋元以后宗族成为处理乡村社会事务的最大单位。由于人口流动较少，政权力量对民众日常生活实际影响相对薄弱，宗族所订的家法族规就成为人们行事的准则。家法族规是国家法律的具体化，其主旨在于维系家族和家庭之内的秩序，维持代际之间的关系，特别是倡导子代对父母的孝行。在养老方面，宗族能够对违反孝道的越规者给予严厉的惩处，从肉体和经济层面的惩罚到剥夺个人在家族和宗族中的权利，而脱离了家族和宗族的庇佑，个人很难较好生活下去。

第三，道德舆论力量。就养老而言，道德和舆论力量在传统时代多表现为向子代灌输尊重、孝敬、赡养长辈等观念，孝道就是这种道德力量的重要内容。孝是亲子客观的血缘关系的反映，孝道是儒家礼治秩序的重要组成部分，在长期的生活中逐渐内化，成为人们自愿奉行的准则。孝道不仅具有道德自律的作用，还有他律的惩戒作用，因为符合封建国家利用血缘来巩固统治的需要，得到国家的大力推崇，成为在社会上通行的行为模式。在村庄中，孝敬父母、尊老爱幼是一种被倡导的美德，也是众人的行为准则，一旦违反这种伦理，个人在村庄里就会成为舆论非议的对象。而在不流动的农业社会里，村庄的地方性规范得以充分孕育，舆论也具有强有力的约束力量，不赡养父母可能会名誉扫地，失去原有的权利和地位。

这样，从国家到地方社会，层层力量的维系与约束，使得子代对父母的养老、敬老这一行为成为社会中通行的模式，在长期的历史积淀中，构成了家庭养老抵御各种风险的一道道坚固的屏障。正是通过家庭—社会—国家三方的教化和规训，养老被作为一种人生价值观灌输给子代，一旦子代认同这种价值观，就会努力追求家庭养老目标的实现。①

值得提出的是，孝道是建立在等级秩序之上的，正如费孝通所言："孝的解释就是'无违'，就是承认长老权力"②。传统社会的文

① 姚远：《血亲价值论：对中国家庭养老机制的理论探讨》，《中国人口科学》2000 年第 6 期，第 29—35 页。

② 费孝通：《乡土中国生育制度》，北京大学出版社 1998 年版，第 76—80 页。

化是以过去和经验为取向的，老年人在生产和生活方面经验丰富，父系家长制下同居共财的制度使得老年父母牢牢掌握着家庭的财产和权力，具有莫大的权威。子女在人身上是依附于父母的，作为家庭成员的子女要服从、服务于家长，自觉维护父母的权威，即使存在隔膜和冲突，在老年父母的权威和控制下也被深深掩盖。同时，由于国家和地方社会都大力倡导孝道文化，并对不孝的行为进行惩处，这就使得家庭养老能够得到贯彻和实现。因此，可以说，孝道其实包含了一套预警机制，使得长辈即使在丧失长老权力的情况下依然能够维护他们的利益和尊严。

进一步来讲，子女对父母的养老支持，某种程度上来讲是通过父母对子女的教化、控制的方式实现的，这就难免产生隔膜和冲突，虽然孝道可以掩盖代际冲突和隔膜，但是子女的赡养从长远来看并不都是充分而有效的。正如上文所言，家庭养老依赖于小农经济的生产方式，当这种简单的再生产无法进行时家庭养老就遭遇困境，特别是在灾荒时期和王朝更迭等造成的社会动荡时期。费孝通认为，家庭养老和父母权利的维系与社会标准和社会变迁的速度有关，“在一个社会变迁极慢的社会中，社会标准历久未变，子女长成后所具的理想和他们父母所具的，和所期望于他们的理想并没有什么重大差别”，长老权力也会更有势力；当生活环境变化，社会标准也随之调整，父子就有可能接受两套不同的标准，这就加剧了父子之间的隔膜，特别是变迁剧烈的情况下容易出现“父不父，子不子”的现象，这时长老权力也就大为缩水。[①] 因此，传统社会子女对父母的养老支持力是建立在等级秩序之上的，传统社会的稳定不变还可以使养老行为充分而有效，而在急速变迁和流动的时期子女的养老支持必然会遭遇挑战。

第五节　传统时期农村养老保障的特点

我们通过对传统时期农村养老保障的回顾，可以看到我国传统时

① 费孝通：《乡土中国生育制度》，北京大学出版社 1998 年版，第 76—80 页。

期农村社会的养老保障具有以下特点：

一　家庭是养老保障的主体，家族和国家发挥辅助作用

从整个传统社会来看，农村老年人的养老主要是由家庭来承担，父辈们在自我劳动积累的基础上积攒了家庭财富，并将子女抚养成人，在年老后将财富转移给儿子，这样为子代赡养老人奠定了物质基础，而血缘亲情又使得子代的赡养行为具有文化上的依托，由此使得家庭养老具备了强大的生命力，直到现在仍然是农村社会最主要的养老方式。与此同时，家族和国家也发挥了不可忽视的作用：从家族来看，通过制定家法族规来强化和宣传孝道，通过建设族产来资助和救济穷苦老人，并通过调解纠纷等维护老年人的地位和权威；从国家来看，通过制度设置和意识形态层面维护老年人的权威和地位，同时设立养老机构救济老人，赏赐老年人物品以改善老年人生活条件等。可见家族和国家主要是从道义与规范上为家庭养老的持续性提供保障，其直接提供给老年人养老所需要的资源不是普惠性的，而且所提供的这些养老资源也不能构成稳定的养老支持力。从国家保障来看，保障范围仅仅针对特定人群，保障资质的获得有着严格的标准，保障面比较窄，更多地带有优抚和救济的特点，如明代时要想进入养济园需要达到一定的条件，对老人的收养也只是保证不致挨饿冻死。从家族保障来看，对老人支持虽然有“普通的福利”和“济贫救济”两种情况，保障层次相对来讲要比国家的高，但是这些也仅仅针对同家族内的成员，更重要的是受家族经济实力的影响，经济实力弱的家族也承担不起救济的责任。因此，家族和国家主要起着对家庭养老维护的作用，同时也起着一定的辅助作用。

二　养老保障规范形成时间早、涉及范围广、介入程度深

从时间上来看，传统社会的统治者在很早时期就意识到国家在农村养老中的作用。早在春秋战国时期，我国已有养老规范，《周礼》中的“十二荒政”、“保息六政”和《管子》布兴“六德”、行“九惠之教”即其明证，而关于养老保障，在同一时期就有“五十养于乡，六十养于国，七十养于学”的举措。秦汉之后，随着中央集权制

度的建立和完善，养老保障在全国范围内得到广泛推行，历朝历代都尤为重视农村老年人的养老保障，魏晋南北朝时期还出现了专门收养贫困老人的机构：六疾馆与孤独园。此外，与西方国家不同的是，我国的养老事业从汉朝时就受到法律的保障，不孝不顺的行为要受到法律的惩处，随着时代的发展，养老保障事业屡有增益，渐趋完备。从养老保障的范围来看，传统养老保障不仅涉及内容广泛且有深度：(1)从经济支持来看，家族和国家在资助和救济老人时资助的物品或货币数量有具体而明确的规定，同时还会考虑到老人们年龄的差异，如上文所言武则天光宅元年，“诸年八十已上各赐粟二石，绵帛二段；九十已上赐粟三石，绵帛三段；百岁已上赐粟五石，绵帛五段，并依旧例版授。”① 地方家法族规也有规定：“凡贫老无依不能自养者，无论男女，五十一岁为始，每月给米一斗二升；六十岁以上每月给米一斗五升，七十岁以上每月给米二斗，八十岁以上每月给米二斗四升，九十岁以上每月给米二斗八升，百岁建坊，贺仪七十串制钱一百两，以申敬老之意。”② (2)从生活照顾来看，传统时期养老规范在日常生活照顾方面对子代养老都有明确的要求，大的方面有“养则致其乐，居则致其敬，病则致其忧，丧则致其哀，祭则致其严”，小的方面在日常的饮食起居上对子代行为都有所安排。如在饮食方面，《礼记·内则》强调，对父母要“问所欲而敬进之”，也就是说，在力所能及的情况下，父母想吃什么，子女就应该供养什么。饭做好后，要先端给父母，端上来就走不行，要等父母开始吃才能退下，即“父母舅姑必尝之而后退”，司马光《袜水家仪》中也载有“尊长举筋（举筷），子、妇乃各退就食”。(3)在精神赡养方面，要求子代“居则致其敬”，尊敬父母，讨得父母欢心使其高兴。儿女在日常行为、学习、婚姻、仕宦、生活礼节等各方面都要恪守父母的教诲和训导，如《弟

① 《全唐书·卷九十六》，转引自骆明、王淑臣：《中华孝文化研究集成3——历代孝亲敬老诏令律例（先秦至隋唐卷）》，光明日报出版社2013年版，第188页。

② 《陆氏葑门支谱·卷十二》，转引自李文治、江太新：《中国宗法宗族制和族田义庄》，社会科学文献出版社2000年版，第210页。

子规》有言："父母呼，应勿缓；父母命，行勿懒；父母教，须敬听；父母责，须顺承。"在父母有错的情况下，儿子对父亲的言行不能绝对地服从，盲目听从不算作孝，但子女理应委婉耐心地力谏，这可以说是孝子的义务和责任，劝谏之后父母不听仍旧要听从父母，如《礼记·曲礼》记载："子之事亲也，三谏而不听，则号泣而随之。"① 因而，从以上可以看出，传统农村养老保障规范不仅形成时间早，涉及范围比较宽广，囊括了养老的方方面面，而且介入到日常生活中，各种规范明确而具体。

三　传统时期农村养老保障具有鲜明的伦理特色

传统中国农村养老保障的产生，特别是家庭养老保障的出现，一方面是传统农村社会的客观需求；另一方面它的长期存在也表明有着扎实的思想文化基础。正如费孝通所言，儒家思想所提倡的孝道是这种社会通行模式的反映，起着在意识形态上强化、巩固的作用②。孝道是中国传统最基本的道德伦理规范，也是养老文化的核心内容，《说文解字》对"孝"的解释就是"善事父母"。《礼记》中记载了孝子养老的具体行为及其规范："孝者，畜（养）也。顺于道，不逆于伦，是之谓畜。是故孝子之事亲也，有三道焉：生则养、没则丧，丧毕则祭：养则观其顺也，丧则观其哀也，祭则观其敬而时也。尽此三道者，孝子之行也。"③ 同时，儒家又提出一种推己及人的理念，"老吾老以及人之老"，将社会生活全部纳入这套伦理中，各种关系亦即家庭化之。"社会中每一人对四面八方的伦理关系都有义务，同时，其四面八方与他有伦理关系之人亦对他有义务，全社会不期辗转互相

---

① 《礼记·曲礼》，转引自葛荣晋：《葛荣晋文集》（第十卷），社会科学文献出版社 2014 年版，第 97 页。

② 费孝通：《家庭结构变动中的老年赡养问题——再论中国家庭结构的变动》，《北京大学学报》（哲学社会科学版）1983 年第 6 期，第 1—6 页。

③ 《礼记·祭疏》，转引自钱玄、钱兴奇、徐克谦等：《注译·礼记·下》，岳麓书社 2001 年版。

连锁，无形成为一大家庭。”① 这套学说因有助于维护统治而被国家政权大力推行，并且还以法律律令的形式对此加以种种规制，把家的人伦关系上升到伦理政治。这样，整个社会都在自觉不自觉地用这种思维方式来调节家庭关系，将奉养、尊敬长辈看作是家庭和个人应尽的责任和义务，这种道德和伦理观念已经植根于整个社会意识之中，渗透到每一个中国人的心灵中。

四　传统养老保障规范具有强大的维系和约束力量

正如上文所言，传统时期农村养老保障具有鲜明的伦理特色，儒家宣扬的孝道确立了家庭中父母与子女、长辈与晚辈互动关系的准则，相互之间的道德义务以及各自在家庭中的地位，从意识形态上巩固了家庭养老。孝是亲子客观的血缘关系的反映，孝道是儒家礼治秩序的重要组成部分，在长期的生活中逐渐内化，成为人们自愿奉行的准则。孝道不仅具有道德自律的作用，还有他律的惩戒作用，因为符合封建国家利用血缘来巩固统治的需要，得到国家的大力推崇。国家将孝作为正面的价值来宣传，强调子女对父母的赡养义务和道德责任，将尊老爱幼作为传统美德而弘扬，通过法律来维护老年人的利益。《孝经》云：“五刑之属三千，而罪莫大于不孝”，《唐律·名例》甚至规定了十种不孝的罪行。这样，国家就从制度设置和意识形态层面强化了家庭养老行为。虽然传统社会“皇权不下乡”，但是作为枢纽的乡绅却传递着国家的精神，将村落社区整合进国家系统，国家宣扬的这种价值通过不同的形式在乡间强化，农民的具体生活也得以体现国家的意志。其次，较为发达的宗族组织也维系着父慈子孝的家庭代际伦理。传统社会，人们往往聚族而居，在国家的支持下，宗族成为处理乡村社会事务的最大单位。在亲子关系层面，宗族能够对违反孝道的越规者给予严厉的惩处，从肉体和经济层面的惩罚到剥夺个人在家庭和宗族中的权利，而脱离了家庭和宗族的庇佑，个人很难较好生活下去。再次，从村庄舆论来说，农业社会是一个不流动的社会，村庄的地方性规范得以充分孕育，这强化了村庄舆论的力量，而村庄

① 梁漱溟：《中国文化要义》，学林出版社 1987 年版，第 26—28 页。

舆论是提倡孝敬父母、尊老爱幼的美德的。一旦违反了家庭代际伦理，个人在村庄里就会成为舆论非议的对象，名誉扫地，失去原有的权利和地位。这样，从国家到地方，层层力量的维系与约束，使得传统社会养老保障具有强大的维系和约束力量，从而延续到现在。

第三章　集体化时期的农村养老保障

集体化时期始于农业合作化时期，终于家庭联产承包责任制的实行，这一时期农村养老保障发生了一系列变化。首先，土地等主要农业生产资料归集体所有，家庭不再作为生产经营单位而纯粹作为一个消费单位而存在，老年父母在家庭中的传统权威失去了经济基础；其次，社会制度与意识形态领域的革命，维护家庭养老的传统文化基础受到严重冲击；再次，新中国是在一穷二白的基础上建立起来的，国家财政不但无力为农村人口构建像城市职工一样的社会养老保障体系，而且还要从农村汲取农业剩余劳动，为城市工业化提供原始积累。由于上述变化，家庭的养老保障功能有了显著的弱化，但家庭仍旧是农村养老的主要方式。在家庭养老弱化的同时集体在养老方面发挥了一定的保障作用，与家庭养老保障相互支撑，共同构成了农村老年人的养老保障支持网络。在本章，将主要分析集体化时期农村集体在养老保障方面发挥的作用，以及农村家庭养老保障的状况，并通过与传统社会农村养老保障的对比，讨论这一阶段农村社会养老保障的新变化。

第一节　集体化时期农村养老保障的经济与社会基础

传统乡土社会，老年人的养老责任主要由家庭承担，国家和宗族则发挥了辅助作用：一方面通过宣扬和强化孝道在意识形态上巩固了家庭养老；另一方面则救济资助部分弱势老人。这样，三个主体共同发挥作用，构成了传统时期的农村养老保障体系。新中国成立后，农村养老保障的格局发生了变化，经过土地改革、合作化和人民公社化等一系列的政治运动实践，国家力量渗透到乡村社会的方方面面，农村被全方位的改造，生产方式和经济形态都发生了很大变化，传统家庭养老的经济与社会基础发生了变动。

一　经济基础

养老方式是由生产方式和经济形态决定的，并随着生产方式和经济形态的改变而改变。新中国成立以后，经过土地革命与互助组、合作社再到人民公社的建立，农村的生产关系发生了根本性的变化，土地等主要农业生产资料由原来的家庭私有制变成了集体所有制。1958 年,农村实行公社化以后，生产队成为农业生产的基本经营和核算单位，家庭成员在生产队的组织和安排下参加集体劳动，劳动的方式、内容以及劳动成果的核算与分配都是由生产队统一安排和管理。在这种情况下，所有的家庭成员，包括父母在内都要参加集体劳动，通过挣工分来获得相应的劳动报酬，在这方面，父母与其他家庭成员已经基本一致。与传统的家庭相比，集体化时期的家庭基本失去了生产功能，仅作为一个消费单位存在，由于家庭经济的组织方式、财富的积累方式都发生了变化，老年父母的权威地位弱化。家庭所需的消费品是直接由家庭成员共同劳动得来的，所需要的生活资料也是直接来自家庭成员的共同劳动。集体分配固然按照个人参加集体劳动的工分计算，但实际分配是以户为单位进行分配的，各个家庭成员所挣得的工分合在一起计算。这样，家庭成员之间经济上的来往取予就比较明显了，每个人的劳动成果和对家庭的贡献都是以具体而明确的方式表现出来的，而且每个人的劳动成果都是由自己独立完成的。传统社会，由于家庭成员在家长的指导下进行农业生产和生活，家庭成员共同劳动，劳动成果由家长统一分配，成员对家庭财富的贡献是无法量化的。因此，集体化时期完全改变了传统社会的分配方式与结果，也改变了传统的家庭财富累积方式。

家庭财富累积方式的变化，也对代际关系和养老产生了较大的影响，但是在这个变动的过程中传统的子女对父母赡养的反馈模式基本没有发生大的变化。家庭虽然不再是生产的核算单位，但仍然保留了生活单位的性质，一家人还是吃一锅饭、算一笔统账。[①] 由于集体分配时是统一交给一家的家长，老年父母仍然具有一定的权威，但已经不能和传统社会时的地位和权利相比。传统时期，老年父母是家庭财富的掌控者，如果父母不同意一般不会分家，即使有多个儿子，养老也主要在家庭内进行，父母把财富转移给儿子，儿子继承父母的财产从而获得养老的经济支持力。但是集体化时期，财富要通过参加集体劳动所得，每个家庭成员都清楚明白自己对家庭财富的贡献，父母随着年龄增大、劳动能力下降，且儿子对家庭的贡献逐渐增大直至超过父母。这样，父母就不可能像传统社会那样给儿子留下家产，传统的财富代际传递和转移不复存在，儿子的财富具有获致性，其自主性和独立性大大增强，改变了代际双方的权利关系。由于老年父母权利下降，拥有的可交换资源又有限，与子代的交换关系中就处于被动的地位，也就无法抑制子代的分家愿望，使得养老在多个子女的家庭间进行，也即多子轮养。因此，在某种程度上可以说，无论分家前后，老年人在家庭中的地位和权利都大大不如传统时期，在赡养问题上也就处于更加被动的弱势地位。虽然，老年人在养老中处于被动的弱势地位，但是由于公社给予了老年人一定程度的物质保障，如口粮分配和医疗制度，同时传统的尊老爱幼的思想，依然教育、约束和规范着不孝行为，较好地缓解着家庭养老矛盾。因此，这一时期子女对父母赡养的反馈模式仍然没有发生根本性变化。

二　社会基础

正如上一章分析所言，传统社会子女的养老行为是建立在等级秩序之上的，它之所以能保持稳定和均衡，不仅与社会变迁缓慢有关，更重要的是它有着强大的维系机制，这已经不仅仅是一种血缘上的关联，而是一种靠制度设置和意识形态维系的关系。但当社会发生变迁时，种种制度设置改变了，这将会直接触及和影响养老行为的社会基

① 费孝通：《家庭结构变动中的老年赡养问题——再论中国家庭结构的变动》，《北京大学学报》（哲学社会科学版）1983 年第 6 期，第 1—6 页。

础，进而使得养老呈现出新的特点。在集体化时代，国家的一系列社会主义改造实践极大地改变了农村社会的制度环境，进而也冲击了传统养老保障的社会基础。

第一，国家较少承担农村养老保障责任，村集体在农村养老中发挥着一定的作用。传统社会，虽然老年人的养老保障主要由家庭来承担，但是历朝历代国家在养老保障方面也发挥了重要作用：一是在制度设置和意识形态层面维护老年人的权威和地位，维护和巩固了家庭养老；二是对部分老人特别是弱势老人予以一定的资助和救济。虽然这一时期国家的保障作用极不稳定，保障层次也较低，但国家参与养老事业在一定程度上巩固和发展了家庭养老。集体化时期，国家却较少承担农村养老保障责任，一系列社会保障制度设置都没有涉及农民。1951 年，我国颁布了《中华人民共和国劳动保险条例》，对城镇职工实行劳动保险制度，这使得城镇职工历史上第一次在遭遇生老病死等事件时能够享受一定程度的保障，我国此后一段时期内，除了失业保险外其他工业化国家存在的保险制度也逐步建立。但是，这些制度并没有在农村实行，农村社会养老保障长期以来一直都是空白。李迎生认为，最初出台的社会保险体系并未包括农民，不只是因为农民可凭借土地取得保障，更为重要的原因是为快速实现国家工业化提供原始积累，只能暂时牺牲农民的利益。[①] 农业集体化以后，由于土地等主要农业生产资料集体所有，家庭不再是一个生产经营单位，传统的家庭养老的经济基础发生了动摇，家庭养老功能的发挥受限；而国家把农民的土地收归集体所有后，又无力在农村建立起像城市一样的社会养老保障体系，只得通过制定“五保供养制度”、“合作医疗制度”和“社会救济制度”并直接交付给集体实施，来补充新形势下家庭养老方式的不足，也就是说，国家主要通过出台制度与在意识形态领域强调子女有赡养老年父母的义务和道德责任，依靠农村集体经济与农村家庭，构建了一个以家庭养老为主、集体为辅的农村养老保障体系，国家在经济上基本不承担农村老年人口的养老责任。

① 李迎生：《为了亿万农民的生存安全：中国农村社会保障体系研究》，安徽人民出版社 2006 年版，第 47 页。

第二，家族或宗族组织解体，其承担的养老功能也随之消解。传统社会，宗族在维护老年人地位和权利，保障老年人生活方面作出了不可忽视的贡献，但是在新中国成立后一系列革命运动中，宗族遭到国家的彻底批判与清算。首先，族田被没收和征收，使得宗族失去了赖以存在的物质基础；其次，祠堂被拆毁或他用，消灭了宗族的精神寄托中心；再次，族谱被收缴焚烧，使得宗族的血缘关系逐步混乱和松弛；最后，宗族组织被解散，宗族活动被停止。[①] 这样，当宗族存在的基础被瓦解，宗族的养老保障功能也随之消解。

第三，传统的文化意识遭到批判，但养老的传统得以保留。集体化时期国家在一系列政治运动中传统文化遭到了猛烈的批判，对人们的传统思想观念产生了巨大冲击，以致维系家庭养老的传统家庭权力结构发生了动摇。首先，族权、父权的被批判，弱化家长权威。毛泽东在《湖南农民运动考察报告》中指出族权和父权是封建宗法制思想和制度的代表，是束缚中国人民特别是农民的绳索。[②] 因而，在社会主义运动中，族权和父权就成为运动的主要对象，遭到了彻底的批判；同时，通过集中组织生产与集体分配，以及社会主义集体价值观教育，使得传统的家长权威明显衰落。其次，强调个性解放，年轻人要敢于向家庭表达自己的个性。1950 年《中华人民共和国婚姻法》的颁布废除了封建主义婚姻制度，实行男女婚姻自由，妇女和子女的合法权益受到保护。这从法律上鼓励青年人的独立性，强调家庭成员自主的权利；废除了男尊女卑，漠视妇女利益的封建婚姻制度，实行男女平等，保护妇女和子女合法利益的婚姻制度，希望通过反对家庭权威来使家庭的传统权力中性化，这就打破了持续了几千年的男性家长的传统权威。特别是在土地改革等一系列政治运动实行以后，“解放”、“平等”等话语逐渐深入人心，国家建立在批判传统文化伦理基础之上的个体和家庭关系秩序，也

---

① 王建民:《“逆家长制”是如何产生的——一个历时性的社会学分析》2012 年第 2 期，第 110—115 页。

② 同上。

鼓励家庭成员特别是妇女去怀疑和批判传统的家庭权威。正如约翰逊所言："几千年来，在我们的家庭关系中，儿子不能违抗父亲的旨意，妻子不能违抗丈夫的旨意。……我们必须扭转这种状况……在家庭中规定谁可以发号施令，谁必须俯首听命的局面今后不能再继续下去了，谁的话符合毛泽东思想就服从谁。"①

值得特别注意的是，虽然国家的种种政治运动中都曾批判传统的孝道，但并没有批判过农村的养老传统，尊老养老的思想仍然被社会主义国家借用和倡导，因而，社会代际平衡的关系仍然维持。② 国家虽然致力于改造传统的家庭伦理和家庭秩序，但是在另一层面国家无论在主观上还是客观上都缺乏铲除传统家庭伦理和秩序的决心和能力，对包括家庭养老这样的文化传统进行了妥协。国家仍然倡导父慈子孝、尊老爱幼的伦理，并从法律上惩罚那些不孝的人，这主要是因为在生产资料公有制的农村，广大农民的养老问题一时仍解决不了，对传统的家庭养老行为继续倡导是间接利用家庭养老传统伦理和秩序来作为国家政权建设的策略工具。

综上所述，集体化时期国家的一系列政治运动改变了传统家庭养老的环境，原有家庭养老的经济、社会基础都发生了变化。一方面，家庭失去了生产资料，传统的家庭财富积累方式改变，家庭的一系列功能发生变迁，家长权威得到弱化；另一方面，集体化也增强了子代的独立性和自主性，使得子代特别是妇女的权利提高，这改变了传统的代际权利关系。二者的合力使得老年人在养老中处于弱势的地位，但是为了政权建设国家仍然倡导家庭养老，并建立"五保"制度、医疗制度等一系列有特色的集体主义实践来保障老年人的生存安全，使得这一时期老年人的养老在家庭养老功能弱化的同时也得到了一定的保障。

---

① 马克·赫特尔：《变动中的家庭——跨文化的透视》，宋践等译，浙江人民出版社1988年版，第416—417页。

② 张婷婷：《新国家与旧家庭：集体化时期中国乡村家庭的改造》，《华东理工大学学报》（社会科学版）2014年第3期，第39—41页。

第二节　农村家庭养老保障

1958 年人民公社化运动之后，农村生产方式与经济形态发生了根本性的变化，土地等主要农业生产资料归集体所有，代际之间财富积累的链条被打断，家庭养老的经济功能有一定程度的弱化。此时，集体在家庭养老功能弱化时担负起了部分养老责任，在一定程度上弥补了家庭养老功能的弱化。但由于生产力水平的低下，集体经济积累薄弱甚至无积累可言，集体在养老中的作用特别是对老年人口的经济支持非常有限，从满足农村老年人口对养老的三个方面内容的需求来看，家庭仍旧是老年人养老资源最主要的供给来源。本节将主要从经济支持、生活照顾和精神慰藉三个方面分析集体化时期家庭养老的资源供给状况。

一　农村家庭养老的经济来源

在传统农业社会，一家一户的小农生产是整个社会的基本形态，农业是当时家庭经营的主要活动，土地是家庭财富的主要来源。小农生产方式决定了生产资料归家庭所有，家长作为家庭生产的经营者和管理者，顺理成章地拥有了对土地等收入的支配权。而老年父母作为家长，在个人的劳动积累基础上以土地收益维持自己的基本生活，并通过土地财富转移和遗产继承换得子女提供老年时的经济支持和生活照料。

在集体化时期，家庭财富的积累方式发生了根本性的变化，子女对父母物质供养的经济基础发生了变化。土地等生产资料被收归集体，农业的生产经营都由村集体统一经管和管理，劳动成果分配也由村集体进行，这样传统的家庭所发挥的组织生产和分配的功能逐渐消解。家庭获得粮食和收入的主要途径大部分源自参加集体劳动后的分配，少部分来源于自留地和饲养家畜等，农村老年人口家庭养老的经济支持也来源于这两个方面。

首先，依靠工分所获得的收入是家庭养老的主要经济来源。在土地、农具等主要生产资料全部归村集体所有后，农业生产的组织方式也发生了根本的变化，家庭成员在生产队的领导下直接参与集体劳动，通过赚取工分来获得劳动报酬。在工分制下，劳动力被分为不同的等级，每个等级都会给予相应的标准分，生产队依据社员参加集体劳动的时间与相应的标准分给予工分，家庭成员一年的总工分成为生产队年终对各农户家庭分配结算的主要依据，而分配的形式有两种：粮食和现金。粮食的分配有两种形式：口粮和工分粮，一般会按照一定的比例来分配，如人七劳三，即70%用于口粮分配，30%用于工分粮分配。口粮分配是依据年龄来进行分配的，确定一个人的最低粮食消费，在各地的标准是不一样的，但无论是口粮还是工分粮年终都要通过工分来进行结算。

其次，饲养家禽与家畜以及少量自留地收入弥补着集体经济给予家庭分配的不足。第一，国家允许农户饲养家畜（耕牛因是生产资料，有些地区不允许饲养），事实上不仅因为弥补集体分配不足以满足农户家庭消费需要，而是因为有派购任务，有些地区甚至是强制农户饲养。1959年颁布的《中共中央关于社员私养家禽、家畜和自留地等四个问题的指示》允许社员私人喂养猪、羊、兔、鸡、鸭、鹅等家畜家禽，这些家畜家禽养大了卖得的收入以及平时的粪肥收入根据不同的性质予以处理，公有私养的给予社员合理的报酬，私人饲养的收入完全归社员个人所得。[①] 如为缓解城市肉食供应紧张问题，1961年国家对生猪饲养提出了“公养私养并举，私养为主”的方针，为调动农户养猪的积极性，政府对派购任务的生猪，除按价结算外，还会给集体与农户一定的物资奖售，如化肥或补助饲料差价款等。农户通过饲养家畜，也获得了一定的收入。第二，国家允许农户保留一定的自留地，而自留地上的收入全部归农民所有。1956年《高级农业生产合作社示范章程》允许农业合作社可以分配一定的土地给社员种植蔬菜，根据社员人口的多少来决定分配给每户社员种植的土地数量，一般地每人所分配的土地不能超过当地每人平均土地数的5%。[②]

---

① 详情参见1959年《中共中央关于社员私养家禽、家畜和自留地等四个问题的指示》。

② 详情参见1956年《高级农业生产合作社示范章程》。

1957年全国人大常务委员会第七十六次会议又决定适当增加农业生产合作社社员自留地，将使用自留地比例由不超过5%增加到不超过10%。1959年在《中共中央关于社员私养家禽、家畜和自留地等四个问题的指示》中又指出自留地长期归社员自由使用，所生产的产品也都由社员自由支配，对于自留地不征派公粮、不派购任务。[①] 可以说，在20多年的集体化时期，特别是在经济困难时期，自留地上生产的产品以及收入，在相当大程度上弥补了集体分配的不足，发挥了巨大的作用。[②]

二　农村家庭养老方式

由于集体化时期农村家庭养老的经济来源与传统社会相比发生了根本性的变化，以致农村老年人口的物质供养、生活照料与精神慰藉等养老内容的获得方式也发生了相应的变化。首先，从物质供养方式来讲，主要分两种情况：一是老年人身体比较健康的情况下，主要依靠自己的劳动来供养自己。由于粮食和收入主要来源于挣工分之后的分配，迫于工分的压力，许多60岁以上的人，特别是男性，仍然会继续出工，直到完全失去劳动能力，生产队在安排农活时一般也会照顾年长劳动者分配给较轻体力的农活；女性一般在60岁以后大多数不再参加集体劳动，照顾第三代家庭成员。二是无论是男性老年人口还是女性老年人口，在完全退出劳动领域后，集体仍然会按定额分配给口粮到其生活的家庭，所分得的口粮在年终结算时仍旧要在全家的总工分中予以核算。因此，老年人口在失去劳动能力后，虽依然有从生产队集体中获得口粮等生活必需品的权利，但年终仍需要用子女的工分进行结算，部分家庭由于抚养的老人和小孩数量多，挣工分的劳动力又较少，年终结算分配时往往出现一年工分所得的劳动报酬不够抵消全家一年的口粮款，分配中出现向集体“倒挂”现象。

---

① 详情参见1959年《中共中央关于社员私养家禽、家畜和自留地等四个问题的指示》。

② 黄长久：《我国农业集体化时期自留地经营的演变及其特点》，《广西师范大学学报》（哲学社会科学版）2005年第2期，第145—149页。

集体化时代农村子代一般什么时候开始履行赡养老人义务的呢？费孝通对江村的研究发现，父母和子代的分家就意味着下一代要开始履行赡养的义务了，此时子女要提供给父母日常生活所需的柴火和口粮，同时指定所分房屋的一部分要给老年父母居住。柴火和口粮也是由生产队分配，在工分中扣除，这些都按照分家时的约定办理。老年父亲在儿子分家时一般还有一定劳动能力，其口粮和柴火由自己劳动所挣的工分支付，不足部分由生产队划到儿子挣的工分账上；老年母亲一般在儿子有小孩就不再参加集体劳动，帮助儿子照顾小孩，口粮和柴火就由这个儿子来负担。[①] 而老年父亲退出劳动领域后，其口粮和柴火就由生产队划到儿子挣的工分账上，真正由儿子来赡养。

其次，从生活照料来讲，同样要分为两种情况：一是在老年夫妻只要有一方身体仍比较健康的情况下，他们的日常生活主要由自己或者老伴照顾，如遇疾病时生活在一起的子女才会给予辅助型照料；二是在老年夫妻双方或一方过世剩下一方生活不能自理时，此时由儿子家庭成员来提供生活上的照顾。

最后，从精神支持来讲，由传统社会子女对父母的绝对服从向着家庭成员间平等交往与相互尊重转变。在传统社会，父系家长制下老年父母牢牢掌握着家庭的经济、文化资源，子女在人身上是依附于父母的，父母年老时不仅要给予物质上的供养，而且要尽可能地让其心身愉悦。集体化时期，由于土地等生产资料归集体所有，老年父母不能再像传统时期一样领导和组织家庭的生产，家庭主要生活消费品由集体分配所得，由于实行了工分制，子代可以清楚知道自己对家庭贡献的情况，特别是随着父母劳动能力的下降，子代对家庭的贡献会逐渐增加，直至超过父母对家庭的贡献，父母随之也会逐渐失去以往在家庭中的地位、权利和财富，而子代的独立性和自主性也会随之逐渐增强，子代（包括儿媳）与父母在家庭内部中的地位渐趋平等，子代对父母的精神需求不再在绝对服从的交往中予以满足，而是在平等的交往中相互满足心理与精神上的需求。以婆媳关系为例，集体化时期

① 费孝通：《家庭结构变动中的老年赡养问题——再论中国家庭结构的变动》，《北京大学学报》（哲学社会科学版）1983年第6期，第1—6页。

媳妇是家庭挣工分的重要成员，费孝通认为媳妇在保证老年人的精神慰藉时的地位更为重要。如果媳妇和婆婆两代人合力，媳妇生了孩子后由婆婆照顾，这样劳动力较强的媳妇就成为出门劳动挣工分的主要成员，这也是集体化时期比较高效和通行的办法，此时老年人的精神慰藉由于两代人的和睦能够得到保障。但是，如果两代人不和睦，老年人的精神慰藉就不容乐观，如媳妇在和婆婆分家后生了孩子，而婆婆比较年轻仍旧可以出工来为还未成家的孩子“操心”，没有帮助媳妇照顾孩子，此时由于媳妇自己照顾孩子，小家庭就少了一个挣工分的重要成员，媳妇难免有怨言，这种情况下婆媳吵闹很容易发生。另外，在分家时，特别是多子家庭分家，家庭房屋以及生产资料等财产的分配也是引起婆媳矛盾的重要原因，在这两种情况下，老年人的精神慰藉状况不容乐观。

综上所述，集体化时期家庭养老的功能有一定程度的削弱，这主要是因为集体化改变了代际之间财富的积累方式，子代赡养老人的经济基础发生了变化，不能通过原有继承和转移的方式获得财富，而是必须参加集体劳动挣得工分获得收入和口粮。虽然家庭承担的养老功能同传统时期相比有一定的削弱，但是家庭养老依然是这一时期农村养老的主要方式：从物质供养来看，老年人主要依靠自身劳动积累以及子女的赡养；从生活照顾来看，老年人在身体健康时主要依靠自身及老伴照顾，而在失去劳动能力后主要依靠子女照顾；从精神慰藉来看，由于老年人在家庭中权威的减弱以及子代权利意识的增强渐趋在与子代平等交往中满足，特别是媳妇在精神慰藉上发挥的作用更为重要。

第三节　集体的养老保障功能

正如上文所言，集体化时期由于生产方式和经济形态的变化，使得家庭的养老功能在一定程度上有所减弱，但此时集体在养老方面发挥了一定的作用，与家庭养老一起构成了农村养老的保障体系。谈及集体化时期集体在养老方面发挥的作用，国内学者多以“集体养老保障”来概括。所谓“集体养老保障”也即主要由集体来承担老年人的养老责任的保障方式，但是笔者认为这种看法有失偏颇。严格来讲，“集体养老保障”仅仅针对诸如“五保老人”这样的弱势老人群体，其生前的赡养以及死后的安葬等都是由集体来保障，称之为“集体养老保障”无可厚非，但是对普通的农村老年人口群体来说，集体在养老方面发挥的作用极为有限，老人主要还是由家庭来赡养。为此，本节在分析时将农村老年人群体分为“五保老人”和普通老人，将重点分析集体在两个群体养老保障上所呈现出的作用。

一　集体对“五保”老人的供养

1954 年制定的《中华人民共和国宪法》曾明确指出，劳动者在年老或疾病时，有权利获得物质帮助，国家要举办社会保险、社会救济和群众卫生事业，并逐步扩大设施建设，以保证劳动者能够享受这些权利。[①] 这样看来，自新中国成立起国家就意识到老年人的养老问题。1956 年全国通过的《高级农业生产合作社示范章程》第 53 条规定，对于那些缺乏劳动力或完全丧失劳动力、生活没有依靠的老、弱、孤、寡、残疾的社员，农业生产合作社应该在生活上给予适当地照顾、在生产上予以适当的安排，要保证他们吃穿和柴火的供应，使他们的生养死葬都有依靠。[②] 这基本标志着我国对农村生活没有依靠的老、弱、孤、寡、残疾的社员，实行“保吃、保穿、保烧（柴火等燃料）、保教、保葬”的五保供养制度初步形成。

1962 年，中共中央通过了《农村人民公社修改条例修正草案》（即人民公社“六十条”），要求作为基本核算单位的生产队，要从可分配的总收入中扣留一定公益金用于社会保险和集体福利事业支出，但这笔费用不得超过可分配总收入的 2%—3%。[③] 这样，集体有责任去救济那些缺乏或完全丧失劳动力、遭遇不幸而生活困难以及生活没有依靠的老年社员。1964 年，第二届全国人大通过的《1956—1976 全国农业发展纲要》在原有的“保吃、保穿、保烧（柴火等燃料）、

① 详情见《中华人民共和国宪法》(1954 年)。

② 详情见《高级农业生产合作社示范章程》，第 53 条。

③ 详情见《农村人民公社修改条例修正草案》。

保教、保葬”基础上又增加了“保住、保医”等内容，至此形成了对无劳动能力、无经济来源的孤寡老人和残疾人等比较完整的“五保”制度。这些内容包括：第一，公社对这些孤寡老人等“五保户”采取了集中供养和分散供养两种形式。集中供养是由公社公费开办福利院，统一安排生活；分散供养是由“五保户”的亲友和邻居等农户来安排和照顾其生活，而集体来提供生活用品或进行生活补贴。为了保障“五保”供养等福利性事业，集体在进行分配之前，都会保留一部分公益基金届时直接分配给“五保户”现金和实物。第二，划分各种类型的“五保”对象，予以不同的照顾安排：对一些有劳动能力的“五保”对象，以各种形式安排他们从事力所能及的事情，如放羊、放牛等，并在工分结算时适当地给予照顾，这样就保障了他们的基本生活水平不至于低于一般社员；对那些缺乏劳动能力但生活能够自理的“五保”对象，按照全社、全生产队平均劳动天数予以补助，使他们也能和其他社员一样参加分配；对那些日常生活中自理能力有困难的或丧失自理能力的社员也给予安排照顾。

从20世纪六七十年代，许多公社和大队建成了福利院和养老院，使得农村孤寡老人老有所养。1958年数据显示，全国农村供养“五保”人数为423万人，有15万多所敬老院，总共收养了300多万人。[①] 特别是在一些集体经济发展比较好的地区，集体福利事业兴办有一定的实力，“五保”老人等老年人的生活也能得到更好的保障。如在一些地区实行了退休养老金制度，据不完全统计，截至1984年人民公社解体，全国有23个省区市、1330个乡镇、9460个村进行了尝试，享受养老金的人数超过了60万人。[②]

二　集体在普通老年人口养老中的作用

1958年，我国农村开始人民公社化运动，农民由原来的个体农民

① 张敬一、赵新亚：《农村养老保障政策研究》，上海交通大学出版社2007年版，第89页。

② 张仕平、刘丽华：《建国以来农村老年保障的历史沿革、特点及成因》，《人口学刊》2000年第5期，第35—39页。

变成了社会主义的集体农民，这一时期农村家庭的养老功能与传统社会相比有所削弱，集体在农村养老保障方面发挥着重要的作用。在人民公社制度下，广大农民都是公社的社员，土地等主要农业生产资料归集体所有，社员通过参加由各级生产队组织的集体生产劳动获得包括货币和粮草等实物收入。集体通过对年老社员提供适当的力所能及的劳动机会，在分配粮食等实物生活必需品时给予基本口粮，以及规范子女的养老行为，维护与补充着农村家庭的养老功能。

首先，由于集体农业生产仍然是一种生产力水平低下的依靠传统经验的自然农业生产活动，农村老人虽失去了传统时期在家庭和社会上的优势地位和权威，但他们具有较丰富的生产、生活经验，生产队在安排农业生产活动时往往会听取老年人的建议和指导。同时，生产队在安排生产活动时，一般会给老年人分配力所能及的农活，以便让老年劳动者挣得工分参与集体劳动成果的分配。

其次，通过集体分配，力争老年人口的生存权利。集体对基本生活资料（如粮食与柴火）的分配一般按照“工分 + 人头”或者“工分 + 照顾”的原则进行分配，在这一分配原则下，农村老人即使在完全失去劳动能力不再有工分的情况下，也能够分到一份属于自己的口粮，当然领得的这份口粮在年终结算时仍旧按照一定价格折算成钱，在有赡养义务的子女家庭现金收入分配中扣除，即老年人的口粮仍旧要通过自己或子女挣取的工分来支付，集体这种分配方式力保了老年人口基本生活资料获得的权利。

再次，在日常生活中，集体借用传统的尊老爱幼的思想调解家庭矛盾，努力教育、约束和规范不孝行为，努力保护老年人地位，不允许子女嫌弃、虐待老人。生产队的干部一般都会和村民共同劳动，能够及时了解村里各家各户的情况，遇到家庭矛盾或对老人不好的事情一般都会主动出面调停劝慰。如果出现不孝行为，还会对子女进行教育，一般会直接批评让其承认错误，或进行劳动惩罚，情节严重则会追究法律责任。由于多数的教育和惩罚都是当着村民的面进行，一般都会收到很好的效果。这样，干部的积极介入和社会舆论的影响，使得不赡养老人的情况总体而言较少。

三　老有所医——合作医疗制度

疾病对于农村老人来讲是不可避免的，为了保障农民的身体健康，集体化时期我国大部分农村地区实行了农村合作医疗制度。农村合作医疗制度按照自愿互助的原则来组织，并获得了各级政府的支持，这是一种集体福利事业，为农村地区人口特别是老年人口提供基本的医疗卫生保健服务，提高了老年人的整体医疗卫生保健水平。

农村合作医疗制度最早起源于20世纪40年代陕甘宁边区出现的“卫生合作社”。1944年因伤寒、回归热等疾病流行，边区政府委托商业机构兼办合作医疗，这种机构是一种民办公助的医疗机构，资金由商业机构本身出资一部分，并吸收私人和团体股金，政府也会赠送一些药材。1950年前后，东北各省采用自愿合作的形式进行群众集资兴办卫生机构，来解决农村地区无医无药的问题，这后来成为合作医疗制度的前身。[①]

1955年，我国农村出现了合作化的高潮，也正是在这一年农村出现了正式的具有互助合作性质的合作医疗制度。如河南、山西、河北等地区的农村为解决农民缺医少药的问题，出现了由农业生产合作社举办的医疗卫生保健站，合作社提供公益金进行资助，而广大社员自愿参与出保健费。1956年《高级农业生产合作社示范章程》第51条甚至规定：“农业合作社对于因公负伤或致病的社员要予以一定的补偿安排”[②]，这样看来，集体在保障老年人的医疗健康方面具有明确的责任。

1959年《关于人民公社卫生工作几个问题的意见》明确指出了农村合作医疗的性质，以及在农村建立医疗卫生组织的规定和具体做法。农村合作医疗是集体卫生福利事业，是保护人民健康以及支援生产不可缺少的组成部分，要建立和健全公社、生产大队和生产队三级

---

① 李迎生：《为了亿万农民的生存安全：中国农村社会保障体系研究》，安徽人民出版社2006年版，第51页。

② 新华网：《高级农业生产合作社示范章程》，http：//news. xinhuanet. com/ziliao/2004-12/30/content_ 2393677. htm。

医疗卫生组织，在具体实施时社员每年缴纳一定的保健费，在看病时只缴纳少量的挂号费或者药费，而集体则在可能的范围内予以一定的补助，并且随着生产的发展和集体经济的壮大进一步增加集体公益金补助的比例。[①] 1960 年 2 月，中共中央《关于人民公社卫生工作几个问题的意见》对合作医疗这一制度形式进行了肯定，并将其称之为集体医疗保健制度，要求各地参照执行。1968 年 12 月，《人民日报》介绍了湖北省长阳县乐园公社实行农村合作医疗的经验，获得了毛泽东的批示和肯定，此后农村合作医疗制度得到了空前的发展并达到了高潮。可以说，农村合作医疗制度的实施，在一定程度上缓解了老年人缺医少药的情况，提高了老人的健康水平。

综上所述，集体化时期集体在养老方面发挥的作用主要体现在两个方面：一是维系传统的敬老养老的传统，调解家庭赡养纠纷，努力教育、约束和规范不孝行为，努力保护老年人地位；二是对弱势老人建立“五保”供养制度来保障养老，对于普通老年人通过安排力所能及的劳动以及在基本生活资料分配中按照“人头 + 工分”的原则，保护老年人口基本生活资料的获得权，此外还建立合作医疗制度保障老年人的医疗问题。纵观这一阶段，集体在老年人的就业、生活、伤病养老方面发挥了重要作用，但有学者指出这一阶段的保障是一种低水平的“无所不包”，集体的养老责任被无限放大，离开了集体农民的养老就失去了存在的经济基础。这种平均主义色彩的集体制度给老年人带来的结果是：养老保障与集体经济的好坏息息相关，集体养老保障制度的设计忽视了与经济发展相一致的特点，没有充分发挥应有的价值，使得农村老人的养老无法得到长期、稳定性的保障。因而这一时期农村老年人主要还是依靠子女家庭养老，集体只是起到了补充作用。

① 百度百科：《中共中央关于卫生工作的指示》，http：//baike. baidu. com/link？url = llXJaM9 - bv9yZ6geJ。

第四章　后集体化时期的农村养老保障

后集体化时期是指农村实行家庭联产承包责任制以来的时期，这一阶段社会的经济形势发生了很大的变化，农村养老保障的内容、方式和手段也发生了很大变化。人民公社的解体使得集体原来发挥的养老作用随之消解，家庭作为养老主体的地位进一步凸显，但农村人口流动使得家庭养老功能的发挥出现了一些问题。针对农村家庭老年人养老出现的问题，国家逐步探索并建立了农村养老保障制度，并鼓励其他主体参与到养老事业当中，养老主体逐渐多元化。现阶段农村养老仍然以家庭养老保障为主，集体和国家也发挥着重要作用，三者一起构成了农村养老保障体系。在本章，将剖析后集体化时期农村养老保障的变化，在此基础上分析农村养老的现状与趋势，并对我国农村社会养老保障的历史演变过程进行总结。

第一节　后集体化时期农村养老保障的经济与社会基础

改革开放以来，农村社会得到了极大的发展，农村的家庭收入水平也逐年提高，其生活水平已经逐渐由温饱型向小康型转变。但是，随着社会结构的变迁以及人口老龄化的发展，农村大量青壮年劳动力外出务工，传统的家庭养老保障模式面临着严峻的挑战，养老问题日益成为全社会关注的焦点。换句话说，改革开放以后，农村养老保障的经济基础和社会基础发生了变迁。

一 经济基础

（一）农村土地产权转向“三权分置”

在我国农村社会的养老保障问题上，土地一直发挥着不可或缺的功能，家庭依托土地可以获得就业和收入，从而使得老年人的养老获得保障。易言之，当土地制度发生变迁时，养老可能也面临着这样那样的变化。在传统社会时期，农村实行的是土地私有制度，农村地主、富农与自耕农通过对土地的占有和经营使用，不仅获得了家庭成员的就业和收入保障，维持着家庭自给自足的生活方式，而且依托土地获得财富积累，在年老时把个人的终身积累通过代际之间流动，转移到儿子这一代，儿子在获得财富同时也具备了对父母的赡养能力，从而老年人口的养老在家庭内得到了稳定的保障。但传统社会历来存在着土地分配不均的现象，即占乡村少数人口的地主与富农占有着多数耕地，他们部分或全部土地会出租给无地或少地的农户，无地或少地的农户通过租耕地主与富农的耕地实现就业和生活保障。从产权角度来看，通过耕地所有权与使用权的分离为无地与少地农户获得土地的养老保障功能提供了可能。

新中国成立后到改革开放之前，中国土地制度经历了两次变革，即“耕者有其田”的土地改革（1949—1952 年）与土地的集体化运动（1952—1958 年）。土地改革，废除了地主所有的租佃农地制度，实现了农地的地主所有制向“耕者有其田”的农民所有制的转变，在地权安排上农民获得了完整的产权，所有权和使用权都归农民所有，实现了“二权合一”。而在老年人养老保障方面，这一时期基本与传统社会差别不大，都是在自身劳动积累的基础上，依靠土地通过代际之间的转移实现。农村土地集体化运动之后，农村土地制度的性质又发生了变化，农民个体私有的土地制度转变为集体所有，原来的家庭经营转为集体经营，劳动成果也是在参加集体统一安排的劳动后由集体核算分配。在土地集体所有、集体经营的主流模式下，国家仍然允许农户保留一定的自留地，一般不超过当地每人平均土地数的 5%—10%，而自留地上的收入全部归农户所有。可以说，自留地的所有权仍然归集体所有，农户依据家庭生活需要自由安排生产并获得收益，但农民并没有自由处置土地的权利，从根本上来讲，农民仍然缺乏对土地排他的使用权、收益的独享权。与此相应，农村老年人口的养老经济支持主要来自以下几个方面：一是集体会按照人头分配给老人一定的口粮，但在年终结算时分配的口粮仍旧按照一定价格折算成现金，并纳入子女的工分账上进行分配。也就是说，老年人口在失去劳动能力时按照人头依然可从集体分配中获得口粮；如果老年人口还有劳动能力（一般对有劳动能力的老人生产队会给予照顾安排其从事较轻的农活），还可以通过参加集体劳动获得按劳分配的粮食与报酬。二是老年人口也能从集体分得一份自由地，通过自己耕种或有子女耕种获得收益，在一定程度上弥补了集体分配的不足。

党的十一届三中全会以后，全国各地农民和农村干部解放思想，积极开展了农业生产责任制的探索，逐渐形成了包产到户和包干到户两种形式。包产到户，是在坚持生产队的统一经营、统一核算、统一分配的条件下，把农业生产任务通过包用工、包费用、包产量的形式承包给农户，承包的产量部分上交给集体并作为计量标准，取得相应的劳动报酬，超额完成合同指标的受奖，未完成合同指标的受罚；而包干到户，就是农民“交够国家的，留够集体的，剩下的都是自己的”。包产到户和包干到户共同点在于，土地都归集体所有，但承包超额的收入都归承包者所有，承包者有着明确的收入预期；二者不同之处在于，包产到户是对产量进行承包，分配的主动权仍然掌握在生产队手中，土地仍然是由集体来经营，所有权和承包经营权并未真正分离，人民公社体制仍然发挥着作用；而包干到户确立了家庭经营的责任制形式，土地的所有权和承包经营权真正得以分离，奠定了家庭承包经营的制度基础。到 1982 年 6 月，全国农村实行“双包”的生产队已达到 71.9%，其中包干到户的总数占 67%，包干到户家庭几乎完全取代了包产到户①，已经成为农业生产责任制的主流。1982 年 9 月举行的中共十二大充分肯定了以“双包”为主的农村家庭承包制；1983 年的“中央一号”文件称家庭联产承包责任制（即以“双包”为主的各种农业生产责任制）是“我国农民伟大的创造”，文件

① 《农民日报》1988 年 12 月 22 日第一版。

规定土地承包期15年不变，为农民吃了长效“定心丸”。

随着家庭联产承包责任制的实施，原有“三级所有，队为基础”政社合一的人民公社体制失去了存在的经济基础，无法适应农村新的形势，1983年10月，国家颁布了《关于实行政社分开建立乡政府的通知》，改变党不管党、政不管政和政经不分的状况，到1985年春，全国农村政社分开建立乡政府工作全部结束，标志着人民公社体制的结束。人民公社解体以后，家庭联产承包责任制普遍实施，村集体按农户家庭人口分配承包农地，土地依然归集体所有，农户家庭对土地拥有承包经营使用权，实现土地的所有权和承包经营使用权的分离，也即“二权分离”，这既不同于传统时期土地私有制，又不同于集体化时期的集体所有制。但此时土地承包关系并不稳定，不少农村地区村集体随着农户家庭人口与劳动力数量的变化，时常调整农户的承包农地，不仅出现了大量农地承包合同纠纷案件，上访案件不断增加，而且极大地影响了农户对农地投入的积极性。

为稳定农地承包关系，国家出台多个政策，如规定第一轮土地承包期为15年，即从1983年至1997年止，第二轮土地承包期开始时又规定承包期延长至30年不变。2003年3月1日起施行的《农村土地承包法》从法律上进一步明确了土地承包期30年不变，并鼓励土地使用权的依法有偿转让。2013年《中共中央关于全面深化改革若干重大问题的决定》进一步提出：在稳定土地承包关系长久不变的基础上，要坚持和完善最严格的耕地保护制度，同时要赋予广大农民对承包土地的经营使用权、收益权，流转权、抵押权等，允许农民以土地承包经营权入股进行农业产业化经营。[①] 可以看出，党和国家希望在稳定土地承包关系不变的前提下，努力促进农村土地逐步从原来的“二权分离”向“三权分置”转变，土地仍然归集体所有，农民自身拥有承包权，这与之前基本没有差别，真正的区别在于对经营使用权的处理上。农民一方面可以自己经营使用土地，自负盈亏；另一方面也可以将经营使用权依法有偿转让，从而收取租金或者分红。与之前相比，由于土地承包关系的长久稳定，使得农民对于承包经营权有了

① 详情参见2013年《中共中央关于全面深化改革若干重大问题的决定》。

更加灵活的处理。

与土地制度的变迁相适应，农村的养老保障也发生了相应的变化。从包产到户开始老年人养老保障就发生了一定的变化，虽然土地仍然是归集体所有和集体经营，养老经济支持力仍主要来源于集体的分配以及少部分的自留地收入，但农户的农业生产积极性被调动，超产还可以获得奖励，农民家庭收入有所提高，养老的经济支持力也随之增强。在包干到户之后，特别是随着家庭联产承包责任制的不断完善，集体的产权制度逐渐发生变化，土地的承包经营权完成了由集体向农户的转移，与此相适应的是集体所发挥的养老保障弱化，家庭重新承担起养老的主要责任。从家庭联产承包责任制确立至今，家庭都是养老责任的主要承担主体，但对老年人来讲，土地的“二权分离”和“三权分置”却具有不同的养老意义。在土地“二权分离”阶段，老年人在退出劳动领域后，只能将土地交给子女耕种并由子女进行赡养，在经济来源上只能依赖年轻时的积累和子女的支持。但在“三权分置”阶段，老年人对于土地的经营使用权有了更加灵活的处理，可以将土地流转给其他农户或者其他农业生产经营者，收取一定的租金或分红，或者像之前那样直接交给子女耕种，因此，相对来说，土地的“三权分置”增强了老年人经济上的独立性，减少了对子女养老的依赖。

（二）家庭生产功能的恢复和新发展

家庭功能是家庭发展的动力，是社会赋予家庭的责任。在家庭的众多功能中，生产功能无疑具有核心和主导作用，其发挥水平直接决定和影响了其他功能的实现程度，而随着社会经济条件的变化，家庭的生产功能也会发生变化。在以自然经济为基础的传统社会，农业生产是以家庭为单位来组织的，在家长的领导下家庭成员一起劳作、分工合作，集体收获劳动成果。在家庭生产的基础上，家庭成员获得了生活资料从而得以消费、生活，完成生育进而使得家庭延续与发展，这样，家庭基本实现了家庭功能供求关系的内部均衡，也即基本不存在外部依赖，此时，家庭养老功能的发挥和实现也是依托于家庭生产的基础上，在家庭内部实现。进入集体化时期以后，农村土地归集体所有并由集体来经营，家庭失去了生产资料，生产功能弱化，家庭的养老的支持力也随之弱化，此时由于家庭成员参加集体生产和劳动，集体也给予了老年人一种低水平的保障，与家庭养老一起构成了集体化时期的农村养老保障体系。家庭联产承包责任制实行以后，家庭的生产功能得以恢复，拥有了对土地等主要生产资料的经营使用权，在家庭生产的基础上农民获得了消费所需，获得了养老所需要的经济支持力。随着农村经济逐渐向商品化和市场化发展，以及农村劳动力向着二、三产业转移，家庭的生产功能也发生了相应的变化，社会化大生产下家庭的部分生产分工被社会性分工所替代，也即家庭生产功能逐步外化。农村家庭养老经济支持也逐渐由以实物形态为主向着以货币形态为主转变。

（三）家庭生产经营方式逐渐多样化

在传统社会，社会分工不发达，以土地为生产资料的农耕劳作是能为农村家庭成员提供的主要甚至是唯一职业。换句话说，农民在农业生产之外的其他职业获取生存和发展所需要的物质资料极为有限。在这样的状况下，农业生产是以家庭为组织单位的，家庭生产的经营方式也比较单一，土地是人们获取就业和收入的主要来源。进入集体化时期后，土地等生产资料被收归集体，并由集体来经营和管理，这样，集体就取代家庭成为生产经营的主体。人民公社取消了农贸市场，对农产品实行统购派销制度，又用户籍制度限制城乡之间的流动，农村居民被限制为单一的农民身份，获取收入的主要途径是参加集体劳动取得工分，再用工分折算成粮食和现金收入。除参加集体劳动获取收入外，自留地上的经营也成为农民收入的重要渠道，少部分农民做一些简单的副业，饲养家禽、家畜卖得价款以及一些粪肥获得一定收入。总体来看，集体化时期，农村家庭的生产经营手段和方式相比传统社会更为单一，家庭养老的经济支持力有限。家庭联产承包责任制实行以后，农村家庭生产功能得到恢复，农民重新拥有了财产权利，在农业生产剩余产品积累的基础上获得了一定的财富，并在此基础上具备了一定的投资能力。随着国家对农村社会经济活动控制的减弱，农民扩大了从事经济活动的自由，大量农村剩余劳动力开始从事非农产业活动，家庭成员职业多样化，家庭生产经营逐渐多样化。家庭生产经营的多样化，使得农村家庭的收入来源不再局限于传统的农业劳作，也呈现出多元化趋势。家庭收入水平不断提高，不但增强了养老的经济支持力，也促使养老需求逐渐从偏重物质性向着物质、情感、照料等多种需求转变。

（四）家庭财富的积累方式发生变化

家庭联产承包责任制实行以后，农村家庭的生产功能重新恢复，家庭生产经营方式逐渐多元化，相比集体化时期家庭财富积累的方式也发生了变化。集体化时期，土地由家庭私有变成集体所有，家庭所需要的消费品不能再直接通过家庭成员的共同劳动所生产或交换所得，而是要通过参加集体劳动，由生产队按照家庭成员数量以及挣得的总工分来分配。在集体分配时，实际所得是以家庭为基础的户为单位交付的，并不直接交给劳动者个人，每个家庭成员对家庭财富的贡献变得明确、具体。[①] 这样，集体化时期的家长不再掌握生产资料的所有权，家庭财富积累的链条被隔断，父母几乎没有什么财产留给子代。此时，在社会地位和经济收入方面，子代不能像传统时期一样可以依靠家庭和父辈的传承和支持，而是依靠自己的努力以及各种社会关系网络的支持来取得成功，有学者指出这容易导致代际关系的松散和疏远。[②] 改革开放以后，家庭恢复了生产功能，计划经济体制下的平均主义分配方式随着市场经济的发展而逐渐被抛弃，家庭在生产经营的基础上获得了一定的剩余产品，可以把归自己所得的进行投资并逐步获得私有财产。这样，相比集体化时期，家庭财富积累的方式发生了变化，父母在生产经营的基础上获得的财富可以对子女的教育进行投资，安置子女婚姻，并留下财产给子女继承，这大大增强了父母在代际之间的交换能力，也提高了晚年养老的安全性。

（五）集体经济衰落，在农村养老中难以提供经济支持

1958 年，人民公社制度实行以后，家庭经济不再成为农村经济的主体，集体经济逐渐发挥重要作用。农村集体成为农民生产和生活的

① 费孝通：《家庭结构变动中的老年赡养问题——再论中国家庭结构的变动》，《北京大学学报》（哲学社会科学版）1983 年第 6 期，第 1—6 页。

② 刘桂莉：《眼泪为什么往下流？——转型期家庭代际关系倾斜问题探析》，《南昌大学学报》（人文社会科学版）2005 年第 6 期，第 1—8 页。

组织单位，对土地实行统一经营，对土地产出和收入进行统一的管理和分配，并通过对劳动成果剩余的调剂来实现对广大农民基本生活的基本保障。在养老方面，对弱势老人建立“五保”供养制度来保障养老，对于普通老年人分配均等的口粮，而在支付方式上却“强制”由子女家庭来支付；在医疗保障方面，建立了合作医疗制度部分缓解了缺医少药的状况。从这一时期的国家责任来看，虽然也对社会救济承担一部分责任但极为有限，仅仅在集体经济无能为力时做一定的支援。因而，在农民的基本保障方面，无论是农村合作医疗制度还是“五保”老人供养，抑或是贫困老人的救济都要依靠集体经济，这样集体经济的强弱就与农村老人的保障状况息息相关。所以，在集体化时期集体经济是农村老年人口养老和医疗制度的物质保障，即使这种保障存在一定的问题，但在特定历史时期，至少在保障农民的生存安全上是成功的。[①] 1984 年人民公社制度解体，家庭联产承包责任制实行，集体经济逐渐衰落，特别是农业税免征以及各项提留取消以后，许多村成为“空壳村”，村级债务成为一个突出的问题。据农业部 1998 年的统计，全国村级债务已达 1483 亿元，村均负债 20 万元，而截至 2006 年年底，村均债务额为 35.46 万元，新增债务有明显增长态势，村级组织的负担加重。[②] 在这种情况下，集体原来承担的“五保”供养制度就失去了集体经济的保障，只能依靠中央财政转移支付，而对普通老年人的福利也因集体经济的不足也随之消失。

二 社会基础

（一）家庭人口结构变化，养老压力增大

20 世纪 70 年代以来我国开始实行计划生育政策，加上人均生活水平的提高和医疗卫生条件的改善，使得我国的人均预期寿命不断延长，人口生育率不断下降。人口结构的老龄化加速导致家庭的养老压

① 李迎生：《为了亿万农民的生存安全：中国农村社会保障体系研究》，安徽人民出版社 2006 年版，第 65 页。

② 陈洁、罗丹：《中国村级债务调查》，上海远东出版社 2009 年版，第 3 页。

力增加；同时也直接带来了家庭规模、家庭功能和家庭生命周期的变化。全国人口普查数据显示，在20世纪50年代之前，家庭户平均人数基本上保持在5.3人的水平上，1990年缩减到4.0人，2010年缩减到3.1人，2012年进一步缩小为3.02人。在家庭结构方面，2010年城乡家庭中排在第一位的都是二代户家庭，排在第二位的都是一代户家庭。[①] 从欧美国家家庭发展的趋势来看，夫妇式的核心家庭在工业化过程中必然取代联合大家庭并成为家庭的普遍类型。从我国目前现实状况来看，出现了与欧美国家相似的情况，标准的核心家庭比重上升成为主导类型，而传统的联合家庭的类型比重逐渐减少。一般而言，老人在联合家庭中生活的可能性减小，那么也就意味着他们获得支持的社会资源也随之减少，而老人获得资源的减少最终会影响他们生活质量的提高。特别是对那些缺乏正式保障和社区服务支持的老人来说，他们面临更大的养老风险。

（二）城镇化和人口流动对农村养老的影响

20世纪80年代末以来，随着我国工业化、城镇化进程的加速，农村大批青壮年劳动力涌入城市务工，由于我国城乡户籍隔离制度，出现了进城务工人员与家庭生活的分离，在农村形成了大量的“留守家庭”，特别是老年“空巢家庭”。人口流动给农村老年人的生活带来了双重影响：一方面，农村青壮年劳动力进城务工增加了家庭经济收入，有利于提高农村家庭养老的经济支持力；同时，对于进城务工者来说，也有可能增加他们个人财富的积累，为自己养老提前做好经济准备。另一方面，农村青壮年进城务工，也就使得子女与父母分开居住增多，子女和老人共同居住的可能性减少会降低对老年父母生活照料的可能性；在精神层面，留守老人由于缺少和子女的交流而陷入寂寞和孤独；同时，农村留守老人由于子女进城务工，往往还担负起家庭农业生产与照料未成年子孙的责任，背负着家庭生产和家务劳动的沉重负担，严重影响着留守老人的生活质量与健康状况。总之，城市化进程中农村青壮年劳动力外流，使得原有的家庭结构和居住方式都

① 国家卫生和计划生育委员会编：《中国家庭发展报告2014》，中国人口出版社2014年版，第29—47页。

发生了变化，直接或间接地削弱了家庭养老目标的实现。

（三）价值观念变迁，功利主义日渐凸显①

在传统社会，父母抚育子女并在老年的时候得到子女的反馈，这是基于血缘亲情形成的自然的均衡回路，也是长久以来我国社会代际关系的基本模式。但是这种关系模式植根于商品经济不发达的小农社会，人们的行为主要遵循伦理和道德原则。20 世纪 90 年代中后期，社会的运行和发展中市场化的色彩日渐浓厚，市场经济的等价交换原则逐渐渗透到农村社会②，农民的交往也介入了理性化的因素，关系越亲密越有可能被用来实现个体的功利目标。③ 在市场经济背景下，消费文化消解了村庄社区的生活意义系统，村民受此影响在一系列消费竞赛中获得“尊严感”和“自我实现感”，在这种强调物质利益的持续性角逐中，部分村民可能会不断向父辈索取来满足自己的消费需求，另一方面却又不履行相应的赡养义务。④ 子辈对老年父母的关系往往用理性的方式来考量，忽视了代际关系中的道德和情感原则，其赡养动机不再是基于神圣的父母养育之恩，而是与市场交换相类似的原则驱动。如果父母给予子女的没有达到他们的预期，那么子女有理由和借口并心安理得地去减少或拒绝对父母养老的支持。总之，这种日渐凸显的功利主义价值观念对老年人的养老带来负面影响。

（四）家庭需求变化，向福利化方向发展

改革开放以来，经济的高速增长和技术进步把我国带入了一个物质比较丰富的时期，生产方式的变革也带来了人们生活方式和家庭物质生活形态的变化。从家庭收入来看，1990—2000 年，城乡居民家庭

① 此部分内容源自课题组已发表成果，详情见冯华超、钟涨宝：《社会经济转型与代际关系变动》，《山西师范大学学报》（社会科学版）2014 年第 1 期，第 1—4 页。

② 潘鸿雁：《国家与家庭的互构：河北翟城村调查》，上海人民出版社 2008 年版，第 151 页。

③ 李沛良：《论中国式社会学研究的关联概念与命题》，转引自北京大学社会学所：《东亚社会研究》，北京大学出版社 1993 年版。

④ 袁松：《消费文化、面子竞争与农村的孝道衰落——以打工经济中的顾村为例》，《西北人口》2009 年第 4 期，第 38 页。

收入年均增长速度分别为6.6%和4.4%，2000—2010年，城乡居民家庭收入年均增长率分别达到9.2%和6.8%，2011—2013年农村居民家庭人均纯收入平均每年增长9.9%，2014年达到9892元，比2013年增长10%。收入水平的增加带来了家庭生活水平的明显提升，农村居民家庭恩格尔系数由1990年的58.55%，降到2000年的49.1%，2013年进一步降到37.7%。[①] 从整体来看，城乡居民家庭生活水平经历了从温饱型向小康型，再到相对富裕型的转变。收入水平的提高也为各项家庭功能的正常发挥提供了必要的物质基础，提高了家庭养老的经济支持力，通过购买商品和服务在一定程度上弥补了家庭照料、赡养等方面功能的弱化。同时，随着生活水平的提高，使得农村养老需求从经济供养型向侧重照料和情感的福利化方向发展。

第二节　后集体化时期农村养老的现状与趋势

1978年，包产到户开始在全国推广，这意味着集体化时期逐渐向后集体化时期过渡，到1985年人民公社实行政社分开，农村社会后集体化时期正式开始。相对于集体化时期，这一时期农村的生产力得到了解放，人民的物质生活水平有了显著的提高，逐渐从温饱向小康过渡，部分已经进入相对富裕阶段。这一时期，农村的养老保障也有了一定的变化，老年人的温饱问题已经基本解决，生活照料和情感的需求日渐突出。本节将主要分析后集体化时期集体、家庭和国家承担养老功能方面的状况。

一　集体发挥的养老功能弱化

如上一章所言，集体化时期集体在养老方面发挥的作用主要体现在两个方面：一是维系家庭敬老养老的传统，调解家庭赡养纠纷，努力教育、约束和规范不孝行为，努力保护老年人地位；二是对弱势老人建立“五保”供养制度，对于普通老年人在农业生产中予以一定的

① 国家卫生和计划生育委员会编：《中国家庭发展报告2014》，中国人口出版社2014年版，第130页。

优待，此外还建立合作医疗制度保障老年人的医疗问题。可以说，集体化时期集体在养老事业上进行了有益探索，发挥了重要作用，但是在人民公社解体以后，由于不少农村地区的集体经济逐渐衰落，集体养老功能也失去了经济基础而不断弱化。

（一）集体养老保障功能弱化

人民公社解体以后，农村老年人集体养老保障的重要制度——“五保”供养制度和合作医疗制度也因为集体经济的衰落而失去了经济支撑。首先，就“五保”供养制度而言，这一具有中国特色的解决农村孤寡老人基本生活的一项制度遭遇了一系列困境。由于村委会及其小组不再掌握生产资料和劳动力的调配权，群众的集体观念逐渐弱化，以集体经济为依托的“五保”制度在实践层面上困难重重，很多地方“五保户”的生活供养陷于困境：(1)应保对象未保，民政部2002年调查数据显示只有52.04%“五保”对象获得保障；(2)供养水平低，多数地方的“五保”供养水平未达到国家规定的供养标准，即低于当地居民的一般生活水平；(3)“五保”内容不全，除了保葬外，保吃、保穿、保住、保医四个方面多多少少都存在一定问题。村集体的“五保”供养资金大多来自于上级财政转移，供养缺口较大，村集体难以解决“五保户”的保穿、保住尤其是保医等需求，对于一些生活不能自理的对象也缺乏应有的日常生活照料，因此一些“五保”对象生活也比较悲惨；(4)地区间差异较大，一些地区村级集体经济发展较好，“五保”工作做得比较好，而另外一些地区由于经济发展缓慢，政府和村集体财政有限，“五保”工作落实得不好。

其次，就合作医疗制度而言，从性质上来看，合作医疗制度是一种集体福利事业，其经费主要来源于集体的公益资金，社员看病医疗只需要缴纳少量的医药费和挂号费。但是，这项制度的运行却与集体经济的强弱息息相关。合作医疗制度构建了县、公社和生产队的三级医疗卫生保健网，公社和生产队同样建立了医疗卫生机构，但公社卫生院的运行很大程度上来源于社队资金支持，而大队卫生室则全靠村集体经济支持。农村经济体制改革以后，县乡卫生机构的资金来源中财政拨款的比例逐渐下降，其运行越来越依托于收费，人民公社解体之后，农村集体公共积累缺乏稳定来源，卫生室资金来源几乎断绝。

这样，合作医疗制度就遭到解体或停办的厄运，绝大部分村级卫生室转向私有，成了乡村医生的私人诊所。1985 年对全国 10 个省 45 个县的调查数据显示，农民参加合作医疗制度仅占 9.6%，而自费医疗高达 81%，能够坚持实行合作医疗制度的农村已经不多，到了 1986 年，这一比例下降到 5% 左右。[①] 值得提出的是，一部分人将人民公社的解体视为合作医疗制度衰落的根源，但实际上它的衰落与自身制度缺乏可持续性相关，在人民公社最为稳定的时期就难以为继。如从凤阳县卫生局保存的资料可以看出，合作医疗制度发展的大起大落。1973 年全县仅有 2 个公社的 5 个大队兴办合作医疗，占总数的 15.5%；而在 1976 年实行合作医疗的大队占总数的 94.4%；1979 年公布的有关统计显示，全县仅有 24.5% 的大队实行合作医疗。[②] 因此，财务制度不可持续，资金来源有限但支出不可控制，使得这一制度运行的内在机制存在根本缺陷，人民公社的解体只是加速了合作医疗制度的衰落。在合作医疗制度本身存在缺陷的情况下，集体经济的强弱就直接影响了这一制度作用运行的时间长短，以及作用发挥的大小。可以说，合作医疗制度的迅速推广和普及是以集体经济的强弱为存在前提的，农村集体经济的衰落最终导致了基层卫生组织的私有化，也使得老年人失去了这种低偿的集体福利制度。

（二）集体对家庭养老的支持作用弱化

集体化时期，无论是在劳动安排中，还是分配制度上，集体都会给予老年人一定的优待，同时集体还能调解家庭纠纷，从而对家庭养老给予有力的支持；但在集体经济组织解体后，集体给予老年人的优待全部消失，对家庭养老的支持作用也随之减弱。

首先，在劳动安排上，集体化时给予老人一定的优待，如安排老人轻松的农活，尽可能让老年人口自食其力，在后集体化时期不再存在。其次，在分配上，集体化时期也会给予老年人口一定的优待，如

---

① 李华：《我国农村合作医疗变迁的深度分析》，《长白学刊》2006 年第 3 期，第 90—92 页。

② 王耕今等编：《乡村三十年（下）——凤阳农村社会经济发展实录（1949—1983）》，农村读物出版社 1989 年版，第 568—580 页。

在粮食分配上，基本的分配政策是在保证国家的粮食供销指标后，会按照人头分配基本口粮，再按工分分配。这样，老年人口即便不参加劳动也会得到基本的口粮供应。但是，人民公社解体之后，分配原则发生变化，按劳分配和按生产要素分配成为新的分配原则，农村老年人口为家庭创造财富的机会明显减少。最后，后集体化时期，集体对于家庭养老的规范能力弱化，大多处于不作为或难以作为的状态。集体化时期，国家倡导尊老爱幼的传统，加上集体经济制度本身的特点，集体组织对子女的赡养行为规范及舆论约束方面仍然具有强大的影响力。但是，后集体化时期，家庭又重新承担生产的功能，家庭的权利结构却逐渐向不利于老人的方向转变。这种变化表现在：一是家庭内部权利结构逐渐从家长制向着平等协商的民主制转变；二是“家长”逐渐从长辈制向贡献、见识、学位转变，并且日益复杂化[①]；三是妇女地位提高，在大部分地区出现了夫妻平等的事实，一部分家庭甚至出现了妇女当家的情形。种种变化显示老年人的家庭地位和权威衰落，特别是妇女地位的提高切割了家庭内原有的父子轴的家庭结构关系，在缺乏强有力的集体力量的制约下，婆媳关系越来越难相处这给老人的养老造成了影响，产生了大量的家庭纠纷。[②] 道德舆论力量约束与村组织的管理和直接介入这两种集体化时期调解家庭纠纷行之有效的方法，在后集体化时期由于人口大规模流动和个体主义价值观的影响，以及村集体不再对农户在生产与分配上有约束，其对农户养老行为的规范与家庭养老纠纷的调解能力大幅下降。

二　家庭养老的现实与困境

（一）家庭养老仍旧是农村的主要养老方式

后集体化时期，由于集体经济组织解体，集体原本承担的养老功能弱化，从当前农村的实际来看，无论是居住方式，还是养老的经济

① 于建嵘：《岳村政治——转型期中国乡村政治结构的变迁》，商务印书馆2001年版，第385页。

② 贺雪峰：《农村家庭代际关系的变动及其影响》，《江海学刊》2008年第4期，第108—113页。

支持、生活照料和精神慰藉，绝大多数老年人都是依靠家庭来养老。首先，在居住方式上，第六次全国人口普查数据显示，在有60岁及以上老年人的家庭中，农村老年人与成年亲属一起居住的家庭比例为65.1%，特别是丧偶的高龄老人选择与子女共同居住的比例高达70.15%。从居住方式来看，农村老年人与子女同住的居住模式仍然十分普遍，这意味着家庭内部的代际支持仍然是老年保障和照料的主要构成成分。其次，从经济来源来看，2010年农村老年人主要依靠家庭成员供养的比例为47.7%，丧偶老人依靠家庭成员赡养的比例为75%，尤其是丧偶的女性老人由子女来赡养的比例更是高达80%。可见，依靠子女供养仍然是农村老年人的第一选择。再次，在生活照料方面，农村老年人的照料资源还是局限于家庭内部，家庭成员（儿子、儿媳和配偶）仍然是照料的主力军，特别是儿媳的照料作用突出。最后，在情感支持上，老年人的情感支持提供主体主要是亲属和朋友，相比之下亲属在提供支持中起着首要的作用，是情感支持和实际支持的主要来源。[①] 特别是儿女，与老年人具有血缘上的天然相近性，在情感支持上具有朋友等主体不可替代的特点。由以上可以看出，在我国农村家庭养老是既符合传统习惯，又适应现实农村状况的主要养老方式。究其原因，主要是因为农村社会经济发展水平比较低，社会保障制度还不健全，农村居民在老年之后只能在家庭和子女的帮助下安度晚年。

（二）农村留守老人的养老状况不容乐观

从实践层面来看，养老的三个层面：经济支持、生活照顾和精神慰藉都是发生在一定的“场域”中，并寓于日常互动中，特别是生活照顾发生在面对面的日常生活中。但是农村青壮年劳动力大规模的异地流动，减少了子女和老年父母共同居住的可能性，子女与父母分开居住增多，家庭养老遭遇困境。

1. 经济支持力不稳定

劳动力的外出务工为改善家庭经济状况提供了可能，无论是家庭

① 贺寨平：《农村老年人社会支持网：何种人提供何种支持》，《河海大学学报》（哲学社会科学版）2006年第3期，第9—63页。

中父母的收入提高还是子女的收入提高，都有助于提高老年父母养老的经济支付能力。事实上，并不是所有的老人都能从子女的外出中获得收益，主要是因为大多外出务工劳动力由于教育水平低从事工资水平低且又不稳定的工作，同时异地工作必然增加生活成本。有研究表明，在子女外出的情况下，有63.7%的老人收入来源是靠自己劳动，有40%的老人收入处于贫困线以下，其消费支出主要用在吃穿方面，同时受中国传统观念的影响，绝大多数农村老年人没有储蓄养老的习惯，随着老人自身年龄的增大，身体健康水平也随之下降，老人的收入呈现边际递减趋势，如果子女支持不能满足其需求，其生活可能会呈现恶化状态。①

2. 生活照料“缺场”

老年父母获得生活帮助和照料的好坏取决于照顾主体的数量、居住空间的可获得性、照顾主体提供帮助和照料的意愿以及能力。随着子女的外出，其居住空间距离与父母拉大，照顾主体的数量减少，老人可用的照顾网络资源减少，留下来照顾的一般都是未外出子女，但是未外出子女等家庭成员事实上只能作为老人照料的辅助性照料者。如一部分由于劳动负担重、学业压力、年纪小等原因没有足够的时间和精力去照顾父母，还有一部分则因为身体缺陷等不仅不能提供帮助，反过来还需要父母提供协助。

在子女无法照料时，邻居、同辈群体等社区成员也可提供一定的帮助，但是这些帮助具有一定的交换和互惠性质，具有明显的补充性和应急性特征，总体上处于边缘地位。另外，社会化服务本是一个有效的替代方式，但是农民收入较低，购买他人照料的能力也较差，更何况农村社会化服务体系不健全，养老社会服务和设施也比较少。总之，子女外出也使得老人照料的风险性加大，大多数老人面临着子女照料的“缺场”问题。

3. 精神慰藉的差异性

子女外出使得老人与子女在地理空间上产生了距离，这改变了原

---

① 周祝平：《农村留守老人的收入状况研究》，《人口学刊》2009年第5期，第32—37页。

有的代际精神交流的形式，影响了代际情感交流的深度和广度，也使得老人精神需求的满足受到影响。杜鹏等研究发现，子女外出后与老年父母的联系减少，电话、捎口信、回家探望等成为代际之间联系的方式，而电话则成为联系的主要方式。[①] 但是，电话联系限制了情感交流的顺畅，这表现在三个方面：从通话内容来讲，中国人内敛而含蓄的情感表达方式很难直接用言语说出对父母的爱，此外出于不让父母担心的考虑，部分子女也不愿意把自己的事情告诉父母。因此，通话的内容也多是“报平安”或者是询问留守在家的孩子的情况等，缺乏深度的情感宣泄和心理交流；从通话时间上来看，受电话沟通成本的影响两代人的交流时间一般不会太长，有的甚至几分钟就结束；从通话频率上来讲，子女会根据自己的实际情况来进行交流，大多数子女会在有事的情况下打个电话，这样通话频率就有两三天一次、一个星期一次或者一个月几次等，与父母交流的时间具有不稳定性和差异性的特点。

总之，对于大多数老人来讲，地理空间的距离和价值观的差异使得老人与子女的情感交流在子女外出后呈现下降趋势，子女的外出使得代际之间大多数交流缺乏深度和情感宣泄，老人的情感慰藉处于“问题化”状态。在子女提供的精神慰藉减少的同时，老人对子女反馈的期望却并未降低，这种落差可能会加大老人的心理失落与失衡，使得老人的处境更加无奈。[②]

（三）保障水平存在阶层化、区域化差异

家庭联产承包责任制实行以来，农民获得了从事非农活动的自由，非农产业迅速发展，农民的就业渠道越来越宽广，农村家庭的非农收入比重稳健上升，在农村经济发展水平不断提高的同时，农民的职业分化也日益显著。当今农民在职业上的分化使得农民形成纯农户、兼业农户和非农户三种大的类型，也正是这种职业分化使得当前

① 杜鹏、丁志宏、李全棉、桂江丰：《农村子女外出务工对留守老人的影响》，《人口研究》2004 年第 6 期，第 44—52 页。

② 方菲：《劳动力迁移过程中农村留守老人的精神慰藉问题探讨》，《农村经济》2009 年第 3 期，第 107—110 页。

农村家庭养老保障呈现出阶层化的差异。从纯农户来讲，由于农业生产的比较收益偏低，他们的经济水平最低，仍然保留着农民的传统身份，这部分农户家庭的老年人养老主要依靠家庭来保障。从非农户来讲，他们已经不再从事农业生产，收入水平最高，其中一部分已经迁入城镇，即便还保留有农村户籍但实际上成为市民或“准市民”了，这些农户家庭的老年人的养老经济支持力比较强；而对兼业农户来讲，从事农业生产和非农产业，收入水平比纯农户高但比非农户低，这些农户家庭的老年人的家庭养老支持力则介于纯农户和非农户之间。可以说，家庭养老保障的阶层化差异不仅出现在同一地区的不同家庭，也出现在不同地区的不同家庭，这就使得家庭养老保障呈现出区域化的差异，也即不仅在同一地区有差异，在不同地区也有差异。在不同区域之间，无论是和全国平均水平相比还是和东部地区相比，中西部地区农民收入水平偏低，地方财政紧缺，老年人口不仅从家庭获得的养老经济资源少，而且家庭之外的养老经济支持也难以获得；但在东部地区由于家庭收入水平普遍较高，地方财政相对充足，农村老年人口不仅从家庭获得较强的经济支持，而且也有较多机会获得家庭之外的养老经济支持。从同一地区来看，不同县市、不同乡镇、不同村集体的经济发展水平不一样，给予家庭养老的支持也不一样；在不同家庭由于家庭禀赋不同，家庭养老的支持力也不同。因而，当前农村家庭养老保障水平存在阶层化和区域化的差异，如何满足不同地区、不同阶层的老年人的养老需求，仍旧是我们要思考的问题。

三　国家在农村社会养老保障中的功能正在增强

党的十一届三中全会以后，我国农村开始了经济体制改革，家庭联产承包责任制实行，人民公社解体，原有的集体保障逐渐丧失了存在的组织和经济基础。老年人的养老保障重新回归家庭保障模式，但是市场经济的发展使得家庭面临的风险也随之增大。在这种背景下，如何抵御养老风险，建立和完善农村社会保障制度被提上议事日程，为此，我国农村的社会保障事业进入探索和改革时期，农村养老保障也逐渐向多元化发展。国家在农村养老保障发挥的作用逐渐显现，主要体现在以下四个方面：

（一）财政转移支付，解决了集体经济空虚下“五保”供养问题

肇始于农业合作化时期的“五保”供养制度，在生产和生活上给予农村孤寡老年人一定的安排和照顾，经过几十年的发展，逐渐发展成为具有中国特色的对鳏寡孤独和残疾老人的基本生活保障制度。但是在人民公社解体以后，“五保”供养制度失去了存在的经济基础和组织基础。

在20世纪80年代，国家颁布了一系列规章制度，明确“五保”供养资金的筹措办法，但集体经济的衰落使得这一制度形同虚设。1985年国家开始实行乡统筹，通过村提留的融资方式来解决“五保”供养资金的筹措问题；1994年还出台了第一部关于“五保”供养的法规《农村五保供养工作条例》，对“五保”资金的经费来源和筹资办法都作了规定，确立了“集体供养、群众帮助、国家救济”的原则。截至1994年，农村社会救济款支出的27.8%被用于救济“五保”对象，“五保户”人均供养生活费达670元，在敬老院集中供养的“五保”老人人均生活费甚至达到1070元，这种供养标准已经超过1993年全国人均收入水平。[①] 可以说，大多数“五保”老人的生活基本得到了保障。

为了进一步提高“五保”老人在内的“五保户”的集中供养率，1997年颁布的《农村福利院暂行办法》，明确了“五保”供养工作的筹资渠道和福利院建制。截至1998年，国家为保障“五保户”的基本生活，还拨出救济款1.27亿元开展社会救济，集体供给资金18.1亿元，“五保户”得到集体供给的有200.9万人，得到国家救济的有21.7万人，其中62万人由乡镇福利院集中供养，乡镇敬老院覆盖率已达69.6%，而农村“五保”老人全年人均生活费869元。[②] 可以说集体经济解体之后，“五保”老人的供养被纳入乡镇统筹的融资体系内，从而使得“五保”供养制度得以被延续，但从性质上来看，集体仍然是“五保”老人供养的主体。

1998年国家开始试点农村税费改革，在税费改革初期，“五保”

---

① 宋士云：《新中国农村五保供养制度的变迁》，《当代中国史研究》2007年第1期，第93—101页。

② 详情参见《1998年民政事业发展统计报告》。

老人供养经费从原来的"乡统筹、村提留"模式改为从农业税附加中支出，此后又转变为由上级财政转移支付，并在各级财政预算中安排"五保"供养经费。但是，由于农业税附加量小且征收困难，财政转移支付的资金又严重不足，村集体经济几乎一片空白等原因，"五保"供养经费不能足额到位。2002 年民政部救灾救济司的数据显示，"五保"老人敬老院集中供养标准为 1691 元，相比 2001 年的 2172 元同比下滑 22.2%，居家分散供养标准为 958 元，相比 2001 年的 1262 元同比下滑 24.11%。[①]

为了解决税费改革后农村"五保"老人供养资金短缺问题，2004年8 月民政部、财政部和国家发改委发布《关于进一步做好农村五保供养工作的通知》，至此以后集体不再承担"五保"老人供养的主要责任，"五保"老人供养由各级政府财政转移支付，特别是上级财政转移支付和县、乡财政转移支付。[②] 2006 年 3 月国务院正式实施新修订的《农村五保供养工作条例》（以下简称新《条例》），明确规定由地方人民政府财政安排农村"五保"供养资金，新《条例》明确了人民政府的主体责任，这不同于以往对集体责任的强调，同时新《条例》还要求注意发挥集体保障、土地保障的辅助作用。至此之后，农村"五保"老人的供养发生了较大变化，如应保尽保率提高、保障标准提升、"五保"内容基本实现，基本满足了"五保"老人的生活需求。

表 4—1　　2007—2013 年农村"五保"供养状况

指　标	2007 年	2008 年	2009 年	2010 年	2011 年	2012 年	2013 年
全年财政支出"五保"资金（亿元）	62.7	70.9	88.0	98.1	121.7	145.0	172.3

① 宋士云：《新中国农村五保供养制度的变迁》，《当代中国史研究》2007 年第 1 期，第 93—101 页。

② 《民政部、财政部、国家发展和改革委员会关于进一步做好农村五保供养工作的通知》（民发〔2004〕145 号）规定："集中供养经费可由县级财政部门根据县级民政部门提出的用款计划直接拨付敬老院；分散供养经费可由县级财政部门根据县级民政部门提出的用款计划，通过银行直接发放到户。"

续表

指　标	2007 年	2008 年	2009 年	2010 年	2011 年	2012 年	2013 年
集中供养年平均标准（元/人）	1953	2176.1	2587.5	2951.5	3399.7	4060.9	4685
分散供养年平均标准（元/人）	1432	1624.4	1842.7	2102.1	2470.5	3008.0	3499
“五保”供养人数（万人）	531.3	548.6	553.4	556.3	551	545.6	537.2
集中供养人数（万人）	138	155.6	171.8	177.4	184.5	185.3	183.5
分散供养人数（万人）	393.3	393	381.6	378.9	366.5	360.3	353.8

注：本表数据分别来自 2007—2013 年的民政事业发展统计公报，其中统计公报中并无 2007 年与 2008 年全年财政支出“五保”资金数据，此两项数据根据 2007 年和 2009 年的数据分别计算得出。

（二）建立新型农村合作医疗制度，缓解老无所医的问题

集体经济组织解体之后，农村合作医疗制度面临着种种困难，农村老年人面临着看病难、看病贵等问题，而在 1979 年至 1989 年 10 年间，中央政府几乎没有出台任何有关农村合作医疗制度的专门文件，基本采取了放任自流的做法，这使得合作医疗制度日渐衰落，1976 年合作医疗全国覆盖率为 90%，但到 1989 年仅为 4.8%。与此同时，家庭自费治疗成为农村主导的医疗形式，在农民收入仍比较低，农村医疗卫生条件差的情况下看病难、看病贵成为普遍现象，这给农民生产和生活带来极大影响，因病致贫和因病返贫现象突出。1991 年 1 月，国家下发文件决定改革和加强农村医疗卫生工作，农村合作医疗制度改革试点及跟踪研究工作在 7 个省 14 个县市进行。这样，农村合作医疗制度工作得到部分恢复和调整，到 1996 年年底，行政村实行合作医疗的覆盖率从 1989 年的 4.8% 上升至 17.59%。[①] 但是，合作医

① 汪时东、叶宜德：《农村合作医疗制度的回顾与发展研究》，《中国初级卫生保健》2004 年第 4 期，第 10—12 页。

疗的工作刚恢复不久，中央政府为了减轻农民经济负担，严禁向农民乱集资、乱摊派，而合作医疗的缴费被视为农民负担并不得被征收的项目，农村合作医疗制度不得强制推行从而又陷入止步不前。1998年国家卫生服务调查显示，全国农村居民中享受医疗保障的仅为12.56%，有87.44%的农村居民是自费医疗，这与合作医疗制度改革的目标相去甚远，因而第二次合作医疗制度改革未能成功推行。2000年，中央政府在第十个五年计划中明确提出建议取消农村合作医疗制度。

2002年10月，中共中央和国务院下发《关于进一步加强农村卫生工作的决定》，明确提出："到2010年基本建立与社会主义市场经济体制和农村经济社会发展水平相适应的新型农村合作医疗制度。"[①] 与此同时，合作医疗也开始作为正式的法律术语出现在2002年12月九届全国人大常委会通过的《中华人民共和国农业法（修正案）》中。2003年1月，国务院出台《关于建立新型农村合作医疗制度的意见》，要求各省、自治区、直辖市选择试点逐步推开新型农村合作医疗制度，计划到2010年实现在全国基本覆盖的目标。[②] 截至2003年9月，全国有21个省、自治区、直辖市开展了新型农村合作医疗试点工作，有4351万人参加，占试点地区农村人口的74%。[③] 2006年1月，国家要求进一步扩大试点工作，增加财政补助标准，将中西部地区市区以外参合农民每人每年的补助标准提高到20元。[④] 截至2008年年底，有2729个县（区、市）开展新农合，参合人数达8.15亿人次，参合率为91.55%，新型农村合作医疗制度基本实现覆盖全国目标。2009年3月18日，国务院印发《医药卫生体制改革近期重点实

① 详情参见《关于进一步加强农村卫生工作的决定》（中发〔2002〕13号）。

② 详情参见《国务院办公厅转发卫生部等部门关于建立新型农村合作医疗制度意见的通知》（国办发〔2003〕13号）。

③ 吴仪同志2003年12月4日在全国新型农村合作医疗试点工作会议上的讲话，《中国乡村医药》2004年第7期，第3—4页。

④ 详情参见《关于加快推进新型农村合作医疗试点工作的通知》（卫农卫发〔2006〕13号）。

施方案（2009—2011年）》，决定逐步提高新型农村合作医疗的筹资标准和保障水平，在2010年将补助标准提高到每人每年120元，还计划从2009年开始逐步在全国统一建立居民健康档案，定期为65岁以上老年人做健康检查。[①] 从2011年到2015年，各级财政对新农合的补助标准每年都在提高，现在每人每年已经达到380元，政策范围内门诊和住院报销比例提高到50%、75%左右，此外，为方便群众看病就医，还将推进省内异地就医即时结报。[②]

新型农村合作医疗制度的建立，极大地提高了农村老年人口的生活质量：首先，新农合实行大病统筹，对于老年人的重大医疗费用开支给予一定的至少50%的补偿，直接减少或者避免老年人及其家庭因病致贫、因病返贫现象的发生，有效提高了农村老年人家庭抵御重大疾病风险的能力，缓解了老年人老无所医的问题。其次，减轻了农村老年人口由于疾病造成的生理痛苦和心理负担，提高了他们及其家庭的幸福指数。

（三）建立新型农村社会养老保险制度，普遍增进了农村老年人口的社会福利

为改变人民公社解体后农村社会养老责任中政府和集体普遍缺位问题，2009年，国务院决定开展新型农村社会养老保险试点，在27个省、自治区的320个县以及4个直辖市的部分县区启动了新农保的试点工作，由于新农保从农村实际出发，低水平起步，政府、集体和农村家庭（个人）合理地分担责任，政府的主导实施和农民的自愿参保相结合，农民参保的积极性被调动起来。截至2012年7月1日，全国几乎所有县级行政区的农村都开展了新型农村社会养老保险工作，这意味着我国农村居民的社会养老保险制度体系初步建立。

2014年4月，国务院下发《关于建立统一的城乡居民基本养老保险制度的意见》，决定在全国范围内建立统一的城乡居民基本养老保

---

① 详情参见《国务院关于印发医药卫生体制改革近期重点实施方案（2009—2011年）的通知》（国发〔2009〕12号）。

② 国务院政策吹风会：2014年新农合医疗进展及近期国务院常务会议相关政策文字实录（节选）。

险制度，实现城乡养老保险制度真正衔接。2014年人力资源和社会保障部年度数据显示，城乡居民养老保险期末参保人数50107万人，保险基金收入2386.9亿元，基金支出1656.7亿元。2015年1月，国家提高了全国城乡居民基本养老保险的基础养老金的最低标准，在原来每人每月55元的基础上增加15元，即提高至每人每月70元，考虑到不同区域的经济发展差距，中央对东部地区给予50%的补助，而对中西部地区财政给予全额补助。①

新型农村养老保险制度的推行，对农村老年人及其家庭来讲具有重要意义：首先，已年满60岁的农村老年人即便不参加缴费也可以获得基础养老金，提高了老年人经济上的独立性，特别是对一些没有经济来源的老年人，一方面有助于提高他们的生活质量，另一方面也提高了他们生活的自信心；其次，新农保的推行有助于改变老年人传统的土地养老、养儿防老的观念，也有助于提高老年人的家庭地位；再次，对老人的子女及家庭而言，新农保的推行增强了老年人的经济自立能力，相应地也就减轻了子女或家庭赡养的经济负担水平，这在一定程度上减少了因为赡养经济利益所引发的家庭矛盾或纠纷，因而可以说新农保的推行有利于倡导敬老尊老的风气，营造更为和谐的家庭关系。②

（四）鼓励支持社会养老服务发展，补充和支持家庭养老

目前，家庭仍然是农村老年人获得支持的主要依靠，但是在我国农村的老龄化形势日益严峻，老年人养老需求迅速增长的情况下，家庭的养老资源供给却出现紧张局面，老年人的需求根本无法得到满足。国际经验和历史表明，社会养老可以对家庭养老提供补充和支持，满足老年人和赡养老年人家庭的需求，社会养老服务应当成为针对农村老年人的社会政策和服务体系的基本内容。但在我国的社会政策体系中，特别是在农村社会政策体系中缺乏对老年人的家庭的支

① 中华人民共和国人力资源和社会保障部：《关于提高全国城乡居民基本养老保险基础养老金最低标准的通知》（人社部发〔2015〕5号）。

② 人力资源和社会保障部社会保险事业管理中心编：《新型农村社会养老保险经办实务手册》，中国劳动社会保障出版社2011年版，第6页。

持，也缺乏直接为老年人和赡养老年人的家庭成员提供支持的政策，农村老年人的福利事业存在资金不足、福利机构少、服务水平低等问题。进入21世纪，我国开始鼓励和支持社会养老服务的发展来补充家庭养老的不足，已经出台和贯彻执行了一系列法规和政策。2000年2月，国务院转批民政部等多部门《关于加快实现社会福利社会化的意见》，要求各地在制定发展规划时要将老年人的医疗、保健、预防、康复等需要考虑在内，鼓励和支持社会力量兴办非营利医疗机构为老年人服务，积极支持社区卫生机构开展老年人医疗、保健、预防和康复等工作。[①] 2000年10月，民政部转发财政部、国家税务总局《关于老年服务机构有关税收政策的通知》，决定对政府部门和社会力量兴办的老年服务机构实行税收优惠政策。[②] 2006年3月，国务院办公厅转发了相关部门《关于加快发展养老服务业的意见》，确立了以“居家养老为基础、社区为依托、机构为支撑”的原则，要求各级政府要加大投入，增加老年福利服务设施的数量，鼓励和支持社会力量广泛参与到养老事业中来，提高养老服务质量。同时，还特别要求要建立和健全农村老年福利服务体系，为保障城乡的“三无”（无劳动能力、无生活来源和无赡养人）老人和生活困难的老人的基本生活，可向他们提供无偿的或者低收费的服务。[③] 2009年5月，民政部办公厅关于转发宁夏建立高龄老人津贴制度有关政策的通知，要求各级政府结合本地区的实际，加快制定有关政策和措施，尽快探索建立高龄老人津贴制度。[④] 2011年9月，国务院制定了《社会养老服务体系建设规划（2011—2015年）》，强调重点发展居家养老服务，要实现80%以上的乡镇和50%以上的农村社区建立包括老龄服务在内的社区

---

① 详情参见《关于加快实现社会福利社会化的意见》（国办发〔2000〕19号）。

② 详情参见《关于老年服务机构有关税收政策问题的通知》（财税〔2000〕97号）。

③ 详情参见《关于加快发展养老服务业的意见》（国办发〔2006〕6号）。

④ 详情参见《民政部办公厅关于转发宁夏建立高龄老人津贴制度有关政策的通知》（民办函〔2009〕151号）。

综合服务设施和站点，为支持公益性养老服务设施建设，各级政府必须切实履行公共服务的职能，安排专项财政资金。[①] 2012 年 12 月，《中华人民共和国老年人权益保障法》颁布，法案要求各级人民政府应当根据本地区的经济发展水平，考虑到老年人服务需求不断增长的实际，要逐步增加对养老服务的投入。[②] 2013 年 12 月，国家开展养老服务业综合改革试点工作，探索建立完善、规模适度、覆盖城乡的养老服务体系。截至 2013 年年底，全国城乡拥有养老服务机构 42475 个，拥有养老床位 493.7 万张，也即每千名老年人拥有养老床位 24.4 张。[③]

国家积极鼓励和支持社会资源进入家庭养老与服务领域，对农村老年人来讲具有重要意义：首先，增进了家庭赡养功能的社会替代品和补充品的有效供给，有效地弥补了家庭赡养资源供给不足的问题，更好地满足了老年人的养老需求；其次，社会养老服务的介入可以减轻子女照料老人的负担，使得子女有更多的时间和精力来实现家庭的发展，进而提高老年人的养老服务水平和质量；最后，有助于改变农村老年人传统的依靠家庭来赡养的观念，推动着社会关注农村家庭养老和农村老年人福利水平的提高。

第三节　我国农村养老保障历史演变的特征

从我国农村养老保障的历史沿革来看，以家庭养老为主、国家和集体的社会化保障为辅的模式是长期以来农村养老保障的主要模式，这也是与我国长期以来特定的政治、经济、社会和文化形态相适应的。回顾我国农村养老保障的历史演进过程，特别是新中国成立以来的变迁历程，可以看出这一演变和发展过程是遵循以下内在逻辑的。

---

① 详情参见《国务院办公厅关于印发社会养老服务体系建设规划（2011—2015 年）的通知》（国办发〔2011〕60 号）。

② 详情参见《中华人民共和国老年人权益保障法》第三十九条。

③ 详情参见《2013 年社会服务发展统计公报》。

一　政府的养老保障责任与同时期的执政理念相吻合

从我国农村养老保障的历史演变和发展的历程来看，国家和政府一直是主导农村养老保障制度的行为主体。国家和政府所承担的责任也与该时期的时代背景下所形成的执政理念相吻合，其承担责任的内容与方式也与养老保障制度具体阶段的时代特点相一致。在传统时期，由于社会发展条件和经济发展水平都比较低，政府根本无力建立起统一的养老制度来保障农村居民的养老，因此家庭养老就成为保障老年人晚年生活的非正式制度。政府在执政理念上以儒家“孝道”观念来治理天下，宣扬尊老和敬老的观念，并在种种制度安排上来规范养老行为，以此来达到家庭的和谐与社会的稳定。新中国成立后面临着严峻的考验，经济上继承的是一个千疮百孔的烂摊子，军事上国民党依然拥有百万军队顽抗着，国际上以美国为代表的敌对势力对新中国实行政治孤立、经济封锁、军事包围，面对这种错综复杂的形势，国家只能采取优先发展城市工业的发展战略，以加快建立起自己的国民工业体系，以至于我国城乡发展严重不平衡、不协调。进入21世纪，随着我国国力的不断增强，统筹城乡协调发展提到了议事日程，“公平、正义、公正”也成了新时期政府执政的理念，让人民共享社会进步和发展的成果成为制定政策的基本准则，为此，政府不断加大对农村社会养老保障的财政投入力度，未来政府还会承担更多的责任，稳步提高农村社会养老保障水平。

二　农村养老保障模式受同时期经济发展水平的制约

从根本上来讲，决定农村养老保障模式的是社会经济发展水平，经济是社会形态的基础，经济发展水平决定了人们的行为方式，也制约了国家政治制度的制定。在传统时期，自给自足的小农经济下生产力水平低下，商品经济不发达，剩余产品太少，农业的经营和流通主要在家庭内部进行。在广泛的社会层面，资源的分配和交换、情感的交流和沟通以及道德义务的意识与承担等关系和问题并不存在，或者只有在涉及公共财产在代际之间的传递和分配时才会得以显现。整个社会或国家仅仅停留在“尊老”、“敬老”的伦理上，强调家庭内部的和谐，在制度设置和意识形态上对家庭代际关系予以种种行为规制。由此形成了家庭养老的保障模式。新中国成立以后，相当长一段时期内集体在农村养老保障中发挥着重要作用，农民养老虽在家庭具体实施，但必须依靠集体经济，一旦离开了集体，养老就无从谈起。由于集体经济发展迟缓，因此，这一时期的农村养老处于一种极低的水平状态。改革开放以后，我国也积极探索建立农村社会养老保险制度，特别是在20世纪90年代试行了农村社会养老保险制度，但是由于当时经济发展水平不够，政府无力提供财政支持其责任明显缺失，以至于制度运行不具可持续性。而2009年以后新型农村社会养老保险制度之所以能快速在全国各地推广实施，是由于我国经济发展水平已能够足以承担起政府须对农村社会养老保障的部分责任。从各个时期的养老保障状况可以看出，农村养老保障的模式、水平和范围直接取决于社会发展条件和经济发展水平，这给我们的启示是未来我国农村养老保障制度的完善和发展也要与经济社会发展水平相一致。

三　家庭养老在农村养老保障体系中始终处于基础性地位

通过对我国农村养老保障制度的历史沿革的梳理，可以看出无论是传统时期、集体化时期还是后集体化时期，家庭都是我国农村老年人口养老的主体。目前虽然建立了新型农村社会养老保险，但由于起步晚，经济保障水平仍比较低，农村老年人口养老依然需要所在家庭的经济支持；即使随着新型农村社会养老保险水平的提高，达到了满足农村老年人口物质生活保障水平，老年人口的生活照料和精神慰藉依然离不开家庭的支持。因此，在今后完善我国农村养老保障体系的过程中，家庭养老仍然必须得到重视。

四　传统文化在农村养老保障制度变迁中发挥了重要作用

纵观农村养老保障的历史过程，可以说传统的中国儒家文化和尊老思想始终维护着农村家庭养老保障模式。梁漱溟曾认为“中国文化可以说是‘孝’的文化，它是中国文化的‘根核所在’”[①]。传统社会

① 梁漱溟：《中国文化要义》，学林出版社1987年版，第26—28页。

小农经济下，宗法式的生活方式使得“孝”成为重要的家庭伦理规范，儒家以孝悌伦理为基础，将其发展为一种日常生活中人们的基本行为准则。儒家学说因符合封建国家利用血缘来巩固统治的需求而被大力推行，以其宣扬的“孝道”来治天下，“求忠臣必于孝子之门”，这就强化了养老责任。这样，几千年来儒家对孝的强调，已经将孝顺父母从一种外在的行为规范转变成一个人发自内心的情感，赡养老人成为每个儿女的自觉意识和责任要求，尊老敬老已经不再是一个简单的礼仪问题，而是成为子女人格的重要组成部分，成为一种心理情感和文化现象。[①] 一旦子女将养老视为自己的责任，形成一种自觉的意识，那么就会努力追求实现家庭养老的目标。[②] 新中国成立以来，我国传统的养老文化有了新的变化和发展，特别是在人口大规模流动的现代，孝道文化虽然受到了冲击但是并没有消失，在中国城乡特别是农村地区仍然起着重要的作用。这主要是因为我国现在社会经济发展水平仍旧比较低，农村养老保障的水平也比较低，家庭养老作为一种养老方式仍将长期存在，而孝道文化能够保障家庭养老实现的效果，对于促进家庭和谐与社会稳定有重要作用。今后，完善和发展农村养老保障制度仍旧需要注意宣扬和发挥传统“孝”文化的功能。

---

① 张新梅：《家庭养老研究的理论背景和假设推导》，《人口学刊》1991年第1期，第57—60页。

② 姚远：《血亲价值论：对中国家庭养老机制的理论探讨》，《中国人口科学》2000年第6期，第29—35页。

第五章　中国农村居民养老观念研究

“养儿防老”一直是中国人尤其是农村地区人们的思想观念，成年人在其年富力强时抚养子代，待年老时则由其子女赡养，这种均衡互惠式的代际关系伴随中国传统的生产方式绵延了千载。维持其持续而有效运转的是中国传统社会一整套从宏观到微观的社会机制，这些机制构成了传统代际关系的文化和社会基础。比如强调父母之恩的孝道伦理和家族观念，其要求晚辈必须顺从长辈、奉养父母和传宗接代。同时，传统中国社会的国家法律、公众舆论、宗族社会组织和家庭私有财产制等一系列因素为其提供了支持，这些精巧设计的功能在于促进家庭与家族的团结、和谐与延续。

人们的养老观念伴随工业化、现代化和城市化进程的加速也在发生剧烈变化，这一变化可以概括为如下四点：一是老年人独立意识日益增强，逐渐从“依赖养老”观念过渡到“独立养老”观念；二是老年人群体中居家养老观念虽然仍占主流，但已经开始慢慢接受机构养老；三是社会养老保障方式开始占有一席之地，随之而来的是养老资源来源的多元化；四是从“嫁出去的女儿，泼出去的水”的观念到接受女儿也是赡养责任人的观念转变。

一般来说，养老观念是一个十分抽象的概念，是一个人对养老及相关问题看法的集合，包括对养老预期、养老主体、养老经费来源、养老居住方式、情感支持方式等多方面养老问题的看法。基于此，本章利用课题组对全国5省的抽样调查，采用相关统计方法对农村居民养老观念的现状及其影响因素进行了实证分析。本章考察的养老观念包括农村居民的养老预期、养老责任主体、养老意愿以及对于女儿养老的态度等多个方面内容。

第一节　中国农村居民的养老预期与责任主体研究

农村居民对于自身养老问题的整体思考，即农村居民的养老预期是研究农村社会养老保障的重要问题。养老预期是农村居民根据过去和当下的经验对未来养老境况作出的估计，一般可以通过考察农村居民对自己养老问题的担心程度进行测量，低的担心程度表明当事人对养老预期较乐观，高的担心程度则表明当事人的养老预期较悲观。

养老问题的实质在于养老资源（包括经济支持、日常照料和精神支持等多方面的资源）的供给与需求。从老年人的角度来看，是对养老资源的需求；而从养老责任的承担者（供给者）来看，则是对养老资源的供给。养老供给主体，即谁来提供养老资源是养老问题的关键。在现阶段，从养老资源的供给者或者从养老的支持力来源的角度看，中国农村养老主要存在三种基本形式或者说模式，即家庭养老、自我养老和社会养老。[①] 家庭养老仍然是现阶段农村地区最为基础的养老模式，它的养老资源主要来自家庭成员（包括子女、配偶和其他亲属等）的支持，而社会养老是由社会（包括政府、村集体、乡镇企业等）来提供养老资源的养老方式。[②] 而依靠老年人自己提供经济供养、生活照料和精神慰藉的养老方式为自我养老方式，陈赛权[③]称之

---

① 穆光宗：《中国传统养老方式的变革和展望》，《中国人民大学学报》2000 年第 5 期，第 39—44 页。

② 同上。

③ 陈赛权：《养老资源自我积累制初探》，《人口学刊》1999 年第 5 期，第 17—23 页。

为“养老资源的自我积累制”[①]。对于养老供给主体而言，既包含社会或者老年人对供给者的期待，即主观上认为的养老责任的承担者，我们在这里将之称为“养老责任主体”；也包含生活中老年人养老资源的实际供给者，我们将之称为“养老实际供给主体”。

下面结合课题组“5 省问卷调查数据”，分别从样本的养老预期、主观认可的养老责任主体和老年人养老实际供给主体三个方面加以阐述。

一 养老预期研究

养老预期是农村居民对于自己未来养老境遇的估计，可以通过询问农村居民对自己未来养老问题的担心程度进行测量。课题组依据李克特量表的常用划分方法，将对养老问题的担心程度从高到低依次划分为“非常担心”、“比较担心”、“一般”、“不太担心”和“不担心”五个等级。越高的担心程度表明受访者对自己养老问题越忧虑，则其养老预期越是悲观；而选择“不太担心”、“不担心”的样本表明受访者对自己养老问题比较放心，即其养老预期较为乐观。当然，这一测量指标只是受访者的主观判断，不能直接客观判断受访者中谁更缺乏养老资源、谁更需要他人的关怀，但它从受访者自我感知的角度较为有效地测量了受访者对自己养老问题的关切程度。而这一预期和判断既受主观因素的影响，也必然受到来自个体素质和家庭状况的影响，前者包括个体的性别、年龄、文化程度、收入和健康状况等；后者包括家庭的经济状况、子女数和家庭耕地规模等。根据研究需要，表 5—1 列出了因变量、自变量的描述性统计情况。

---

① “养老资源的自我积累制”指的是当人们在年轻时就开始为自己积累养老资源，它不仅包括物质资源，还包括健康资源和生活照料及精神慰藉资源，追求目标是积累足够的养老资源存量，尽可能不造成家庭、社会和国家的负担，或者说向家庭、社会或国家的净索取为零以至于负值（陈赛权，1999）。

表 5—1　　变量说明与描述性统计

变量名称	变量说明	均值	标准差
因变量			
养老预期①	对养老问题的担心程度：非常担心 =1；比较担心 =2；一般 =3；不太担心 =4；不担心 =5	3.37	1.45
自变量			
性别	男 =1；女 =0	0.60	0.49
年龄	受访者的年龄（周岁）	47.6	13.2
青年人	40 岁及以下 =1；其他 =0	0.32	0.47
中年人	41—60 岁 =1；其他 =0	0.50	0.50
老年人	61 岁及以上 =1；其他 =0	0.18	0.38
受教育年限	对问卷中文化程度进行赋值：小学及以下 =6；初中 =9；高中/中专/技校 =12；大专及以上 =15	8.4	2.45
小学及以下	小学及以下 =1；其他 =0	0.40	0.49
初中	初中 =1；其他 =0	0.41	0.49
技校/中专/高中	技校/中专/高中 =1；其他 =0	0.15	0.36
大专水平及以上	大专水平及以上 =1；其他 =0	0.04	0.19
个人收入的对数值	过去一年的个人总收入，取对数，收入为 0 的赋值为 0	8.13	3.07
健康状况自评	很好 =1；较好 =2；一般 =3；较差 =4；很差 =5	2.39	1.14
健康自评很好	很好 =1；其他 =0	0.28	0.45
健康自评较好	较好 =1；其他 =0	0.26	0.44
健康自评一般	一般 =1；其他 =0	0.27	0.44
健康自评较差	较差 =1；其他 =0	0.16	0.36
健康自评很差	很差 =1；其他 =0	0.03	0.17

① 相关频率的描述性统计参见表 5—2。

续表

变量名称	变量说明	均值	标准差
家庭经济状况自评	很宽裕 = 1；较宽裕 = 2；够用 = 3；较紧张 = 4；很紧张 = 5	3.49	0.79
家庭经济自评很宽裕	很宽裕 = 1；其他 = 0	0.01	0.08
家庭经济自评较宽裕	较宽裕 = 1；其他 = 0	0.07	0.26
家庭经济自评够用	够用 = 1；其他 = 0	0.44	0.50
家庭经济自评较紧张	较紧张 = 1；其他 = 0	0.38	0.49
家庭经济自评很紧张	很紧张 = 1；其他 = 0	0.10	0.30
子女数	在世的子女数	2.21	1.12
家庭耕地规模	实际经营的土地面积：亩	6.62	17.46

（一）养老预期的描述性分析

整体来看，农村居民对自身养老的认识不断清晰，对养老的主观预期也向着乐观方向发展，但现阶段对养老预期持悲观态度的农村居民的比例仍然很高。具体从表5—2中可以看出，就我们调查的所有样本来看，大部分受访者对自身养老问题表现了较为良好的预期。在1594名（剔除了5个未回答此答题的样本）受访者中，有540名受访者选择“不担心”自己的养老问题，占比33.9%。整体来看，有64.5%的受访者选择“一般”、“不太担心”或者“不担心”自己的养老问题，表明大部分受访者对自己的养老预期还是持乐观态度的。但同时，仍然有11.9%的受访者报告“非常担心”自己的养老问题。

表 5—2　　　　农村居民养老预期的描述性统计情况

养老预期	频数			百分比（%）			全样本/35—59 岁样本/CSSS 样本
	全样本	35—59岁样本	CSSS样本	全样本	35—59岁样本	CSSS样本	
非常担心	190	135	142	11.9	13.4	12.2	值：3.37/3.30/2.79 标准差：1.45/1.47/1.04 偏度：－0.229/－0.160/－0.024 峰度：－1.407/－1.460/0.143
比较担心	376	251	302	23.6	24.9	25.8	
一般	221	129	427	13.9	12.8	36.6	
不太担心	267	163	252	16.8	16.2	21.6	
不担心	540	329	45	33.9	32.7	3.8	
合计	1594	1007	1168	100.0	100.0	100.0	

注：CSSS 样本数据来自 2007 年武汉大学社会保障研究中心（CSSS）组织的农村实地调查研究，其问题的提法与我们的调查一致，但选项略有差异，CSSS 调查的选项依次是“很担心”、“比较担心”、“没有考虑过”、“比较放心”和“很放心”五个等级。同时考虑到 CSSS 数据样本的年龄段是 35—59 岁，故表 5—2 中单独列出了笔者课题组调查样本中相应年龄段的分析结果以供比对。关于 CSSS 数据的更详细内容请参见：陈文娟：《中年农村居民养老观念与养老保险有效需求研究》，武汉大学，2009 年，第 58—60 页。

笔者所在课题组的调查结果与武汉大学社会保障研究中心（CSSS）2007 年的调查结果（以下简称 CSSS 数据）相比存在一定的差异（详见表 5—2）。差异主要表现在以下两个方面：一是 CSSS 2007 年的数据中有高达 36.6% 的样本报告自己没有考虑过养老问题，而我们的调查结果与之相对应选项的比例是 12.8%（35—59 岁样本）①。因为我们的调查主要集中在 2013 年进行，因而可以说，随着时间的推移，中国农村居民对于自身养老问题的重视程度有较大提

① 笔者所在课题组与 CSSS 数据中“没有考虑过”养老问题选项相对应的是“一般”选项，二者存在一定的差异，但课题组在调查中发现，除了极少数年龄在 30 岁以下的样本对自己的养老问题完全没有考虑外，其他样本都或多或少考虑过自身的养老问题。同时，课题组要求调查员在遇到完全没有考虑过自己养老问题的样本类型时将之归为“一般”类中，因而，CSSS 数据和笔者课题组的数据是具有可比性的。

升。这与中国老龄化社会来临，不同群体、阶层的个体对于老龄问题感触日益加深的情况相一致。二是笔者所在课题组的调查发现有32.7%（35—59岁样本）的受访者表示不担心自己的养老问题，而CSSS数据相应的比例仅是3.8%，可见，中国农村居民在养老问题的主观预期上呈现向乐观方向发展的趋势。客观地说，这得益于近些年农村经济的快速发展及城乡居民养老保险的全面推广。前者为农村居民提供了自我积累养老资源的机会；后者则为农村居民提供了社会性的保障，提高了他们的养老预期。

最后，综合比较CSSS数据和笔者课题组的调查数据发现，两份数据中报告“非常担心”和“比较担心”的受访者占总样本的比例几乎没有任何改变，分别是38.0%和38.3%（35—59岁样本），仅从这些描述性统计中，我们并不清楚也不能发现这其中的原因。但这种高达近四成并持续多年的关于自身养老问题的悲观预期，无疑说明了中国农村居民养老问题的严峻性和顽固性。

（二）养老预期的比较分析

为了全面考察农村居民的养老预期，了解农村居民内部关于养老预期的结构性差异，本部分根据变量的不同类型（离散变量还是连续变量），分别使用交互卡方分析和皮尔逊相关性分析方法，考察农村居民的性别、年龄段、文化程度、身体健康状况自评、家庭经济状况自评、收入、子女数以及家庭耕地规模与养老预期的关系。分析结果见表5—3，限于篇幅，表中只列出了卡方检验（离散变量）和皮尔逊相关（连续变量）在5%的统计水平上显著的分析结果。

交互分析发现（见表5—3），受访者的年龄分布、身体健康状况自评和家庭经济状况自评与其养老预期的卡方检验在5%的统计水平上显著；而受访者的个人收入与其养老预期的皮尔逊相关性也在5%的统计水平上显著。这表明我们有九成五的把握相信不同年龄分布受访者间的养老预期、身体健康状况自评不同的受访者间的养老预期和家庭经济状况自评不同的受访者间的养老预期存在差异，同时有九成五的把握相信个人的收入与其养老预期相关。另外，如受访者的性别、文化程度与养老预期的卡方检验则没有通过5%统计水平的检验；而子女数以及家庭耕地规模与养老预期的皮尔逊相关性也没有通过

5%统计水平的检验。

从年龄分布来看，依据经验和既有文献，将受访者划分为40岁及以下的青年人、41—60岁的中年人和61岁及以上的老年人共三个群体。整体来看，中年人和老年人相对青年人来说更担心自己的养老问题。在青年人群体中有28.8%的受访者汇报自己“非常担心”或者“比较担心”自己的养老问题；而在中年人和老年人群体中相应的比例分别是38.7%和38.6%。一般来说，年龄越大，养老问题就越迫切，在观念上就相应地表现为更关切自己的养老问题。本题的选项“一般”和其他选项间一定程度上反映了受访对象对自身养老问题的关切程度，也就是说选择“一般”选项的受访者一定程度上表明受访者并没有特别在意养老问题。从表5—3中，我们发现，年龄越大的受访群体选择“一般”选项的比例越低，青、中、老三代人选择“一般”选项的相应比例分别是20.0%、12.3%和7.4%。这表明，年龄越大，受访者越重视自己的养老问题。

从身体健康状况自评来看，觉得自己身体越差的受访者其养老预期越悲观。其中，身体健康状况自评“很好”和“比较好”的受访者选择“非常担心”或“比较担心”自身养老问题的比例依次是24.2%和36.2%；而身体健康状况自评“一般”的受访者选择“非常担心”或“比较担心”自身养老问题的比例是38.7%；对于身体健康状况自评为“较差”和“非常差”的受访样本来说，其报告“非常担心”或“比较担心”自身养老问题的比例高达43.8%和63.8%。可见，随着农村居民身体状况的恶化，其养老预期会日益不乐观。

从家庭经济状况自评来看，认为自己家中经济状况越宽裕的受访者往往养老预期越乐观，即越不担心自身养老问题。具体来说，在选择“非常担心”或者“比较担心”自己养老问题的受访者当中，家庭经济状况自评从“很宽裕”到“非常紧张”的比例依次是18.2%、22.4%、29.4%、41.4%和51.0%，呈增长趋势。可见，较好的家庭经济状况可以给人以安全感，带来更乐观的养老预期。

表 5—3　　不同农村居民养老预期比较分析　　单位：%

变量	取值	非常担心	比较担心	一般	不太担心	不担心	
年龄	40 岁及以下	8.8	20.0	20.0	16.1	35.0	N = 1594 χ^2 = 36.62 Sig = 0.000
	41—60 岁	13.4	25.3	12.3	16.0	33.1	
	61 岁及以上	13.3	25.3	7.4	20.0	34.0	
身体健康状况自评	很好	9.0	15.2	12.1	17.7	46.0	N = 1594 χ^2 = 88.56 Sig = 0.000
	比较好	9.3	26.9	14.5	16.2	33.1	
	一般	11.6	27.1	16.0	16.4	28.9	
	较差	18.1	25.7	13.7	17.3	25.3	
	非常差	34.0	29.8	6.4	12.8	17.0	
家庭经济状况自评	很宽裕	9.1	9.1	18.2	9.1	54.5	N = 1594 χ^2 = 89.41 Sig = 0.000
	较宽裕	3.4	19.0	14.7	15.5	47.4	
	基本够用	7.8	21.6	14.4	17.5	38.7	
	比较紧张	14.1	27.3	14.0	17.6	27.1	
	非常紧张	28.4	22.6	10.3	11.6	27.1	
个人收入对数值		皮尔逊相关系数：0.088；Sig = 0.000；样本数：1576					

从农村居民个人收入来看，个人收入对数值与养老预期间的皮尔逊相关系数是0.088，且符号为正，这意味着个人收入越高，其越不担心自己的养老问题，即养老预期越乐观。一般认为，个人较高的收入意味着较高的经济基础，一方面可以直接储备为未来的经济养老资源，另一方面这种经济资源也可以部分转化为日常照料资源和情感慰藉资源。基于此，拥有较高收入的个人对未来一般应该有一个更好的预期，转化为养老方面来说，就应该有一个更为乐观的养老预期。

（三）养老预期的影响因素分析

以往研究表明，影响农村居民养老预期的因素很多，交叉分析和皮尔逊相关分析表明，在没有控制其他相关影响因素的情况下，受访者的性别、年龄、文化程度、个人收入、健康状况自评、家庭经济状况自评、子女数以及家庭耕地规模都对养老预期有影响。但这种简单的交叉分析和相关分析并不能有效排除其他干扰因素的影响，以获得一个变量对另一个变量的净影响。而回归的优点恰恰就在于它可以通过统计手段来对干扰因素加以控制，从而帮助我们发现自变量和因变量之间的净关系。① 此处探讨的因变量农村居民的养老预期是定序变量，因而可以采用定序 Logistic 回归方法，我们可以在模型中加入其他控制变量，以探讨各因素对农村居民养老预期的影响。在具体操作时，我们采用在模型中逐步纳入个人、家庭两个层面的自变量的办法。

表5—4 给出了农村居民养老预期影响因素的回归分析结果。从表中可以发现，由于解释变量（因变量）和部分自变量存在不同数量的样本缺失，因此各模型间的样本量并不完全一致。同时，回归模型中因变量的排序从小到大（1—5）表明受访者对于自己养老问题的担心程度从“非常担心”到“不担心”的降序变化，因此回归系数越大，表明受访者越不担心自己的养老问题；回归系数越小，表明受访者越担心自己的养老问题。模型Ⅰ和模型Ⅱ的似然比卡方值皆在0.1%的统计水平上显著，表明这两个模型的解释变量全体与链接函数（此处的链接函数皆是 Logistic）间的线性关系显著，模型选择正确。同时，Nagelkerke R^2越接近于1，表明模型拟合优度越好，模型Ⅰ和模型Ⅱ的 Nagelkerke R^2分别是0.047和0.064，说明这两个模型的拟合优度一般。②

在模型Ⅰ中，对农村居民养老预期影响显著的自变量有个人收入和健康状况自评，分别在5%和0.1%的统计水平上显著。个人收入变量（系数符号为正）的显著表明，在控制性别、年龄、文化程度和健康状况变量以后，收入越高的农村居民越不担心自己的养老问题。

① 谢宇：《回归分析》（修订版），社会科学文献出版社2013年版，第49页。

② “在社会科学中，回归方程中的 R^2 过低是很正常的，对于横截面分析来说更是如此。……一个看似很低的 R^2 值，并不意味着 OLS 回归方程没有用。……，把 R^2 作为评价计量经济分析成功与否的主要准则可能会带来许多麻烦。”（引自杰弗里·M. 伍德里奇：《计量经济学导论》（第四版），费剑平译，中国人民大学出版社2010年版，第38—39页。）

健康状况自评变量（系数符号为负）的显著表明，在控制性别、年龄、文化程度和个人收入以后，认为自己健康状况越差的农村居民越担心自己的养老问题。需要说明的是，在交互分析中显著的年龄变量在模型Ⅰ中并不显著，这可能是因为年龄越大的受访者其身体状况越差，身体健康状况起到了中介变量的作用。因此，年龄的增长本身不可怕，可怕的是随着年龄的增长，身体机能不断下降，健康状况日益恶化，随之带来对未来的悲观预期。

表5—4　农村居民养老预期影响因素的定序 Logistic 回归分析结果

	模型Ⅰ			模型Ⅱ		
	回归系数	标准误	Wald 值	回归系数	标准误	Wald 值
性别（女性为参照组）	0.023	0.099	0.053	0.116	0.113	1.044
年龄（参照组：中年人）						
青年人	0.072	0.107	0.454	0.040	0.126	0.102
老年人	0.240	0.130	3.376	0.235	0.154	2.327
文化程度	-0.073	0.061	1.447	-0.074	0.073	1.037
个人收入	0.032*	0.016	4.108	0.022	0.020	1.225
健康状况自评	-0.325***	0.043	56.315	-0.231***	0.050	21.130
家庭经济状况自评	—	—	—	-0.355***	0.068	27.150
子女数	—	—	—	-0.017	0.053	0.103
家庭耕地规模	—	—	—	0.003	0.003	1.111
cut1	-2.933***	0.253	134.251	-3.975***	0.395	101.105
cut2	-1.499***	0.244	37.741	-2.548***	0.386	43.596
cut3	-.903***	0.242	13.904	-1.951***	0.383	25.919
cut4	-0.187	0.241	0.604	-1.223**	0.381	10.303
似然比卡方值	72.11***			80.18**		
Nagelkerke R^2	0.047			0.064		
样本量	1576			1274		

注：（1）由于个别自变量的样本缺失，因此存在各模型样本量不同的情况；（2）$^{+}p<0.1$，$^{*}p<0.05$，$^{**}p<0.01$，$^{***}p<0.001$（双尾检验）。

在模型Ⅱ中，对农村居民养老预期影响显著的自变量有健康状况自评和家庭经济状况自评两个变量，并且都在0.1%的统计水平上显著。家庭经济状况自评变量（系数符号为负）的显著表明，在控制其他变量的条件下，认为自己家庭经济状况越紧张的农村居民越担心自己的养老问题，这与前述交互分析中的结果一致。需要说明的是，在未加入家庭层面变量前的模型Ⅰ中，个人收入对养老预期的影响在5%的统计水平上显著，而在加入家庭层面变量后的模型Ⅱ中，则未通过显著性检验，这可能是因为家庭经济状况自评变量的影响。皮尔逊相关性检验表明个人收入与家庭经济状况自评间存在较强的相关性（相关性系数是0.198，且在0.1%的统计水平上显著），这种共线性的存在导致个人收入在现有样本规模下未能通过5%统计水平上的显著。分析其中的原因，我们认为存在如下两种可能：一种可能是中国农村家庭往往是一个同居共财的共同体，因而家庭整体经济状况的好坏对个人的影响往往大于个人收入高低的影响。就养老而言，家庭养老是中国农村目前最主要的养老方式，其养老资源主要来源于家庭，农村居民也缺乏自我储蓄养老的习惯和方式，因而家庭经济状况的好坏对于个人养老预期的影响较大也就是情理之中的事情了。另一种可能是个人收入是一个客观度量，其绝对值的大小并不与个人经济状况好坏这一主观判断有必然联系，即客观上的高收入者并不一定认为自己的经济状况就好，低收入者也不一定就认为自己过得比别人差，而因变量养老预期是一个主观判断变量，因而客观的个人收入高低相比于主观的收入情况，对因变量的影响可能就相对较弱。基于以上两方面原因，农村居民家庭经济状况自评的好坏对其养老预期影响的重要性会大于个人收入对其养老预期的影响。

二　养老责任主体分析

（一）子女养老仍然是农村居民的首要选择，儿子责任大于女儿

传统社会主要依赖家庭养老解决老年人的晚年养老问题，而家庭养老的主要依赖对象主要是老年人的成年子女。为了解当下农村居民对养老责任主体的看法，课题组首先设置一个多选题，询问受访者认为的养老责任应该由谁来承担，选项有“自己与配偶”、“儿子”、

“女儿”、“村集体或企业”、“政府”、“社会”以及“其他”等7项。调查数据表明（见表5—5），在1599名被调查的农村居民样本中，分别有1331名和810名认为养老责任主体是儿子和女儿，占调查总人数的83.2%和50.7%，占总勾选次数（响应值）的32.0%和19.5%，是各选择项中被勾选最多的两项，这表明大多数农村居民倾向于认为养老的责任主体是自己的子女。进一步追问受访者认为的最主要的养老责任主体（见表5—6），绝大数受访者选择了儿子，占总调查人数的60.7%，同时选择女儿作为养老最主要责任主体的受访者占比为4.0%，两者之和的比例超过了六成。可见，在农村居民的认知中，子女依然承担着传统社会以来所一直赋予的赡养父母的责任与义务。

在传统父系家族制度约束之下，赡养父母是男性（儿子）不可推卸的刚性责任；女性更多的则是作为男性的依附性角色（妻子）承担赡养公婆的责任，而不是以女儿的角色赡养自己的生身父母。[①] 但有研究表明，随着现代化的进程，传统父权日渐衰落，纵向的父子关系逐渐被横向的夫妻关系所取代，女性在家庭中的权利地位得到提升。[②] 表现在养老领域中，则是女儿在家庭养老中的地位和作用显著提高[③]；同时，在观念领域，已有部分农村居民认为女儿有养老责任并逐步接受女儿养老。[④] 从课题组的调查中，我们发现（见表5—5），认为儿子有赡养责任的农村居民占总调查人数的83.2%，而认为女儿有赡养责任的受访者也高达50.7%。可见，女儿赡养父母在农村已经得到了

① 唐灿、马春华、石金群：《女儿赡养的伦理与公平——浙东农村家庭代际关系的性别考察》，《社会学研究》2009年第6期，第18—36页；狄金华、尤鑫、钟涨宝：《家庭权力、代际交换与养老资源供给》，《青年研究》2013年第4期，第84—93页。

② 阎云翔：《私人生活的变革：一个中国村庄里的爱情、家庭与亲密关系(1949—1999)》，龚小夏译，上海书店出版社2006年版，第201—208页。

③ 宋璐、李树茁：《劳动力外流下农村家庭代际支持性别分工研究》，《人口学刊》2008年第3期，第38—43页。

④ 张翠娥、杨政怡：《现代性、子女资源与农村居民对女儿养老的态度》，《软科学》2014年第1期，第115—123页。

较高的认可，但依然低于对于儿子赡养责任的认可，进一步的调查更加明晰了这一差异。当课题组询问“谁应该承担最主要的养老责任”时，超过六成的受访者选择了“儿子”选项，而只有4.0%的受访者选择了“女儿”选项，这一结果甚至低于“政府”责任的13.1%。

如何解释认为女儿有赡养责任的50.7%的样本比例和认为女儿有最主要赡养责任的4.0%的样本比例间的巨大差异呢？可能原因如下：有研究表明，儿子（儿媳）在对父母的赡养（包括经济支持和日常照料）中发挥了主要作用，而女儿更多扮演为父母提供情感沟通和日常生活照料等辅助性支持的角色。[①] 也即是说，子女在赡养行为中存在性别分工，而这种分工在老年人的心中存在主次之分。在养老中承担最根本经济支持的儿子被认为是最主要的赡养责任人，从选择政府应该承担最主要养老责任的样本高达13.1%，也可以部分说明农村居民所认为的这种最主要养老责任主要指的是经济责任，因为政府在农村养老责任中基本只提供经济支援，比如低保政策。

在老中青三代人的比较中，我们发现（见表5—5，表5—6），老年人（61岁及以上）中认为儿子有养老责任的占老年人样本的88.1%，而在中年人（41—60岁）和青年人（40岁及以下）中，这一数字是84.1%和79.2%（卡方检验在0.1%的统计水平上显著）。与此同时，在回答儿子作为最主要养老责任主体的结果中，老中青三代人占相应群体人数的百分比分别是64.6%、62.8%和55.3%，且其卡方检验在0.1%的统计水平上显著。可见，老中青三代人在选择儿子作为养老责任主体方面存在显著差异，且老年人、中年人和青年人对儿子养老责任的认同度依次递减。这一方面可能缘于观念本身，年龄较大的人保留了更传统的养老观念，而年轻人的成长环境使他们接触到了更多的现代化观念，其在养老观念上也表现得更为独立。另一方面也可能缘于养老实践本身，即老年人自身相比于年轻人不管在经济上，还是日常生活照料上都普遍处于弱势地位，其因为现实原因而

---

① 张文娟、李树茁：《农村老年人家庭代际支持研究——运用指数混合模型验证合作群体理论》，《统计研究》2004年第5期，第33—37页；谢桂华：《老人的居住模式与子女的赡养行为》，《社会》2009年第5期，第149—167页。

更依赖他人，这个他人因为种种历史和现实的原因往往就是儿子，这种现实反映到观念上就表现为老年人相对于中青年人而言，更认同儿子的养老责任。

但需要注意的是，我们的调查结果表明（见表5—5，表5—6），在选择女儿作为养老责任主体方面并不存在老中青三代人的显著差异（卡方检验均未通过5%的统计水平的检验）。具体来说，在老中青三代人中，选择女儿作为养老责任主体的农村居民占相应样本的比例分别是50.2%、51.9%和49.0%；而在选择女儿作为最主要养老责任主体的数据分别是3.5%、4.1%和4.2%。由此可见，保留更多传统观念的老年人更少接受女儿养老的责任，但这一倾向并不十分明显。这也许部分说明了父权的衰落一定程度上弱化了男性（作为儿子）的赡养责任，但并没有进一步增强女性（作为女儿）的赡养责任。

表5—5　　农村居民认为的养老责任主体情况①

老中青三代人		养老责任主体							
		自己与配偶	儿子	女儿	村集体或企业	政府	社会	其他	合计
青年人（40岁及以下）	个案数	275	404	250	34	228	95	7	510
	个案百分比（%）	53.9	79.2	49.0	6.7	44.7	18.6	1.4	—

① 多选题的分析一般涉及响应值百分比和个案（观察值）百分比两种。“响应值百分比”为各选项次数除以各选项全部被勾选的总次数，在表5—1中有七个选项被1599个样本（个案、观察值）勾选的总次数为4160，因而响应值列中的百分比数值等于各选项被勾选次数除以4160，七个选项百分比的总和等于100%。而“个案（观察值）百分比”中的数值为各选项被勾选次数除以有效个案（样本、观察值）数1599，分母为样本观察值人数，在多选题中此列的百分比总和通常会大于100%。一般，多选题中以个案百分比来诠释较为适切，因为使用者是要知道全体样本勾选各选项的情形，此时的分母数值应以全体有效样本为主（吴明隆，2010：307）。但薛薇（2013：90）认为，个案百分比一般仅作参考，本处依据研究的需要主要采用吴明隆的观点。

续表

老中青三代人		养老责任主体							
		自己与配偶	儿子	女儿	村集体或企业	政府	社会	其他	合计
中年人（41—60 岁）	个案数	377	676	417	68	385	165	14	804
	个案百分比（%）	46.9	84.1	51.9	8.5	47.9	20.5	1.7	—
老年人（61 岁及以上）	个案数	110	251	143	29	166	63	3	285
	个案百分比（%）	38.6	88.1	50.2	10.2	58.2	22.1	1.1	—
	卡方检验	17.6***	11.1**	1.04	3.14	13.9**	1.48	0.76	
总计	个案数	762	1331	810	131	779	323	24	1599
	个案百分比（%）	47.7	83.2	50.7	8.2	48.7	20.2	1.5	260.2
	响应值百分比(%)	18.3	32.0	19.5	3.1	18.7	7.8	0.6	100

注：（1）卡方检验是检验每一选项的个案百分比在老中青三代人间是否存在差异；（2）+ $p<0.1$，* $p<0.05$，** $p<0.01$，*** $p<0.001$（双尾检验）。

表 5—6　　农村居民认为的养老责任最主要承担主体情况

老中青三代人		养老责任最主要承担主体							
		自己与配偶	儿子	女儿	村集体或企业	政府	社会	其他	合计
青年人（40 岁及以下）	个案数	124	280	21	3	64	10	4	506
	百分比（%）	24.5	55.3	4.2	0.6	12.6	2.0	0.8	100.0
中年人（41—60 岁）	个案数	143	503	33	2	94	19	7	801
	百分比（%）	17.9	62.8	4.1	0.2	11.7	2.4	0.9	100.0
老年人（61 岁及以上）	个案数	34	184	10	1	50	5	1	285
	百分比（%）	11.9	64.6	3.5	0.4	17.5	1.8	0.4	100.0
	卡方检验	20.0***	9.36**	0.24	0.98	6.36*	0.47	0.78	
总计	个案数	301	967	64	6	208	34	12	1592
	百分比（%）	18.9	60.7	4.0	0.4	13.1	2.1	0.8	100.0

注：（1）卡方检验是检验每一选项的个案百分比在老中青三代人间是否存在差异，比如“儿子”选项的卡方检验表明受访者是否选择儿子作为最主要养老责任人在老中青三代人间是否存在差异；（2）+ $p<0.1$，* $p<0.05$，** $p<0.01$，*** $p<0.001$（双尾检验）。

（二）“自我养老”受到重视；相比老年人，青年人和中年人中养老依赖自己与配偶的比例更高

从表5—5和表5—6中可以看出，一方面，子女仍然是现阶段农村居民最认可的养老责任主体；另一方面，在1599位被调查者中有762位农村居民认为养老责任主体包括“自己与配偶”，占调查总人数的47.7%。同时，有高达18.9%的受访者认为应该承担最主要养老责任的是“自己与配偶”，选择这一选项的受访者人数仅次于选择儿子这一选项的人数。部分已有研究可以佐证我们的这一研究结果，如董亚红①的研究表明，目前我国绝大部分老年人只要身体许可，都想方设法自我服务。李晓霞等②使用国家统计局2005年全国1%人口抽样调查数据，全国老年人总体平均自我供养率为49.9%，基本上达到了一半的老年人。阳义南等③也发现自己养老是当前我国农村养老的主要方式（其数据来源于1991年民政部《农村社会养老保险基本方案论证报告》）。虽然“自我服务”、“自我供养率”、“自己养老”和“自我养老”等这些概念界定上的差异④导致了研究结果上的差异，但一个基本的事实是农村居民在步入晚年后，仍然在发挥自己的余热，或者服务于自己，或者服务于子女以换取子女其他方面的支持。基于这样的养老实践事实，也就不难理解受访者将自己与配偶认作重要的养老责任主体。

对比老中青三代人，我们发现（见表5—5），老年人（61岁及以上）中认为“自己与配偶”有养老责任的样本有110个，占老年人样本的38.6%，而在中年人（41—60岁）和青年人（40岁及以下）中，这一数字是46.9%和53.9%。同时，在青年人群体中，选择

① 董亚红：《优化住宅结构，推动自我养老服务发展》，《中国社会报》2009年9月7日。

② 李晓霞、郝国喜：《中国老年人自我供养率：影响因素的实证分析》，《西北人口》2010年第4期，第12—21页。

③ 阳义南、詹玉平：《农村养老谁是主体》，《经济论坛》2003年第20期。

④ 如“自我服务”的概念主要指老年人在日常生活中自己照顾自己，而“自己养老”和“自我养老”包含养老方式中的经济支持、生活照料和精神慰藉等多方面的自我供给，且尤其指代经济资源的自我供给。

“自己与配偶”选项的比例（53.9%）仅次于选择“儿子”选项的比例（79.2%），高于选择“女儿”选项的比例（49.0%）；而在中年人和老年人群体中，选择“自己与配偶”选项的比例（46.9%、38.6%）要低于选择“儿子”（84.1%、88.1%）、“女儿”（51.9%、50.2%）选项的比例。再考察受访者认可的最主要养老责任主体，调查结果表明（见表5—6），老年人认同“自己与配偶”是最主要养老责任主体的样本数有34个，占老年人样本数的比例是11.9%，而中年人和青年人认为“自己与配偶”是最主要养老责任主体的人数占相应群体的比例分别提高到了17.9%和24.5%。可见，相对于老年人，青年人和中年人更倾向于认同自己与配偶的养老责任。

（三）不同家庭成员的养老责任差异

传统社会给予不同家庭成员在养老方面以不同的角色期待，比如前面阐述较多的儿子与女儿在养老方面的责任差异。为了进一步考察不同家庭成员在养老责任上的差异，我们将家庭角色进一步细化为“未婚成年儿子”、“未婚成年女儿”、“已婚儿子”、“已婚女儿”、“媳妇”和“女婿”六类，询问受访者对这六类家庭成员在养老方面的角色期待。该题目是一个多选题，题干是“在您看来，以下哪些家庭成员应该承担赡养父母的义务?”调查结果表明（见表5—7），有96.1%的受访农村居民认为已婚儿子应该承担赡养父母的义务，紧随其后的是媳妇和已婚女儿，分别占到被调查样本的69.8%和61.3%。老中青三代人在选择“已婚儿子”应该承担赡养父母义务方面没有太大差异，分别是97.2%、94.7%和97.6%；而在“已婚女儿”和“媳妇”的选项上则存在一定的差异。年纪越大的受访者越倾向于认为媳妇有更多的赡养义务，已婚女儿有更少的赡养义务。具体来说，老中青三代认为“媳妇”应该承担赡养自己义务的比例依次降低，分别是75.4%、70.0%和66.4%；而已婚女儿则呈现出相反的趋势，分别是57.3%、60.7%和64.4%。一般认为，这是因为老年人相对于年轻人保留有更多的传统观念，传统社会中媳妇作为丈夫的依附承担着赡养公婆的责任。

从表5—7中可以看出，选择“未婚成年儿子”和“未婚成年女儿”的农村居民占到总调查样本的百分比分别只有34.9%和27.2%，这远远低于选择已婚子女的比例。因为在传统社会中，帮助子女成婚是为人父母的一项基本责任和义务，当父母未完成这一义务时，在道义上父母对子女是有所亏欠的，那么其对子女的回馈期望就会降低。在态度上，就会表现为相对于已婚子女，父母认为其未婚成年子女并没有赡养自己的刚性责任。

表 5—7　　不同家庭成员的养老责任分布情况

<table>
<tr><th colspan="2" rowspan="2">老中青三代人</th><th colspan="7">养老责任主体</th></tr>
<tr><th>未婚成年儿子</th><th>未婚成年女儿</th><th>已婚儿子</th><th>已婚女儿</th><th>媳妇</th><th>女婿</th><th>合计</th></tr>
<tr><td rowspan="2">青年人（40岁及以下）</td><td>个案数</td><td>173</td><td>145</td><td>494</td><td>326</td><td>336</td><td>238</td><td>506</td></tr>
<tr><td>个案百分比（%）</td><td>34.2</td><td>28.7</td><td>97.6</td><td>64.4</td><td>66.4</td><td>47.0</td><td>—</td></tr>
<tr><td rowspan="2">中年人（41至60岁）</td><td>个案数</td><td>280</td><td>223</td><td>754</td><td>483</td><td>557</td><td>348</td><td>796</td></tr>
<tr><td>个案百分比（%）</td><td>35.2</td><td>28.0</td><td>94.7</td><td>60.7</td><td>70.0</td><td>43.7</td><td>—</td></tr>
<tr><td rowspan="2">老年人（61岁及以上）</td><td>个案数</td><td>99</td><td>63</td><td>273</td><td>161</td><td>212</td><td>122</td><td>281</td></tr>
<tr><td>个案百分比（%）</td><td>35.2</td><td>22.4</td><td>97.2</td><td>57.3</td><td>75.4</td><td>43.4</td><td>—</td></tr>
<tr><td rowspan="3">总计</td><td>个案数</td><td>552</td><td>431</td><td>1521</td><td>970</td><td>1105</td><td>708</td><td>1583</td></tr>
<tr><td>个案百分比（%）</td><td>34.9</td><td>27.2</td><td>96.1</td><td>61.3</td><td>69.8</td><td>44.7</td><td>334.0</td></tr>
<tr><td>响应值百分比（%）</td><td>10.4</td><td>8.2</td><td>28.8</td><td>18.3</td><td>20.9</td><td>13.4</td><td>100.0</td></tr>
</table>

三　养老资源的实际供给主体分析

对于养老资源的内容，学界已基本达成共识，一般包括经济支持、日常照料和精神支持三方面内容。在现实生活中，三方面养老资源的供给往往来源于不同的主体。为了清晰地了解这一问题，课题组询问了受访者家中年满 60 周岁的老人情况，主要包括老年人的性别、年龄、居住方式、生活自理能力等情况。经过整理，在 1599 个样本中满足条件的老年人有 1663 人。从性别分布来看，男性 726 人，占比 43.7%。从年龄分布来看，样本平均年龄是 72 岁，其中，主要是年轻的老年人（60—74 岁）和老年人（75—89 岁），分别占比

62.1%和35.9%。从样本居住方式来看，与子女共居的样本所占比例最高，为44.1%，其次是仅与配偶共居或独居，二者占比分别是35.5%和18.5%。从样本自理能力来看，"完全能自理"和"基本能自理"的老年人占了绝大多数，达到了92.1%。关于样本基本特征的更详细信息请参见表5—8。下面将结合调查数据对老年人经济支持、生活照料和精神支持三方面的来源主体进行分析。

表5—8　　　　样本的基本特征

特征	类别	样本量	有效百分比（%）
性别	男	726	43.7
	女	937	56.3
年龄①	60—74岁	1033	62.1
	75—89岁	597	35.9
	90岁及以上	33	2.0
居住方式	独居	308	18.5
	仅与配偶共居	591	35.5
	与子女共居	734	44.1
	其他	30	1.8
生活自理能力	完全能自理	908	54.6
	基本能自理	623	37.5
	基本不能自理	97	5.8
	完全不能自理	35	2.1

（一）农村老年人经济来源主体分析

农村老年人的经济支持主要用以解决老年人日常衣食住行等生存

① 2005年，世界卫生组织（WHO）通过测定全球平均寿命和人体素质，重新给出了年龄的划分标准。该标准将人的一生分为5个阶段，即：青年人（44岁及以下）、中年人（45岁至59岁）、年轻的老人（60岁至74岁）、老年人（75岁至89岁）和长寿老年人（90岁及以上）。

需求，是所有老年人都不可或缺的，在养老内容中处于最基础和重要的位置。调查发现，农村老年人的经济支持主要来源于自己、子女与其他家庭成员。不同性别、年龄、居住方式和生活自理能力的农村老年人的经济来源主体方面存在差异。

通过询问受访者家中老年人的主要经济来源情况，我们发现（见表5—9)，在1663个老年人样本中，有674名老年人的主要经济来源是靠自己的劳动所得，占总样本的40.5%；有854名老年人主要靠子女或其他亲属供养，占比51.4%；还有3.2%的老年人主要依靠离退休金生活。这表明绝大多数农村老年人晚年的基本生活需求主要还是依赖自己与其他家庭成员的支持，为91.9%。

表5—9　　农村老年人主要经济来源情况

	自己劳动所得	子女或其他亲属供养	离退休金	社会养老保险金	低保金	离任村干部生活补贴	村集体供养	其他	合计
样本数	674	854	54	41	11	1	4	24	1663
比例（%）	40.5	51.4	3.2	2.5	0.7	0.1	0.2	1.4	100

需要说明的是，调查中报告经济来源主要依靠社会养老保险金的农村老年人只有41个样本，占总样本的2.5%。而截至2012年7月1日,全国所有县级行政区已全部开展新型农村和城镇居民社会养老，领取养老金总人数1.24亿。[①] 根据新型农村社会养老保险[②]（以下简称“新农保”）的相关规定，年满60周岁、未享受城镇职工基本养老保险待遇的农村籍老年人可以按月领取养老金。同时我们的调查都在2012年7月之后，即使加上部分地区发放养老金的迟滞，我们所调查老年人领取养老金的比例也远远高于2.5%。由此可见，领取养老金的老

① 中华人民共和国中央人民政府：《温家宝在新型农村和城镇居民社保工作表彰大会讲话》2012年10月12日。

② 新型农村社会养老保险和城镇居民社会养老保险已于2014年2月7日合并为全国统一的城乡居民基本养老保险制度。

年人日常生活的主要经济来源一般不是养老金，这说明了在中国广大农村地区社会养老保险虽然实现了全覆盖，但对老年人的养老也只是起到了辅助作用，远不可能替代既有的养老模式。同时，我们的调查发现，主要靠领取低保金生活的老年人占 0.7%；依赖村集体供养的老年人占 0.2%；还有 0.1% 的老年人在依靠离任村干部生活补贴生活。

（1）农村老年人经济来源主体的性别差异

调查结果显示（见表 5—10），41.9% 的农村老年男性的经济来源主体是子女或其他亲属，而农村老年女性中依赖子女或其他亲属提供主要经济来源的占比为 58.7%，两者相差 16.8 个百分点，女性在经济上更依赖他人。卡方检验结果显著，说明农村老年男性和老年女性在经济来源主体上具有显著差异。课题组在调查中发现，在农村，缘于一些性别文化传统，导致女性在受教育程度、劳动参与率上普遍低于男性，其后果是女性收入水平低、经济独立性差，这一情况一直延续到农村女性的晚年，因而其相对于男性，在经济上更依赖家人。这一点也可以部分从老年人依靠离退休金生活的比例差异上得到解释，从表 5—10 可以看出，男性经济方面主要依靠离退休金的样本占男性样本的比例是 5.4%，高于女性的相应比例 1.6%。但另一方面，课题组也发现，女性因其特有的融合力，相对于男性，她能更好地与他人相处，而男性各方面都倾向于独立。从这个角度来看，家庭中的其他成员也更愿意帮助和支持老年女性。上述原因一定程度上解释了农村老年人经济来源主体的性别差异。

表 5—10　不同特征农村老年人的经济来源主体的差异　单位：%

经济来源主体	性别		年龄		
	男	女	60—74 岁	75—89 岁	90 岁及以上
自己	47.2	35.3	56.7	14.4	6.1
子女或其他亲属	41.9	58.7	36.4	75.5	81.8
离退休金	5.4	1.6	3.3	3.4	—
社会养老保险金	2.9	2.1	1.8	3.2	9.1
其他	2.6	2.2	1.7	3.5	3.0

续表

经济来源主体	性别		年龄		
	男	女	60—74岁	75—89岁	90岁及以上
显著性检验结果	$\chi^2=55.996$，Sig = 0.000		$\chi^2=310.935$，Sig = 0.000		

人口学研究表明，女性人口的平均预期寿命高于男性。[①]据此我们会推测，高龄人口中女性比例高于男性，而高龄人口往往经济来源更依赖他人，如果是这样，那么老年人经济来源主体与性别间存在的相关关系可能是虚假相关。为验证这一推测，我们对年龄进行了分组，使用交叉卡方检验的方法分别考察了在不同年龄分组下，性别与老年人经济来源主体间相关关系。[②]分析结果表明，在控制了年龄的情况下，农村老年人经济来源主体的性别差异仍然存在，不论是在60—74岁年龄组还是75—89岁年龄组，男性经济来源的独立性（经济来源更少地依赖子女或其他亲属）都要高于女性。而在90岁及以上年龄分组中，由于样本较少，尤其存在多个分组中样本为0的现

① 根据2010年第六次全国人口普查资料计算发现，我国人口平均预期寿命为74.83岁。从性别看，男性人口平均预期寿命为72.38岁，而女性为77.37岁，女性人口平均预期寿命比男性高4.99岁。

② 在控制年龄分组的情况下，检验性别与老年人经济来源主体间的关系，详细结果见下表。

单位：%

经济来源主体	60—74岁		75—89岁		90岁及以上	
	男	女	男	女	男	女
自己	61.9	52.3	20.7	10.1	—	9.1
子女或其他亲属	29.4	42.3	64.9	82.8	72.7	86.4
离退休金	4.9	2.0	6.6	1.1	—	—
社会养老保险金	2.1	1.6	3.7	2.8	18.2	4.5
其他	1.7	1.8	4.1	3.1	9.1	—
显著性检验结果	$\chi^2=22.888$，Sig = 0.000		$\chi^2=30.915$，Sig = 0.000		$\chi^2=4.667$，Sig = 0.198	

象，因而其卡方检验的结果并不可靠，但在可比较的两类中，男性样本中选择子女或其他亲属作为主要经济来源主体的样本占比为72.7%，而女性样本中相应的比例是86.4%；同时在选择社会养老保险金这一选项时，男女比例则为18.2%和4.5%，这些都说明了男性较女性经济独立性更高。

（2）农村老年人经济来源主体的年龄差异

调查结果显示（见表5—10），60—74岁年龄阶段的农村老年人中，有36.4%的老年人在经济上主要依靠子女或其他亲属支持；75—89岁年龄阶段的农村老年人中，有75.5%的老年人在经济上主要依靠子女或其他亲属支持；而在90岁及以上年龄阶段的农村老年人中，经济上主要依靠子女或其他亲属支持的老年人所占比例进一步上升到81.8%。这表明不同年龄的农村老年人的主要经济来源主体不同，且随着年龄的逐步增大，老年人在经济上的依赖性越来越高（卡方检验结果显著）。老年人的身体机能随着年龄的增加而逐渐下降；同时，离退休金和社会养老保险金在中国农村地区十分薄弱，农村老年人在丧失劳动力后，其经济上的来源几乎只有家庭可以依赖。

（3）农村老年人居住方式与经济来源主体间的关系

调查结果显示（见表5—11），农村老年人的经济来源主体与其居住方式有较强的相关关系（卡方检验结果显著）。在独居的农村老年人中，有31.8%的老年人的主要经济支持来源于自己及离退休金和社会养老保险，另有65.6%的老年人主要依赖子女或其他亲属的经济支持；与子女共居的老年人和独居的老年人情况比较相似，这一数字是38.1%和60.2%；而在仅与配偶共居的农村老年人中，则有64.8%的老年人主要经济支持来源于自己及离退休金和社会养老保险，另只有32.1%的老年人主要依赖子女或其他亲属的经济支持。这一结果表明，独居以及与子女共居的农村老年人更依赖子女或其他亲属的经济支持；而仅与配偶共同居住的农村老年人在经济上表现出更强的独立性。

表 5—11 不同居住方式和生活自理能力的农村老年人的经济来源主体

单位：%

经济来源主体	居住方式				生活自理能力			
	独居	仅与配偶共居	与子女共居	其他	完全能自理	基本能自理	基本不能自理	完全不能自理
自己	25.3	60.4	31.7	20.0	57.2	23.1	9.3	5.7
子女或其他亲属	65.6	32.1	60.2	66.7	35.0	68.5	81.4	85.7
离退休金	3.6	3.2	3.0	6.7	4.1	2.1	4.1	—
社会养老保险金	2.9	1.2	3.4	—	1.8	3.2	4.1	2.9
其他	2.6	3.0	1.6	6.7	2.0	3.0	1.0	5.7
显著性检验结果	$\chi^2=173.494$，Sig = 0.000				$\chi^2=264.855$，Sig = 0.000			

（4）农村老年人生活自理能力与经济来源主体间的关系

调查结果显示（见表 5—11），农村老年人的经济来源主体与其生活自理能力有较强的相关关系（卡方检验结果显著）。生活自理能力越弱的农村老年人，其经济来源越倾向于依靠子女或其他亲属。具体来说，在生活完全能自理的农村老年人中，只有 35.0% 的老年人主要依赖子女或其他亲属的经济支持；而在生活基本能自理、基本不能自理和完全不能自理的农村老年人中，经济支持主要依赖子女或其他亲属的老年人分别占比为 68.5%、81.4% 和 85.7%。这表明，在社会保障严重不足的中国农村地区，当老年人生活不能自理以后，其家庭成员将会承当起赡养老年人的责任，社会或者政府并没有对这类人给予特殊的关照，只要个体所在家庭是完善的，低保等社会救助政策并不会向这类人倾斜。

（二）农村老年人日常照料主体分析

日常照料关乎农村老年人的生活质量，对老年人来说，如果缺乏基本的生活照料，即使有优越的经济供养也无法享用，甚至无法生存。因此，了解农村老年人日常照料情况显得必要且紧迫。课题组通过调查发现，农村老年人的日常照料主要依靠配偶、儿子和自己。不同性别、年龄、居住方式和生活自理能力的农村老年人在日常照料主体方面存在差异。

通过询问受访者家中老年人日常饮食起居主要由谁照顾，调查组发现（见表5—12），在1663名60岁及以上的老年人中，有789名老年人日常饮食起居主要由配偶照顾，占比47.4%；有20.6%的老年人主要由儿子照顾日常饮食起居；依靠女儿照顾日常饮食起居的老年人占比3.2%；由儿媳提供日常饮食起居的老年人占8.3%；有0.5%的老年人由其他亲友照顾其日常饮食起居；有0.2%的老年人日常饮食起居主要由女婿照顾；另有19.5%的老年人日常起居主要由“其他”人照顾。[①] 这表明大多数农村老年人日常照料主要依赖家庭成员。

表5—12　农村老年人的日常照料情况

	配偶	儿子	女儿	儿媳	女婿	其他亲友	邻居	村干部	专职服务人员	志愿者	其他
样本数	789	343	53	138	4	9	1	—	2	—	324
比例（%）	47.4	20.6	3.2	8.3	0.2	0.5	0.1	—	0.1	—	19.5

（1）农村老年人日常照料主体的性别差异

调查结果显示（见表5—13），59.0%的农村老年男性的日常饮食起居主要由配偶照顾，而农村老年女性中主要依赖配偶提供日常照料的占比只有38.5%，两者相差20.5个百分点。同时因为选择“其他”选项的大多数样本指的是生活自己照顾自己，而这一选项的男女比例分别是16.7%和23.4%。由此可见，男性更依赖女性伴侣的照顾，而女性的自我照料占有相当比重。卡方检验结果显著，说明农村老年男性和老年女性在日常照料主体上具有显著差异。在传统分工

① 课题组在问卷设计时并未将“自己”这一选项作为老年人的日常照料提供者，但在实际调查中发现有相当数量的受访者强调家中老年人日常饮食起居都能独立完成，这类选择都被纳入了“其他”选项，并且这一选项中的绝大多数样本都是自己照顾自己的老年人。因而，这一选项的百分比一定程度上反映了老年人自我照料的比例。

中，往往存在“男主外，女主内”之分，女性更多的分担了家庭中各项事务，日常的洗衣做饭往往都由女性完成。因此，相对于男性来说，女性较少依赖自己的男性伴侣。

表 5—13　　不同特征农村老年人的日常照料主体的差异　　单位：%

日常照料主体	性别		年龄		
	男	女	60—74 岁	75—89 岁	90 岁及以上
配偶	59.0	38.5	58.9	30.0	6.1
儿子	16.5	23.8	13.2	31.8	51.5
女儿	2.3	3.8	2.8	3.9	3.0
儿媳	5.5	10.5	5.5	12.2	24.2
其他	16.7	23.4	19.7	22.1	15.2
显著性检验结果	$\chi^2=70.417$，Sig = 0.000		$\chi^2=191.810$，Sig = 0.000		

（2）农村老年人日常照料主体的年龄差异

调查结果显示（见表 5—13），60—74 岁年龄阶段的农村老年人中，有 58.9% 的老年人在日常照料上主要依靠配偶支持；75—89 岁年龄阶段的农村老年人中，有 30.0% 的老年人在日常照料上主要依靠配偶支持；而在 90 岁及以上年龄阶段的农村老年人中，日常照料上主要依靠配偶支持的老年人所占比例进一步下降到 6.1%。同时，60—74 岁、75—89 岁和 90 岁及以上三个年龄段的老年人主要依靠儿子和儿媳照顾的比例分别是 18.7%、44.0% 和 75.7%。这表明不同年龄的农村老年人的主要日常照料主体不同，且随着年龄的逐步增大，老年夫妇间在日常饮食起居上的相互照顾日益变得困难，日渐依赖家庭其他成员尤其是儿子和儿媳的照顾（卡方检验结果显著）。

（3）农村老年人居住方式与日常照料主体间的关系

调查结果显示（见表 5—14），农村老年人的日常照料主体与其居住方式有较强的相关关系（卡方检验结果显著）。在独居的农村老年人中，有 51.9% 的老年人选择了“其他”选项作为自己主要的日常照料主体，此处“其他”选项中的样本大多数是老年人自己（在前文脚注中已有说明)，因此独居老人日常照料主体主要是自己；在仅与配偶共居的农村老年人中，有83.6%的老年人日常照料支持主要来源于配偶；在与子女共居的老年人中，有54.3%的老年人日常饮食起居主要由子女和儿媳照顾，另有29.7%的老年人依靠配偶照顾。前述结果表明，在日常照料方面，独居农村老年人依靠自己，与配偶居住则依靠配偶，与子女居住则依靠子女和儿媳。可见，不同居住方式中的家庭成员在为老年人提供日常照料上的便利程度决定了老年人的日常照料主体。

表5—14　不同居住方式和生活自理能力的农村老年人的日常照料主体　单位:%

日常照料主体	居住方式				生活自理能力			
	独居	仅与配偶共居	与子女共居	其他	完全能自理	基本能自理	基本不能自理	完全不能自理
配偶	23.7	83.6	29.7	13.3	55.6	40.8	23.7	20.0
儿子	17.9	6.4	33.4	16.7	14.4	26.2	32.0	51.4
女儿	3.6	0.5	5.0	6.7	2.0	2.9	14.4	8.6
儿媳	2.9	1.7	15.9	6.7	4.6	10.9	22.7	17.1
其他	51.9	7.8	15.9	56.7	23.3	19.3	7.2	2.9
显著性检验结果	$\chi^2=710.842$，Sig = 0.000				$\chi^2=195.152$，Sig = 0.000			

（4）农村老年人生活自理能力与日常照料主体间的关系

调查结果显示（见表5—14），农村老年人的日常照料主体与其生活自理能力有较强的相关关系（卡方检验结果显著）。生活自理能力越弱的农村老年人，其日常照料越倾向于依靠子女儿和媳等。具体来说，在生活完全能自理的农村老年人中，只有21.0%的老年人主要依赖子女和儿媳提供日常饮食起居的照料；而在生活基本能自理、基本不能自理和完全不能自理的农村老年人中，日常照料主要依赖子女和儿媳的老年人分别占比40.0%、69.1%和77.1%。可见，在农村地区，生活不能自理的老年人日常饮食起居的照料最主要依赖是以子女和儿媳为代表的家庭成员。

（三）农村老年人精神支持主体分析

同年轻人一样，农村老年人既有物质和照料上的需求，也有精神上的需求。相对于物质上的供养和日常饮食起居的照料，农村老年人的精神赡养问题是独特而重要的。一般来说，老年人的精神支持内容主要包括日常的交流和心情烦闷时的倾诉两种情况。课题组多方面的调查数据表明，农村老年人的精神支持主要来自于家庭。不同性别、年龄、居住方式和生活自理能力的农村老年人在精神支持主体方面存在差异。

表 5—15　　农村老年人的精神支持情况

		配偶	儿子	女儿	儿媳	女婿	其他亲友	邻居	村干部	专职服务人员	志愿者	其他
日常主要交流对象	样本数	839	393	84	71	3	23	205	—	1	1	43
	比例（%）	50.5	23.6	5.1	4.3	0.2	1.4	12.3	—	0.1	0.1	2.6
心情烦闷时的主要倾诉对象	样本数	828	422	144	72	1	16	128	—	2	—	50
	比例（%）	49.8	25.4	8.7	4.3	0.1	1.0	7.7	—	0.1	—	3.0

在调查中，课题组通过询问农村老年人“平时的最主要交流对象”和“心情烦闷时的最主要倾诉对象”来了解他们的精神慰藉获得情况。调查发现（见表 5—15），在 1663 个老年人样本中，平时主要与配偶交流者占 50.5%，主要与儿子交流者占 23.6%，主要与女儿交流者占 5.1%，主要与儿媳交流者占 4.3%，表明大多数农村老年人日常交流对象主要是家庭成员，占 83.5%。主要与女婿交流者占 0.2%，主要与其他亲友交流者占 1.4%，主要与邻居交流者占

12.3%，主要与专职服务人员交流者占0.1%，主要与志愿者交流者占0.1%。在关于老年人“心情烦闷时的最主要倾诉对象”这一问题的回答中，49.8%的老人主要向配偶倾诉，25.4%的老人主要向儿子倾诉，8.7%的老人主要向女儿倾诉，4.3%的老人主要向儿媳倾诉，这表明大多数农村老年人在心情烦闷时最主要倾诉对象是家庭成员，占88.2%。0.1%的老人主要向女婿倾诉，1.0%的老人主要向其他亲友倾诉，7.7%的老人主要向邻居倾诉，0.1%的老人主要向专职服务人员倾诉。这表明绝大多数农村老年人日常的精神支持主要还是依赖家庭。

另外，课题组在调查中还发现，农村老年人精神支持除了家庭成员外，第二大支持群体是邻居。联系到当下农村家庭结构小型化趋向、劳动力的迁移以及空巢家庭的增多，来自邻居的精神支持可能会变得越来越重要。这一调查发现与苏保忠[①]的一项研究结论一致。下面选择农村老年人日常主要交流对象作为其精神支持的主要指标，考察老年人的性别、年龄、居住方式和生活自理情况等方面与老年人精神支持主体的关系。

(1) 农村老年人精神支持主体的性别差异

调查结果显示（见表5—16），60.1%的农村老年男性的精神支持主体是配偶，而农村老年女性中依赖配偶提供主要精神支持的占比为43.0%，两者相差17.1个百分点；依靠儿子儿媳提供主要精神支持的老年男女比例分别是22.3%和32.2%，依靠女儿女婿提供主要精神支持的老年男女比例分别是3.6%和6.5%，依靠邻居提供主要精神支持的男女比例分别是11.2%和13.2%。可见，在除配偶以外的其他主要精神支持主体上，女性在相应群体上的百分比都要高于男性，男性老年群体在精神支持方面更依赖伴侣的支持，而老年女性有更广泛和多元的精神支持主体。卡方检验结果显著，说明农村老年男性和老年女性在精神支持主体上具有显著差异。

---

① 苏保忠：《中国农村养老问题研究》，清华大学出版社2009年版，第71—72页。

表 5—16　　不同特征农村老年人的精神支持主体的差异　　单位:%

精神支持主体	性别		年龄		
	男	女	60—74 岁	75—89 岁	90 岁及以上
配偶	60.1	43.0	63.7	29.6	12.1
儿子儿媳	22.3	32.2	18.8	41.5	66.7
女儿女婿	3.6	6.5	4.8	5.9	6.1
邻居	11.2	13.2	10.3	16.4	3.0
其他	2.9	5.0	2.4	6.5	12.1
显著性检验结果	$\chi^2=50.624$, Sig = 0.000		$\chi^2=220.877$, Sig = 0.000		

（2）农村老年人精神支持主体的年龄差异

调查结果显示（见表 5—16），60—74 岁年龄阶段的农村老年人中，依靠配偶在精神上给予支持的老年人占比 63.7%，依靠儿子儿媳在精神上给予支持的老年人占比 18.8%；75—89 岁年龄阶段的农村老年人中，依靠配偶在精神上给予支持的老年人下降到 29.6%，依靠儿子儿媳在精神上给予支持的老年人上升到 41.5%；而在 90 岁及以上年龄阶段的农村老年人中，依靠配偶在精神上给予支持的老年人进一步下降到 12.1%，依靠儿子儿媳在精神上给予支持的老年人进一步上升到 66.7%。同时，卡方检验结果显著，表明不同年龄的农村老年人的主要精神支持主体不同。老年人随着年龄的逐步增大，丧偶率升高，配偶在精神支持方面的比例减少，相应地，儿子儿媳逐渐填补这一缺位。

（3）农村老年人居住方式与精神支持主体间的关系

调查结果显示（见表 5—17），农村老年人的精神支持主体与其居住方式有较强的相关关系（卡方检验结果显著）。在独居的农村老年人中，邻居是其最主要的精神支持主体，占比 32.5%，其次是儿子儿媳和配偶，分别占比 26.3% 和 23.1%。在仅与配偶共居的农村老年人中，配偶是其最主要的精神支持主体，占比 84.4%，儿子儿媳和邻居也是其重要的精神支持主体，分别占比 9.1% 和 4.9%。在与子女共居的老年人中，儿子儿媳是其最主要的精神支持主体，占比

43.9%，其次是配偶和邻居，分别占比35.4%和10.4%。前述结果表明，在情感支持方面，独居农村老年人最主要依靠邻居，与配偶居住则绝大多数依靠配偶，与子女居住则主要依靠儿子儿媳。可见，不同居住方式中老年人精神支持获得的便利程度很大程度上决定了老年人的精神支持主体。

表5—17　　不同居住方式和生活自理能力的农村老年人的精神支持主体　　单位：%

精神支持主体	居住方式				生活自理能力			
	独居	仅与配偶共居	与子女共居	其他	完全能自理	基本能自理	基本不能自理	完全不能自理
配偶	23.1	84.4	35.4	30.0	60.9	40.4	25.8	25.7
儿子儿媳	26.3	9.1	43.9	23.3	20.0	34.7	49.5	51.4
女儿女婿	7.8	1.2	7.1	13.3	4.7	4.3	14.4	8.6
邻居	32.5	4.9	10.4	—	11.1	15.7	5.2	2.9
其他	10.4	0.3	3.3	33.3	3.2	4.8	5.2	11.4
显著性检验结果	$\chi^2=637.510$，Sig=0.000				$\chi^2=140.240$，Sig=0.000			

（4）农村老年人生活自理能力与精神支持主体间的关系

调查结果显示（见表5—17），农村老年人的精神支持主体与其生活自理能力有较强的相关关系（卡方检验结果显著）。生活自理能力越弱的农村老年人，其精神支持来源越倾向于依靠家中的晚辈，如儿子儿媳、女儿女婿。具体来说，在生活完全能自理的农村老年人中，只有24.7%的老年人主要依赖儿子儿媳、女儿女婿的精神支持；而在生活基本能自理、基本不能自理和完全不能自理的农村老年人中，精神支持主要依赖儿子儿媳、女儿女婿的老年人分别占比39.0%、63.9%和60.0%。

第二节　中国农村居民养老意愿研究

改革开放以来，中国农村的经济结构、家庭结构发生了巨大变迁，农村居民的生活方式、价值观念也发生了相应的改变。就农村居民的养老问题而言，一方面，农村劳动力迁移、经济结构、家庭权力结构的变迁弱化了传统的家庭养老方式，迫使人们寻找传统家庭养老之外的养老方式；另一方面，新农保的全面推广和商业保险的兴起为农村居民养老方式选择的多样化提供了现实可能。也就是说，农村居民的养老意愿因现实环境的改变而可能发生变化。研究变化中的养老意愿及其影响因素，对于探索建立能最大程度满足农村居民需求的养老制度，使老年人有一个健康、快乐的晚年生活具有重要意义。

关于养老意愿的研究已经在学界得到了一定程度的关注，国内学者有关养老意愿的研究也在日益丰富和深入。从研究地域来看，既有分别对城市、农村居民养老意愿的研究①；也有分别对东、中、西部地区居民养老意愿的研究。② 从研究对象来看，既有对居民养老意愿的一般性研究③及对老中青不同年龄段人口养老意愿的研究④；还有

① 吴翠萍：《城市居民的居住期望及其对养老方式选择的影响》，《人口与发展》2012 年第 18 卷第 1 期，第 49—57 页；孔祥智、涂圣伟：《我国现阶段农民养老意愿探讨——基于福建省永安、邵武、光泽三县（市）抽样调查的实证研究》，《中国人民大学学报》2007 年第 3 期，第 71—77 页。

② 夏海勇：《太仓农村老人养老状况及意愿的调查分析》，《市场与人口分析》2003 年第 9 卷第 1 期，第 40—53 页；吴罗发：《中部地区农民社会养老保险参与意愿分析——以江西省为例》，《农业经济问题》2008 年第 4 期，第 65—68 页；李建新等：《中国农村养老意愿和养老方式的研究》，《人口与经济》2004 年第 146 卷第 5 期，第 7—13 页。

③ 熊波、林丛：《农村居民养老意愿的影响因素分析——基于武汉市江夏区的实证研究》，《西北人口》2009 年第 30 卷第 3 期，第 101—105 页。

④ 蒋岳祥、斯雯：《老年人对社会照顾方式偏好的影响因素分析——以浙江省为例》，《人口与经济》2006 年第 156 卷第 3 期，第 8—12 页；郭继：《农村发达地区中青年女性的养老意愿与养老方式——以浙江省为例》，《人口与经济》2002 年第 135 卷第 6 期，第 32—37 页；吴海盛、江巍：《中青年农民养老模式选择意愿的实证分析——以江苏省为例》，《中国农村经济》2008 年第 11 期，第 54—66 页。

对特殊群体养老意愿的研究，比如对农村大龄未婚男性养老意愿的研究[①]、第一代农村独生子女父母养老意愿的研究[②]等。从研究内容来看，主要集中在个人对养老模式选择的研究[③]以及居住意愿的研究。[④]多数学者认同随着社会的转型，农村居民的养老意愿出现分化，但依然保持了家庭养老模式的偏好[⑤]，而个人特征、家庭特征、地区特征、代际关系、孝道观念等对农村居民的养老意愿影响显著。[⑥]

总体而言，关于居民养老意愿的研究已取得了不少成果，但还存在如下不足：第一，缘于研究目的的差异，学者对养老意愿的概念界定比较模糊，故其操作化指标也不一；第二，学者的研究多集中在当事人自己的养老意愿或者说作为被赡养人的养老意愿，而较少关注作为赡养人的养老意愿。基于此，本节笔者将分别从亲代（作为被赡养者）和子代（作为赡养者）两个视角探讨受访者身处不同社会角色中的养老意愿。

---

① 郭秋菊、靳小怡：《婚姻状况对农村男性养老意愿的影响研究——基于安徽乙县的调查分析》，《人口与发展》2011 年第 17 卷第 1 期，第 38—44 页。

② 唐利平、风笑天：《第一代农村独生子女父母养老意愿实证分析——兼论农村养老保险的效用》，《人口学刊》2010 年第 179 卷第 1 期，第 34—40 页。

③ 田北海、雷华、钟涨宝：《生活境遇与养老意愿——农村老年人家庭养老偏好影响因素的实证分析》，《中国农村观察》2012 年第 2 期，第 74—85 页。

④ 左冬梅、李树茁、宋璐：《中国农村老年人养老院居住意愿的影响因素研究》，《人口学刊》2011 年第 185 卷第 1 期，第 24—31 页。

⑤ 李建新等：《中国农村养老意愿和养老方式的研究》，《人口与经济》2004 年第 146 卷第 5 期，第 7—13 页；田北海、雷华、钟涨宝：《生活境遇与养老意愿——农村老年人家庭养老偏好影响因素的实证分析》，《中国农村观察》2012 年第 2 期，第 74—85 页。

⑥ 吴海盛、邓明：《基于村庄内部差异视角的农村居民养老模式选择意愿及其影响因素分析》，《中国农村经济》2010 年第 11 期，第 75—83 页；宋宝安：《老年人口养老意愿的社会学分析》，《吉林大学社会科学学报》2006 年第 46 卷第 4 期，第 90—97 页；左冬梅、李树茁、宋璐：《中国农村老年人养老院居住意愿的影响因素研究》，《人口学刊》2011 年第 185 卷第 1 期，第 24—31 页。

一 亲代的养老意愿及影响因素分析

(一)亲代的养老意愿分析及因子分析

既有研究倾向于将亲代(作为被赡养者)的养老意愿操作化为对养老居住地的选择倾向,如居家养老和机构养老。课题组依据相关文献材料及成员的相关研究经验,设计了七个养老意愿变量以考察受访者对养老居住地的选择倾向。这些变量均被设置为李克特五分量表,分别询问受访者对给定陈述的看法,选项依次是“完全同意”、“比较同意”、“说不清楚”、“比较反对”和“完全反对”,分别赋值为1、2、3、4、5,这一赋值为反向赋值,得分越高表明越不赞同这一说法。通过整理计算,中国农村居民作为亲代的养老意愿的描述性分析情况见表5—18。

表5—18　亲代养老意愿的描述性分析　单位:%

观念陈述	变量代码	完全同意	比较同意	说不清楚	比较反对	完全反对	均值	标准误
1. 我更希望在自己家里和子孙一起安度晚年	X_1	59.7	28.5	7.9	2.8	1.1	1.57	0.836
2. 为了减轻子女经济负担,我会在家里养老	X_2	41.6	42.5	11.3	3.3	1.3	1.80	0.858
3. 无论如何,我更愿意在家里养老	X_3	44.3	32.3	14.6	6.4	2.5	1.90	1.029
4. 为了减轻子女照料负担,我会在养老院养老	X_4	6.2	14.6	19.7	30.4	29.0	3.61	1.218
5. 为了老时有伴,我更愿意在养老院养老	X_5	4.6	10.8	20.4	33.5	30.7	3.75	1.138
6. 养老院比家里更自由,我更愿意在养老院养老	X_6	3.4	9.8	19.6	34.8	32.4	3.83	1.091
7. 在养老院能得到及时照顾,我更愿意在养老院养老	X_7	5.2	13.4	19.1	32.6	29.7	3.68	1.179

从表5—18中可以看出,绝大多数受访者更愿意留在家中养老,而不太愿意去养老院养老。88.2%的受访者更希望在自己家里和子孙

一起安度晚年（回答“完全同意”或“比较同意”选项的比例）；84.1%的受访者从减轻子女经济负担的角度选择在家里养老；七成的受访者表示无论如何都更愿意在家里养老，说明居家养老仍然是绝大多数农村人的偏好。一般来说，机构养老这一社会化的养老方式在提供集中生活照顾和相互情感慰藉方面具有天然优势。[①] 但仍然只有20.8%的受访者“比较同意”或者“完全同意”为了减轻子女照料负担而更愿意在养老院养老；18.6%的受访者“比较同意”或者“完全同意”因为在养老院能得到及时照顾而更愿意在养老院养老；同时有15.4%的受访者“比较同意”或者“完全同意”为了老时有伴而更愿意在养老院养老；另有13.2%的受访者表示因为养老院比家里更自由而更愿意在养老院养老。可见，机构养老在农村居民中的接受度仍然较低。

鉴于测量农村居民养老意愿的变量较多，本书采取因子分析法对前述七个变量进行降维。在进行因子分析之前，需要先进行KMO（Kaiser—Meyer-Olkin）检验和Bartlett的球形度检验。检验结果显示，KMO值是0.834，这表明上述七个变量间的相关性较强，适合进行因子分析[②]。同时，Bartlett的球形度检验的统计量观测值为5810.974，相应的概率P值接近0，说明相关系数矩阵与单位矩阵有显著差异，原有变量适合进行因子分析。

此处采用主成分分析法提取因子并选取特征根值大于1的特征根。同时为使因子具有更好的命名解释性，采用正交旋转方式以保持新生成的因子仍保持不相关性，并以方差最大法为策略，结果见表5—19。F1和F2两个主成分特征值均大于1且方差累积贡献率为70.86%。依据因子分析结果以及各公因子对应的变量，将公因子1

---

① 宋宝安：《老年人口养老意愿的社会学分析》，《吉林大学社会科学学报》2006年第46卷第4期，第90—97页。

② Kaiser给出了常用的KMO度量标准：0.9以上表示非常适合；0.8表示适合；0.7表示一般；0.6表示不太适合；0.5以下表示极不适合。（转引自薛薇：《SPSS统计分析方法及应用》（第3版），电子工业出版社2013年版，第266页。）

（F1）命名为“机构养老意愿”，其方差贡献率为45.74%，主要解释“为了减轻子女照料负担，我会在养老院养老”、“为了老时有伴，我更愿意在养老院养老”、“养老院比家里更自由，我更愿意在养老院养老”和“在养老院能得到及时照顾，我更愿意在养老院养老”四个变量；将公因子2（F2）命名为“居家养老意愿”，其方差贡献率为25.13%，主要解释“我更希望在自己家里和子孙一起安度晚年”、“为了减轻子女经济负担，我会在家里养老”和“无论如何，我更愿意在家里养老”三个变量。提取公因子后，采用最小二乘法估计各因子在每个观测值上具体数值，即因子得分，以形成新的因子变量。

表5—19　　亲代养老意愿的旋转成分矩阵

变量代码	成分	
	F1	F2
X_1	-0.107	0.684
X_2	-0.104	0.782
X_3	-0.225	0.752
X_4	0.851	-0.138
X_5	0.906	-0.182
X_6	0.900	-0.161
X_7	0.880	-0.191
新因子命名	机构养老意愿	居家养老意愿
特征值	3.648	1.312
KMO值	0.834	
Bartlett的球形度检验	$\chi^2=5810.974$，df = 21，Sig = 0.000	
方差贡献率（%）	45.736	25.126
累积方差贡献率（%）	70.863	

（二）影响亲代养老意愿的OLS回归分析

此处研究的因变量是亲代的养老意愿，主要包括机构养老意愿和居家养老意愿两个维度。为方便研究，我们将前述因子分析生成的两个新变量作为回归的因变量，这两个变量皆是均值为 1、标准差为 0 的连续变量，因此采用 OLS 回归分析方法。因变量在前文中已有所交代，其值越大，表明受访者越没有这种意愿，比如就居家养老意愿而言，得分越高的样本表明该受访者居家养老的意愿越低。

对于自变量，课题组结合已有的研究及前述的讨论，将影响亲代养老意愿的因素分为受访者的社会人口学特征、健康资源、经济资源和家庭结构四个方面。社会人口学特征选取受访者的性别、年龄和文化程度三个测量指标；健康资源选取受访者健康状况的自评作为测量指标；经济资源选取受访者过去一年的个人总收入和受访者对家庭经济状况的自评两个测量指标；家庭结构选取受访者的婚姻状况和子女数两个测量指标。

我们采用强制进入回归的方式进行线性回归建模。模型 1a（2a）加入社会人口学特征（性别、年龄和文化程度），模型 1b（2b）在模型 1a（a）的基础上继续加入健康资源（健康状况的自评），模型 1c（2c）在模型 1b（2b）的基础上加入经济资源（个人年收入对数值和家庭经济状况的自评），模型 1d（2d）在模型 1c（2c）的基础上加入家庭结构（婚姻状况和子女数）。具体回归分析结果见表 5—20 和表 5—21所示。

表 5—20　　影响亲代机构养老意愿的 OLS 回归结果

影响因素	机构养老意愿							
	模型 1a		模型 1b		模型 1c		模型 1d	
	估计系数	标准误	估计系数	标准误	估计系数	标准误	估计系数	标准误
截距	0.334 *	0.170	0.297 +	0.171	0.054	0.242	0.044	0.362
性别α	-0.051	0.052	-0.059	0.052	-0.028	0.055	-0.026	0.056
年龄	0.002	0.002	0.001	0.002	0.001	0.002	-0.006 *	0.003
文化程度	-0.206 ***	0.034	-0.203 ***	0.034	-0.201 ***	0.034	-0.187 ***	0.035
健康状况自评	—	—	0.044 +	0.023	0.041 +	0.025	0.038	0.025

续表

影响因素	机构养老意愿							
	模型 1a		模型 1b		模型 1c		模型 1d	
	估计系数	标准误	估计系数	标准误	估计系数	标准误	估计系数	标准误
个人年收入对数值	—	—	—	—	0.009	0.009	0.011	0.009
家庭经济状况自评	—	—	—	—	0.032	0.033	0.025	0.034
婚姻状况 $^{\beta}$	—	—	—	—	—	—	0.028	0.123
子女数	—	—	—	—	—	—	0.131 ***	0.028
调整后 R^2	0.031		0.032		0.031		0.038	
F 检验	F = 17.760 ***		F = 14.232 ***		F = 9.405 ***		F = 8.433 ***	
样本数	1588		1588		1571		1507	

注：（1）以上各模型是一组嵌套模型，模型 1a 是基准模型，模型 1d 是全模型；（2）参照组：α——女，β——已婚有配偶；（3）由于个别变量的样本量缺失，因此各模型样本量存在不同的情况；（4）$^{+}p<0.1$，$^{*}p<0.05$，$^{**}p<0.01$，$^{***}p<0.001$（双尾检验）。

从表 5—20 的回归结果看，四个模型（1a、1b、1c 和 1d）的 F 检验皆通过了 5% 统计水平的显著性检验，说明回归系数不同时为 0，因变量和自变量间的线性关系是显著的，可建立线性模型。并且调整后的 R^2 由 0.031 增加到 0.038①，表明逐步加入变量后，模型的解释力得到了加强。

在模型 1a 中，影响显著的变量包括受访者的文化程度，其在 0.1% 的统计水平上显著，并且是负号，这表明文化程度越高的受访

① 谢宇（2013：62）认为，拟合优度指标 R^2 的值越接近于 1，意味着回归直线拟合得越好或者回归模型的解释力越大。但是在社会科学中，R^2 通常都偏低，尤其是在横截面数据分析中，情况更是如此。本研究调整后的 R^2 也较低，但部分回归系数显著，也能提供一定的解释。

者，其机构养老意愿越强烈。即教育有效地改变了人们对养老观念的态度，使得教育程度较高者更易于接受社会化程度更高的机构养老。在模型1b和模型1c中，影响显著的变量有受访者的文化程度和健康状况自评。其中，健康状况只在10%的统计水平上呈现边际显著，并且是正号，这表明，健康状况越差的受访者选择机构养老的意愿越低。在模型1d中，影响显著的变量有年龄、文化程度和子女数。其中，年龄在未加入文化程度的模型中（因为篇幅原因，表5—20中未列入相关数据），在0.1%的统计水平上显著且是正号，表明年龄越大的受访者机构养老的意愿越低。在模型中加入文化程度变量后，年龄变量不再显著（见模型1a），这一结果为我们解释年龄这一社会人口学特征变量找到了可能的原因，年龄的显著性是通过受教育水平得以体现。即年龄越大的受访者其教育水平越低（年龄与文化程度的相关性在0.1%的统计水平上显著），而低教育水平受访者的机构养老意愿更低。当模型中再加入子女数这一变量后，年龄变量在5%的统计水平上呈现负向显著[①]，这表明在控制受访者文化程度、子女数等变量后，年龄越大的受访者接受机构养老的意愿越高。可能的解释是在控制受访者的家庭资源（子女数）和部分个人资源（文化程度）后，随着年龄的增长，其相应的身体机能日渐下降，外界依赖减少，只能增加对机构养老的需求，这种现实的逼迫使得老年人日益接受机构养老。

从表5—21的回归结果看，四个模型（2a、2b、2c和2d）的F检验皆未通过5%统计水平的显著性检验，说明建模效果不好，模型不合适。在单独加入家庭经济状况自评变量的模型中，F值为6.684且通过了1%统计水平的显著性检验。在模型1c和模型1d中家庭经济状况自评变量的回归系数则分别通过了1%和5%统计水平的显著。这说明，家庭经济状况显著影响亲代居家养老意愿，家庭经济状况自

---

① 对于年龄变量在有文化程度变量时不显著，而在有文化程度和子女数变量时呈负向显著，原因是年龄变量和子女数变量呈正相关（相关数据未列出），子女越多的受访者机构养老意愿越低，而年龄大的受访者子女数更多，故在没有控制子女数的情况下，年龄与机构养老意愿间的负向关系被子女数与机构养老间的正向关系抑制而未显现出来。

评状况越差，居家养老意愿越强烈，这可能与居家养老的成本较低有关。居家养老意愿的 OLS 估计结果都不理想，一方面是因为绝大部分受访者的居家养老意愿都比较强，这一变量的内部差异性不大；另一方面可能是自变量本身的解释力度有限所致。

表 5—21　　影响亲代居家养老意愿的 OLS 回归结果

影响因素	居家养老意愿							
	模型 2a		模型 2b		模型 2c		模型 2d	
	估计系数	标准误	估计系数	标准误	估计系数	标准误	估计系数	标准误
截距	0.067	0.173	0.064	0.174	0.518 *	0.246	0.201	0.366
性别 α	-0.001	0.053	-0.002	0.053	-0.022	0.056	-0.046	0.056
年龄	-0.002	0.002	-0.002	0.002	-0.003	0.002	-0.001	0.003
文化程度	0.011	0.034	0.011	0.034	0.002	0.034	-0.009	0.035
健康状况自评	—	—	0.004	0.024	0.021	0.025	0.003	0.025
个人年收入对数值	—	—	—	—	-0.009	0.009	-0.011	0.009
家庭经济状况自评	—	—	—	—	-0.097 **	0.034	-0.085 *	0.034
婚姻状况 β	—	—	—	—	—	—	0.164	0.125
子女数	—	—	—	—	—	—	-0.005	0.028
调整后 R^2	0.001		0.002		0.002		0.001	
F 检验	F = 0.421		F = 0.323		F = 1.593		F = 1.242	
样本数	1588	1588	1571	1507				

注：（1）以上各模型是一组嵌套模型，模型 2a 是基准模型，模型 2d 是全模型；（2）参照组：α——女，β——已婚有配偶；（3）由于个别变量的样本量缺失，因此各模型样本量存在不同的情况；（4）$^{+}p<0.1$，$^{*}p<0.05$，$^{**}p<0.01$，$^{***}p<0.001$（双尾检验）。

综合以上分析，我们可以得出如下结论：第一，绝大多数农村居民更愿意选择居家养老，而机构养老在农村的接受度较低。第二，在控制其他因素的前提下，利用 OLS 回归估计法发现，农村居民的年龄、子女数和受教育水平显著影响其机构养老的意愿。年龄越大、子女越少、文化程度越高的农村居民的机构养老意愿越高。其中，教育有效地改变了人们的养老观念，让人更易于接受机构养老这类社会化养老方式。第三，家庭经济状况显著影响农村居民居家养老的意愿，家庭经济状况越差，居家养老意愿越强烈。

二　子代的养老意愿及影响因素分析

（一）子代的养老意愿分析

从前述分析，我们了解到大部分（八成以上）亲代（作为被赡养者）更愿意选择居家养老，那么子代如何看待父母居家养老这件事，他们是否愿意父母或者配偶父母在家中养老呢？基于此，课题组通过询问受访者“是否愿意自己父母在家里养老”和“是否愿意配偶父母在家里养老”两个指标来衡量受访者作为子代的赡养/养老意愿。调查发现，92.1%的受访者表示愿意父母在自己家养老，而表示愿意配偶父母在自己家养老的受访者占 79.4%。可见，大多数受访者都愿意接受双方老人在家中养老，但进一步的分析表明这中间也存在差异。就男性群体而言，报告愿意自己父母在家中养老的比例是 96.3%，高于报告愿意配偶父母在家中养老的比例 72.2%，两者相差较大，为 24.1 个百分点；而在女性群体中，这一情况刚好相反，女性报告愿意自己父母在家中养老的比例是 85.6%，低于报告愿意配偶父母在家中养老的比例 90.3%，两者差异不大，为 4.7 个百分点（见表 5—22）。

对农村居民社会人口学特征与其对自己父母居家养老意愿的卡方检验表明，性别和文化程度都在 0.1% 的统计水平上显著。即：与女性相比，男性报告愿意接受自己父母在家中养老的可能性更大；文化程度越高的农村居民报告接受自己父母在家中养老的可能性越高。

对农村居民社会人口学特征与其对配偶父母居家养老意愿的卡方检验表明，性别在 0.1% 的统计水平上显著，而文化程度只在 10% 的统计水平上显著。即：与女性相比，男性报告愿意接受配偶父母在家中养老的可能性更小。

表 5—22　　子代的养老意愿情况　　单位：%

社会人口学特征		对自己父母居家养老的意愿		对配偶父母居家养老的意愿	
		不愿意	愿意	不愿意	愿意
性别	男	3.7	96.3	27.8	72.2
	女	14.4	85.6	9.7	90.3
χ^2 检验		58.551***		75.534***	
年龄	40 岁及以下	7.5	92.5	19.7	80.3
	41—60 岁	9.1	90.9	21.1	78.9
	61 岁及以上	5.3	94.7	21.0	79.0
χ^2 检验		4.367		0.398	
文化程度	小学及以下	12.0	88.0	18.4	81.6
	初中	6.4	93.6	22.9	77.1
	高中/中专/技校	2.9	97.1	22.5	77.5
	大专及以上	0.0	100.0	12.1	87.9
χ^2 检验		29.721***		6.927+	
婚姻状况	无配偶（未婚、离婚、丧偶）	7.4	92.6	25.4	74.6
	已婚有配偶	8.0	92.0	20.2	79.8
χ^2 检验		0.055		2.022	

注：+ $p<0.1$，* $p<0.05$，** $p<0.01$，*** $p<0.001$（双尾检验）。

（二）影响子代养老意愿的 Logistic 回归分析

既有研究表明，子代养老意愿的影响因素较为复杂，前述交叉分析表明，在没有控制其他变量的情况下，受访者的性别、年龄、文化程度和婚姻状况对子代养老意愿的影响。而回归分析可以通过统计手段来对干扰因素加以控制，从而帮助我们发现自变量和因变量之间的净关系。由于此处的因变量是子代的养老意愿，包括对自己父母居家养老意愿和对配偶父母居家养老意愿两个变量，这两个变量都是二分变量，因而可以使用二元 Logistic 回归方法进行估计，通过在模型中加入控制变量，以探讨某一变量对因变量子代养老意愿的净效应。

结合前述讨论和既有研究，课题组将影响子代养老意愿的因素分为如下四个方面：受访者的社会人口学特质、健康资源、经济资源和家庭结构。社会人口学特征选取受访者的性别、年龄和文化程度三个测量指标；健康资源选取受访者健康状况自评作为测量指标；经济资源选取受访者过去一年的个人总收入和受访者对家庭经济状况的自评两个测量指标；家庭结构选取受访者的婚姻状况和子女数两个测量指标。

我们采用强行进入策略，令所有变量进入回归方程。模型 1a（2a）加入社会人口学特征（性别、年龄和文化程度），模型 1b（2b）在模型 1a（2a）的基础上继续加入健康资源（健康状况自评），模型 1c（2c）在模型 1b（2b）的基础上加入经济资源（个人年收入对数值和家庭经济状况自评），模型 1d（2d）在模型 1c（2c）的基础上加入家庭结构（婚姻状况和子女数）。具体回归分析结果见表 5—23 和表 5—24 所示。

从表 5—23 的回归结果看，四个模型（1a、1b、1c 和 1d）的似然比卡方检验的观测值依次增大，且皆通过了 0.1% 统计水平的显著性检验，这表明，所有回归系数不同时为 0，采用上述模型是合理的。同时，四个模型的 Hosmer-Lemeshow 检验的概率 p 值皆大于 5% 的显著性水平，一般认为，模型拟合效果较好。-2 倍的对数似然函数值越小则模型的拟合度越高，从表中可以发现，四个模型的 -2 倍的对数似然函数值逐渐减小。Nagelkerke R^2 越接近于 1，表明模型拟合优度越好，四个模型的 Nagelkerke R^2 都在 10% 以上，就社会科学而言，这一数值是可以接受的，说明模型的拟合度较好。

在模型 1a 中，影响显著的变量是性别和受访者的文化程度，都在 0.1% 的统计水平上显著，并且都是正号。性别变量的显著表明在控制了年龄和文化程度变量后，男性选择愿意父母在自己家中养老的发生比率（odds）是女性的 3.49 倍（exp（1.249）=3.49）。文化程度变量的显著表明在控制了性别和年龄变量后，文化程度每增加一个单位，选择愿意父母在自己家中养老的发生比例将是原来的 2.04 倍（exp（0.714）=2.04）。在模型 1b 和模型 1c 中，影响显著的变量有性别、年龄和文化程度。其中，年龄变量的回归系数在 5% 的统计水平

表 5—23　　影响子代养老意愿的二元 Logistic 回归结果（一）

影响因素	对自己父母居家养老的意愿							
	模型 1a		模型 1b		模型 1c		模型 1d	
	估计系数	标准误	估计系数	标准误	估计系数	标准误	估计系数	标准误
性别$^{\alpha}$	1.249***	0.210	1.236***	0.211	1.216***	0.218	1.240***	0.223
年龄	0.014+	0.008	0.017*	0.009	0.017*	0.009	0.033**	0.010
文化程度	0.714***	0.160	0.708***	0.160	0.683***	0.161	0.612***	0.164
健康状况自评	—	—	-0.084	0.089	-0.056	0.093	-0.048	0.094
个人年收入对数值	—	—	—	—	0.016	0.030	0.013	0.030
家庭经济状况自评	—	—	—	—	-0.123	0.129	-0.100	0.129
婚姻状况$^{\beta}$	—	—	—	—	—	—	0.470	0.401
子女数	—	—	—	—	—	—	-0.229*	0.103
截距	0.039	0.521	0.135	0.532	0.433	0.771	-0.748	1.168
χ^2 检验	80.630***		81.519***		83.239***		85.860***	
Hosmer-Lemeshow 检验	11.425n. s.		8.222n. s.		6.605n. s.		12.799n. s.	
-2 对数似然值	799.817		798.928		794.216		775.863	
Nagelkerke R^2	0.116		0.118		0.121		0.127	

注：（1）以上各模型是一组嵌套模型，模型 1a 是基准模型，模型 1d 是全模型；（2）参照组：α——女，β——已婚有配偶；（3）由于个别变量的样本量缺失，因此各模型存在不同样本量的情况；（4）$^{+}p<0.1$，$^{*}p<0.05$，$^{**}p<0.01$，$^{***}p<0.001$，n. s. $p>0.05$（双尾检验）。

表 5—24　影响子代养老意愿的二元 Logistic 回归结果（二）

影响因素	对配偶父母居家养老的意愿							
	模型 2a		模型 2b		模型 2c		模型 2d	
	估计系数	标准误	估计系数	标准误	估计系数	标准误	估计系数	标准误
性别[α]	-1.311***	0.157	-1.326***	0.157	-1.368***	0.165	-1.367***	0.172
年龄	0.004	0.005	0.006	0.005	0.006	0.006	0.029***	0.007
文化程度	0.093	0.086	0.086	0.087	0.078	0.088	0.040	0.093
健康状况自评	—	—	-0.079	0.060	-0.058	0.063	-0.056	0.066
个人年收入对数值	—	—	—	—	0.032	0.024	0.037	0.025
家庭经济状况自评	—	—	—	—	-0.060	0.086	-0.006	0.089
婚姻状况[β]	—	—	—	—	—	—	0.058	0.312
子女数	—	—	—	—	—	—	-0.395***	0.071
截距	1.917***	0.344	2.020***	0.354	1.943***	0.525	1.488+	0.868
χ^2 检验	83.138***		84.884***		84.797***		114.909***	
Hosmer-Leme-show 检验	23.304**		16.666*		12.353n.s.		5.839n.s.	
-2 对数似然值	1530.934		1529.188		1512.873		1410.508	
Nagelkerke R^2	0.080		0.082		0.082		0.115	

注：（1）以上各模型是一组嵌套模型，模型 1a 是基准模型，模型 1d 是全模型；（2）参照组：α——女，β——已婚有配偶；（3）由于个别变量的样本量缺失，因此各模型存在不同样本量的情况；（4）$^{+}p<0.1$，$^{*}p<0.05$，$^{**}p<0.01$，$^{***}p<0.001$，n.s. $p>0.05$（双尾检验）。

上显著且为正，这表明，在控制其他变量的情况下，随着年龄的增加，选择愿意父母在自己家中养老的发生比率会升高。在模型 1d 中，影响显著的变量有性别、年龄、文化程度和子女数。其中，子女数变量的回归系数在 5% 的统计水平上显著且为负，这表明在控制其他变量的情况下，子女数每增加一人，选择愿意父母在自己家中养老的发生比率将会降低 20.5% （1 - exp （ - 0.229） = 0.205）。从前面的分析结果可以进一步分析出，父系制下的“从夫居”现象使得女性与配偶父母居住在一起的可能性远大于男性与女方父母一同居住，这样的居住现实以及围绕这一现实所形成的种种社会规范形塑了人们的养老意愿观念，即表现为女性报告愿意自己父母在家中养老的发生比率低于男性。而现代性教育的“启蒙意义”有助于提升人们的情感认知和情感需求，即表现为文化程度越高的子女愿意自己父母在家中养老的发生比率越高。一般，随着子女数的增加，个体家庭的复杂性和负担也随之加重，这将促使愿意自己父母居家养老的发生率表现出下降趋势。

从表 5—24 的回归结果看，四个模型（2a、2b、2c 和 2d）的似然比卡方检验的观测值有逐渐增大的趋势，且皆在 0.1% 统计水平上显著，这表明，模型中个变量的回归系数不同时为 0，采用上述模型是合理的。同时，就模型的 Hosmer-Lemeshow 检验而言，模型 2a 和模型 2b 在 5% 的统计水平上显著，而模型 2c 和模型 2d 在 5% 的统计水平上不显著，说明从 Hosmer-Lemeshow 检验角度而言，模型 2c 和模型 2d 的拟合性较好，而模型 2a 和模型 2b 拟合效果较差。- 2 倍的对数似然函数值越小则模型的拟合度越高，从表中可以发现，四个模型的 - 2 倍的对数似然函数值逐渐减小，但相比于表 5—23 中的 - 2 倍的对数似然函数值更大，表明模型 2a—2d 的拟合效果比模型 1a—1d 要差一些。Nagelkerke R^2 越接近于 1，表明模型拟合优度越好，表 5—24 四个模型的 Nagelkerke R^2 都比表 5—23 中相应的模型要小，说明模型的拟合度要差一些。

在模型 1a 中，影响显著的变量只有性别变量，其在 0.1% 的统计水平上显著，且是负号。这表明在控制了年龄和文化程度变量后，男性选择愿意配偶父母在自己家中养老的发生比率（odds）比女性少 73.0% （1 - exp （ - 1.311） = 0.730）。在模型 1b 和模型 1c 中，影响显著的变量仍然只有性别，且系数的绝对值在逐渐增大，说明在进一步控制其他变量以后，性别的影响效应在逐渐增大。在模型1d中，影响显著的变量有性别、年龄和子女数。其中，年龄在0.1%的统计水平上显著，且是正号，这表明在控制其他变量的情况下，年龄每增加一岁，选择愿意配偶父母在自己家中养老的发生比率就相应增加2.9%（exp(0.029)－1＝0.029）。子女数在0.1%的统计水平上显著，且是负号，这表明在控制其他变量的情况下，子女数每增加一人，选择愿意配偶父母在自己家中养老的发生比率将会降低32.6%（1－exp(－0.395)＝0.326）。年龄在未加入子女数这一变量前一直不显著（一般将5%作为是否显著的一个边界），可见子女数对农村居民愿意配偶父母在家中养老的发生比率的负向影响抑制了年龄的正向影响。在计划生育及其他一些现代化观念的影响下，一般年龄较大的农村居民的子女数量会多于年轻人，多子女抑制了愿意配偶父母在家中养老的发生比率，使得年龄在未加入子女数这一控制变量的情况下不显著。子女数对因变量的负向影响可能是因为随着子女数的增加，个体家庭的复杂性增加以及负担也会相应加重，则使愿意配偶父母在家中养老的发生率呈现下降趋势。这与之前关于亲代养老意愿的研究和对自己父母居家养老意愿研究的结果是一致的。年龄对于因变量的正向影响与之前关于亲代养老意愿的研究和对自己父母居家养老意愿研究的结果也是一致的，其也基本反映了年轻人相对于老年人来说有着更强烈的独立需求，其相对更不愿意与其他人（既包括子女也包括父母）居住。从前面的分析结果可以进一步分析出，父系制下的“从夫居”现实及其形塑的社会规范在性别变量中表现明显，男性更不愿意配偶父母在自己家中养老。同时，文化程度变量在影响受访者对配偶父母居家养老意愿的影响上不显著，可见教育并没有改变农村居民对于配偶父母需要感知的可能性。

综上分析，我们可以得出如下结论：第一，大多数受访者都愿意接受双方老人在家中养老，但存在差异。男性报告愿意自己父母居家养老的比例高于报告愿意配偶父母居家养老的比例，而女性报告愿意自己父母居家养老的比例却低于报告愿意配偶父母居家养老的比例。第二，在控制其他影响因素的前提下，利用二元Logistic回归模型分析发现，农村居民的性别、年龄、文化程度和子女数显著影响其选择愿意自己父母居家养老的发生比率。具体来说，男性相对于女性，年龄越大、文化程度越高、子女数越少的农村居民选择愿意自己父母居家养老的发生比率更高。第三，在控制其他影响因素的前提下，利用二元 Logistic 回归模型分析发现，农村居民的性别、年龄和子女数显著影响其选择愿意配偶父母在自己家中养老的发生比率。具体来说，女性相对于男性，年龄越大、子女数越少的农村居民选择愿意配偶父母在自己家中养老的发生比率更高。

三　结论与讨论

伴随着社会转型，农村居民的养老意愿出现分化，但目前老年人与家庭成员生活在一起，共享天伦之乐，即居家养老，仍然是大多数农村居民的养老意愿与养老实践。我们的研究从亲代和子代的双重视角，验证了这一现象。从亲代（被赡养者）视角出发，我们的研究发现，超过八成的受访者表示出于多方面原因（如，减轻子女经济负担、和子孙一起安度晚年等）更愿意选择居家养老。而从子代（赡养者）视角出发，超过九成受访者表示愿意自己父母居家养老，近八成受访者表示愿意配偶父母居家养老。可见，亲代居家养老意愿的需求与子代居家养老意愿的供给基本契合，也因此当下中国农村以居家养老为主的养老实践得以良性运行。进一步的分析发现，性别和教育对亲代和子代的养老意愿都存在重要影响，以下我们将重点讨论这两方面因素与养老意愿间的关系。

首先，子代养老意愿存在显著性别差异。性别在社会学家看来具有特殊的社会性，是一种通过心理、文化和社会手段构建成的男女间角色、行为、思想和感情特征方面的差别，也称为社会性别。[①] 中国传统家庭中“男主外，女主内”的性别分工使得女性失去了从公共领域中获得权力、金钱、资源和知识的可能性，已婚女性因之往往只能作为男性的依附品而存在。表现在养老领域就是女性一般以媳妇的角

① 刘霓：《社会性别——西方女性主义理论的中心概念》，《国外社会科学》2001 年第 6 期，第 52—57 页。

色承担赡养照顾丈夫父母的责任，而不要求女性以女儿的角色赡养自己的双亲。同时，“从夫居”的现实进一步规训了女性对于赡养配偶父母的认同。我们的研究表明，相对男性而言，女性更愿意配偶父母居家养老；且愿意配偶父母居家养老的比例高于愿意自己父母居家养老的比例，由此可见，中国传统的家庭性别制度在农村地区的子代养老意愿中一定程度上得以延续。但同时需要注意的是，在女性样本中，愿意配偶父母居家养老（90.3%）与愿意自己父母居家养老（85.6%）的比例只相差4.7%，这一差距并不明显。从这一研究结论中，也可看出，传统家庭性别制度在子代养老意愿中发生变迁的一维。可见，虽然老年人选择与已婚儿子居住（34.1%）的比例同选择与已婚女儿居住（3.3%）的比例相差巨大，但在个人意愿或者说是态度观念领域这一差别却在日益弥合。这就为女性作为女儿在家庭养老中扮演更为重要的角色提供了可能。关于女儿养老的问题我们会在下一节中给出更详细的研究结果。

其次，教育有效地改变了人们的养老观念。教育的基本功能之一是实现人的社会化，促进人的身心发展和自我完善。[①] 表现在养老领域，一方面，对养老资源需求者来说，教育能够促进其对多元化养老方式的接受度，以更包容的心态体谅养老资源供给者的种种困境。另一方面，对养老资源供给者而言，教育使其更有机会获取多方面资源，从而拥有更高的提供养老资源尤其是经济方面养老资源的能力；同时教育的“启蒙意义”有助于提升人们的情感认知和情感需求，即既提升自己对于长辈感情需求的感知能力，同时自身的感情需求包括与长辈间建立亲密关系等的需求也会得到提升。我们的研究支持了上述理论，我们发现，教育促进了养老资源需求者对于机构养老这类新兴社会化养老方式的接受度，也使得子女更愿意接受自己父母居家养老。需要注意的是，教育对养老资源需求者选择居家养老方式没有显著影响，同时对于子女接受配偶父母居家养老的意愿也没有显著影响。可见，教育对某些观念领域的影响也是有限的，这些观念可能更

① S. 鲍尔斯、H. 金蒂斯：《美国：经济生活与教育改革》，上海教育出版社1990年版，第28页。

多地发乎于人们的本性、情感，比如对于居家养老这类有助于满足代际间情感需求的一致认同；而那些为满足社会运行而压抑人性的某些观念可能更易于通过教育而得以改变。

第三节　中国农村居民的“女儿养老”观念研究[①]

费孝通[②]提出的“反馈模式”是对中国传统社会家庭养老方式的经典阐释，代际间在经济、劳务和精神上存在一种付出与回报的双向流动。在父权、父系和父居的家庭制度中，“养儿防老”是反馈模式的基础。在传统社会中，只有男性（儿子）生活和成长在祖荫之下，并通过延续祖荫的努力而赋予短暂肉体生命以永恒的意义。[③] 从父系继嗣制度来看，儿子是家庭财产的唯一继承者，因而也是养老送终的最可靠“资源”。在我们前两节有关养老责任主体和养老意愿的研究中也发现了这种性别差异的存在，比如儿子承担着最主要的养老责任，女性作为丈夫的依附品更愿意配偶父母居家养老等。在中国家庭养老的研究中，相比于儿子角色，女儿一直是一个被忽略的角色。这主要是因为女儿的身份和归属具有很大的不确定性，且女儿对娘家缺乏工具性意义，只是男性继嗣制度的“附带受益者”[④]。在婚前女儿是从父的，她们暂时被娘家养着，是父系家族的“依赖人口”或“家

---

① 本节主要成果已在如下刊物发表，收录时有所改动：张翠娥、杨政怡：《现代性子女资源与农村居民对女儿养老的态度》，《软科学》2014 年第 1 期，第 115—123 页；张翠娥、杨政怡：《农村女儿养老的社会认同及影响因素分析——基于江西省寻乌县的调查数据》，《妇女研究论丛》2013 年第 9 期，第 27—33 页。

② 费孝通：《家庭结构变动中的老年赡养问题——再论中国家庭结构的变动》，《北京大学学报》1983 年第 1 期。

③ 许烺光：《祖荫下：中国乡村的亲属人格与社会流动》，南天书局 2001 年版。

④ 叶文振、林擎国：《中国家庭关系模式演变及其现代化的研究》，《厦门大学学报》（哲学社会版）1995 年第 3 期。

之附从成员”；而婚后女儿是从夫的，作为其丈夫的依附性角色（媳妇）被赋予赡养公婆的责任并成为其丈夫家族的正式成员，因而父母通常认为“女儿是替别人家养的”，是“泼出去的水”，是“赔钱货”。传统社会中的女性婚前从父、婚后从夫、夫死从子，在其生命历程中的每个阶段都缺乏主体性地位，婚后的女儿也不被赋予负担娘家的经济费用及父母的养老费用的责任，因而在家庭养老中，女儿常常是一个被忽略的角色。

随着中国农村社会的结构性变动，家庭结构也随之变化，家庭结构小型化、核心化趋势日趋明显，夫妻核心家庭迅速上升，横向的夫妻关系取代了纵向的亲子关系成为家庭关系的主轴[①]，传统的父系权威受到削弱，养老尽孝观念淡化。同时现代化变迁导致家庭生活从垂直家庭以及延伸的亲属关系的义务移开，趋向夫妇间结合关系的优先，这意味着人们更加注重横轴的夫妻关系，淡化了父子关系，养老的基础被侵蚀。这一家庭内部关系重心的转移明显地体现在女性核心家庭中的权利和地位得到一定程度的提升，这意味着女性拥有更多的资源回馈给娘家。女儿对于娘家不断提升的工具性意义逐渐引起了研究者关注。一些研究显示，在农村亲属关系日益功利化的取向中，娘家与女儿的联系趋于紧密，姻亲关系得到空前发展，许多人将姻亲看得比宗亲还要重要。[②] 而且，女儿不仅在赡养父母方面，在娘家的日常生活和重大支出方面，在分担兄弟上学、结婚等方面的重要性也在凸显。[③] 如果说“养儿防老”解释了中国传统父系基础的养老运行机制，那么在中国传统的父系基础的养老运行机制被侵蚀的背景下，“养儿防老”是否能继续有效运转？女儿作为家庭养老的一支新兴力量能否被大众认可？又有哪些因素影响了女儿养老的社会认同？这构

① 阎云翔：《私人生活的变革：一个中国村庄里的爱情、家庭与亲密关系1949—1999》，龚小夏译，上海书店出版社2006年版，第201—208页。

② 金一虹：《父权的式微——江南农村现代化进程中的性别研究》，四川人民出版社2000年版。

③ 高华：《农村多子女家庭代际交换中的新性别差异研究》，《南方人口》2011年第2期，第55—64页。

成了本研究试图解答的问题。

一　研究假设

吉登斯在《现代性的后果》一书中指出，现代性对个人生活形成巨大冲击，促使人们对世界的态度发生变化。现代性标志着现代化进程中非传统因素的累积和填充，乃至整个社会大文化系统的变迁。在现代化的进程中，人们的现代性逐步增强，传统的父系家族制度受到冲击，“传宗接代”和“养儿防老”的观念逐步淡化。由此，现代性越强的人越排斥传统的“养儿防老”观念，倾向于认同儿子和女儿在父母养老中趋于平等角色①，因而更容易接受女儿养老。据此提出假设：

假设1：农村居民的个体现代性越强，就越认为女儿应该承担养老责任，也更能接受女儿养老。

依据已有研究，个体的性别、年龄、文化程度和职业状况等方面的特征与其个体现代性之间紧密相关。从性别来看，男性作为父系制的继承人和受益者，其相对女性会保持更传统和父权的观念；同时女性与其儿女的亲密关系也促使其更易于接受女儿养老。从年龄来看，年长者由于受传统观念影响较深，其现代性与年轻人相比更弱。文化程度更高的人接触到的现代观念更多，其个体现代性更强。在农村劳动力外流背景下，一部分农村居民外出从事非农业劳动，他们更多地接触外界的新鲜事物，传统观念受到冲击。因此由假设1得出4个推论：

推论1：农村女性更倾向于认同女儿有养老责任并接受女儿养老。

推论2：年轻的农村居民更倾向于认同女儿有养老责任并接受女儿养老。

推论3：文化程度高的农村居民更倾向于认同女儿有养老责任并接受女儿养老。

推论4：非务农职业的农村居民更倾向于认同女儿有养老责任并接受女儿养老。

玛丽·罗杰斯将资源当作一种权利，认为资源是任何促进个人的

① Kobrin F E. The Fall in Household Size and the Rise of the Primary Individual in the United States[J]. Demography, 1976 (13): 1.

能力去影响他人或一群人的特征、环境及财产。根据资源理论，一个人或者群体所拥有的资源即构成他的权利，会影响他的观念与行为。人们会根据自己拥有的资源进行博弈，以达到最佳效果。农村居民的子女资源（特别是子女性别资源）是其养老的重要资源，他们会对农村居民的养老态度产生影响。当农村居民既拥有儿子又拥有女儿作为养老资源时，他会在选择儿子养老或女儿养老间进行博弈，由于“养儿防老”存在强大的路径依赖效应，靠儿子养老依然会成为大众的选择。然而，当农村居民只拥有女儿不拥有儿子时，一定程度上就不得不接受女儿养老。据此提出假设：

假设2：相比于儿子资源丰富的农村居民来说，只有女儿的农村居民更可能倾向于认同女儿应该承担养老责任，也更接受女儿养老。

二　数据、变量和方法

（一）数据和变量

本研究所使用数据资料来源于课题组“5省问卷调查数据”。各自变量的具体含义和描述性统计分析结果见表5—25。

表5—25　　变量说明与描述统计

变量名称	变量说明	均值	标准差
因变量			
对女儿养老的态度	无责任不接受 =1；无责任接受 =2；有责任不接受 =3；有责任接受 =4	2.42	1.19
自变量			
性别	男 =1；女 =0	0.60	0.49
年龄	周岁，连续变量	47.6	13.24
文化程度	小学及以下 =6；初中 =9；高中/中专/技校 =12；大专及以上 =15	8.4	2.45
职业状况	农业劳动者 =1；非农业劳动者 =0	0.52	0.50
儿女结构	无儿无女 =1；无儿有女 =2；有儿无女 =3；有儿有女 =4	3.37	0.79

(二)方法

根据前文的分析，将农村居民对女儿养老的态度类型设为因变量，农村居民对女儿养老的态度由被调查对象是否认为女儿有养老责任和是否接受女儿养老两个问题的回答分为四种类型。其中，β_k是一组系数向量，X则是与之相应的解释变量，主要包括性别、年龄、文化程度、职业状况和子女结构等。因变量有四种且不存在等级差别，即无责任不接受型、无责任接受型、有责任不接受型和有责任接受型。基于因变量的性质，我们选择多元分组 Logit 模型。根据上述分析，本书构造的农村居民对女儿养老态度类型的影响因素模型表达式如下：

$$\mathrm{logit}_k = \mathrm{logit}\frac{\Pi_k}{\Pi_n} = \beta_k X;$$

其中，$\Pi_k = \dfrac{\exp(\beta_k X)}{1+\sum_{k=1}^{n-1}\exp(\beta_k X)}$，$\Pi_n = \dfrac{1}{1+\sum_{k=1}^{n-1}\exp(\beta_k X)}$

三　农村居民对女儿养老态度的类型分析

本书从两个维度考察农村居民对女儿养老的态度，一是农村居民是否认为女儿应该承担养老责任，二是农村居民是否接受女儿养老。从表 5—26 得知，50.7% 的农村居民认为女儿应该承担养老责任，40.4% 的农村居民能够接受在女儿家养老。

表 5—26　　农村居民对女儿养老的态度　　单位:%

农村居民对女儿养老的态度	是	否
女儿是否应该承担养老责任	50.7	49.3
是否能接受在女儿家养老	40.4	59.6

依据被调查者对这两个问题的不同回答，将被调查者分为四种类型。第一种类型为无责任不接受型，该类人群养儿防老观念根深蒂固，认为女儿没有养老责任，更不能接受女儿养老。第二种类型为无责任接受型，他们认为女儿没有养老责任，却能接受女儿养老，说明

他们不得不接受女儿养老。第三种类型为有责任不接受型，该类人群认为女儿有养老责任，但不接受女儿养老，说明他们仅仅在观念上认为儿女都有养老责任，然而在现实中并不接受女儿养老。第四种类型为有责任接受型，他们既认为女儿有养老责任也接受女儿养老，他们从观念上完全接受女儿养老（见表5—27）。

表5—27　　　　四种类型人群对女儿养老的态度

类型	女儿是否有养老责任	是否接受女儿养老
无责任不接受型（1）	否	否
无责任接受型（2）	否	是
有责任不接受型（3）	是	否
有责任接受型（4）	是	是

表5—28　　　　四种类型人群的比例

类型	1	2	3	4
样本数（人）	533	250	414	392
百分比（%）	33.5	15.7	26.1	24.7

由表5—28得知，第一种类型有533人，占33.5%；第二种类型有250人，占15.7%；第三种类型有414人，占26.1%；第四种类型有392人，占24.7%。说明超过三成人完全不接受女儿养老，四成人部分接受女儿养老，而仅有四分之一的人完全接受女儿养老。与传统父系社会中女儿不赋有赡养娘家父母的责任，人们一般不能接受女儿养老相比，农村居民对女儿养老的态度有所变化，女儿养老开始被接受。

四　农村居民女儿养老态度影响因素的多项 Logistic 回归分析

表5—29给出了影响农村居民女儿养老态度因素的多项 Logistic

回归分析结果。模型Ⅰ、Ⅱ、Ⅲ分别是对女儿养老持无责任不接受型、无责任接受型、有责任不接受型的农村居民与持有责任接受型的农村居民发生概率比率的自然对数模型。模型整体的似然比卡方值在0.1%的统计水平上显著，这表明模型的解释变量全体与链接函数（此处的链接函数皆是Logit）间的线性关系显著，模型选择正确。同时，Nagelkerke R^2越接近于1，表明模型拟合优度越好，模型整体的Nagelkerke R^2是0.116，就社会科学而言，尤其是横截面数据，这是可以接受的拟合度。

回归结果表明，农村居民的性别和儿女结构分别在不同的统计水平上显著影响农村居民对女儿养老的态度。

首先，性别显著影响农村居民对女儿养老的态度。在控制其他变量的情况下，相对于女性，男性更不认同女儿的养老责任，也越不易接受女儿养老。模型Ⅰ显示，农村男性更倾向于是无责任不接受型。在其他变量不变的情况下，男性的比率自然对数（无责任不接受型与有责任接受型之比）比女性（参照组）平均多0.576个单位，男性的概率比率是女性的1.78倍（exp（0.576）=1.78）。模型Ⅱ显示，农村男性更倾向于是无责任接受型。整体来看，一方面，男性作为传统父系制的继承人，其保留了更多的传统观念；另一方面，母亲和女儿间的亲密关系有益于促成女性接受女儿养老。

其次，儿女结构影响农村居民对女儿养老的态度。仅有女儿的农村居民更认为女儿应该承担养老责任，也越能接受女儿养老。模型Ⅰ、Ⅱ、Ⅲ显示，无儿有女的农村居民更倾向于成为有责任接受型。这印证了资源理论的说法，当一个家庭只有女儿这种养老资源时，所有的养老责任都落在女儿肩上。在这种情况下，父母不得不选择女儿养老。随着计划生育政策的实施，我国农村的双女户及独女户大幅增加，在仅有女儿的家庭里，父母更切合实际地考虑到自身的养老问题，认为女儿应该承担养老责任，也接受女儿养老。

最后，年龄、文化程度和职业等变量对农村居民关于女儿养老的态度的影响并不显著。对这种结果的解释有以下几种：一是现有的研究结论有争议，有待进一步证实。二是女儿养老作为一种新的养老方式，被调查者对问题的理解与研究者的设计间可能存在偏差。

表 5—29　农村居民女儿养老态度的影响因素的多项 Logistic 回归分析结果

	模型 I		模型 II		模型 III	
	回归系数	标准误	回归系数	标准误	回归系数	标准误
截距	0.438	0.429	-0.860 +	0.520	-0.104	0.445
性别（女性作为参照组）	0.576 ***	0.151	0.644 ***	0.185	0.039	0.154
年龄	-0.005	0.006	-0.009	0.008	0.002	0.007
文化程度	-0.060	0.102	0.155	0.117	0.151	0.105
职业状况（非农为参照组）	0.138	0.146	0.037	0.177	0.148	0.151
儿女结构（有儿有女为参照组）						
无儿无女	-0.230	0.637	0.620	0.651	-0.951	0.757
无儿有女	-1.654 ***	0.222	-0.560 *	0.241	-1.078 ***	0.199
有儿无女	0.420 *	0.179	0.948 ***	0.212	-0.198	0.197
似然比卡方值	174.43 ***					
Nagelkerke R^2	0.116					

注：+ $p<0.1$，* $p<0.05$，** $p<0.01$，*** $p<0.001$，模型 I 为 Logit（无责任不接受型/有责任接受型），模型 II 为 Logit（无责任接受型/有责任接受型），模型 III 为 Logit（有责任不接受型/有责任接受型）。

五　结论与讨论

本书基于课题组对 5 省的调查，考察了农村居民对女儿养老的态度。研究显示，与传统社会相比，农村居民对女儿养老的态度已经发生了一定的改变，逐渐认为女儿有养老责任，并开始接受女儿养老。并运用多项 Logistic 回归模型分析了影响农村居民对女儿养老态度的因素。研究发现，现代性和子女资源均对农村居民女儿养老的态度具有显著影响。其中，现代性越强的农村居民越容易认为女儿有养老责任，也越能接受女儿养老；仅有女儿的农村居民更容易认为女儿有养老责任，也更能接受女儿养老。具体表现为，男性相对于女性更倾向于无责任不接受型和无责任接受型；有女无儿的农村居民对女儿养老无责任不接受型、有责任不接受型、无责任接受型和有责任接受型的倾向依次递增。随着农村现代化发展的推进，农村居民的现代性将进一步增强。在计划生育政策尚未放开的情况下，子女资源尤其是儿子的稀缺将对“养儿防老”的传统农村家庭养老模式提出严峻挑战。在个体现代性增强，子女资源稀缺的双重背景下，可以预见，农村居民对女儿养老的态度将从无责任不接受型向有责任接受型逐渐转变。这种态度的改变将为女儿养老提供一个契机，进一步促进人们对女儿养老的接纳，为女儿养老实践创造良好的社会文化环境。基于此，女儿将在农村居民的养老中扮演更为重要的角色，这不仅对农村家庭养老体系的完善具有重要意义，而且将改变“养儿防老”的传统观念并进而影响社会性别制度的重构，推动两性平等发展的进程。

第六章　中国农村居民赡养行为研究

我国老龄化进程正在持续推进。全国人口普查显示：1982年65岁以上老年人口占总人口4.91%，1990年、2000年、2010年分别为5.57%、6.96%和8.87%，分别提高了13.44%、24.96%和27.44%。这一数据表明，未来我国人口老龄化还将继续。而在中国广大的农村地区，社会养老保障仍然十分匮乏，来自家庭成员尤其是子女的非正式支持仍是老年人最主要的晚年依靠。然而，诸多经验研究发现，代际间日益表现为亲代为子代作出巨大牺牲，而子代对亲代的反馈越来越少，甚至出现了部分不敬、不养或者有养无敬、有养无爱的现象。[①]学者们将这种代际倾斜现象形象地称为“啃老现象”、“逆反哺现象”或者比喻为“恩往下流”和“眼泪往下流”[②]。因此，在这种子代赡养父母行为滑坡，而子女养老支持又具有不可替代性的背景下研究这一问题就显得极为必要。

子女作为赡养主体的家庭养老一直是我国的主要养老模式，与西方社会的“接力模式”不同，费孝通将这一模式称为“反馈模式”。

---

① 王树新：《社会变革与代际关系研究》，首都经济贸易大学出版社2004年版，第207—211页。

② 车茂娟：《中国家庭养育关系中的“逆反哺模式”》，《人口学刊》1990年第4期，第52—54页；贺雪峰：《农村代际关系论：兼论代际关系的价值基础》，《社会科学研究》2009年第5期，第84—92页；刘桂莉：《眼泪为什么往下流？——转型期家庭代际关系倾斜问题探析》，《南昌大学学报》（人文社会科学版）2005年第6期，第1—8页。

接力模式（F1→F2→F3→Fn）是“甲代抚育乙代，乙代抚育丙代”，遵循一种代间均衡，每代人只有抚幼的责任而无养老的义务；而反馈模式（F1 ⟺F2⟺F3⟺Fn）是“甲代抚育乙代，乙代赡养甲代；乙代抚育丙代，丙代赡养乙代”，遵循的是代内均衡，每一代人既有抚幼又有养老的责任义务[①]。反馈模式在中国社会绵延了数千载，维持其持续而有效运转的是中国传统社会一整套从宏观到微观的社会机制，这些机制构成了反馈模式的文化和社会基础。一个基本的事实是：在传统中国人的心中是有祖宗的，对上一代要有所交代，要“光宗耀祖”、要“养老送终”。同时，传统中国的国家法律、公众舆论、宗族社会组织和家庭私有财产制等一系列因素都在维护着反馈模式的有效运行。

然而，中国近代的现代化进程，如 20 世纪初的新文化运动、新中国成立后的一系列社会运动等极大地削弱了传统父权体制、以孝道为核心的传统儒家伦理也遭到激烈批判。同时，传统宗族组织和封建家庭私有财产制也相继被取缔。中国家庭养老的反馈模式的神圣性基础和物质基础不复存在，父母的身份和孝道走向“世俗化”[②]。但在这一过程中，国家力量对社会的渗透承担了部分家庭功能，同时孝顺父母作为一项重要的家庭伦理规范受到国家法律的支持和社会舆论的监督，因而养老并未成为社会问题。然而随着市场经济的改革尤其是 20 世纪 90 年代的深化改革以来，中国社会的经济、文化和人口发生了巨变，又一次冲击了传统的家庭养老模式。主要体现在以下几个方面：首先，70 年代末开始强制推行的计划生育政策造成生育率的急剧下降，传统反馈模式的子女一环在数量上的突然降低，一方面直接影响了养老资源的供给；另一方面则是出现“尊老不足，爱子有余”的代际倾斜现象。其次，经济理性侵入家庭，强调平等、自由和民主的个体主义和追求快乐主义、自我实现的后物质主义等价值观的发展，

① 费孝通：《家庭结构变动中的老年赡养问题——再论中国家庭结构的变动》，《北京大学学报》1983 年第 3 期，第 6—15 页。

② 阎云翔：《私人生活的变革：一个中国村庄里的爱情、家庭与亲密关系：1949—1999》，龚小夏译，上海书店出版社 2009 年版，第 181—208 页。

使得青年人日益以一种市场的逻辑与父母相处。最后，农村劳动力的大规模流动、城市单位制的改革造成整个社会的流动性大大加强，原有熟人社会生活逻辑被打破，人们越来越少地受到社区舆论的监督。[①]

在经历上述一系列冲击以后，子代赡养父母的行为是否发生了变化以及发生了什么变化？赡养行为的发生逻辑是否出现了变动以及出现怎样的变动？家庭结构、居住安排、情感亲密度、亲代支持、家庭价值观和社区情理对子女赡养行为有怎样的影响？这些构成了本章试图关注和探讨的问题。

第一节　关于子女赡养行为的文献梳理

一　子女赡养行为的相关理论研究

子女赡养行为往往作为代际关系研究的一部分，而描述和解释代际关系的研究框架和理论中比较有影响力的主要有交换理论和代沟理论。前者源于经济学和社会学，折射出“理性经济人”、“供求法则”的经济学研究基础，强调代际间资源交换的互惠性；而后者源自文化人类学，强调代际间价值观、行为方式上的差异，以玛格丽特·米德的研究为代表，强调价值观念差异所造成的行为差异。

基于交换理论解释框架的子女赡养行为研究主要有权利与议价模型（Power and Bargaining Model）、互助/交换模型（Mutual Aid / Exchange Model）和利他主义/合作群体模型（Altruism / Corporate Group Model）等。[②] 其中，权利与议价模型表明，父母能否从其子女及其他家庭成员处得到帮助取决于其对家庭财产等资源的控制。

---

① 刘汶蓉：《反馈模式的延续与变迁：一项关于当代中国家庭代际支持失衡的再研究》，上海大学，2012 年，第 3—7 页。

② Yean - Ju Lee, William L. Parish and Robert J. Willis. Sons, Daughters, and Intergenerational Support in Taiwan. American Journal of Sociology Volume 99, No. 4 (Jan, 1994): 1010 - 1041；转引自刘爱玉、杨善华：《社会变迁过程中的老年人家庭支持研究》，《北京大学学报》（哲学社会科学版）2000 年第 199 卷第 3 期 V37，第 59—70 页。

父母掌握较多资源（如财产）更易于获得子女的关注和支持。在现代社会，伴随着社会经济的发展，老年人对土地、家族生意、经验与知识等资源的控制下降，削弱了老年人的家庭地位；而子女在掌握先进科学技术与知识方面的优势增强了他们获得家庭以外工作的机会，其社会经济地位得到提升，独立性增强。子女社会经济地位的提升和老年人权威的下降致使老年人从子女处获得的代际支持减少。[①] 互助模型则认为代际间的相互支持是按照“投桃报李”的原则进行的[②]，交换者的目标是自身福利的最大化。家庭成员之间存在涉及多方面内容的互助与交换。短期互助包括帮忙照看小孩、做家务等，正是因为父母正在为子女提供这些短期帮助，所以他们才能得到子女的支持。长期交换则存在较多的投资意味，如父母对子女的教育投入、子女创业时的资金赞助等。上述互助与交换都存在着期望对方提供回报的前提。利他主义/合作群体模型认为家庭犹如一个合作群体，家庭成员间有着共同的利益，这种利益促成了代际间长时期的契约维护。[③] 对于合作群体的良好运作来说，长老统治是首要原则。按照 Becker 的观点，家庭资源由一位公正的家长（关心自己和每一个家庭成员的福利，通常为年长的男性）控制并按照帕累托最优原则进行分配，达到家庭成员福利最大化。[④] 正是在这种资源的分配中，家庭成员间确信了彼此利益的共同性。于是便存在成年子女为老年父母提供更多支持的行为，以保持家庭的整体性和相互间利他性行为准则的存续。

而诸多研究表明，传统儒家文化仍旧对中国现代社会具有深刻影响。以孝道伦理为核心的儒家文化往往在社会化的过程中形塑人

---

① Caldwell JC. Toward a restatement of demographic transition theory. Population and Development Review, 1976, 2: 321 - 366.

② Cox Donald. Motives for private income transfers. Journal of Political Economy, 1987, 95: 508 - 546.

③ 刘爱玉、杨善华：《社会变迁过程中的老年人家庭支持研究》，《北京大学学报》（哲学社会科学版）2000 年第 199 卷第 3 期 V37，第 59—70 页。

④ Becker JS. A theory of social interactions. Journal of Political Economy, 1974, 82: 1063 - 1093.

们的观念，在这种潜移默化的过程中人人都会认为子女尽孝是天经地义之事。同时，孝道规范也是一种复杂而精致的文化设计，是为家庭和谐、团结及延续而由社会精心制作出的一种复杂而精致的文化设计。[①] 从这种意义上看，子女赡养父母的行为是对孝道规范的遵从，存在义务性和强制性，这就与西方代际支持理论尤其是交换理论的预设存在差异，而与代沟理论所强调的价值观念具有重要渊源。

基于此，中国学者对子女的赡养行为提出了一系列本土化解释，有反馈论、责任内化论、血亲价值论和生命来源论等。费孝通的反馈论[②]是描绘中国传统家庭养老模式的经典论述，它凸显了中国传统代际关系间“甲代抚育乙代，乙代赡养甲代；乙代抚育丙代，丙代赡养乙代”的一种代内均衡，以区别于西方社会中“甲代抚育乙代，乙代抚育丙代”的代间均衡。而责任内化论[③]是一种人的社会化视角，认为中国几千年的儒家“孝”文化使得每个为人子女的中国人都已将赡养老人作为一种内在责任需求和自主意识，成了其人格的一部分。血亲价值论[④]强调文化的规范作用，认为家庭养老是一种受到国家文化和家庭文化双重影响下的文化机制，遵循伦理原则，存在利益机制但受制于伦理机制。而生命来源论[⑤]否定中国传统家庭养老中利益交换机制的存在，而认为是一种价值和观念层面的报恩意识，驱使了子女对父母的反馈行为。这种报恩意识发自于自然亲子血缘（血亲价值论认为报恩意识根植于亲子血缘中），由社会环境和意

---

① 杨国枢：《中国人孝道的概念分析》，载杨国枢主编《中国人的心理》，桂冠图书公司 1989 年版。

② 费孝通：《家庭结构变动中的老年赡养问题——再论中国家庭结构的变动》，《北京大学学报》1983 年第 3 期，第 6—15 页。

③ 张新梅：《家庭养老研究的理论背景和假设推导》，《人口学刊》1999 年第 2 期，第 57—60 页。

④ 姚远：《血亲价值论：对中国家庭养老机制的理论探讨》，《中国人口科学》2000 年第 6 期，第 29—35 页。

⑤ 谢楠：《生命来源观：中国家庭养老内在机制新探讨》，《中州学刊》2011 年第 1 期，第 125—129 页。

识形态所塑造，其中社会环境和意识形态起决定性作用。同时，国内也有如生产方式论①、需要论②、依赖论③和交换论④等一些脱胎于西方其他不同理论流派的解释理论。

对比中西研究可以发现，西方的代际支持模型更加细致和规则化，验证的可能性更高；而中国学者对子女赡养行为的研究则更加的抽象和宏观，也就更难以验证。同时，西方的代际支持模式最初缘于公共福利经济学，而中国目前的经济条件决定人们首先关心物质需求是否得到满足。这样的背景导致了研究主要集中在对单项经济支持动机的解释，而欠缺对日常照料以及情感支持的关注。⑤ 同时，面对这一系列理论解释，并没有研究者系统梳理这些理论间的共性和边界，而在此基础上进行规范的解释性经验研究更是几近于无。

二　子女赡养行为影响因素的相关研究

关于子女赡养行为影响因素的研究已经较为全面，主要包括以下因素：子女及其父母的个体特征（如性别、年龄、婚姻状况、收入和健康状况等）；家庭结构、居住安排和家庭生命周期；情感亲密度和父母的支持；家庭价值观和社区情理等。

（一）子女与父母的个体特征

就子女的性别而言，考虑到中国传统养老方式中存在的性别分

① 洪国栋等：《论家庭养老》，转引自石涛《家庭与老人》，中国文联出版公司1996年版，第16—23页；王爱珠：《从经济看代际矛盾的转移和化解》，转引自石涛《家庭与老人》，中国文联出版公司1996年版，第160—170页。

② 熊跃：《需要理论及其在老人照顾领域中的应用》，《人口学刊》1998年第5期，第31—40页。

③ 阎卡林：《关于我国一些地区新生儿性比例失调的原因及对策》，《人口学刊》1983年第4期，第40—43页。

④ 杜亚军：《代际交换——对老龄化经济学基础理论的研究》，《中国人口科学》1990年第3期，第24—29页；熊跃根：《中国城市家庭的代际关系与老人照顾》，《中国人口科学》1998年第69卷第6期，第15—21页。

⑤ 张文娟：《劳动力外流背景下的中国农村老年人家庭代际支持研究》，中国人口出版社2008年版，第62—68页。

工，家庭中往往是儿子而不是女儿为父母提供根本性的代际支持。[①]也有研究表明，儿子对父母的赡养（包括经济支持和日常照料）中发挥了主要作用，而女儿更多扮演为父母提供情感沟通和日常生活照料等辅助性支持的角色。[②] 就子女的婚姻状况来说，李树茁等[③]的研究表明，招赘儿子和婚娶女儿也可能为父母提供经济支持，而家务帮助则更可能来自女儿尤其是婚娶女儿。

就父母的个体特征而言，许多对东亚地区（包括中国台湾地区）的研究表明，随着父辈经济状况下降、健康状况恶化、丧偶和死亡风险上升等原因而导致的对外界帮助需求的增加，来自子代的帮助也会相应地增加。[④]

（二）家庭结构、居住安排与家庭生命周期

家庭结构主要涉及子代孩子的数量及性别构成。有研究表明，老人获得的经济支持和生活照料会随着子女数量增多而增加[⑤]，但这并

---

① 徐勤：《儿子与女儿对父母支持的比较研究》，《人口研究》1996 年第 5 期，第 23—31 页。

② 张文娟、李树茁：《代际支持对高龄老人身心健康状况的影响研究》，《中国人口科学》2004 年增刊，第 37—42 页；谢桂华：《老人的居住模式与子女的赡养行为》，《社会》2009 年第 5 期，第 149—167 页。

③ 李树茁、费尔德曼、勒小怡：《儿子与女儿：中国农村的婚姻形式和老年支持》，《人口研究》2003 年第 27 卷第 1 期，第 67—75 页。

④ Hermalin AI, Ofstedal MB, and Change M. types of support for the aged and their provides in Taiwan. In Tamara K, Hareven eds. Aging and generational relations over the life course: A historical and cross-cultural perspective. New York: Gruyter, 1996: 400 - 437; Rogers RG.. The effects of family composition, health, and social support linkages on mortality. Journal of Health and Social Behavior, 1996: 326 - 338; 转引自王萍、李树茁《农村家庭养老的变迁和老年人的健康》，社会科学文献出版社 2011 年版，第 23—68 页。

⑤ 陈卫、杜夏：《中国高龄老人养老与生活状况的影响因素——对子女数量和性别作用的检验》，《中国人口科学》2002 年第 6 期，第 49—55 页；Zimmer Z & Kwong J. *Family Size and Support of Older Adults in Urban and Rural China: Current Effects and Future Implications. Demography*, 2003, 40 (1): 23 - 44.

不意味着子女的赡养行为会根据兄弟姐妹数量而调整。谢桂华[①]的研究表明，兄弟姐妹的存在与否和数量都不会影响其赡养行为。中国的计划生育政策减少了孩子的数量，改变了家庭结构，这可能会加重独生子女的养老负担；但父母也可能因此减少抚养子代的付出，从而为自己积累更多的养老资源，反而减轻了子女负担。[②] 同时，父母增加了对单个子女的投资，父母的投资有效地提高了子女赡养父母的几率[③]，这可视为子女质量对数量的替代效应。

居住安排是影响子代赡养行为的重要结构因素，居住安排包括代际同住和居住距离两方面。有研究发现，代际同住有助于提高赡养的可能性，随着代际居住距离的增加，子代的赡养可能性减小。[④] 但也有研究指出居住安排对于赡养行为具体内容的影响存在差异，居住安排并不影响子代给予父母的经济支持；但日常照料和精神慰藉会受影响，即与子女同住的父母、代际居住距离越近，子代越经常给予关心和照料。居住安排对子代赡养行为影响的方式有两种：一是居住距离远近通过其便利性影响子女给予父母的日常照料；二是居住距离远近影响代际间日常互动，继而影响代际间的情感，代际情感再影响子女的赡养行为。因此，居住安排对子代赡养行为既有直接的影响，也有间接的影响。

家庭生命周期影响成年子女的赡养行为，一般认为子代刚建立小家庭尤其是有了学龄前小孩后，其忙于小家庭的建设而无力为父母提供过多的支持，同时这一时期的父代往往自身对外部支持的需求并不强烈，因而子代赡养行为在这一时期并不强烈。但随着子代的孩子成

---

① 谢桂华：《老人的居住模式与子女的赡养行为》，《社会》2009 年第 5 期，第 149—167 页。

② 王树新：《社会变革与代际关系研究》，首都经济贸易大学出版社 2004 年版，第 207—211 页。

③ 陈皆明：《投资与赡养——关于城市居民代际交换的因果分析》，《中国社会科学》1998 年第 6 期，第 131—145 页。

④ 鄢盛明、陈皆明、杨善华：《居住安排对子女赡养行为的影响》，《中国社会科学》2001 年第 1 期，第 130—140 页。

长、离巢和父代的衰老，子代会逐渐提高赡养水平。左冬梅等[①]的研究表明，父母在代际交换中的经济福利表现出增龄效应和宏观的历史效应；陈皆明[②]的研究表明，在获得生活照料方面，70 岁以上的父母是 60 岁以下父母的 3.5 倍。

家庭生命周期、居住安排和家庭结构三者间存在密切的联系。有研究表明，在家庭生命周期过程中，不同种类的家庭结构出现不同的变化趋势，主干家庭的比例呈现“U 形曲线”变化，而核心家庭的比例呈现“倒 U 形曲线”变化。[③] 家庭生命周期的波动规制了父代的需要和子代的资源水平；居住安排（居住模式及父母子女间的居住距离）决定了子女给予父母代际支持的便利程度；而家庭结构则直接影响了未来养老资源供给者的数量和可能性，以及家庭成员间的分工情况。

（三）情感亲密度与父母的支持

成年子女与父母之间的关系是影响子代赡养行为的重要因素，这种关系的外在表现形式就是子代与父代间在经济、照料、慰藉方面的相互支持，内在表现为代际间的情感紧密度。有研究表明，子代赡养父母的基础是一种基于血缘关系的承担和情感纽带[④]，代际交换关系是彼此心理感知的关系。[⑤] 情感紧密度主要是家庭生活积累的结果，

---

① 左冬梅、李树茁、吴正：《农村老年人家庭代际经济交换的年龄发展轨迹——成年子女角度的研究》，《当代经济科学》2012 年第 34 卷第 4 期，第 26—34 页。

② 陈皆明：《投资与赡养——关于城市居民代际交换的因果分析》，《中国社会科学》1998 年第 6 期，第 131—145 页。

③ 沈崇麟：《人口要素对中国城市家庭结构的影响》，《社会学研究》1990 年第 4 期，第 30—34 页；刘宝驹：《现代中国城市家庭结构变化研究》，《社会学研究》2000 年第 6 期，第 31—37 页。

④ Litwak, E. &Meyer, H. (1966) . *A balance theory of coordination between bureacratic organizations and community primary groups. A dministrative Science Quarterly*, 11 (June): 31 –58；转引自熊跃根：《中国城市家庭的代际关系与老人照顾》，《中国人口科学》1998 年第 69 卷第 6 期，第 15—21 页。

⑤ 王跃生：《中国家庭代际关系的理论分析》，《人口研究》2008 年第 4 期，第 13—21 页。

这种家庭生活经验既包括感情亲密度的培养，还包括联系沟通、互帮互助等。王跃生[①]的研究表明，父母仅仅将子女抚养大，没有在此基础上发生互助、互惠性质的交换关系，代际关系将会被削弱。陈皆明[②]的研究发现，父母在近期给予子女的种种帮助，包括照看小孩、做家务、经济上的援助等会增加子女的反馈行为。子代赡养行为与情感亲密度的关系呈现性别差异，研究表明，情感因素是成年女儿赡养父母的主要动力，女儿养老呈现出一种累积性责任，而儿子则是一种协商性责任。[③] 钟情于代际互惠理论的学者将父母早期对子女投入的时间、精力和情感作为一项旨在换取未来子代回报的“投资”，而这种投资正是通过增强亲子间情感紧密度得以保证的。[④]

（四）家庭价值观与社区情理

对于子女能够履行赡养义务，中国传统的孝道文化和固有的家庭价值观一直是学者归因的重要因素。[⑤] 杨菊华和李路路通过定量方法比较分析了中国内地、日本、韩国和中国台湾地区家庭凝聚力情况后，认为家庭凝聚力具有强大的抗逆性和适应性，深厚的文化积淀超越了现代化的作用。[⑥] 黄娟通过人类学的田野调查方法，对河南中南部古寨村的研究表明，社区孝道依然在农村不断得以再生产。她认

① 王跃生：《中国家庭代际关系的理论分析》，《人口研究》2008 年第 4 期，第 13—21 页。

② 陈皆明：《投资与赡养——关于城市居民代际交换的因果分析》，《中国社会科学》1998 年第 6 期，第 131—145 页。

③ 唐灿、马春华、石金群：《女儿赡养的伦理与公平——浙东农村家庭代际关系的性别考察》，《社会学研究》2009 年第 6 期，第 18—36 页。

④ 陈皆明：《投资与赡养——关于城市居民代际交换的因果分析》，《中国社会科学》1998 年第 6 期，第 131—145 页。

⑤ 杨菊华、李路路：《代际互动与家庭凝聚力——东亚国家和地区比较研究》，《社会学研究》2009 年第 3 期，第 26—53 页；谢桂华：《老人的居住模式与子女的赡养行为》，《社会》2009 年第 5 期，第 149—167 页；黄娟：《社区孝道的再生产：话语与实践》，社会科学文献出版社 2011 年版，第 221—248 页。

⑥ 杨菊华、李路路：《代际互动与家庭凝聚力——东亚国家和地区比较研究》，《社会学研究》2009 年第 3 期，第 26—53 页。

为，一方面，两代人间的代际失衡通过对第三代抚育得到了补偿，传统孝道的神圣之物——父母恩并未消失；另一方面，社区中的“人情”逻辑依然占据重要地位，传统孝道处于不断地再生产之中。[①] 相反，怀默霆认为中国赡养体系的力度不能简单归因于孝顺和强烈的家庭义务，更多是国家在20世纪50年代确立起的社会主义制度和惯例[②]；刘汶蓉的研究显示孝文化对代际实践的解释力有限。[③]

在探讨子代赡养行为时，“责任伦理”[④] 和“社区情理”[⑤] 是两个

① 黄娟：《社区孝道的再生产：话语与实践》，社会科学文献出版社2011年版，第221—248页。

② 怀默霆：《中国家庭中的赡养义务：现代化的悖论》，《中国学术》2001年第4期，第255—277页。

③ 刘汶蓉：《孝道衰落？成年子女支持父母的观念、行为及其影响因素》，《青年研究》2012年第2期，第22—32页。

④ “责任伦理”是德国社会学家马克斯·韦伯于1894年在一次演讲时提出的概念。韦伯认为，存在两种不同的政治理念：信仰伦理（以某种终极的信仰和信念作为自己政治行动的指南）和责任伦理（对于某种政治行动的投入是出于某种清醒自觉的内在责任感）。韦伯从政治行动的效果价值和信念价值的角度来讨论责任伦理，赋予了责任伦理更广泛的内涵，比如清明（clarity）、眼光、激情、与人和事之间的内在的超脱，还有责任感。这里包括了认知方面（清明、眼光）和情感方面（激情和责任感）的素质。杨善华和贺常梅（2004）引用韦伯的“责任伦理”概念来解释中国城市的家庭养老，并赋予“责任伦理”以新的意义，它包括三个特征：第一，它与传统文化相联系，含有观念沉积的意味；第二，它亦有道德的成分；第三，它具有普适性，即这种“责任伦理”是为社会的大多数成员接受并奉行的。

⑤ 杨善华和沈崇麟（2000）曾对“社区情理”作过如下解释：“在一个相对封闭及文化相对落后的社区中，存在着由地区亚文化决定的某些为在该社区中生活的多数人所认可的行为规范及与此相适应的观念，这些规范和观念可能有悖于一定社会的制度和规范，或者与一定社会的制度和规范存在着某种不适应。但因为社区的封闭性且居民文化层次较低，所以这样的社区行为规范和观念仍得以存在并发生作用。而在社区中生活的人在选择自己行为时，则首先考虑自己的行为能否为社区中的他人所接受并把它看作是自己行为选择的主要标准。换言之，只要他们的行为能够得到在同一社区中生活的多数人的赞成，他们就认为可行。”

重要概念。"责任伦理"是杨善华和贺常梅[1]引用韦伯的概念用以解释中国城市居民的家庭养老，其强调老年人对子女的无限责任和义务；同时在自己需要帮助时则通过降低生活标准，尽量自立和自己解决以减轻子代的养老负担。对于"社区情理"来说，研究者发现，子女和父母的养老观念、养老标准及对养老方式的选择直接受制于社区养老情理，而任何村民都不能违背这一情理，如果违背了将会受到来自整个村庄成员的"群体性惩罚"[2]。

三 述评

通过以上文献梳理可以看出，国内外学者对子代赡养行为的研究不管是从理论还是经验，都已经取得了很多实质性成果，为后续的进一步研究打下了坚实基础。

首先，对于子代赡养行为的现状研究较多与代际关系、代际支持或者代际交换相融合，且相关研究也存在代际倾斜还是代际团结两方面的争议。[3] 持代际倾斜论的一方多使用质性研究方法，多收集不同于寻常的典型个案加以深度剖析，同时擅长于时间维度的趋势分析，因而导致其将较多注意力集中于代际关系中发生明显变化的一维。而持代际团结论的一方多采用定量方法，通过大样本抽样调查使得研究结论更具有推论意义，更能描述社会现状，但也存在不够深入的缺点。同时，既有研究结论基本来自于横截面数据，缺乏跟踪调查数据，导致代际团结论一方看到了传统代际关系延续（静态）的一维，而忽视了变迁的一维，而且既有定量研究也缺乏跨区域的比较研究。基于上述既有定量研究的不足，我们在第二节中试图使用2006年中国综合社会调查（CGSS2006）和本课题组"5省问卷调查数据"对

---

① 杨善华、贺常梅：《责任伦理与城市居民的家庭养老——以"北京市老年人需求调查"为例》，《北京大学学报》（哲学社会科学版）2004年第1期，第71—84页。

② 狄金华、钟涨宝：《社区情理与农村养老秩序的产生——基于鄂东黄村的调查》，《中国农业大学学报》（社会科学版）2013年第1期，第1—7页。

③ 更详细的论述见第二节。

中国农村居民代间支持情况进行纵向的变迁研究；同时与“台湾社会变迁调查”数据（含2006年和2011年两期数据）进行跨区域的比较研究。在此基础上，该节还试图考察代际间支持行为在个体不同生命周期的变化情况以及性别差异、婚姻状况差异等，以形成对中国农村居民代际关系的全方位认识。

其次，就子代赡养行为的理论而言，西方代际支持理论多从“经济人”、“理性人”出发，其对子代赡养行为的解释更加细致和规则化，也就更易于验证；而中国学者对社会、对文化给予了更多关注，其理论显得较为宏观和人性化，验证的难度也更高。[①] 但本质上中国学者对传统孝文化的强调与西方代际支持模型并无根本矛盾，子代与父母间合作群体的实现依赖于个人与社会对子代赡养责任的认同。本章的第三节便试图从代际互惠和孝文化规范的视角，利用实证的方法检视二者对于子女赡养行为的解释力。

有了第二节和第三节较为宏观的把握后，我们在本章的第四节到第六节则分别考察居住安排和家庭结构，情感亲密度和父母支持，孝道观念、家庭价值观和社区情理等因素对子女赡养行为的影响，以期进一步理解赡养行为背后的机制和逻辑。就子女赡养行为的这些影响因素而言，我们与既有研究对话，试图在原有研究的基础上有所拓展，并突出农村地区子女赡养行为自身的特色，以下是我们主要试图回答的问题和可能的拓展。

第一，就居住安排和家庭结构对子女赡养行为的影响而言，我们试图回答以下三个问题：(1) 父母居住安排对子女赡养行为的影响在农村地区是否有其特殊性，与既有研究有什么相同和不同的地方？(2) 是否如常识所料，兄弟姐妹数量越少，则自身承担的责任越多？(3) 中国农村地区子女赡养行为的性别差异是怎样的？同时，居住距离对子女赡养行为的影响是否存在性别差异？

第二，就情感亲密度和代际支持对子女赡养行为的影响而言，我

---

① 王萍、李树茁：《农村家庭养老的变迁和老年人的健康》，社会科学文献出版社2011年版，第23—68页。

们认为，现有研究多是将情感作为其他变量作用的解释机制[①]，而少有将情感操作化，直接研究亲子间的情感对子女赡养行为的影响。另外，在控制了代际情感关系变量后，代际交换变量对子女赡养行为的影响是怎样的并不是十分清楚。同时，基于儿子和女儿在赡养逻辑上的差异，关于亲子情感亲密度和父母支持对不同性别子女赡养行为的影响是否存在差异以及什么样的差异，也是有待验证的问题。上述问题都构成了我们研究的出发点。

第三，就孝道观念、家庭价值观和社区情理对子女赡养行为的影响而言，利用全国性数据，探讨双元孝道对子女赡养行为的研究仍未出现。同时，在模型中加入与孝道观念联系紧密的家庭价值观，并考虑这些不同观念对子女赡养行为影响的城乡差异都是既有研究没有很好回答的问题。

第二节　代间支持的比较研究[②]

按照反馈模式的逻辑，成年子女赡养年老父母，提供经济、生活和精神等各方面支持以回报父母的养育之恩，这种对养育之恩的回报在传统时代被认为是无条件的。而学者对近现代代间关系的研究却表明子女对父母的赡养具有条件性，子女会看重父母给予的交换内容或者拥有的交换资源，传统中子女对父母养育之恩的无条件回报已日益

---

① 熊跃根：《中国城市家庭的代际关系与老人照顾》，《中国人口科学》1998年第69卷第6期，第15—21页；谢桂华：《老人的居住模式与子女的赡养行为》，《社会》2009年第5期，第149—167页；杨菊华、李路路：《代际互动与家庭凝聚力——东亚国家和地区比较研究》，《社会学研究》2009年第3期，第26—53页。

② 本节内容使用数据部分来自中国国家社会科学基金资助之中国综合社会调查（CGSS）项目，该调查由中国人民大学社会学系与香港科技大学社会科学部执行，项目主持人为李路路教授、边燕杰教授。部分资料采自“台湾社会变迁调查”第五期第二次和第六期第二次计划，该计划由台湾“中央研究院”社会学研究所执行（第三期第一次及以前之执行单位为台湾“中央研究院”民族学研究所）。作者感谢上述机构及其人员提供数据协助，但文责自负。

失去其文化基础[①]，阎云翔通过调查黑龙江下岬村，对之作出了解释。他认为，20 世纪 50 至 70 年代社会主义运动的冲击导致了父母身份和孝道的世俗化过程；而随后的市场经济改革促使年轻人发展出“以自我为中心的消费主义”价值取向，这一取向强调个人享受和欲望满足，而这进一步导致了传统孝道的衰落。于是，出现了子女对老人索取无度，甚至虐待老人的现象。诸多的经验研究也发现和指出了这种代际失衡现象的存在，如 2006 年，“流动背景下的农村家庭代际关系与养老问题”课题组[②]调查浙江、湖南、河北等 10 多个村庄后发现，以亲情和道德约束为主的传统农村家庭养老制度模式正在转变为以外部机制约束为主的模式，老年人的社会地位全面边缘化，赡养的社会认同水平和界定标准大为下降。陈柏峰在湖北京山的调查发现，代际交换的失衡导致了老人绝望自杀率的居高不下[③]；而他在皖北李圩村的调查发现子代对父辈的剥夺越来越严重和赤裸裸，孝道日益衰落。[④]与老年人在家中地位的衰落相比，孩子在家中的重要性日益提升，代际间日益表现为亲代为子代作出巨大牺牲，而子代对亲代的反馈越来越少，甚至出现了部分不敬、不养或者有养无敬、有养无爱的现象。[⑤]有学者将家庭内部这种“养老不足，爱子有余”的代际倾斜现象形象

① 郭于华：《代际关系中的公平逻辑及其变迁：对河北农村养老事件的分析》，《中国学术》2001 年第 4 期，第 221—254 页；阎云翔：《私人生活的变革：一个中国村庄里的爱情、家庭与亲密关系：1949—1999》，龚小夏译，上海书店出版社 2009 年版，第 181—208 页。

② “流动背景下的农村家庭代际关系与养老问题”课题组：《农村养老中的家庭代际关系和妇女角色的变化》2007 年 2 月 15 日。

③ 陈柏峰：《代际关系变动与老年人自杀——对湖北京山农村的实证研究》，《社会学研究》2009 年第 4 期，第 157—176 页。

④ 陈柏峰：《农民价值观的变迁对家庭关系的影响——皖北李圩村调查》，《中国农业大学学报》（社会科学版）2007 年第 3 期，第 106—113 页。

⑤ 王树新：《社会变革与代际关系研究》，首都经济贸易大学出版社 2004 年版，第 207—211 页。

地比喻为“恩往下流”和“眼泪往下流”①。

与上述代际关系变迁、代际失衡的研究结论不同，也有大量研究者指出代际关系延续的一面。即成年子女与父母之间不仅保持了密切的代际互动，且代际支持资源大多仍然是从子女流向父母。② 作为同是儒家文化圈的台湾地区，研究表明该地区家庭代间支持也主要发生于成年子女给予父母经济和劳务支持，而非相反过程。③ 较早期的大规模抽样调查也得出了相似的研究结论，比如郭志刚和陈功基于1992年全国大型抽样调查数据，通过分析老年人家庭的代际经济流动，发现中国传统的反哺模式并未发生根本性的改变。④ 熊跃根⑤对长春的抽样调查表明，代际间的互惠关系仍然存在于多数老人与子女之间，受访者中的大多数对代际关系质量的评价也是正面的。怀默霆⑥对河北保定的调查数据分析表明，虽然子女提供的经济和生活照料方面的支持比例不高，但很少有父母称自己需要这些帮助而未得的情况；同

① 贺雪峰：《农村代际关系论：兼论代际关系的价值基础》，《社会科学研究》2009年第5期，第84—92页；刘桂莉：《眼泪为什么往下流？——转型期家庭代际关系倾斜问题探析》，《南昌大学学报》（人文社会科学版）2005年第6期，第1—8页。

② 谢桂华：《老人的居住模式与子女的赡养行为》，《社会》2009年第5期，第149—167页；杨菊华、李路路：《代际互动与家庭凝聚力——东亚国家和地区比较研究》，《社会学研究》2009年第3期，第26—53页；刘汶蓉：《孝道衰落？成年子女支持父母的观念、行为及其影响因素》，《青年研究》2012年第2期，第22—32页。

③ Yi. Chin-Ghun, En-Ling Pan, Ying-Hwa Ghang & Chao-Wen Chan 2006. *Grandparents, Adolescents, and Parents; Intergenerational Relations of Taiwanese Youth. Journal of Family Issues* 27 (8).

④ 陈功、郭志刚：《老年人家庭代际经济流动类型的分析》，《南京人口管理干部学院学报》1998年第1期，第29—34页；郭志刚：《老年人家庭的代际经济流动分析》，《中国老年学杂志》1996年第5期，第312—315页。

⑤ 熊跃根：《中国城市家庭的代际关系与老人照顾》，《中国人口科学》1998年第69卷第6期，第15—21页。

⑥ 怀默霆：《中国家庭中的赡养义务：现代化的悖论》，《中国学术》2001年第4期，第255—277页。

时，超过95%的父母对从子女那里获得的情感支持感到满意或非常满意，“没有任何迹象表明赡养义务及老人的待遇受到什么严重的侵蚀”。

通过上述文献梳理，可以发现，当前关于代间关系的研究结论呈现二分趋势。较多质性研究倾向于认为代际倾斜、孝道衰落现象的存在，强调了传统代际关系嬗变的一维；而多数定量研究表明代际互动、代际团结依然紧密，肯定了传统代际关系延续的一维。显然，二者都提供了翔实的经验证据并进行了充分论证，但为什么会得出截然相反的结论呢？有意思的是双方都将文化价值观作为解释自己研究结论的论据。持代际倾斜论的一方认为正是传统道德价值观在遭遇现代经济理性和个体主义价值观的冲击后而日渐式微才导致了代际支持的失衡；而持代际团结论的一方则指出中国传统家庭主义文化具有极大的抗逆力性和适应性，继而超越了现代化的作用，从而使得紧密的代际关系得以持续。对此，笔者认为，代际倾斜论和代际团结论双方的研究都有重要意义，但都因研究方法和经验材料的局限导致各自只把握和强调了代际关系中的一维。持代际倾斜论的一方多使用质性研究方法，多收集不同于寻常的典型个案加以深度剖析，同时擅长于时间维度的趋势分析，因而导致其将较多注意力集中于代际关系中发生明显变化的一维。而持代际团结论的一方多采用定量方法，通过大样本抽样调查使得研究结论更具有推论意义，更能描述社会现状，但也存在不够深入的缺点。同时，既有研究结论基本来自于横截面数据，缺乏跟踪调查数据，导致代际团结论一方看到了传统代际关系延续（静态）的一维，而忽视了变迁的一维，而且既有定量研究也缺乏跨区域的比较研究。

基于上述既有定量研究的不足，本节试图使用2006年中国综合社会调查（CGSS2006）和本课题组“5省问卷调查数据”对中国农村居民代间支持情况进行纵向的变迁研究；同时与“台湾社会变迁调查”数据（含2006年和2011年两期数据）进行跨区域的横向比较研究。在此基础上，本节还试图考察代间支持行为在个体不同生命周期的变化情况以及性别差异、婚姻状况差异等，以形成对中国农村居民代间关系的全方位认识。

一 数据来源

以下分析主要使用如下四组数据，分别是2006年中国综合社会调查（CGSS2006）数据、本课题组“5省问卷调查数据”以及2006年和2011年“台湾社会变迁调查”两期数据（后文为方便起见，将这四组数据分别简称为“CGSS2006数据”、课题组“5省问卷调查数据”、“台湾2006数据”和“台湾2011数据”），其中以本课题组“5省问卷调查数据”为研究核心，其他三组数据主要作为这一数据的参照对象。关于“CGSS2006”数据和课题组“5省问卷调查数据”的相关情况详见前述章节。就样本性质而言，我们认为，课题组“5省问卷调查数据”对全国农村情况具有一定代表性，因而存在与CGSS2006数据进行比较研究的合理性和可行性。就2006年和2011年“台湾社会变迁调查”两期数据而言，其采用三阶段PPS抽样法，对台湾地区18岁以上居民进行调查，共分别完成有效问卷2102份和2135份。台湾地区与内地同属于儒家文化圈，有着相似的文化背景，就代间支持而言也存在着诸多相似之处。但也由于不同的地理环境以及近现代经历的不同政治、经济转型而导致代间支持差异的存在，从与台湾地区的比较中发现二者的异同并梳理出其中的原因对维护代际团结、促进社会良性运行具有重要现实意义。

三代人代间支持中受访者与上一代父母的代间支持采用父母至少有一方仍然在世的样本进行分析，结果“CGSS2006数据”、“5省问卷调查数据”、“台湾2006数据”和“台湾2011数据”分别有630位、813位、1462位和1383位受访者回答了与上一代父母间的代间支持行为问题；另有507位、715位、902位和1032位受访者有年满18周岁的成年子女，他们回答了与下一代成年子女间的代间支持。其中，为与课题组“5省问卷调查数据”匹配，CGSS2006数据是在家庭卷农村样本的基础上进行的选择。

二 结果与分析

一般来说，代间支持包含经济支持、日常照料和精神慰藉三个方面内容，四组数据采用了完全相同的问题对有上一代父母（G1）在世以及有下一代成年子女（G3）者的受访样本（G2）进行了双向调查。询问他们“过去一年，您是否经常为自己父母提供以下帮助”以及“过去一年，您自己父母是否经常为您提供以下帮助”，针对“给钱”、“帮助料理家务或照顾小孩/家人”和“听他（们）的心事或想法”三个方面的内容进行调查，每方面内容都设有“很经常、经常、有时、很少和完全没有”五个选项。同时，针对有年满18周岁成年子女的受访样本则使用相同问题询问他们与下一代子女间的代间支持行为情况。需要说明的有两点，一是本课题组数据在设计阶段定位的是中国农村样本，因考虑到农村中存在代际间相互协助做农活的情况，故在代间支持三方面内容的基础上增加了代际间是否经常“帮助做农活”的问题。因此，在单独分析课题组2012数据时，会考察代间经济、家务、农活和情感四方面的支持行为，而在与其他数据进行比较研究时，考虑到数据匹配问题，只考虑经济、劳务（与“家务”一致）和情感三方面内容。二是受访者与上一代父母和下一代子女的相互支持行为指涉的G2并非同一样本。在G1与G2相互支持的样本中，只包含受访者父母至少一方仍然在世的样本，这一G2样本从年龄分布来看属于青壮年世代（四组数据相应的样本年龄均值分别为38.7岁、41.4岁、37.0岁和38.3岁）。而在G2与G3相互支持的样本中，则只包含有年满18周岁成年子女的受访者样本，这一G2样本从年龄分别来看则属于中老年世代（四组数据相应的样本年龄均值分别为53.0岁、55.9岁、60.0岁和62.6岁）。

（一）代间支持：上一代父母、受访样本与下一代子女

表6—1给出了中国农村地区三代间在经济、家务、农活和情感四个方面的代间支持分布和差异比较情况。整体来看，代际之间保持着紧密的互动，存在实质性的相互支持。具体而言，代际间的情感支持最为频繁，其次是家务支持和农活支持，经济支持相对较低。如受访者报告给予上一代父母情感支持“有时”、“经常”和“很经常”频度的样本比例高达73.0%；而报告上一代父母给予自己经济支持“有时”、“经常”和“很经常”频度的样本比例则只有16.1%。如果比较受访者与上一代父母间的相互支持行为可以发现，子代给予亲代的各项支持频度都高于亲代给予子代的支持，即就支持频度而言，资

源从子代净流向父母（G2→G1）。其中，两代间的经济支持差异最大，汇报“有时”及以上支持父母频度的受访者的比例比接受父母相应支持频度的比例高出41.1%；而两代间的情感支持差异最小，为7.5%。

表6—1　中国农村地区三代间代间支持的描述统计和差异比较　单位:%

选项	经济支持		家务支持		农活支持		情感支持	
	G2 ⇒G1	G1 ⇒G2	G2 ⇒G1	G1 ⇒G2	G2 ⇒G1	G1 ⇒G2	G2 ⇒G1	G1 ⇒G2
很经常	4.3	1.4	7.9	7.3	6.9	5.4	6.2	5.3
经常	20.3	3.9	27.8	22.6	23.0	16.1	39.2	30.0
有时	32.6	10.8	24.6	18.3	17.8	13.0	27.6	30.1
很少	18.4	8.4	20.2	13.4	17.6	13.4	18.9	17.6
完全没有	24.4	75.5	19.6	38.4	34.7	52.0	8.1	17.0
样本量	813	813	813	813	813	813	813	813
相关性检验	-0.001		0.326***		0.444***		0.632***	
T检验	21.73***（G2→G1）		6.95***（G2→G1）		8.14***（G2→G1）		8.12***（G2→G1）	
选项	G2 ⇒G3	G3 ⇒G2	G2 ⇒G3	G3 ⇒G2	G2 ⇒G3	G3 ⇒G2	G2 ⇒G3	G3 ⇒G2
很经常	2.0	2.7	14.6	3.2	13.0	3.8	6.7	5.9
经常	6.8	14.0	26.3	18.6	20.8	16.2	36.4	35.9
有时	9.5	30.1	13.4	23.2	12.4	21.5	23.9	27.4
很少	9.4	14.8	13.8	22.9	12.7	21.4	18.5	20.3
完全没有	72.3	38.5	31.9	32.0	41.0	37.1	14.6	10.5
样本量	715	715	715	715	715	715	715	715
相关性检验	-0.061		0.348***		0.420***		0.728***	
T检验	-11.64***（G2←G3）		6.84***（G2→G3）		4.29***（G2→G3）		-1.33***（G2←G3）	

说明：（1）数据来源：本课题组“5省问卷调查数据”；（2）相关性检验和T检验皆是通过对代间支持行为频度“完全没有、很少、有时、经常和很经常”依次赋值1—5求得，*** $p < 0.001$；（3）“⇒”表示代间资源流向，“→”表示代间净资源流向。

比较受访者与下一代成年子女间的相互支持行为可以发现，在经济和情感支持方面，下一代成年子女给予受访者的支持高于受访者给予子代的支持，这一差异分别是28.4%和2.2%；而在家务和农活方面，受访者则更多支持上一代子女，这一差异分别是9.3%和4.8%。但考虑到这一数据来自于G2世代的主观报告，其更可能将自己置于“付出者”的地位而高估自己给予子代的各项支持，因此受访者给予子代实际的家务与农活这两项支持的实际代间差异可能小于现有统计数据，而从下一代成年子女处获得的实际经济和情感支持则可能高于现有统计数据。

因此，整体而言，中国农村地区不论是上一代父母与受访者之间，还是受访者与其下一代成年子女之间，相互之间的支持主要还是以成年子女支持父母为主，这仍然符合传统代间关系的规范期待。但具体到不同相互支持内容的频繁程度则也可看出代间关系发生的变化：代间相互的情感支持已经成为最显著的对等的双向交换内容，即代间支持差异最小且相关性最强（G2→G1和G3→G2的净差异分别是7.5%和2.2%；相关系数分别是0.632和0.728且皆在0.1%的统计水平上显著）；代间家务支持和农活支持的对等趋势也很明显，而代间经济支持差异仍然较大（配对样本T检验的t值最大，分别是21.73、11.64，ps<0.001；且相关系数最小，分别是0.001、0.061，ps>0.05），在相当程度上保持了子女回馈父母的传统社会规范（表6—3给出了详细的代间支持的具体差异值）。

（二）基于个体生命周期的代间支持比较

代间支持往往贯穿于中老年父母与其青壮年子女共同生命历程的始终。处于不同生命周期的中老年父母和青壮年子女在提供代际支持的能力及其需求也相应不同，如高龄父母相对低龄父母一般更需要子女的支持，而提供的代际支持相对较少。本部分将以受访者（G2）为基点，考察处于不同生命阶段（年龄）的受访者与上一代父母（G1）和下一代子女（G3）间的代际支持情况，并比较其间差异。图 6—1[①] 分别给出了处于不同年龄阶段的受访者与父母、子女间各项代际支持频度的变化趋势。

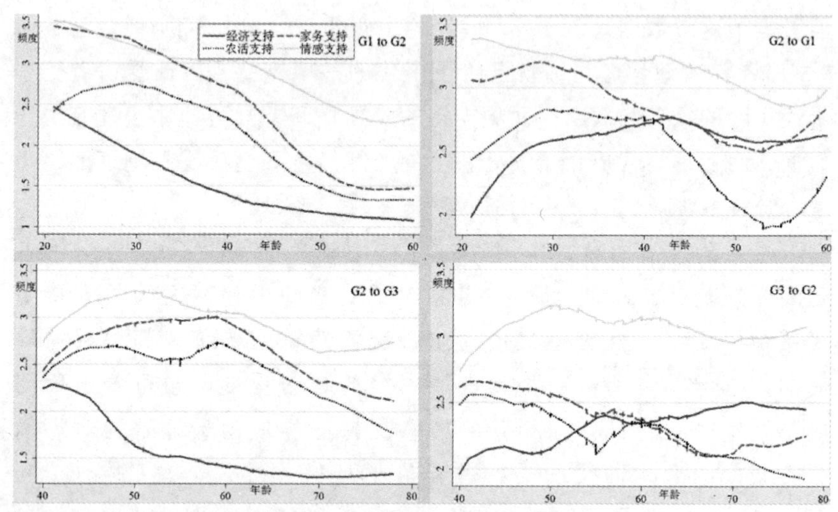

图 6—1　不同年龄段代间支持频度变化图

说明：(1) 数据来源：本课题组“5 省问卷调查数据”；(2) 纵坐标皆是通过对代间支持行为频度“完全没有、很少、有时、经常和很经常”依次赋值 1—5 求得，数值越大表明支持频度越高；(3) 左上“G1 to G2”图表示上一代父母给予受访者各项支持频度随年龄的变化；右上“G2 to G1”图表示受访者给予上一代父母各项支持频度随年龄的变化；左下“G2 to G3”图表示受访者给予下一代子女各项支持频度随年龄的变化；右下“G3 to G2”图表示下一代子女给予各受访者项支持频度随年龄的变化。(4) 因较小和较大年龄组的样本量都相对非常少，造成这些年龄段的代间支持值不稳定，数值结果跳跃严重，故将研究 G1 和 G2 世代代间支持行为的样本年龄（G2）限制在 21—60 岁之间，样本量为 778；将研究 G2 和 G3 世代代间支持行为的样本年龄（G2）限制在 40—79 岁之间，样本量为 682。

---

① 图中曲线都是用 stata 中 lowess 命令进行局部加权平滑处理（locally weighted scatterplot smoothing）得到。带宽（bandwidth）设定为 0.4，以保证在得到平滑曲线的同时，该曲线能最大程度地反映受访者为自己父母提供各方面帮助频度的平滑值。

整体来看，除子代给予亲代的经济支持外，其他各项代间支持都随着受访样本年龄的增加而呈现递减趋势。具体而言，代际间的经济支持在不同年龄样本中的变化最明显，其次是农活支持和家务支持，情感支持在不同年龄样本中的变化最不明显，但一直保持着最高的支持频度。就经济支持而言，子代给予亲代的支持频度（无论是 G2 ⇒ G1，还是 G3 ⇒G2），随着样本年龄的增加一直呈现增高趋势；而亲代给予子代的支持频度（包括 G1 ⇒G2 和 G2 ⇒G3）则存在相反趋势。经济支持不同于其他各项支持的变化趋势可能缘于如下原因，在中国农村地区社会养老保障仍然十分匮乏的现实背景下，老年人的成年子女不得不承担起这一刚性责任。但是需要注意的是，老年人的其他各项支持尤其是家务支持需求并未得到充分的满足。其中，情感支持伴随样本年龄增加虽然下降最小但仍然存在下降趋势。而农活支持中，因高龄老人逐渐将自己的土地转给子女耕种，因而农活支持的下降可以理解为是一种自然的过程。但是在老年人随着年龄增加日益需要照料的情况下，来自子女的家务支持却越来越少，可见在农村地区，老年人的日常照料是存在问题的。在现实的实践中，农村老年人则主要通过自我照料和降低生活标准来平衡这种缺失。

另外，如果更细致地考察受访者与上一代父母间的代间支持频度图，可以发现，存在30周岁和55周岁左右两个节点，在30周岁之前和55周岁之后，除经济支持外，受访者与上一代父母间的支持行为随年龄增加呈短期的增长趋势。受访者与下一代子女间的支持也呈现这一特点，不过节点是50周岁和75周岁左右。在G2作为子代的30周岁和作为亲代的50周岁之前，亲代协助子代组建自己的小家庭而给予子代较多的支持，子代投桃报李也给予父母较多的支持，但随着子代小家庭的建立、下一代子女的出世，代间支持便开始出现下降趋势，可以说这一阶段是子女需求导向的。以上可以部分解释G2作为子代的30周岁和作为亲代的50周岁这两个节点前后代间支持频度先升后降的变化趋势，而对于G2作为子代的55周岁和作为亲代的75周岁两个节点前后代间支持频度（尤其是子代给予亲代）先降后升的变化，可以作出如下解释。这两个节点的父母都基本已经是75周岁以上的高龄老人，高龄老人已经基本丧失了完全自理生活的能力，在养老方面有了更多刚性需求。其养老资源来源变得极其单一，子女几乎成了各种养老资源的唯一来源，而从图 6—1 中我们也确实看到了这一时期的子女在逐渐增加给予父母的各项支持，即使此阶段的子女也在步入老年，提供各项支持的能力在日益下降，因此可以说，这一阶段是父母需求导向的。综上，我们发现，父母子女共同生命历程的早期阶段（子女组建小家庭）是子女需求导向的，而晚期阶段（高龄父母）则是父母需求导向的。

（三）代间支持的纵向跨时期比较和横向跨地区比较

比较 CGSS2006 数据和本课题组“5 省问卷调查数据”，可以考察这段时间内中国农村地区居民代间支持情况的变化状况，表 6—2 给出了这方面的数据。综合来看，与 2006 年相比，2012 年中国农村居民三代之间的情感互动频率上升，经济互动频率下降，而劳务互动频率有升有降。其中，情感支持的上升趋势最明显（四组代间支持的 ANOVA 检验皆通过了 5% 统计水平的检验），其次是经济支持的下降趋势；而劳务支持的升降变化相对不显著。对代间劳务支持进一步比较可以发现，相比于 2006 年，2012 年农村居民的代间劳务支持中亲代支持子代的频率在增加，而子代支持亲代的频率在下降（G1 ⇒ G2 和 G2 ⇒G3 分别上升 6. 3 个和 2. 0 个百分点；相反方向的劳务支持则分别下降 1. 7 个和 4. 9 个百分点）。对上述中国农村居民三代之间代间支持的变化趋势，我们可以作出如下可能解释，从 2006 年到 2012 年，中国经济保持稳定增长，广大农村地区也受益于这一增长福利，个人收入明显增加，农村居民个人的经济独立性日益增强，相应地经济依赖性也随之减弱，表现在代际关系中就是代间经济支持的下降。但伴随着经济增长的是社会转型，在农村地区，年轻夫妇外出务工将年幼子女留在家乡，这样，老年父母不但得不到来自子女的日常照料，还要担负起照料孙子女和家务农活的责任，于是出现了前述劳务支持中上一代给予下一代支持频度的增加趋势。子代对于亲代增长的劳务支持的回应是增加情感支持，而缘于情感支持本身特有的双向性，亲代给予子代的情感支持也有所上升。

表 6—2　　海峡两岸家庭三代之间的代间支持

数据	G2 ⇒G1							G1 ⇒G2						
	CGSS 2006	课题组 2012	台湾 2006	台湾 2011	ANOVA（课题组 2012/CGSS 2006）	ANOVA（CGSS 2006/台湾 2006）	ANOVA（课题组 2012/台湾 2011）	CGSS 2006	课题组 2012	台湾 2006	台湾 2011	ANOVA（课题组 2012/CGSS 2006）	ANOVA（CGSS 2006/台湾 2006）	ANOVA（课题组 2012/台湾 2011）
样本量	630	813	1462	1383	$F_{(1,1441)}$	$F_{(1,2089)}$	$F_{(1,2193)}$	630	813	1462	1383	$F_{(1,1441)}$	$F_{(1,2193)}$	$F_{(1,2193)}$
经济（%）	60.8	57.2	60.5	51.7	3.61^{+}	3.47^{+}	0.14	21.6	16.1	29.0	24.0	21.50***	17.68***	39.87***
劳务（%）	62.0	60.3	64.2	59.7	0.01	0.73	1.88	41.9	48.2	51.8	48.7	5.64*	29.36***	1.58
情感（%）	63.6	72.9	78.1	74.2	46.19***	86.61***	0.83	47.9	65.4	63.1	60.9	62.11***	65.94***	5.43*
	G2 ⇒G3							G3 ⇒G2						
数据	CGSS 2006	课题组 2012	台湾 2006	台湾 2011	ANOVA（课题组 2012/CGSS 2006）	ANOVA（CGSS 2006/台湾 2006）	ANOVA（课题组 2012/台湾 2011）	CGSS 2006	课题组 2012	台湾 2006	台湾 2011	ANOVA（课题组 2012/CGSS 2006）	ANOVA（CGSS 2006/台湾 2006）	ANOVA（课题组 2012/台湾 2011）
样本量	507	715	902	1032	$F_{(1,1220)}$	$F_{(1,1406)}$	$F_{(1,1744)}$	507	715	902	1032	$F_{(1,1220)}$	$F_{(1,1406)}$	$F_{(1,1744)}$
经济（%）	40.2	18.3	34.9	23.2	114.11***	2.05	13.32***	52.3	46.7	45.9	44.0	12.04***	2.66	1.50
劳务（%）	51.3	54.3	58.1	49.8	1.88	10.41**	2.29	49.9	45.0	60.0	60.4	7.34**	11.70***	43.86***
情感（%）	61.0	67.0	64.0	63.4	17.33*	8.42**	2.72^{+}	56.4	69.2	63.3	67.6	39.22***	7.95**	3.26^{+}

说明：（1）因其他样本只包含了代间经济、劳务和情感三方面的支持，为适于比较，故在表中舍弃了课题组 2012 数据中关于农活支持的相关数据；（2）表格中百分比数据为受访者选择“有时”、“经常”和“很经常”选项的累积百分比；（3）ANOVA 检验是通过对代间支持行为频度“完全没有、很少、有时、经常和很经常”依次赋值 1—5 求其均值所得；（4）$^{+}p<0.1$，$^{*}p<0.05$，$^{**}p<0.01$，$^{***}p<0.001$。

如果比较代间支持差异在2006年和2012年的变化（见表6—3），可以发现，相比于2006年，2012年代际间经济支持差异进一步增加，而劳务支持和情感支持差异都有不同程度的减小，从而更具有双向性。具体而言，与2006年相比，虽然2012年代间经济互动频率有所下降，但亲代给予子代的经济支持下降速度更快，故代际间的经济支持差异进一步增加（G2→G1 和 G3→G2 的差异分别由39.2%、12.1%增加到41.1%、28.4%）。

表6—3　　海峡两岸家庭三代之间的代间交换差异值分布情况

	经济支持	劳务支持	情感支持
CGSS2006	$G1 \xleftarrow{39.2} G2 \xleftarrow{12.1} G3$	$G1 \xleftarrow{20.1} G2 \xrightarrow{1.4} G3$	$G1 \xleftarrow{15.7} G2 \xrightarrow{4.6} G3$
课题组 2012	$G1 \xleftarrow{41.1} G2 \xleftarrow{28.4} G3$	$G1 \xleftarrow{12.1} G2 \xrightarrow{9.3} G3$	$G1 \xleftarrow{7.5} G2 \xleftarrow{2.2} G3$
台湾 2006	$G1 \xleftarrow{31.5} G2 \xleftarrow{11.0} G3$	$G1 \xleftarrow{12.4} G2 \xleftarrow{1.9} G3$	$G1 \xleftarrow{15.0} G2 \xrightarrow{0.7} G3$
台湾 2011	$G1 \xleftarrow{27.7} G2 \xleftarrow{10.8} G3$	$G1 \xleftarrow{11.0} G2 \xleftarrow{10.6} G3$	$G1 \xleftarrow{13.3} G2 \xleftarrow{4.2} G3$

说明：（1）因其他样本只包含了代间经济、劳务和情感三方面的支持，为适于比较，故在表中舍弃了课题组2012数据中关于农活支持的相关数据；（2）表格中箭头指向为代间支持资源净流向方向，箭头上方数字是代间相互支持的差异百分比，而这一百分比为受访者选择“有时”、“经常”和“很经常”选项的累积百分比。

通过比较CGSS2006数据和2006年台湾社会变迁数据可以发现，2006年时，海峡两岸三代之间各项代间支持皆存在显著差异，尤其是情感互动频率（ANOVA检验皆通过了5%统计水平的检验），台湾明显高于内地；劳务互动和经济互动频度也都存在不同程度台湾高于内地的情况。如果比较课题组“5省问卷调查数据”和2011年台湾数据，可以发现两地在大部分代间支持内容中已经不存在实质差异，尤其是代间情感支持已经基本持平；存在最大显著差异的是亲代给予子代的经济支持（G1 ⇒G2 和 G2 ⇒G3 的ANOVA检验F值分别为17.68和13.32，皆通过了0.1%统计水平的检验），表现为台湾地区的老年人给予子代的经济支持频度高于内地。如果比较2006年与2011年台湾社会内部代间支持的变迁可以发现，各项代间互动频率皆有一定程度的下降，但下降幅度不大。而大陆这一时期代间支持的变化较为显著，但变化方向趋同于台湾的发展方向。

（四）基于性别差异和不同婚姻状态的代间支持比较

父系制、从夫居是中国社会组建家庭的重要制度，同时家庭成员的婚姻状况在家庭中也有重要作用，因此，考察中国农村地区三代之间代间支持的性别差异和不同婚姻状态下的差异具有特殊意义。表6—4表明，三代间无论性别，互动频率仍然保持了情感、劳务和经济的阶续重要性，且代间支持的资源流向是子代给予亲代。无论是作为子女角色还是作为父母角色，2012年各项代间支持的性别差异明显要小于2006年数据所提供的性别差异。如果具体比较儿子和女儿角色，可以发现，在G1和G2关系中，儿子主要给父母提供经济支持，而父母给予成年子女的经济支持比例最低；女儿提供给父母的劳务和情感支持虽然在2006年时小于儿子提供的支持，但在2012年时已经与儿子基本一致甚至在情感方面的支持已经略超越儿子。劳务方面，虽然父母仍然是主要接受者，但相比经济支持，父母更可能提供较多劳务协助。有趣的是，儿子报告父母提供劳务支持的比例远高于女儿的报告（2006年和2011年两者差距分别是26.9%和18.9%）。在G2和G3的关系中，母亲比父亲报告给予子女更多的劳务支持和情感支持，而父亲比母亲更可能感受到来自子女的劳务支持。

表6—4　　中国农村地区家庭三代间代间支持：性别差异

	G2 ⇒G1				G1 ⇒G2			
数据	CGSS2006		课题组2012		CGSS2006		课题组2012	
	儿子	女儿	儿子	女儿	儿子	女儿	儿子	女儿
样本量	307	323	472	341	307	323	472	341
经济（%）	72.0	50.2	61.2	51.6	24.8	18.6	16.7	15.2
劳务（%）	70.7	53.6	60.4	60.1	55.7	28.8	56.1	37.2
情感（%）	72.3	55.4	72.7	73.3	56.0	40.2	67.2	63.0

续表

数据	G2 ⇒G3				G3 ⇒G2			
	CGSS2006		课题组 2012		CGSS2006		课题组 2012	
	父	母	父	母	父	母	父	母
样本量	252	255	443	272	252	255	443	272
经济（%）	40.9	39.6	19.6	16.2	54.4	50.2	46.3	47.4
劳务（%）	48.4	54.1	53.7	55.2	51.2	48.6	46.5	42.6
情感（%）	57.1	64.7	64.8	70.6	54.0	58.8	68.8	69.8

依据样本情况，在 G1 和 G2 关系中，将受访者（G2）婚姻状况分为已婚有偶、单身和其他三类加以比较；而将 G2 和 G3 关系中的受访者（G2）婚姻状况分为已婚有偶、丧偶和其他三类。当比较不同婚姻状态群体的代间互动频度时，已婚有偶群体保持了情感、劳务和经济互动频率的阶续重要性；而在单身和丧偶样本中，这一阶续性则被打破，代间的劳务和经济支持变得重要（“其他”选项因部分样本量太少而表现得不稳定，但也表现出不同于已婚有配偶群体的代间支持情况）。在 G1 和 G2 关系中，相比已婚有配偶样本，单身子女（平均 26 岁和 28 岁）更可能得到父母的情感、劳务和经济的支持，但却给予父母较少的经济支持，当然单身子女给予父母的劳务和情感支持也要多于已婚有偶子女。整体来看，单身子女与父母间的各项支持基本对等，而已婚有偶样本的父母主要是代间支持的接受者。在 G2 和 G3 关系中，丧偶老年人可以更多地得到成年子女给予的经济、情感和劳务方面的支持；与之相比，配偶健在的老年人（58 岁和 64 岁）与成年子女间更多呈现出即时性的互惠方式。

表 6—5　　中国农村地区家庭三代间代间支持：婚姻状况

数据	G2⇒G1						G1⇒G2					
	CGSS 2006			课题组 2012			CGSS 2006			课题组 2012		
	已婚有偶	单身	其他	已婚有偶	单身	其他	已婚有偶	单身	其他	已婚有偶	单身	其他
样本量	556	57	17	761	45	7	556	57	17	761	45	7
经济（%）	62.4	50.9	41.2	58.0	53.3	0.0	17.6	64.9	5.88	14.6	42.2	14.3
劳务（%）	61.5	73.7	35.3	59.8	73.3	28.6	39.2	73.7	23.5	46.3	82.2	42.9
情感（%）	63.5	73.7	35.3	72.7	80.0	57.1	46.0	71.9	29.4	64.5	82.2	57.1
数据	G2⇒G3						G3⇒G2					
	CGSS2006			课题组 2012			CGSS2006			课题组 2012		
	已婚有偶	丧偶	其他	已婚有偶	丧偶	其他	已婚有偶	丧偶	其他	已婚有偶	丧偶	其他
样本量	463	40	4	668	38	9	463	40	4	668	38	9
经济（%）	41.9	22.5	25.0	18.9	7.9	22.2	49.9	85.0	0.0	46.4	60.5	11.1
劳务（%）	51.2	55.0	25.0	54.3	57.9	33.3	49.0	62.5	25.0	45.8	36.8	22.2
情感（%）	61.3	60.0	25.0	68.3	52.6	33.3	54.9	75.0	50.0	70.5	57.9	22.2

三　结论与讨论

本节基于既有代际关系研究中存在的争议，利用 CGSS2006、本课题组“5 省问卷调查数据”、2006 年和 2011 年“台湾社会变迁调查”四组数据，多角度地考察了中国农村地区家庭代间支持的现状和变迁趋势。研究表明：（1）代际间的情感支持最为频繁，其次是家务支持和农活支持，经济支持相对较低。（2）成年子女仍然是代间支持的主要提供者，但情感支持已呈现出较为显著的双向性，家务支持紧随其后，而经济支持仍然保持了子女回馈父母的传统社会期望。（3）年龄增加会伴随代间劳务和情感互动频率的降低，但子代给予亲代的经济支持却会相应增加。（4）相比 2006 年，中国农村居民在 2012 年的代间情感互动上升，经济互动下降，而劳务互动频率有升有降，其中尤以情感支持的急速上升为最大特色。（5）2006 年海峡两岸代间互动存在显著差异，台湾高于内地，尤其是情感互动频率差异最大。而 2012 年两地除亲代给予子代的经济支持外的代间支持已无十分显著差异，台湾父母拥有更多经济资源支持子女。（6）性别差异（2012）表明，父母经济支持主要来源于儿子，而劳务和情感需求则有子女共同承担，父母主要给予子女劳务支持；但整体来说性别差异在减小（2012 年相比于 2006 年）。（7）婚姻状态差异分析表明单身子女会得到父母更多经济、情感和劳务方面的支持；而丧偶老年人更倾向于接受来自成年子女的各方面支持。

简言之，市场化改革的 30 多年以来，中国农村地区家庭代际关系整体发展趋势上既表现出延续和再生的一面，也表现出变迁的一面。代际关系的延续性表现在传统父系规范作为家庭制度的一部分得以在代间支持中持续存在，如子代支持亲代，儿子被赋予更多的角色性期望等。但代际关系在社会转型和变迁的冲击之下，也发生了诸多适应性和妥协性的改变，其中一个重要的变化是家庭成员在保持代际间功能性（工具性）团结的前提下，进一步发展了情感性团结；女儿在代际支持中作用和地位的提升也是特别值得注意的一点。在中国现代化的进程中，传统的延续与变迁同时并存将会带来多元化发展格局，中国家庭代际关系的变迁也不例外。我们在发现它越来越接近西方、中国台湾地区模式的同时，也保留和发展出自己的特色，这既是中国家庭制度的韧性所在，也是中国家庭实践策略性的体现。在讨论了中国农村地区代间支持的现状和变迁之后，我们将挑选代间支持中具有特殊文化意义的赡养行为（子代给予亲代支持的行为）为核心内容，在接下来的几节中着重分析这一行为的影响因素及其背后的经济文化动机。

第三节　子女赡养行为的动机研究——基于互惠与规范的视角

在上一节我们详细考察了中国农村地区家庭三代之间代间支持

的现状和变迁趋势，通过分析我们发现农村家庭传统代际关系的延续和变迁。其中，子女给予父母代际支持面向无疑是诸种代间支持中特殊而重要的一维，关于代际失衡的既有研究也主要集中在子女支持父母的不平衡。在中国农村地区缺乏社会保障的背景下，成年子女支持老年父母，对老年人能否拥有一个幸福祥和的晚年生活具有重要意义。对子代给予父母各项支持有时我们会专门用“赡养”一词表达，赡养这一概念具有传统中国文化的深厚意涵，其背后是中国儒家倡导的孝道伦理，而孝道伦理包含奉养父母、敬亲顺亲、继志述事、立身扬名以显父母、绵延香火以及祭祀先辈等多重意义。当然本节及之后的研究因为主要是定量方向的，因操作化的需要，赡养行为被操作化为子代给予父代包括经济支持、生活照料和情感支持三个方面的资源支持，但是考虑到研究中国人的代间支持，无法规避其背后的文化意义，因而采用赡养行为一词，而不是更具操作性的代间支持一词。

谈到中国人的赡养问题，一般都无法绕开费孝通先生[①]提出的中国家庭代际传承的“反馈模式”。反馈模式是一种双向流动的“抚养—赡养”关系，即“甲代抚育乙代，乙代赡养甲代；乙代抚育丙代，丙代赡养乙代”。包括孝道在内的儒家文化则是反馈模式背后的文化隐喻，即孝道文化规训和保证了子女与父母间长期契约的兑现。在这一“大传统”的文化背景之下，具有“小传统”特性的社区养老情理通过舆论得以实践[②]。而在家庭内部，“代际互惠”是中国家庭养老实践的内在机制[③]。子女赡养父母可以视为对父母养育之恩的一种报答或回馈，这种“投资—回报”式的资源交换是一种基于“互

① 费孝通：《家庭结构变动中的老年赡养问题——再论中国家庭结构的变动》，《北京大学学报》1983 年第 3 期，第 6—15 页。

② 狄金华、钟涨宝：《社区情理与农村养老秩序的生产——基于鄂东黄村的调查》，《中国农业大学学报》（社会科学版）2013 年第 1 期，第 1—7 页。

③ 潘允康、约翰·罗根、边馥琴、边燕杰、关颖、卢汉龙：《住房与中国城市的家庭结构——区位学理论思考》，《社会学研究》1997 年第 6 期；郭于华：《代际关系中的公平逻辑及其变迁：对河北农村养老事件的分析》，《中国学术》2001 年第 4 期，第 221—254 页。

惠”原则的非对等交换。基于此，成年子女赡养老年父母便形成了从宏观到微观的一系列维护机制。

综合来看，主要由两条重要机制促成及维系了中国家庭的养老模式，即基于资源交换的“互惠机制”和基于文化价值观的“规范机制”。在中国传统社会，个体淹没在集体之中，话语权牢牢掌握在政治团体的顶端，维护社会、家庭运行发展的孝道文化成为最重要的维系机制，而对家庭成员间实际的互惠机制往往重视不够。然而伴随社会转型和现代化进程，正如上节研究结论及既有文献所揭示的，家庭成员间的代间支持已经发生变迁，同时人们的价值观以及呈现在人们眼前的生活实践都已发生变迁。面对这些社会变迁，家庭作出了策略性应对，那么这种应对背后的机制是否传承了既有的价值规范或者互惠机制，而这两种机制又如何在养老实践中起作用以及起多大作用，对了解和反思中国农村地区家庭养老问题以及制定相关养老政策都具有重要意义。本节则试图利用课题组的调查数据进行实证分析，以期对前述问题有一清晰把握。

一　理论与假说

上述关于中国子女赡养行为的两条重要机制可以进一步追述到对代际关系与社会行为理论的研究中。描述和解释代际关系的研究框架和理论中比较有影响力的主要有交换理论[①]和代沟理论[②]。前者源于经济学和社会学，折射出“理性经济人”、“供求法则”的经济学研究基础，强调代际间资源交换的互惠性；而后者源自文化人类学，强调代际间价值观、行为方式上的差异，以玛格丽特·米德的研究为代表，强调价值观念差异所造成的行为差异。以下便依据代际交换下遵循的互惠机制和文化的规范机制提出研究假设。

① Cox Donald. Motives for private income transfers. Journal of Political Economy, 1987, 95: 508 - 546.

② 玛格丽特·米德：《代沟》，曾胡译，光明日报出版社 1988 年版。

（一）互惠机制假设

在斯密和行为主义者的影响之下，社会学中成熟的交换论方法在20世纪60年代开始出现，并在此之后一直作为社会学理论中一支重要的理论方法而存在。早期成熟的交换理论以霍曼斯的行为主义交换理论和布劳的结构主义交换理论为代表，之后又发展出科尔曼的理性选择理论、埃默森的交换网络理论等，交换理论体系得以逐渐建构和完善[①]。按照交换理论的解释框架，代际间（主要是成年子女与父母之间）存在一种投资与回报的交换关系，代际间的资源（包括经济、劳务或者精神方面等）流动是一种双向流动和互换过程，这一互换既可能出于经济利益和契约维护的考量，也可能来源于情感需求或者道德约束[②]。而子代赡养行为可以视为子女对父母早年养育之恩及之后广泛支持帮助的一种报答和回馈，是一种基于互惠原则的资源交换行为。

诸多研究表明，伴随现代化的进程，中国并没有出现家庭功能的相应衰落，代际间无论是在功能性互助（经济支持和生活照料）方面，还是情感性互助方面都保持了密切联系[③]。从表面上看，这种代际间资源的双向流动是一种等价交换。但对老年人而言，其最需要子女支持和帮助的时候往往也是自己最缺乏回报能力的时候，因而等价交换即通过即时服务以换取子女的帮助对大多数老年人来说是不可行的。因而，如何保证子女长久履行赡养父母这一不成文的“协约”成了问题的关键。从老年人的角度来说，有研究指出老年父母通过在不同生命阶段尽可能协助子女，以建立与子女坚固的感情联系，增强家

① 乔纳森·特纳：《社会学理论的结构》（第6版上），邱泽奇等译，华夏出版社2001年版，第271页。

② 吴小英：《第九章：代际关系》，转引自李培林主编《社会学与中国社会》，社会科学文献出版社2009年版，第256—257页。

③ Zimmer Z. & Kwong J., 2003, *Family Size and Support of Older Adults in Urban and Rural China: Current Effects and Future Implications*, *Demography*, 40(1): 23-44；杨菊华、李路路：《代际互动与家庭凝聚力——东亚国家和地区比较研究》，《社会学研究》2009年第3期，第26—53页；谢桂华：《老人的居住模式与子女的赡养行为》，《社会》2009年第5期，第149—167页。

庭的团结以换得当下及未来的赡养支持。[①] 从成年子女的动机出发，他们则希望通过赡养父母的行为对自己的孩子产生示范效应，以期望其子女将来也能赡养他们。[②] 也有研究者将代际间的资源交换解释为一种“利他主义”的交换或者“一般性互惠原则”支配下的交换等，而这些解释的有效性都依赖于引入道德、情感、义务等约束条件。总之，不管基于怎样的动机，父母给予子女的“投资”都或多或少取得了“回报”。有实证研究表明，在父母投资子女的诸变量中，父母在近期给予子女的帮助是最重要的促进子女养老可能性的因素，而父母早期的帮助和正在给予的帮助都没有明显影响[③]；父母对子女教育投入的养老回报在经济支持方面具有重要作用。[④] 基于上文讨论，本书提出如下假说：

假说 1.1：父母给予子女越多的近期支持，包括经济支持、家务支持、农活支持和情感支持，子女会相应给予父母更多的支持。

假设 1.2：受教育水平越高的子女越可能给予父母更多的支持。

（二）规范机制假设

互惠机制下的子代赡养行为逻辑具有一定的普适性，无论是在西方还是儒家文化圈的东亚诸国，当然也包括中国在内，家庭成员间的互惠机制一直是维系家庭团结、社会发展的重要机制。

---

① 陈皆明：《投资与赡养——关于城市居民代际交换的因果分析》，《中国社会科学》1998 年第 6 期，第 131—145 页；杨善华等：《责任伦理与城市居民的家庭养老——以“北京市老年人需求调查”为例》，《北京大学学报》（哲学社会科学版）2004 年第 1 期，第 71—84 页。

② Luc Arrondel, Andre Masson. *Family Transfers Involving Three Generations*. Scand. J. of Economics, 2001, 103 (3): 415 - 443; Andreea Mitrut, Francois Charles Wolff. *A Causal Test of the Demonstration Effect Theory*. *Economics Letters*, 2009, 103 (1): 52 - 54；转引自高建新、李树茁：《农村家庭子女养老行为的示范作用研究》，《人口学刊》2012 年第 1 期，第 32—43 页。

③ 陈皆明：《投资与赡养——关于城市居民代际交换的因果分析》，《中国社会科学》1998 年第 6 期，第 131—145 页。

④ 伍海霞：《家庭子女的教育投入与亲代的养老回报——来自河北农村的调查发现》，《人口与发展》2011 年第 1 期，第 29—37 页。

中国社会独特的传统家族文化、家国同构特征等形塑了中国社会特有的运作模式，就养老模式而言，费孝通归纳的“反馈模式”则是儒家文化规训下为维系家庭世代继替的有效机制。然而伴随着现代化的进程，人们的价值观念及所处地区的社区风俗在日益发生变化，不同个体在这一进程中也发生了不同程度的分化。这一从文化规范视角探讨中国家庭和养老等问题可以追溯到潘光旦、费孝通等人。

一般认为，观念是文化解释路径中最为关键的因素[①]（赵爽，2010）。潘光旦[②]指出中国家庭关系是“出乎情感之自然流露”，而存在于西方社会的是权利义务观，这构成了中西方在价值观念上的巨大差异。许烺光[③]则进一步细化，他认为中国人的伦理价值是“情境中心”的，做人的基本规范是知恩图报，而子女向父母尽孝道的动机正是缘于对父母养育之恩的回报。基于不同的价值观念和文化基础，便形成了中西方社会不同的养老模式，费孝通将之分别归纳为“接力模式”和“反馈模式”，西方接力模式（F1→F2→F3→Fn）是“甲代抚育乙代，乙代抚育丙代”，遵循一种代间均衡，每代人只有抚幼的责任而无养老的义务；而反馈模式（F1⟺F2⟺F3⟺Fn）是“甲代抚育乙代，乙代赡养甲代；乙代抚育丙代，丙代赡养乙代”，遵循的是代内均衡，每一代人既有抚幼又有养老的责任义务。[④] 反馈模式背后的文化基础是包括孝道在内的儒家文化。围绕着儒家文化，传统中国的国家法律、公众舆论、宗族社会组织和家庭私有财产制等一系列因素都构成了维护反馈模式有效运行的社会基础。上述研究表明，中国文化的深层次结构决定了中国人代际关系中独特的心理和行为

---

① 赵爽：《农村家庭代际关系的变化：文化与结构结合的路径》，《青年研究》2010 年第 1 期，第 47—53 页。

② 潘光旦：《潘光旦文集》（第一卷），北京大学出版社 2000 年版，第 135—136 页。

③ 许烺光：《宗族·种姓·俱乐部》，华夏出版社 1990 年版，第 1—2 页。

④ 费孝通：《家庭结构变动中的老年赡养问题——再论中国家庭结构的变动》，《北京大学学报》1983 年第 3 期，第 6—15 页。

模式。

具体而言，文化通常以两种方式影响或制约个体行为：一是通过社会化将共同的价值观内化为行动指向；二是通过社区成员达成共识，形成外在的舆论压力。[①] 一般认为，家庭价值观念越传统的个体，越可能产生较强的代际间的义务感，其对父代的支持动力会越大，在行动上就会表现出更积极的赡养行为。同时，处于经济发展较快、人际隔离和陌生化程度相对较高社区的个体，传统的社会规范和舆论监督对其家庭生活的约束力相对较弱。在调查的几个地区中，山东德州比较特殊，其作为儒家创始人孔子的故乡所在地，在历史上相对其他地区受儒家孝道文化影响更为深远；同时也是近些年政府和民间推动儒学文化的重点地区。例如，课题组所调查的德州一镇在 2013 年被授予“中华孝德文化之乡”和“中华传统美德教育基地”等称号。基于上文的讨论，本书将文化主义视角下的规范机制操作化为以下两个命题：

假设 2.1：愿意父母在家中养老的子女更经常给予父母各项支持。

假设 2.2：与德州市相比，其他地区子女给予父母各项支持相对较少。

二　数据、变量和方法

本研究所用数据为本课题组“5 省问卷调查数据”。

学界通常将赡养内容界定为经济支持、生活照料和情感支持三个方面，考虑到农村居民代际间通常都有一定的农活支持，当然，代际间的农活支持在一定意义上是经济支持的一种形式，一种以劳务的形式给予的经济支持。故本书将子女赡养行为界定为成年子女给予父母的经济、家务、农活和情感等四方面的支持和帮助，将之作为被解释变量（因变量）。具体操作化为过去一年受访者对自己父母提供上述

---

① Derne, S., 1994, “Cultural Conceptions of Human Motivation and Their Significance for Culture Theory”. In Diana Crane (eds.) The Sociology of Culture: Blackwell；转引自刘汶蓉《孝道衰落——成年子女支持父母的观念、行为及其影响因素》，《青年研究》2012 年第 2 期，第 22—32 页。

四方面帮助的频繁程度[①]（完全没有 =1；很少 =2；有时 =3；经常/很经常 =4），其中，经济支持以给钱频度测量；家务支持以帮助料理家务（如打扫、准备晚餐、买东西、代办杂事等）或照顾小孩或其他家人的频度测量；农活支持以帮助做农活的频度测量；情感支持以倾听父母的心事或想法的频度测量。

本研究的解释变量（自变量）包括互惠机制变量、规范机制变量和控制变量三部分。互惠机制变量包括来自父母近期的经济支持、来自父母近期的家务支持、来自父母近期的农活支持、来自父母近期的情感支持和子女的受教育年限；规范机制变量包括是否愿意父母在家中养老和地区变量；控制变量包括性别、年龄、个人年收入和子女数。表 6—6 给出了各变量的具体含义和描述统计分析结果，以下部分是对一些变量作出的补充说明：

互惠机制变量：(1)父母近期的支持：通过询问受访者过去一年（2005 年）父母对其提供的经济、家务、农活和情感支持的频繁程度来测量父母近期的帮助，从“完全没有”、“很少”、“有时”到“经常/很经常”依次赋值 1—4。(2)受教育年限：小学及以下 =6；初中 =9；高中/中专/技校 =12；大专及以上 =15，在本书的模型中，教育被当作连续变量来处理。控制变量：收入以受访者过去一年的全年总收入作为操作变量，考虑到收入变量的正态分布问题，按照惯例我们对其进行对数化处理，这也使得收入的数量级与其他变量一致，其中如果收入原始值为 0，对数值取 0。

表 6—6　　　　变量说明与描述统计

变量名称	变量说明	均值	标准差	样本数
因变量				

① 需要注意的是，此处的频繁程度既不反映数量的多少（如就经济支持而言，“经常”不一定比“很少”在数额上更大），也缘于每个人衡量标准的差异而存在较强的主观性。

续表

变量名称	变量说明	均值	标准差	样本数
对父母的经济支持	受访者过去一年是否经常给父母钱：完全没有 =1；很少 =2；有时 =3；经常 =4	2.60	1.097	1011
对父母的家务支持	受访者过去一年是否经常帮助父母料理家务：完全没有 =1；很少 =2；有时 =3；经常 =4	2.78	1.124	1002
对父母的农活支持	受访者过去一年是否经常帮助父母做农活：完全没有 =1；很少 =2；有时 =3；经常 =4	2.47	1.230	908
对父母的情感支持	受访者过去一年是否经常听父母的心事和想法：完全没有 =1；很少 =2；有时 =3;经常 =4	3.08	0.976	1023
自变量 互惠机制变量				
来自父母近期的经济支持	受访者父母过去一年是否经常给其钱：完全没有 =1；很少 =2；有时 =3；经常 =4	1.46	0.889	957
来自父母近期的家务支持	受访者父母过去一年是否经常帮助其料理家务：完全没有 =1；很少 =2；有时 =3；经常 =4	2.42	1.261	979
来自父母近期的农活支持	受访者父母过去一年是否经常帮助其做农活：完全没有 =1；很少 =2；有时 =3；经常 =4	2.04	1.227	909
来自父母近期的情感支持	受访者父母过去一年是否经常听其心事和想法：完全没有 =1；很少 =2；有时 =3；经常 =4	2.85	1.060	1002
教育	受访者的受教育年限	8.45	2.448	1599
规范机制变量				
是否愿意父母在家养老	是否愿意父母在家里养老：是 =1；否 =0	0.92	0.270	1589

续表

变量名称	变量说明	均值	标准差	样本数
地理区域				
赣州市	赣州市 =1；其他 =0	0.22	0.411	1599
宜宾市	宜宾市 =1；其他 =0	0.20	0.400	1599
随州市	随州市 =1；其他 =0	0.18	0.388	1599
温州市	温州市 =1；其他 =0	0.18	0.380	1599
德州市	德州市 =1；其他 =0	0.23	0.418	1599
控制变量				
性别	受访者的性别：男 =1；女 =0	0.60	0.489	1599
年龄	受访者的年龄：周岁	47.64	13.238	1599
收入	受访者过去一年的个人全年总收入的对数值	8.13	3.073	1581
子女数	受访者家中的子女数	2.24	1.103	1513

本研究采用定序 Logistic 回归模型（ordered logistic model）估计自变量和控制变量对因变量的影响。按照该模型的基本原理我们给出如下数学模型：

$$\log\left(\frac{P(Y_k \leqslant m)}{P(Y_k > m)}\right) = \beta_0 - \sum_{j=1}^{n} \beta_j x_{ij}$$

上式中，Y_k（$k=1$，2，3，4）代表四种被解释变量（经济支持、家务支持、农活支持和情感支持）；x_{ij} 表示各自变量和控制变量。$m=1$，2，3，4，分别表示因变量的四个赋值（“完全没有”、“很少”、“有时”、“经常/很经常”）。β_0 是常数项；β_j 是回归系数，是对解释变量影响被解释变量方向和程度的测量。当 $\beta_j>0$，$\exp(-\beta_j)<1$，$Y_k>m$ 发生的可能性更大；当 $\beta_j<0$ 时，$\exp(-\beta_j)>1$，$Y_k\leqslant m$ 发生的可能性更大。

三 结果与分析

（一）代际间相互支持的描述性分析

表 6—7 子女给予父母各项支持的分布情况 单位:%

选项	经济支持		家务支持		农活支持		情感支持	
	子女⇒父母	父母⇒子女	子女⇒父母	父母⇒子女	子女⇒父母	父母⇒子女	子女⇒父母	父母⇒子女
完全没有	23. 6	75. 1	18. 3	36. 8	32. 7	51. 6	8. 0	15. 5
很少	17. 6	8. 7	21. 5	14. 3	18. 3	13. 8	19. 6	18. 2
有时	34. 3	10. 8	23. 9	18. 5	18. 6	13. 2	28. 2	32. 0
经常/很经常	24. 4	5. 4	36. 4	30. 4	30. 4	21. 5	44. 2	34. 3
样本量	1011	957	1002	979	908	909	1023	1002

表 6—7 给出了代际间相互支持的统计分布情况，包含了子代给予父母以及父母近期给予子女的经济、家务、农活和情感等四个方面支持的频繁程度[①]。就子代赡养行为而言，从表中可以发现，绝大多数受访者都给予父母一定的支持，接近或者超过 60% 的受访者汇报自己给予父母在经济、家务、农活和情感支持四个方面"有时"、"经常"及以上的帮助频度。但亦有 23. 6% 的受访者汇报自己过去一年从未给予父母任何经济支持，18. 3% 的受访者汇报过去一年从未给予父母家务方面的支持，8. 0% 的受访者汇报过去一年从未给予父母情感方面的支持。而就父母提供的近期帮助而言，表 6—7 的描述性统计显示，其明显少于成年子女给予父母的各方面帮助，如 23. 6% 的受访者报告了过去一年自己从未给予父母经济方面的帮助，而报告父母过去一年从未给予自己帮助的受访者高达 75. 1% 。需要说明的是，这里

① 表 6—6 所呈现的受访者与上一代父母间的代间相互支持是表 6—1 的一部分，但因两者样本量的差异，结果存在一定差异，故此处再次用表格形式呈现代间支持分布情况。

父母给予子女各项支持的数据是来自于子女的回答，因而一定程度上会受到报告者个人主观感受的影响，但它至少能够从总体上说明父母子女间的支持是相互的并且较为频繁，并不存在父母向子女的单方面倾斜。

（二）子女赡养行为和养老观念的区域差异

表6—8给出了不同地区子女赡养行为和养老观念的分布情况。就子女赡养行为的区域分布而言，子女给予父母的经济、家务、农活和情感支持都通过了5%及以上统计水平的显著性检验，表明子女赡养行为存在地区差异。综合来看，德州市相对其他城市而言，子女给予父母的各项支持都处于较高水平，尤其是情感支持最为突出。正如前文中所述山东德州无论是其自身文化底蕴还是政府倡导，都导致其保持了较好的传统孝道文化，因而在赡养父母尤其是关心父母方面具有明显优势。温州市因其在各地区中经济最为发达，社会保障相对更为健全，年长父母经济更为充盈，而乡村工业化的发达也使其非农化程度更高，因而该地区子女给予父母的工具性支持相对较少。但需要注意的是，温州市子女给予父母的情感性支持仅次于德州市，我们似乎有理由相信父母减少对子女的经济、劳务依赖有助于促进代际间情感性团结。

表6—8　　　　子女赡养行为和养老观念的区域分布

	赣州市（%）	宜宾市（%）	随州市（%）	温州市（%）	德州市（%）	合计比例（%）	卡方检验
经济支持	59.5	50.0	64.8	56.2	63.5	58.8	10.922*
家务支持	53.3	62.4	65.0	57.2	66.5	60.3	11.129*
农活支持	50.8	52.8	58.6	34.0	47.3	49.0	21.161***
情感支持	64.4	66.0	66.5	77.6	88.2	72.3	43.278***
是否愿意自己父母在家中养老	84.6	96.2	92.5	92.5	95.0	92.1	37.888***

说明：（1）数据来源：本课题组“5省问卷调查数据”；（2）表格中百分比数据为受访者选择“有时”、“经常”和“很经常”选项的累积百分比；（3）卡方检验值为Pearson卡方值；（4）显著性水平：$^{+}p<0.1$，$^{*}p<0.05$，$^{**}p<0.01$，$^{***}p<0.001$。

就养老观念而言，表示愿意自己父母在家中养老的受访者占92.1%。而就区域分布而言，宜宾市样本愿意自己父母在家中养老的比例最高，占比96.2%；其次是德州市，占比95.0%；而赣州市比例最低，只占84.6%。赣州市较低的比例引起了我们的注意，我们进行了进一步的分析。我们通过控制性别变量发现，男性样本表示愿意自己父母在家中养老的比例在各地区间无显著差异（文中未列出相关数据），皆在96%至98%之间，差异主要体现在女性样本中。其中，宜宾市女性样本表示愿意自己父母在家中养老的比例最高，为93.2%，且远远高于其他地区。这与既有研究关于历史上四川地区有其自己的地方性文化，性别等级观念与其他深受儒家文化影响的地区存在较大差异的研究结论有一致性①。而与宜宾市存在显著差异的则是赣州市，江西地区存在较强的宗族文化，在我们所调查的五个地区中，其宗族观念表现得最为明显，我们几乎在每个调查的自然村中都发现了宗祠等建筑，且宗祠承当了相当重要的社会功能。与宗族伴随的是人们对于传统父权的认可，因而该地区女性更可能难以接受与自己父母同住，而认同与配偶父母居住。这与我们的统计结果一致，我们发现，在五个地区中，赣州市女性样本表示愿意自己父母在家中养老的比例最低，只有53.5%。也正是因为女性样本在养老观念中存在的差异（男性样本差异不显著），导致了表6—8中所呈现的赣州市样本中愿意父母在自己家中养老的比例远低于其他地区，而宜宾市比例最高这一结果。

（三）定序Logistic回归分析

表6—9给出了分别以子女给予父母经济支持、家务支持、农活支持和情感支持为因变量的定序Logistic模型的结果。源于各因变量和部分自变量存在不同样本数量的缺失，各模型的样本量并不一致。四个模型的似然比卡方值皆在0.1%的统计水平上显著，这表明四个模型的解释变量全体与链接函数（此处的链接函数皆是Logit）间的

① 贺雪峰：《农村代际关系论：兼论代际关系的价值基础》，《社会科学研究》2009年第5期，第84—92页。

线性关系显著，模型选择正确。同时，Nagelkerke R^2越接近于1，表明模型拟合优度越好，四个模型的Nagelkerke R^2依次是0.129、0.202、0.276和0.483，就社会科学而言，尤其是横截面数据，已经可以说四个模型的拟合优度较好。[①]

首先，在经济支持模型中，父母近期的家务支持、父母近期的情感支持、样本受教育年限和地区虚拟变量中的宜宾市和温州市分别在5%、1%、0.1%、10%和5%的统计水平上显著影响子女给予父母经济支持频度，而父母近期的经济支持、父母近期的农活支持和是否愿意父母在家中养老变量在统计意义上对子女给予父母经济支持频度的影响不显著。具体来说，父母近期给予子女越频繁的家务和情感支持，子女给予父母越多的经济支持；样本受教育年限越多，其给予父母越多的经济支持；相对于山东德州市，宜宾市和温州市给予父母经济支持的频繁程度较低。就控制变量而言，年龄和个人年收入对数值皆在10%的统计水平上对子女给予父母经济支持频度的影响显著。年龄越大、个人年收入越高的受访者给予父母越频繁的经济支持。

其次，在家务支持模型中，父母近期的经济支持、父母近期的家务支持、父母近期的情感支持、样本受教育年限和地区虚拟变量中的赣州市、宜宾市、随州市和温州市分别在5%、0.1%、1%、1%、0.1%、5%、10%和5%的统计水平上对子女给予父母家务支持频度的影响显著，而父母近期的农活支持和是否愿意父母在家中养老变量在统计意义上对子女给予父母家务支持影响不显著。具体来说，父母近期给予子女越频繁的经济、家务和情感支持，子女给予父母越多的家务支持；样本受教育年限越多，其给予父母越多的家务支持；相对于山东德州市，赣州市、宜宾市、随州市和温州市给予父母家务支持的频繁程度较低。就控制变量而言，个人年收入和子女数分别在5%和10%的统计水平上对子女给予父母家务支持频度的影响显著。个人年收入越高、子女数越多的受访者给予父母越频繁的家务支持。

---

① 此处R^2值较高部分归功于地区变量的纳入，它捕捉了重要的跨区域的子女赡养行为差异。

表 6—9　　子女赡养行为影响因素的定序 Logistic 模型

	经济支持			家务支持			农活支持			情感支持		
	回归系数	标准误	Wald 值	回归系数	标准误	Wald 值	回归系数	标准误	Wald 值	回归系数	标准误	Wald 值
父母近期的经济支持	-0.122	0.087	1.994	0.186^{*}	0.092	4.092	-0.044	0.093	0.223	-0.140	0.098	2.046
父母近期的家务支持	0.173^{*}	0.085	4.133	0.403^{***}	0.088	21.136	0.280^{**}	0.090	9.655	0.096	0.099	0.925
父母近期的农活支持	-0.050	0.082	0.369	0.040	0.086	0.213	0.558^{***}	0.087	40.659	-0.116	0.097	1.407
父母近期的情感支持	0.220^{**}	0.069	10.208	0.235^{**}	0.069	11.493	0.091	0.074	1.505	1.551^{***}	0.093	277.302
受教育年限	0.177^{***}	0.031	32.706	0.088^{**}	0.031	7.927	0.037	0.032	1.329	0.077^{*}	0.034	5.020
愿意父母在家养老	0.214	0.233	0.839	0.268	0.232	1.327	0.172	0.243	0.498	0.309	0.244	1.593
地区：德州市（参照组）												
赣州市	-0.266	0.207	1.659	-0.795^{***}	0.212	14.036	-0.134	0.221	0.369	-1.180^{***}	0.244	23.499
宜宾市	-0.368^{+}	0.211	3.052	-0.452^{*}	0.217	4.338	-0.050	0.225	0.049	-1.296^{***}	0.247	27.562
随州市	0.125	0.219	0.325	-0.395^{+}	0.224	3.100	-0.027	0.231	0.014	-1.208^{***}	0.257	22.133
温州市	-0.505^{*}	0.214	5.568	-0.527^{*}	0.219	5.804	-0.828^{***}	0.235	12.455	-0.964^{***}	0.259	13.890
性别（女性为参照组）	0.157	0.153	1.063	-0.056	0.156	0.130	0.022	0.163	0.019	-0.202	0.172	1.375
年龄	0.015^{+}	0.009	2.754	-0.003	0.009	0.126	-0.003	0.010	0.078	0.009	0.010	0.900

续表

	经济支持			家务支持			农活支持			情感支持		
	回归系数	标准误	Wald 值	回归系数	标准误	Wald 值	回归系数	标准误	Wald 值	回归系数	标准误	Wald 值
个人年收入对数值	0.047 +	0.025	3.496	-0.055 *	0.026	4.599	-0.040	0.026	2.384	-0.003	0.028	0.016
子女数	0.035	0.091	0.150	0.162 +	0.092	3.080	0.020	0.098	0.040	-0.004	0.099	0.002
cut1	2.193 ***	0.580	14.313	0.613	0.586	1.095	1.039 +	0.611	2.893	0.889	0.638	1.941
cut2	3.135 ***	0.585	28.774	1.739 **	0.588	8.742	1.992 **	0.614	10.542	3.041 ***	0.648	22.058
cut3	4.699 ***	0.598	61.828	2.845 ***	0.594	22.963	2.912 ***	0.619	22.142	4.920 ***	0.666	54.655
似然比卡方值	102.11 ***			166.05 ***			225.79 ***			469.13 ***		
Nagelkerke R^2	0.129			0.202			0.276			0.483		
样本量	794			796			760			802		

注：（1）由于个别变量的样本量缺失，因此存在各模型样本量不同的情况；（2）$^{+}p<0.1$，$^{*}p<0.05$，$^{**}p<0.01$，$^{***}p<0.001$（双尾检验）。

再次，在农活支持模型中，父母近期的家务支持、父母近期的农活支持和地区虚拟变量中的温州市分别在1%、0.1%和0.1%的统计水平上对子女给予父母农活支持频度的影响显著，而父母近期的经济支持、父母近期的情感支持、样本受教育年限长短和是否愿意父母在家中养老变量在统计意义上对子女给予父母农活支持频度的影响不显著。具体来说，父母近期给予子女越频繁的家务和农活支持，子女给予父母越多的农活支持；相对于山东德州市，只有温州市给予父母农活支持的频繁程度较低，这可能与温州地区相对其他地区而言非农化程度最高有关。各控制变量在统计意义上对子女给予父母农活支持频度的影响皆不显著。

最后，在情感支持模型中，父母近期的情感支持和地区虚拟变量中的赣州市、宜宾市、随州市和温州市皆在0.1%的统计水平上对子女给予父母情感支持频度的影响显著，样本受教育年限在5%的统计水平上通过检验，而父母近期的经济支持、父母近期的家务支持、父母近期的农活支持和是否愿意父母在家中养老变量在统计意义上对子女给予父母情感支持影响不显著。具体来说，父母近期给予子女的情感支持能换来子女更多的情感支持；相对于山东德州市，赣州市、宜宾市、随州市和温州市给予父母情感支持的频繁程度较低；受教育年限越多的受访者给予父母越频繁的情感支持。各控制变量在统计意义上对子女给予父母情感支持频度的影响皆不显著。

四　结论与讨论

本研究利用课题组“5省问卷调查数据”，考察了这些地区子女赡养行为的现状，并从互惠机制（包括父母近期的经济支持、家务支持、农活支持、情感支持和样本受教育年限）和规范机制（是否愿意父母在家中养老和地区变量）两个维度出发，考察了农村居民赡养行为的影响机制。研究发现，代际间保持了较为紧密的互动且代间资源分配呈现向亲代倾斜的趋势，子女养老观念存在地区差异。父母近期的经济支持、家务支持、农活支持和情感支持显著影响子女的赡养行为，子女赡养行为存在地区差异。对此，可以做如下的进一步讨论。

第一，代际间存在较为紧密的合作型关系，这种合作型关系主要体现在代际间的工具性交换（经济支持、家务支持和农活支持）中，互惠机制可以较好地解释子代的赡养行为。“合作社模式”滥觞于针对中国家庭的研究中，子女赡养父母作为家庭中的重要事件，其也充分体现了为实现家庭成员福利最大化的家庭合作策略。从表 6—7 可以发现，子女和父母间保持了紧密的互动关系且代间资源分配呈现向亲代倾斜的趋势。同时，回归模型的结果表明，父母近期的家务支持和情感支持能较有效地换来子女更多的工具性支持，尤其是父母的近期家务支持能换来子女的农活支持，而父母近期的农活支持对子女给予父母的家务支持影响不显著。因为相对来说，子代拥有体力优势，而父母拥有闲暇优势，农活依赖体力，家务依赖闲暇，于是父母子女间优势的互换实现了互补，这进一步体现了代际关系的合作性质。但回归模型同时表明父母近期的工具性支持并不能换来子女的情感支持，可见工具性交换逻辑并不适用于子代给予父母的情感支持。康岚[①]对城市居民的一项研究也得出了类似的结论，她认为子女从父母处获得了较多的经济和劳务资源，而父母所希望的情感需求却没有得到有效满足。这背后的原因极其复杂，可能如有些研究者指出的中国代际团结的优势不在情感联系，而重在工具性价值；或者可能计划生育政策导致子女资源减少的最直接后果是关心老年人的孩子少了。

第二，文化价值观对子代赡养行为实践的解释力有限。规范机制变量中是否愿意父母在家中养老这一变量对子女赡养行为的影响都不显著，地区变量对子女给予父母的情感支持十分显著，对子女给予父母的家务支持也在一定程度上显著。可见，社区的文化、舆论压力一定程度上可以影响子女的赡养行为，而内化的价值观似乎对实际行为的影响有限。亦即个体内化的价值观虽然在个体间和地区间存在一定差异，但其却无法解释同一文化背景下个体行为实践的差异。也许正如韦伯所说，“直接支配人的行为的不是观念，而是（实际的与想象的）利益，但‘世界的影像’却是被观念创造出来的，观念就像扳道

① 康岚：《反馈模式的变迁：代差视野下的城市代际关系研究》，博士学位论文，上海大学，2009 年，第 148—149 页。

工（the switch - man）一样决定着在利益驱动下的行为轨迹”[①]，也即孝道文化及其形塑的相应观念为中国子代赡养行为模式的形成起到了扳道工似的导向作用。也只有在中国儒家文化所倡导的孝道中，才发展出中国家庭养老的“反馈模式”，并且在经历各种巨大社会冲击之后依然保持了旺盛的生命力。[②] 如果进一步推论，也许正是由于中国家庭养老制度的长期实行，长久以来中国家庭才得以保持惊人的社会凝聚力。[③]

面对中国社会的持续老龄化问题，政府推动的全民社保及整个社会经济的继续发展，似乎预示着中国的养老模式会进一步接近西方；但同时来自政府和民间对于孝道文化的新一轮强调似乎又想重塑家庭在赡养老人中的责任。在这一张力中，制度和文化将发挥怎样的导向力作用，中国目前依然紧密的代际团结又将何去何从，而家庭这一社会的基本单元又会以怎样的全新形式展现在世人的面前，都是令人兴奋不已的话题。下面几节将探讨影响子代赡养行为的几类主要因素，分别是居住安排和家庭结构、情感亲密度和父母支持、家庭价值观和社区情理，试图通过对这些影响因素的研究进一步理解赡养行为背后的机制和逻辑。

---

① 玛丽安妮·韦伯：《韦伯传》，阎克文、王立平、姚中秋译，江苏人民出版社2002年版，第379页。

② 唐岚：《反馈模式的变迁：代差视野下的城市代际关系研究》2009年第148—149页；刘汶蓉：《孝道衰落？成年子女支持父母的观念、行为及其影响因素》，《青年研究》2012年第2期，第22—32页；杨菊华、李路路：《代际互动与家庭凝聚力——东亚国家和地区比较研究》，《社会学研究》2009年第3期，第26—53页。

③ Madge, Charles. The Relevance of Family Patterns in the Process of Modernization in East Asia. In Robert J. Smith (eds.) Social Organization and the applications of Anthropology. Ithaca. NY: Cornell University Press, 1974；转引自陈皆明：《投资与赡养——关于城市居民代际交换的因果分析》，《中国社会科学》1998年第6期，第131—145页。

第四节　居住安排、家庭结构与赡养行为

在前两节对代间支持和赡养行为动机较为宏观的研究之后，本节将探讨中国农村居民家庭居住安排、家庭成员结构与子女赡养父母行为的现状和关系，考察家庭不同居住安排、不同成员结构对于子女赡养行为的影响。

中国传统家庭养老模式一般是父母年迈之后与至少一名已婚儿子同住并接受子孙的赡养，然而伴随着社会变迁这一传统模式正在发生变化。就老人的居住方式而言，2000 年全国人口普查数据显示，在我国 60 岁以上老人中，独居者占 8.7%，仅与配偶同住者占 25.0%，处于空巢家庭的比例为 33.8%；2006 年全国老龄工作委员会调查的数据显示，上述三项相应指标分别为 9.0%、32.2% 和 41.3%。[①] 那么，不同的居住安排对子女赡养行为会有怎样的影响呢？

影响老年人养老资源获得的主要家庭结构因素包括子代孩子的数量及性别构成。就子女的数量而言，在严格的计划生育政策的推动下，中国妇女的总和生育率从 1970 年的约 5.8 个孩子每人迅速下降到 1979 年的约 2.7 个孩子每人，80 年代维持在人口更替水平，90 年代则继续下降到更替水平以下，如 1998 年中国每位妇女大约只生育 1.5 个孩子。[②] 赡养父母子女的减少是否会影响子女的赡养行为？同时，随着传统父权的衰微，女性在家庭中的身份与地位变得日益重要。女性家庭事务决策权的提高势必导致家庭资源的重新分配，有研究表明，中国农村地区姻亲关系正变得越来越重要，女儿与娘家的联系趋于紧密。[③] 那么，性别权利的这一变化是否会在子女赡养行为中

---

① 谢桂华：《老人的居住模式与子女的赡养行为》，《社会》2009 年第 5 期，第 149—167 页。

② 叶华、吴晓刚：《生育率下降与中国男女教育的平等化趋势》，《社会学研究》2011 年第 5 期，第 153—177、245 页。

③ 金一虹：《父权的式微：江南农村现代化进程中的性别研究》，四川人民出版社 2000 年版，第 38—40 页。

表现出新的性别差异？

本研究利用 2006 年中国综合社会调查（CGSS2006）数据，探讨居住安排、家庭结构对中国农村地区子女赡养父母行为的影响。我们试图回答以下三个问题：第一，父母居住安排对子女赡养行为的影响在农村地区是否有其特殊性，与既有研究有什么相同和不同的地方？第二，是否如常识所料，兄弟姐妹数量越少，则自身承担的责任越多？第三，中国农村地区子女赡养行为的性别差异是怎样的？同时，居住距离对子女赡养行为的影响是否存在性别差异？

一 理论与假说

已有研究表明，居住安排是影响子代赡养行为的重要因素①，而居住安排一般可以使用代际同住和居住距离两个维度进行测量。代际同住是老年人获取代际支持的重要方式②，有助于提高子女赡养父母行为的可能性。③ 部分学者将代际同住作为测量代际关系的一个维度，即以代际间是否同住或者居住方式来判断代间关系的松散程度，其背后的逻辑是代际同住为高度频繁的代际交往提供了可能性。但也有研究指出代际同住这种过于紧密的居住模式可能会增加互动中的冲突和摩擦；而且代际同住很可能受住房所限。④ 谢桂华⑤的研究表明，是否与父母同住不会影响到子女对于父母经济支持的频度，但对子女给予父母生活照料和精神慰藉的频度均有正向影响。但这一研究并未区

① Logan, John R. et al., *Tradition and change in the urban Chinese family: The case of living arrangements*, *Social Forces*, 1998, 41: 1175 - 1184.

② Zimmer Z. & Kwong J., 2003, *Family Size and Support of Older Adults in Urban and Rural China: Current Effects and Future Implications*, *Demography*, 40 (1): 23 - 44.

③ 鄢盛明、陈皆明、杨善华：《居住安排对子女赡养行为的影响》，《中国社会科学》2001 年第 1 期，第 130—140 页。

④ 潘允康、约翰·罗根、边馥琴、边燕杰、关颖、卢汉龙：《住房与中国城市的家庭结构——区位学理论思考》，《社会学研究》1997 年第 6 期。

⑤ 谢桂华：《老人的居住模式与子女的赡养行为》，《社会》2009 年第 5 期，第 149—167 页。

分城市和农村样本，因中国农村地区与城市在养老问题上存在较大差异，因而这一结论在农村是否成立还有待进一步考证。其中，生活照料因同住的便利性可能会导致子女增加对父母的支持。但就经济支持而言，因为农村地区社会保障严重匮乏，老年人往往没有收入来源，其基本生活保障基本只能依赖子女；同时按照农村的生活习俗当老年人与其某一名子女同住并提供一定的劳务支持后，该子女有义务提供更多的经济支持。而就精神慰藉而言，一方面是代际同住提供了相关的便利条件，但也存在前述所说的代际摩擦的增多，是否与父母同住对子女的精神赡养行为的影响与方向是不明的。基于上述讨论，提出如下假设：

假设 1：在农村地区，与父母同住有助于提高子女给予父母的经济支持和生活照料的频繁程度；但对子女给予父母的精神慰藉没有影响。

代际居住距离的变化会影响代际支持。有研究表明，代际居住距离的增加阻碍了代际间各项支持的交流①；随着代际居住距离的增加，子代的赡养可能性减小②。但也有研究指出居住距离对于赡养行为具体内容的影响存在差异，居住距离不会影响子代的经济支持行为，但会影响子代给予父母的生活照料和精神慰藉③；而 Litwark 和 Kulis④ 认为居住距离对经济支持和情感交流影响较小。一般来说，居住距离对子代赡养行为的影响方式有直接和间接两种：一是居住距离的远近直接通过其便利与否影响子女给予父母的日常照料；二是居住距离远近通过影响代际间日常互动，继而影响代际间的情感，代际情感再影响子女的其他赡养行为。可见，研究争议之处主要集中于居住距离是否

---

① Rossi, Alice S. and Peter H. Rossi., Of Human Bounding: *Parent-Child Relations Across the Life Course* (New York: Aldine de Gruyter, 1990).

② 鄢盛明、陈皆明、杨善华：《居住安排对子女赡养行为的影响》，《中国社会科学》2001 年第 1 期，第 130—140 页。

③ 谢桂华：《老人的居住模式与子女的赡养行为》，《社会》2009 年第5 期，第 149—167 页。

④ Litwark, E. & Kulis, S., *Technology, proximity and measurement of kin support*, *Journal of Marriage & Family*, 1987, 49: 649 - 661.

影响子代给予父母的精神慰藉。在农村地区，因交通不便、现代通讯设备的不完善以及传统中国人在情感表达上的欠缺等原因，居住距离对子女为父母提供精神慰藉的阻力可能会相对较大。基于上述讨论，提出如下假设：

假设2：在农村地区，与父母居住距离的远近对子女给予父母的生活照料和精神慰藉频度有负向影响，但对子女给予父母的经济支持没有影响。

在农村地区，家庭成员的组成结构对其内部资源分配有重要影响，子女给予父母的各项支持也受到家庭结构的影响，比如子女的性别、兄弟姐妹数量等。就兄弟姐妹数量而言，从老年人的角度来看就是老年人的子女数，有研究表明，老人获得的经济支持和生活照料会随着子女数量增多而增加。① 随着经济的发展和中国计划生育政策的实施，生育的子女数量在日益减少，这可能会加重子女的养老负担，即“少子老龄化陷阱”或者“超低生育率陷阱”现象的出现。② 但父母也可能因此减少抚养子代的付出，从而为自己积累更多的养老资源，反而减轻了子女负担。③ 同时，父母增加了对单个子女的投资，父母的投资有效地提高了子女赡养父母的几率④，这可视为子女质量对数量的替代效应。既有研究较多是从父母的角度出发探讨子女数量对养老资源获得的影响，而较少地从子女角度探讨子女兄弟姐妹数量对子女赡养行为的影响。事实是子女数量的增加虽然有助于老年人获得来自子女支持总量的提升，但每一名子女的赡养行为是否会根据兄

① 陈卫、杜夏：《中国高龄老人养老与生活状况的影响因素——对子女数量和性别作用的检验》，《中国人口科学》2002 年第 6 期，第 49—55 页；Zimmer Z. & Kwong J. , 2003 , *Family Size and Support of Older Adults in Urban and Rural China: Current Effects and Future Implications*, *Demography*, 40 (1): 23 - 44.

② 穆光宗：《人口少子化是最大战略危机》，《中国经济报告》2014 年第 11 期，第 49—51 页。

③ 王树新：《社会变革与代际关系研究》，首都经济贸易大学出版社 2004 年版，第 207—211 页。

④ 陈皆明：《投资与赡养——关于城市居民代际交换的因果分析》，《中国社会科学》1998 年第 6 期，第 131—145 页。

弟姐妹数量而调整是不明确的。其中，谢桂华[1]的一项研究表明，子女给予父母的各项代际支持不受兄弟姐妹数量的影响，但这一研究结果并未区分城市和农村。也有研究指出，中国农村地区兄弟姐妹间的养老行为存在示范作用，兄弟姐妹间分担程度高有助于促进子女对老年父母的支持。基于上述讨论，提出如下假设：

假设 3：在农村地区，兄弟姐妹数量对子女的赡养行为有正向影响。

就子代性别而言，中国传统养老方式存在明显的性别分工，儿子是养老责任的主要承担者，而女性则是以依附于丈夫的“媳妇”角色承担赡养公婆的义务。已有研究证实了这一传统的延续，研究表明家庭中往往是儿子而不是女儿为父母提供根本性的代际支持。[2] 具体来说，儿子在对父母的赡养（包括经济支持和日常照料）中发挥了主要作用，而女儿更多扮演为父母提供情感沟通和日常生活照料等辅助性支持的角色。[3] 李树茁等[4]从子女的婚姻角度的研究表明，招赘儿子和婚娶女儿也可能为父母提供经济支持，而家务帮助则更可能来自女儿尤其是婚娶女儿。既有研究在儿子是老年父母经济支持的最主要支持者上没有异议，但在生活照料和精神慰藉层面存在争议，还需进一步验证。基于上述讨论，提出如下假设：

假设 4：在农村地区，儿子给予父母的经济支持高于女儿；但生活照料和精神慰藉没有显著差异。

子女性别在赡养行为实践中表现出的差异与中国的父系家族体系有关。在这一传统体系中，父母对儿子的教育、婚姻等大量投资，并

---

① 谢桂华：《老人的居住模式与子女的赡养行为》，《社会》2009 年第 5 期，第 149—167 页。

② 徐勤：《儿子与女儿对父母支持的比较研究》，《人口研究》1996 年第 5 期，第 23—31 页。

③ 张文娟、李树茁：《代际支持对高龄老人身心健康状况的影响研究》，《中国人口科学》2004 年增刊，第 37—42 页；谢桂华：《老人的居住模式与子女的赡养行为》，《社会》2009 年第 5 期，第 149—167 页。

④ 李树茁、费尔德曼、勒小怡：《儿子与女儿：中国农村的婚姻形式和老年支持》，《人口研究》2003 年第 27 卷第 1 期，第 67—75 页。

有家庭财产继承的权利，相应地也要承担赡养父母的责任和为家族延续香火。与此相反，父母对女儿在教育和婚姻方面投资较少，且女儿也没有财产继承权，自然女儿就没有赡养父母的正式责任。但随着社会发展，这些传统在发生变化，已有充分研究表明，女儿在赡养老人中的作用日益变得重要[①]，但同时又存在上文中提到的差异。在这种传统的延续与变迁中，唐灿等将这一差异解释为支撑儿子与女儿赡养行为的两套不同动力系统，他们认为，在现实的养老实践中，尤其是在农村地区，对儿子要求的是“名分”和“责任”压力，而对女儿要求的则是“情分”和“良心”压力。[②] 前者是正式、约定性的刚性责任和义务；而后者是一种非正式、非约定性的、模糊的软约束。也就是说，女儿给予父母的支持更多源自于骨肉亲情，源自于子女与父母日常互动中逐渐积累的厚实感情；而儿子给予父母的支持则是要受到更为严格的社会角色规范的约束。因此，相比于儿子，女儿给予父母的支持更易于受到子女与父母日常互动的影响。也就是说，如果子女与父母居住距离增加导致二者间的互动较少更可能使女儿减少对父母的支持。在上述讨论的基础上，我们提出如下假设：

假设 5：在农村地区，居住安排对子女赡养行为的影响存在性别差异，即随着与父母居住距离的增加，女性相对男性给予父母各项支持的下降速度更快。

二　数据、变量和方法

本研究所使用数据资料来源于 2006 年中国综合社会调查（CGSS2006），该数据的详细情况见前述章节。结合本节主题，笔者选取回答了家庭问卷的农村样本，且其父母至少有一方仍然在世的非

① 王来华、瑟夫·施耐德约：《论老年人家庭照顾的类型和照顾中的家庭关系——一项对老年人家庭照顾的“实地调查”》，《社会学研究》2000 年第 4 期，第 27—41 页；唐灿、马春华、石金群：《女儿赡养的伦理与公平——浙东农村家庭代际关系的性别考察》，《社会学研究》2009 年第 6 期，第 18—36 页。

② 唐灿、马春华、石金群：《女儿赡养的伦理与公平——浙东农村家庭代际关系的性别考察》，《社会学研究》2009 年第 6 期，第 18—36 页。

学生样本[①]，共获得有效样本618个。

本书将子女赡养行为界定为成年子女给予自己父母的经济支持、生活照料和精神慰藉三方面的支持和帮助，将之作为被解释变量（因变量）。具体操作化为过去一年受访者对自己父母提供上述三方面帮助的频繁程度[②]（完全没有=1；很少=2；有时=3；经常/很经常=4），其中，经济支持以给钱频度测量，生活照料以帮助料理家务（如打扫、准备晚餐、买东西、代办杂事等）或照顾小孩或其他家人的频度测量，精神慰藉以倾听父母的心事或想法的频度测量。

本研究的解释变量（自变量）包括是否与父母同住、与父母的居住距离、是否有学龄前子女、兄弟姐妹数量和性别变量，前两个变量作为居住安排的操作变量，后三个作为家庭结构的操作变量。

其中，是否与父母同住在我们的研究中用一个虚拟变量（与父母同住=1）表示，父母当中只要有一人与受访者同住在此处都算做与父母同住。与父母的居住距离则是选取父母双方住处离受访者较近者（同住=0；隔壁/同栋楼/同邻巷=1；走路15分钟内到达=2；车程30分钟内到达=3；车程30分钟—1小时以内=4；车程1—3小时以内=5；车程3小时以上=6），将该变量以连续变量处理。

对于家庭结构的操作变量来说，是否有学龄前子女作为虚拟变量（有学龄前子女=1）处理，依据中国农村地区的就学政策和习惯，学龄前儿童指的是年龄在5周岁及以下的孩子。兄弟姐妹数指目前仍健在者，不包括受访者自身，本书中作为连续变量处理。性别在我们的研究中使用虚拟变量（男性=1）处理。

控制变量主要包括受访者信息与其父母信息两大类。受访者信息主要包括年龄、受教育年限、个人收入、个人社会经济地位自评和婚

① 鉴于学生和工作的成年子女在赡养父母方面有较大差异（尤其是在经济支持方面）且学生样本相对较少，因而剔除了学生样本（剔除过程使用了问卷中“B1b”和“A11”两题）。

② 需要注意的是，此处的频繁程度既不反映数量的多少（如就经济支持而言，“经常”不一定比“很少”在数额上更大），也缘于每个人衡量标准的差异而存在较强的主观性。

姻状况等控制变量。其中，受教育年限是依据受访者回答自己最高受教育程度（包括目前在读）分别赋值所得（没有受过任何教育/扫盲班赋值为0；小学赋值为6；初中赋值为9；职业高中、普通高中、大专、技校赋值为12；大学专科（成人高等教育/正规高等教育）、大学本科（成人高等教育/正规高等教育）、研究生及以上、其他赋值为15）。个人收入是以受访者过去一年（2005年）的全年总收入作为测量指标，该变量中不清楚和拒绝回答的样本数小于5%，故以均值代替。同时，考虑到收入变量的正态分布性质，按照惯例对其对数化处理，这样的处理结果也使得其数量级与其他变量更为一致，如果收入原始值为0，在其取对数后仍赋值为0。个人过去一年的总收入从客观角度测量了子女的社会经济地位，而个人社会经济地位自评则从受访者的主观角度测量其社会经济地位。由于只有18个样本选择“上层”和“中上层”，故将该变量合并成一个三分变量：中层及以上、中下层和下层。婚姻状况被设置为一个虚拟变量，已婚且配偶健在者赋值为1，其他则赋值为0。受访者父母信息则包括父母受教育年限和父母健康状况两个变量。父母受教育年限选取父母双方中受教育程度较高者，其他操作同对受访者受教育年限的操作。父母健康状况是以子女对父母健康状况的评估为测量指标，选取父母中健在的、健康状况较差的那位为代表。

本节所用研究方法与第三节相同，此处不再赘述。

三　结果与分析

（一）子女对父母赡养行为的描述性分析

表6—10给出了代际间相互支持的统计分布情况，包含了子代给予父母经济支持、生活照料和情感支持三个方面的频繁程度。从表中可以发现，绝大多数受访者都给予父母一定的支持，超过60%的受访者汇报自己给予父母在经济、生活照料和情感支持三个方面“有时”、“经常”及以上的帮助频度。但亦有15.3%的受访者汇报自己过去一年从未给予父母任何经济支持，12.6%的受访者汇报过去一年从未给予父母生活方面的照料，8.1%的受访者汇报过去一年从未给予父母情感方面的支持。

表 6—10　　中国农村地区子女赡养父母行为的分布情况

变量	经济支持	生活照料	精神慰藉
完全没有（%）	15.31	12.58	8.14
很少（%）	24.76	26.31	28.18
有时（%）	36.16	32.03	40.88
经常（%）	23.78	29.08	22.80
样本量	614	612	614

（二）居住安排、家庭结构的描述性分析

表 6—11 给出了中国农村地区受访者与父母居住安排情况和家庭结构分布情况。总体来看，绝大多数受访者与其父母住处的距离不算太远，其中 63.27% 的受访者报告自己与父母“同住”、“隔壁、邻巷”或者相距距离在“步行 15 分钟内”。当考虑子女性别时，相对于女儿，儿子更多地居住在父母的周边。有 36.96% 的男性受访者（儿子）报告自己与父母住在一起，而女性受访者的这一比例只有 9.21%。男性距离父母住处的距离小于 15 分钟步行范围的比例高达 88.44%，当然女性住处距离父母的住处大都也不是十分远，有 63.81% 的女性报告自己与父母的居住距离都小于 30 分钟的车程。

表 6—11　中国农村地区受访者与父母居住安排情况和家庭结构分布情况

子女性别	同住	隔壁、邻巷	步行 15 分钟内	车程 30 分钟内	车程 1 小时内	车程 1—3 小时	车程 3 小时以上	总和
男（儿子）（%）	36.96	33.00	18.48	2.97	3.63	1.98	2.97	303
女（女儿）（%）	9.21	7.94	21.90	24.76	18.41	8.89	8.89	315
样本量	141	125	125	87	69	34	37	618
总比例（%）	22.82	20.23	20.23	14.08	11.17	5.50	5.99	100.0

（三）定序 Logistic 回归分析

自变量和控制变量的描述性分布可以从表 6—12 的第二列看出。

就兄弟姐妹数而言，受访者报告平均有3个以上的兄弟姐妹（不包括受访者自己）。就控制变量来看，受访者的年龄平均在38岁以上。受访者的受教育年限在7.4年左右，45.3%的受访者报告自己接受过初中水平的教育，11.0%的受访者表示自己接受过高中或同等水平的教育。个人收入的均值是0.546万元，但大部分受访者对自己的社会经济地位都评价较低，表示自己处于社会的下层和中下层的受访者分别为44.7%和26.2%。就父母的情况而言，父母的受教育年限远远低于子女的受教育年限，父母的受教育年限不足4年，父母文化程度是高中及以上水平的比例只有4%，初中文化水平的比例只有14.2%。不过受访者对父母健康状况的评估都较为乐观，59.6%的受访者报告自己的父母健康状况"好"或者"很好"。

表6—12给出了影响子女赡养父母行为的因素的估计值。模型（1）—（5）、（6）—（10）和（11）—（15）分别估计了子女给予父母的经济支持、生活照料和精神慰藉，为校正整群抽样可能带来的偏差，所有模型报告的皆是稳健标准误（Robust Standard Errors）。由于各因变量的缺失数量不同，因此各回归模型间样本量并不一致。第一组模型［模型（1）、（6）和（11）］是只包含控制变量的基准模型；第二［模型（2）、（7）和（12）］和第三个模型（模型（3）、（8）和（13））分别是加入了居住安排变量和家庭结构变量后的嵌套模型；第四组模型［模型（4）、（9）和（14）］则是同时加入居住安排、家庭结构和控制变量后的嵌套模型；第五组模型［模型（5）、（10）和（15）］则是在第四个模型的基础上加入交互项后的交互模型。估计模型的因变量是按照升序进行编码的，这表明估计系数越大，子女越可能给予父母更多的各项相应支持。比较因变量内部各模型［模型（1）—（5）、（6）—（10）和（11）—（15）］，可以发现，除性别变量外，其他各自变量和控制变量对因变量的统计估计基本稳定。由于当模型中存在交互项（高次项）时，对构造交互项（高次项）的低次项进行统计检验的结果是不确定的[①]，故在分析时

① 谢宇：《回归分析》（修订版），社会科学文献出版社2013年版，第243—246页。

表 6—12　　居住安排和家庭结构对子女赡养父母行为影响的定序 Logistic 模型

变量	描述统计	经济支持					生活照料					精神慰藉				
		(1)	(2)	(3)	(4)	(5)	(6)	(7)	(8)	(9)	(10)	(11)	(12)	(13)	(14)	(15)
居住安排																
与父母同住	0.290 [0.454]		0.717 ** (0.228)		0.632 ** (0.236)	0.615 * (0.242)		0.878 *** (0.228)		0.841 *** (0.234)	0.962 *** (0.241)		0.414 + (0.218)		0.402 + (0.225)	0.516 * (0.230)
与父母的居住距离			-0.078 (0.051)		-0.018 (0.054)	-0.006 (0.063)		-0.210 *** (0.058)		-0.211 ** (0.064)	-0.297 *** (0.072)		-0.204 *** (0.054)		-0.204 *** (0.057)	-0.304 *** (0.074)
家庭结构																
兄弟姐妹数	3.299 [1.761]			0.040 (0.054)	0.070 (0.056)	0.070 (0.056)			-0.108 * (0.050)	-0.061 (0.051)	-0.060 (0.051)			-0.059 (0.051)	-0.023 (0.053)	-0.018 (0.053)
男性	0.490 [0.500]			0.930 *** (0.174)	0.705 *** (0.195)	0.773 ** (0.288)			0.615 *** (0.171)	-0.004 (0.206)	-0.483 (0.297)			0.451 ** (0.170)	-0.009 (0.196)	-0.522 + (0.302)
交互项																
男性 α_2 与父母住处的距离						-0.034 (0.100)					0.246 * (0.125)					0.250 * (0.100)
控制变量																
年龄	38.2 [10.3]	0.030 ** (0.009)	0.036 *** (0.009)	0.023 * (0.009)	0.028 ** (0.009)	0.028 ** (0.009)	0.011 (0.010)	0.018 + (0.009)	0.012 (0.010)	0.020 * (0.010)	0.021 * (0.010)	-0.000 (0.009)	0.001 (0.009)	-0.001 (0.009)	0.002 (0.009)	0.003 (0.009)

续表

变量	描述统计	经济支持					生活照料					精神慰藉				
		(1)	(2)	(3)	(4)	(5)	(6)	(7)	(8)	(9)	(10)	(11)	(12)	(13)	(14)	(15)
受教育年限	7.383 [3.389]	0.115 *** (0.024)	0.102 *** (0.024)	0.074 ** (0.026)	0.081 ** (0.026)	0.081 ** (0.026)	0.082 ** (0.025)	0.054 * (0.026)	0.043 (0.027)	0.050 + (0.028)	0.049 + (0.028)	0.077 ** (0.026)	0.053 * (0.027)	0.049 + (0.028)	0.052 + (0.029)	0.051 + (0.029)
个人收入对数值	0.546 万元 [0.707]	0.158 *** (0.044)	0.138 ** (0.044)	0.102 * (0.045)	0.103 * (0.045)	0.104 * (0.045)	0.068 (0.043)	0.030 (0.048)	0.040 (0.046)	0.034 (0.049)	0.024 (0.049)	0.081 + (0.043)	0.050 (0.043)	0.056 (0.045)	0.051 (0.044)	0.044 (0.044)
已婚有偶	0.880 [0.325]	0.443 + (0.258)	0.847 ** (0.291)	0.622 * (0.269)	0.848 ** (0.290)	0.846 ** (0.290)	-0.254 (0.279)	0.296 (0.290)	-0.046 (0.290)	0.318 (0.290)	0.333 (0.286)	-0.133 (0.268)	0.257 (0.279)	-0.005 (0.276)	0.263 (0.279)	0.277 (0.274)
个人社会经济地位自评（下层为参照组）																
中下层	0.262 [0.440]	0.057 (0.175)	0.023 (0.176)	0.086 (0.176)	0.070 (0.178)	0.070 (0.178)	-0.029 (0.170)	-0.077 (0.171)	-0.059 (0.170)	-0.093 (0.172)	-0.103 (0.171)	-0.031 (0.175)	-0.066 (0.174)	-0.049 (0.177)	-0.073 (0.176)	-0.089 (0.176)
中层及以上	0.291 [0.455]	0.312 + (0.184)	0.334 + (0.183)	0.429 * (0.189)	0.426 * (0.188)	0.428 * (0.188)	-0.098 (0.187)	-0.101 (0.192)	-0.070 (0.192)	-0.119 (0.195)	-0.140 (0.196)	0.312 + (0.192)	0.333 + (0.194)	0.336 + (0.195)	0.325 + (0.196)	0.296 (0.198)
父母受教育年限	3.913 [3.851]	0.010 (0.023)	0.008 (0.023)	0.015 (0.024)	0.014 (0.024)	0.015 (0.023)	0.005 (0.020)	0.002 (0.021)	-0.001 (0.021)	-0.002 (0.021)	-0.006 (0.022)	0.020 (0.022)	0.019 (0.022)	0.018 (0.022)	0.017 (0.022)	0.014 (0.022)

续表

变量	描述统计	经济支持					生活照料					精神慰藉				
		(1)	(2)	(3)	(4)	(5)	(6)	(7)	(8)	(9)	(10)	(11)	(12)	(13)	(14)	(15)
父母健康评价（“好”为参照组）																
一般	0.131 [0.338]	-0.264 (0.211)	-0.292 (0.203)	-0.265 (0.208)	-0.283 (0.206)	-0.285 (0.206)	0.020 (0.201)	-0.005 (0.197)	0.010 (0.201)	-0.018 (0.198)	-0.001 (0.201)	-0.032 (0.205)	-0.052 (0.204)	-0.037 (0.202)	-0.055 (0.204)	-0.044 (0.209)
不好	0.273 [0.446]	-0.302 + (0.183)	-0.304 (0.185)	-0.264 (0.183)	-0.290 (0.184)	-0.291 (0.184)	0.131 (0.179)	0.177 (0.176)	0.182 (0.180)	0.188 (0.177)	0.204 (0.177)	0.415 * (0.176)	0.463 ** (0.176)	0.451 * (0.178)	0.466 ** (0.177)	0.465 ** (0.176)
Cut1		1.815 (0.571)	2.125 (0.673)	1.574 (0.591)	2.109 (0.679)	2.146 (0.682)	-0.611 (0.604)	-0.753 (0.714)	-0.991 (0.618)	-0.877 (0.722)	-1.186 (0.737)	-1.150 (0.618)	-1.560 (0.666)	-1.454 (0.643)	-1.609 (0.682)	-1.963 (0.712)
Cut2		3.220 (0.580)	3.559 (0.683)	3.009 (0.600)	3.556 (0.690)	3.594 (0.695)	0.909 (0.606)	0.856 (0.708)	0.554 (0.622)	0.734 (0.717)	0.435 (0.727)	0.759 (0.603)	0.416 (0.647)	0.474 (0.629)	0.367 (0.667)	0.032 (0.694)
Cut3		4.916 (0.602)	5.315 (0.710)	4.776 (0.624)	5.351 (0.719)	5.389 (0.724)	2.286 (0.614)	2.359 (0.710)	1.961 (0.630)	2.238 (0.721)	1.951 (0.729)	2.603 (0.613)	2.346 (0.652)	2.337 (0.638)	2.297 (0.673)	1.971 (0.697)
样本量		614	614	614	614	614	612	612	612	612	612	614	614	614	614	614
-2 Log Likelihood(Final)		-790 ***	-777 ***	-774 ***	-768 ***	-768 ***	-808 *	-774 ***	-798 ***	-773 ***	-770 ***	-761 ***	-743 ***	-754 ***	-740 ***	-736 ***
伪 R^2		0.041	0.057	0.060	0.068	0.068	0.012	0.053	0.024	0.055	0.058	0.019	0.043	0.028	0.047	0.051

主要参照第四组模型［模型（4）、(9）和（14）］的估计结果，而不是交互模型的估计结果。

检视居住安排对受访者赡养行为的影响，我们发现，是否与父母同住显著影响子女给予父母的经济支持（$\alpha=0.01$[①]）和生活照料（$\alpha=0.001$）的频繁程度，但对精神慰藉（$\alpha=0.1$）只有边际的正向影响；与父母的居住距离远近显著影响子女给予父母的生活照料（$\alpha=0.001$）和精神慰藉（$\alpha=0.001$）的频繁程度，且是负向影响，但对子女给予父母的经济支持没有影响。具体来说，相对于与父母分开居住的子女，与父母同住的子女更经常给予父母经济方面的支持和日常生活的照料，对于精神慰藉，虽然有正向影响的趋势，但这一结果我们是没有把握的，这一结果与假设1相符。同时，与父母住处距离越远，子女给予父母的生活照料和精神慰藉频度越低，而子女给予父母的经济支持不受居住距离影响，这与我们的假设2相符。

检视家庭结构对受访者赡养行为的影响，我们发现，兄弟姐妹数对子女的赡养行为没有显著影响，这与我们的假设3不符，也就是说，我们在假设部分提到的兄弟姐妹间的示范效应对子女赡养父母方面的影响并不明显。但这也说明子女赡养父母的行为也不会因为兄弟姐妹多而相互推卸责任。就子女的性别来说，在没有加入居住安排变量前，子女显著影响其给予父母各项支持的频繁程度，即男性相比于女性更经常给予父母经济支持、生活照料和精神慰藉。但在加入居住安排变量之后的模型中，子女性别显著影响其给予父母的经济支持频度（$\alpha=0.001$），但对生活照料和精神慰藉的影响不再显著，这与我们的假设4一致。可能的原因是，在农村地区，如前文关于居住安排的描述性分析中指出的，父母与儿子同住比例（37.0%）要远高于与女儿同住的比例（9.2%）。而同住有助于子女给予父母更经常地生活照料和精神慰藉，故在未加入居住变量前，性别变量对子女的生活照料和精神慰藉行为影响显著。

就男性和受访者与其父母住处距离远近的交互项我们可以发现，随着与父母居住距离的增加，女儿相比儿子给予父母生活照料（女儿

① 如无特殊说明，显著性主要来源于第四组模型［模型（4）、（9）和（14）］。

和儿子的回归系数/斜率分别是–0.297 和–0.051 = –0.297 + 0.246）和精神慰藉（女儿和儿子的回归系数/斜率分别是–0.304 和–0.054 = –0.304 + 0.250）支持频度的下降速度更快，但对给予父母经济支持频度的影响不显著，这与我们的假设 5 略有出入。可能的原因是，在给予父母的经济支持中，儿子本身扮演的作用远远大于女儿（子女性别角色的主效应在 0.1% 的统计水平上显著）且居住距离对子女给予父母经济支持频度的影响不显著。这本身也说明了，在农村地区，老年父母刚性的经济需求更需要正式的、规范的约束，而如前文假设中所述，“受制”于“名分”约束的儿子更适合承担这一义务。因而，总体上结合子女性别变量和交互项的分析，一定程度上验证了关于支撑儿子与女儿赡养行为的两套不同动力系统：即儿子的“名分”和“责任”压力，女儿的“情分”和“良心”压力。[①]

就控制变量而言，年龄对子女给予父母的经济支持（$\alpha = 0.01$）和生活照料（$\alpha = 0.05$）频度有显著的正向影响，但对精神慰藉频度没有显著影响。受访者的年收入水平对其提供经济支持的频度（$\alpha = 0.05$）有显著影响，而对提供生活照料和精神慰藉频度没有显著影响。婚姻状况显著影响子代给予父母的经济支持频度（$\alpha = 0.01$），而对生活照料和精神慰藉频度的影响不显著，表现为相对于非在婚（未婚/分居/离婚/丧偶）的样本，已婚有偶的样本给予父母更经常的经济支持。社会经济地位显著影响子代给予父母的经济支持频度（$\alpha = 0.05$），而对提供生活照料和精神慰藉频度没有显著影响，表现为相对于自我评价社会经济地位为下层的样本，选择中层及以上的样本更经常的给予父母经济支持。父母的健康情况显著影响子女提供精神慰藉的频繁程度（$\alpha = 0.01$），而对经济支持和生活照料频度没有显著影响，表现为子女给予身体不健康的父母更多的精神慰藉。

四　结论与讨论

从上述的研究我们发现，在中国农村地区，代际间的居住安排对

① 唐灿、马春华、石金群：《女儿赡养的伦理与公平——浙东农村家庭代际关系的性别考察》，《社会学研究》2009 年第 6 期，第 18—36 页。

子女赡养行为具有重要的影响，当然影响的大小视不同支持内容而不同：整体来看，居住安排对子女给予父母的生活照料影响最大，其次是精神慰藉，最后是经济支持。与父母同住意味着子女会给予父母更多的生活照料和经济支持，对精神慰藉的正向影响也呈现边际显著。同时，随着与父母居住距离的增加，子女给予父母的生活照料、精神慰藉都相应减少，而经济支持不受影响。可见，居住安排决定的空间便利性影响了代间日常互动的频率尤其是生活照料方面的互动，继而减少了本可以一定程度上克服空间局限性的精神慰藉方面的互动。居住距离对经济支持影响的估计系数虽然为负数，但并未通过5%统计水平的检验，因而不具有推论意义。

子女赡养父母的行为也受到家庭结构因素的影响。我们的研究发现，受访者兄弟姐妹的数量对其赡养父母的行为没有显著影响。由此可见，兄弟姐妹之间并不存在显著的示范效应以增加给予父母的支持；当然也不存在显著的兄弟姐妹间推卸赡养父母的责任。这与Logan等在中国城市中发现的现象相一致，他们发现，中国城市子女给予父母的代际支持在一定程度上更像是一种仪式性给予[①]，我们在中国农村地区也发现了这一现象，子女给予父母支持似乎在向周围人传递他们对孝顺规范的认同，而不一定是对父母需求的回应。

既有研究关于子女性别对其赡养行为影响的研究存在争议。一方认为儿子和女儿在赡养父母方面已形成明显的性别分工，儿子主要提供经济支持，而女儿也可能提供生活照料和精神慰藉方面的支持。[②]另一方则认为儿子仍然在赡养父母方面（包括经济支持和生活照料）

---

① Logan, John R. and Fuqin Bian. *ParentsNeeds, Family Structure, and Regular IntergenerationalFinancial Exchange in Chinese Cities. Sociological Forum.* 2003, 18: 85 - 101.

② Zhan HJ & Montgomery RJV., Gender and elder care in China: The influence of fillialpiety and structural, Gender & Society, 2003, 17 (2): 209 - 229; 谢桂华：《老人的居住模式与子女的赡养行为》，《社会》2009年第5期，第149—167页。

提供更根本性的支持[①]，老年人与儿子的接触频率也明显高于女儿[②]。我们基于农村样本的研究发现，在控制其他变量尤其是居住变量的情况下，子女性别显著影响其给予父母的经济支持频度，但对生活照料和精神慰藉的影响不显著。这一研究结果可能提供如下参考：子女性别对于其赡养行为影响的不同是与现代化理论和性别平等化相连的，一般认为农村地区相对于城市更为传统，因而其在性别规范上也更接近传统。既有发现女儿比儿子在生活照料和精神慰藉中给予父母更多支持的研究，提供了城市或者更接近西方模式的养老实践范式；而既有发现儿子比女儿在所有代际支持中发挥更重要作用的研究，则提供了更接近传统的养老实践范式。而我们的研究发现，农村的居住现实（更多的老人选择与儿子居住在一起，而不是女儿）解释了一部分的性别差异，在控制居住安排变量后，虽然子女性别对其给予父母的生活照料和精神慰藉频度的影响不显著，且回归系数很小（-0.004 和 -0.009），但显示负号，这表明在控制其他变量的情况下，确实存在女儿相比儿子给予父母更经常的生活照料和精神慰藉现象的存在，只是我们没有把握推论这种现象的普遍存在。如果考虑社会的发展，我们可以说，在中国农村地区，女儿在赡养父母尤其是生活照料和精神慰藉方面将发挥越来越重要的作用。

对男性和受访者与其父母住处距离远近的交互项研究发现，随着与父母居住距离的增加，女儿相比儿子给予父母生活照料和精神慰藉支持频度的下降速度更快，但对给予父母经济支持频度的影响不显著。女儿养老呈现出一种累积性责任，而儿子则是一种协商性责任。[③]前者依赖于亲情和情感的维系，而情感的维系离不开日常频繁的互

---

① 徐勤：《儿子与女儿对父母支持的比较研究》，《人口研究》1996 年第 5 期，第 23—31 页。

② Hermalin AI, Ofstedal MB, and Change M. *types of support for the aged and their provides in Taiwan*, In Tamara K, Hareven eds. *Aging and generational relations over the life course: A historical and cross-cultural perspective.* New York: Gruyter, 1996: 400 - 437.

③ 唐灿、马春华、石金群：《女儿赡养的伦理与公平——浙东农村家庭代际关系的性别考察》，《社会学研究》2009 年第 6 期，第 18—36 页。

动；后者的实现则依赖于通过协商和互惠而建立的信任和责任关系，是刚性的、明确的和正式的。因而作为空间阻隔因素的居住距离对女儿赡养行为的影响更大。

总之，缘于农村劳动力外流、计划生育政策等背景的影响，农村地区居民的代间居住安排和家庭结构在发生变化，这些变化大多不利于老年人养老资源的获得。老年父母独住比例的提升以及与子女间日益增加的居住距离都加剧了成年子女照顾老年人的成本，成年子女与老年人日常互动的减少导致了彼此情感的疏离。同时，支持老年人的子女数量在减少，但子女并不会因为兄弟姐妹数量的减少而增加对父母的各项支持。因而，随着时间的推演，我们可以预见，老年人的日常照料和精神慰藉将成为越来越亟待解决的问题。

第五节 情感亲密度、父母支持与赡养行为

传统代际关系的维系较多依赖于家族规训、道德舆论和政策法律等外在约束力量。[①] 而伴随社会的变革和发展，宗族、家族制度逐渐解体；人口流动的增加开始削弱道德舆论的约束力；政策法规也顺应时代发展进行了新的调整。这些都造成了维系代际关系的传统外在约束力的弱化，代际关系也相应发生变化，如代际倾斜或重心下移现象的出现[②]、代沟与文化反哺的出现[③]等。父代从寻求老年安全策略的方向出发，加大对子女的投资，以建立亲子间的亲密关系和持久联系。[④] 子代从这种投资中受益很大，在情感以及为形成对自己子女示范效应的驱动下，也会履行亲子间的长期“契约关系”，即在父母年

---

① 王跃生：《中国家庭代际关系的维系、变动和趋向》，《江海学刊》2011 年第 2 期，第 122—129 页。

② 王树新：《社会变革与代际关系研究》，首都经济贸易大学出版社 2004 年版，第 207—211 页。

③ 周晓虹：《文化反哺：变迁社会中的亲子传承》，《社会学研究》2000 年第 2 期，第 51—66 页。

④ 陈皆明：《投资与赡养——关于城市居民代际交换的因果分析》，《中国社会科学》1998 年第 6 期，第 131—145 页。

老时回馈他们早年的养育与协助。[①] 于是，亲子间的情感亲密度与代间互助日益成为维系代际关系、保证子女履行“赡养契约”的重要因素。[②] 当然，情感亲密度和代际互助从来不是仅存于现代社会，传统社会这些都存在，只是这些在当下契约社会更为显著和重要。而介于传统社会与现代城市社会之间的农村社会，对这一问题的呈现将具有特殊意义。因而，我们试图通过对农村地区这一问题呈现的研究，了解代间情感亲密度和代际互助的现状以及它们怎样具体地影响子女赡养行为?

本研究利用2006年中国综合社会调查（CGSS2006）数据，探讨亲子情感亲密度和父母支持对中国农村地区子女赡养行为的影响。我们试图回答以下三个问题：第一，中国农村地区代间情感联系和代际互助的现状怎样？第二，亲子间情感亲密度对子女赡养行为具体内容的影响是否存在差异？如果存在差异我们怎么解释这一差异？第三，父母的近期支持和早年投资对于子女赡养行为的影响是怎样的？第四，情感亲密度和父母支持对赡养行为的影响是否存在性别差异？验证既有研究关于儿子与女儿在赡养父母行为中所表现出的动机或逻辑差异。

一　理论与假说

（一）交换理论与情感亲密度

交换理论有助于理解成年子女与父母间的情感关系和互助行为对子女赡养行为的影响。按照交换理论的解释框架，家庭内部的父母与子女之间存在一种付出与回报的交换关系，无论是出于经济利益、道

---

① Andreea Mitrut, Francois Charles Wolff. *A Causal Test of the Demonstration Effect Theory*. *Economics Letters*, 2009, 103 (1): 52-54.

② Silverstein, Merril & Conroy, Stephen J. & Wang, Haitao & Giarrusso, Roseann & Bengtson, Vern L. *Reciprocity in parent-child relations over the adult life course*. *Journal of Gerontology*: *Social Science*, 2002, 578 (1): S3-S13；杨菊华、李路路：《代际互动与家庭凝聚力——东亚国家和地区比较研究》，《社会学研究》2009年第3期，第26—53页。

德义务、情感需求还是契约维护，代际资源的流动和分配都表现为一种经济上、劳务上或者精神上的双向支持与互换。[①] 而子代赡养行为可以视为子女对父母早年养育之恩及之后广泛支持帮助的一种报答和回馈，是一种基于互惠原则的资源交换行为。萨林斯（Sahlins）提出了“一般性互惠”（generalized reciprocity）的概念来描述这一家庭内部的交换关系，指目的不在于即时回馈而是帮助受惠者的交换关系。这一交换模式受交换者间的社会距离限制，一般来说，亲密的社会关系意味着资源流动是由一般性互惠原则所指导；而由一般性互惠原则支配的资源转移也会使社会关系变得更加亲密。[②] 于是，成年子女与父母间的情感关系和互助行为影响子女赡养行为的逻辑就变得较为明晰：如果孩子与父母间关系很紧密，那么子女将更倾向于与亲代家庭保持联系，更可能在父母需要帮助时出于情感原因而自发照料和帮助父母。而来自父母不同生命阶段的长期支持有助于亲子间这种紧密情感联系的建立和维系。

情感作为一种生理状态，如何转化成个人行动，其背后的机制研究相对有限且有争议。[③] 常见的分析路径是情感—认知—行为，即认知作为中间变量不断地协调情感和行动之间的关系。王跃生的研究表明代际交换关系是一种基于彼此心理感知的关系[④]；而子代赡养父母依赖于血缘关系的承担和情感纽带。[⑤] 因此，情感亲密度成为促成成

---

① 吴小英：《第九章：代际关系》，转引自李培林主编《社会学与中国社会》，社会科学文献出版社 2009 年版，第 256—257 页。

② 陈皆明：《投资与赡养——关于城市居民代际交换的因果分析》，《中国社会科学》1998 年第 6 期，第 131—145 页。

③ 斯梅尔塞、斯威德伯格主编：《经济社会学手册》，华夏出版社 2009 年版，第 128—131 页。

④ 王跃生：《中国家庭代际关系的理论分析》，《人口研究》2008 年第 4 期，第 13—21 页。

⑤ Litwak, E. &Meyer, H. (1966). A balance theory of coordination between bureacratic organizations and community primary groups. A dministrative Science Quarterly, 11 (June): 31 – 58.

年子女支持照料老年父母的重要动机[①]。而情感紧密度主要是家庭生活积累的结果，这种家庭生活经验既包括感情亲密度的培养，还包括联系沟通、互帮互助等。有研究表明，父母仅仅将子女抚养大，没有在此基础上发生互助、互惠性质的交换关系，代际关系将会被削弱[②]。陈皆明[③]的研究发现，父母在近期给予子女的种种帮助，包括照看小孩、做家务、经济上的援助等会增加子女的反馈行为。另外，子代赡养行为与情感亲密度的关系间存在性别差异，有研究表明：成年女儿赡养父母的主要动力是情感因素，这与儿子不同，有学者分别将其归纳为“累积性责任”和“协商性责任”[④]。同时，钟情于代际互惠理论的学者有时将父母早期对子女投入的时间、精力和情感作为一项旨在换取未来子代回报的“投资”，而这种投资正是通过增强亲子间情感紧密度得以保证的[⑤]。

在现有的材料中，关于情感与子女赡养行为间的研究多是将情感作为其他变量作用的解释机制[⑥]，而少有将情感操作化，直接研究亲

① Lawton, Leora & Silverstein, Merril &Bengtson, Vern. Affection, Social Contact, and Geographic Distance between Adult Children and Their Parents. Journal of Marriage and Family, 1994, 56 (1): 57-68.

② 王跃生：《中国家庭代际关系的理论分析》，《人口研究》2008年第4期，第13—21页。

③ 陈皆明：《投资与赡养——关于城市居民代际交换的因果分析》，《中国社会科学》1998年第6期，第131—145页。

④ 唐灿、马春华、石金群：《女儿赡养的伦理与公平——浙东农村家庭代际关系的性别考察》，《社会学研究》2009年第6期，第18—36页。

⑤ 陈皆明：《投资与赡养——关于城市居民代际交换的因果分析》，《中国社会科学》1998年第6期，第131—145页。

⑥ 熊跃根：《中国城市家庭的代际关系与老人照顾》，《中国人口科学》1998年第69卷第6期，第15—21页；谢桂华：《老人的居住模式与子女的赡养行为》，《社会》2009年第5期，第149—167页；杨菊华、李路路：《代际互动与家庭凝聚力——东亚国家和地区比较研究》，《社会学研究》2009年第3期，第26—53页。

子间的情感对子女赡养行为的影响。仅在宋璐和李树茁[1]的一项研究中，我们发现他们将代际间的情感关系（非代间支持内容之一的情感支持或精神慰藉）操作化为因变量，研究其他代际支持（经济支持和日常照料）对代间情感关系的影响作用。

另外，虽然在本章第三节赡养行为的动机研究中已经考察了农村地区父母的经济支持和生活照料对于子代赡养行为的影响，但是在控制了代际情感关系变量后，这些变量对子女赡养行为的影响是否会发生变化并不是十分清楚。同时，基于儿子和女儿在赡养逻辑上的差异，关于亲子情感亲密度和父母支持对不同性别子女赡养行为的影响是否存在差异以及什么样的差异，也是有待验证的问题。

（二）研究假设

本研究旨从子女视角出发，探讨亲子间情感亲密度和父母支持与子女赡养行为间的关系。一般来说，子女赡养行为大致包含三方面内容，即经济支持、生活照料和精神慰藉。就亲子间情感亲密度而言，本研究分别从主观和客观两个维度测量。其中，主观维度采用的是子女对与父母相处关系好坏的自评；客观维度是让受访者报告其对父母过去一年给予情感支持（倾听父母心事和想法）的频繁程度。父母支持则是从父母近期给予受访者以经济支持和生活照料帮助的频繁程度作为近期支持的两个维度，另加受访者工作前的受教育水平作为早期父母支持的测量维度。基于既有研究的相关结论和相关理论推演，提出如下七个假设：

假设 1：在农村地区，与父母关系自评越好的受访者给予父母更多的生活照料和精神慰藉，但对经济支持没有影响。

假设 2：在农村地区，父母近期给予受访者越经常的情感支持，受访者给予父母更多的生活照料和精神慰藉，但对经济支持没有影响。

---

① 宋璐、李树茁：《当代农村家庭养老性别分工》，社会科学文献出版社 2011 年版，第 141—184 页。

既有研究表明，情感亲密度是成年子女支持照料父母的重要动机[①]，但这一研究结论是否适用于中国农村地区有待验证。同时，子女经济支持行为的逻辑往往不同于生活照料和精神慰藉，经济支持倾向于理性的经济行为，较多地受制于子女自身经济状况、父母需求等结构性因素，而生活照料和精神慰藉行为受到较多代间情感性因素的影响。尤其在中国农村地区，缘于经济发展的制约和传统规范的约束，子女给予父母的各项支持尤其是经济支持更多地依赖于父母通过压低生活标准得以实现[②]，子女对父母的支持一定程度上是一种仪式性给予[③]，它表明子女对既有社区规范的顺从，而不是依据父母的需求。因此，父母与子女之间的情感亲密度可能只影响子女给予父母的生活照料和精神慰藉，而不影响经济支持行为或者影响有限。

假设3：父母近期给予子女越频繁的经济支持，子女会给予父母越少的经济支持，而对生活照料和精神慰藉没有影响。

假设4：父母近期给予子女越频繁的生活照料，子女会给予父母越多的各项支持。

既有研究只是表明了父母的近期支持和帮助有助于提升来自子女的反馈支持，但其间不同机制相互影响极为复杂，导致研究结果的不确定和不一致。比如父母提供较多的经济支持表明自身的经济实力较为雄厚，其子女可能给予父母更少的经济支持。其次，父母与子女相比，父母拥有闲暇优势，提供劳务支持的成本相对较小，而子女拥有经济优势，提供经济支持的成本相对较小，因而父母提供经济支持和劳务支持不一定能换来子女的劳务支持。又如近期父母给予子女频繁

---

① Lawton, Leora & Silverstein, Merril &Bengtson, Vern. Affection, Social Contact, and Geographic Distance between Adult Children and Their Parents. Journal of Marriage and Family, 1994, 56 (1): 57 -68.

② 杨善华、贺常梅：《责任伦理与城市居民的家庭养老——以“北京市老年人需求调查”为例》，《北京大学学报》（哲学社会科学版）2004年第1期，第71—84页。

③ Logan, John R. and Fuqin Bian. *Parents' Needs, Family Structure, and Regular Intergenerational Financial Exchange in Chinese Cities.* Sociological Forum. 2003, 18: 85 -101.

的生活照料意味着代际互动较为频繁，而这一频繁的互动有可能增加代际冲突，造成代际关系的疏离，表现为子代给予父母更少的精神慰藉。

假设5：子女工作前的受教育水平越高，越可能给予父母更多的各项支持。

父母对子女的投资既包括近期的经济、生活和情感等各项支持，也包括早期的帮助，比如父母为子女结婚时所花费的费用、婚后的居住情况等。其中，伴随现代教育体系的建立，教育投入在当下社会日益成为父母对子女的一项重要“投资”。而教育也日益成为影响社会发展和个人发展的重要因素，家庭对子女教育的投入会影响子女未来的智力、知识和技能。有研究将子女的受教育水平作为测量父母投资子女的指标[①]，受教育年限越长，说明父母对子女教育的投资越多。而较高的受教育水平，意味着子女在成年后更可能获得较好的经济收益，作为对父母投资的回报，更愿意也更有能力在父母年老时为父母提供更多的经济支持。[②] 同时，教育的“启蒙意义”为子女感知老年父母各方面需求提供了更大的可能性。

假设6：相比于儿子，父母近期对女儿的情感支持可以换来女儿更多的生活照料和精神慰藉。

假设7：相比于儿子，父母近期对女儿的生活照料可以换来女儿更多的生活照料和精神慰藉。

子女赡养父母行为存在性别差异，有研究表明，儿子对父母的赡养（包括经济支持和日常照料）中发挥了主要作用，而女儿更多扮演为父母提供情感沟通和日常生活照料等辅助性支持的角色。[③] 子女性

---

① Yean-Ju Lee, William L. Parish and Robert J. Willis. Sons, Daughters, and Intergenerational Support in Taiwan. American Journal of Sociology Volume 99, No. 4 (Jan, 1994): 1010 - 1041.

② 伍海霞：《家庭子女的教育投入与亲代的养老回报——来自河北农村的调查发现》，《人口与发展》2011年第1期，第29—37页。

③ 张文娟、李树茁：《代际支持对高龄老人身心健康状况的影响研究》，《中国人口科学》2004年增刊，第37—42页；谢桂华：《老人的居住模式与子女的赡养行为》，《社会》2009年第5期，第149—167页。

别在赡养行为实践中表现出的这一差异与中国父系制的延续有关。在这一体系中，儿子被赋予正式和刚性的养老任务，因而对老年父母最基本的经济需求有根本性义务；而女儿更多出于情感性因素以及女性在生活照料和精神慰藉方面特有的先天优势，因而女儿相对儿子在给予父母的经济支持和生活照料中表现出重要作用。同时，缘于女儿和儿子在赡养逻辑上的差异：女儿与老年父母间的代际交换更多的是补偿性的"均衡交换"形式，而儿子与父母间倾向于一种更长期的"契约"①。因而，面对父母生活照料和情感方面的支持，女儿会更及时地做出反馈。

二 数据、变量和方法

本研究所使用数据资料来源于 2006 年中国综合社会调查（CGSS2006），该数据的详细情况见前述章节。结合本节主题，笔者选取回答了家庭问卷的农村样本，且其父母至少有一方仍然在世的非学生样本②，共获得有效样本 618 个。

本书将子女赡养行为界定为成年子女给予父母的经济支持、生活照料和精神慰藉三方面的支持和帮助，将之作为被解释变量（因变量）。具体操作化为过去一年受访者对自己父母提供上述三方面帮助的频繁程度③（完全没有 = 1；很少 = 2；有时 = 3；经常/很经常 = 4），其中，经济支持以给钱频度测量，生活照料以帮助料理家务（如打扫、准备晚餐、买东西、代办杂事等）或照顾小孩或其他家人的频度测量，精神慰藉以倾听父母的心事或想法的频度测量。

本研究的解释变量（自变量）包括对与父母相处关系好坏的自

① 宋璐、李树茁：《当代农村家庭养老性别分工》，社会科学文献出版社 2011 年版，第 141—184 页。

② 鉴于学生和工作的成年子女在赡养父母方面有较大差异（尤其是在经济支持方面）且学生样本相对较少，因而剔除了学生样本（剔除过程使用了问卷中"B1b"和"A11"两题）。

③ 需要注意的是，此处的频繁程度既不反映数量的多少（如就经济支持而言，"经常"不一定比"很少"在数额上更大），也缘于每个人衡量标准的差异而存在较强的主观性。

评、父母近期给予受访者的情感支持频度、父母近期给予受访者的经济支持频度、父母近期给予受访者的生活照料频度和受访者工作前的受教育水平，前两个变量作为情感紧密度的操作变量，后三个作为父母支持的操作变量。

就亲子间情感亲密度而言，本研究分别从主观和客观两个维度测量。其中，主观维度采用的是子女对与父母相处关系好坏的自评，设置了"很不好"、"不好"、"无所谓好不好"、"好"和"很好"五个选项。问卷中分别询问了受访者与父亲和母亲相处得好不好，本研究选取父母健在且关系好者为代表。由于只有6个样本选择与父母关系"不好"或"很不好"，故将其合并入"无所谓好不好"选项。因这一变量是定序变量，在变量向度上有递增趋势，故将其作为连续变量处理，考察该变量的变化趋势对因变量的影响，而没有将该变量做虚拟化处理。情感亲密度的客观测量维度是让受访者报告其父母过去一年给予情感支持（倾听子女心事和想法）的频繁程度（完全没有=1；很少=2；有时=3；经常/很经常=4）。

对于父母支持的操作变量来说，分为近期支持和早期支持。父母的近期支持则包括父母近期给予受访者的经济支持（给钱）和生活照料（帮助料理家务）频繁程度两个变量（完全没有=1；很少=2；有时=3；经常/很经常=4）。父母的早期支持选取的是受访者工作前的受教育水平，因为这一变量相对受访者的受教育水平而言更能测量父母对其投资的多少。本研究将这一变量划分为未上过学（包括扫盲班）、小学、初中和高中及以上四类受教育水平，并对其进行虚拟化处理。

控制变量主要包括受访者信息与其父母信息两大类。受访者信息主要包括性别、年龄、个人收入、个人社会经济地位自评、婚姻状况和是否与父母同住等控制变量。其中，个人收入是以受访者过去一年（2005年）的全年总收入作为测量指标，该变量中不清楚和拒绝回答的样本数小于5%，故以均值代替。同时，为了使收入变量呈正态分布，且波动不过于剧烈，将其取对数处理，其中收入原始值如果为0，在其取对数后仍赋值为0。个人过去一年的总收入从客观角度测量了子女的社会经济地位，而个人社会经济地位自评则从受访者的主观角度测量其社会经济地位。由于只有18个样本选择“上层”和“中上层”，故将该变量合并成一个三分变量：中层及以上、中下层和下层。婚姻状况被设置为一个虚拟变量，已婚且配偶健在者赋值为1，其他则赋值为0。其中，是否与父母同住在我们的研究中用一个虚拟变量（与父母同住 =1）表示，父母当中只要有一人与受访者同住在此处都算作与父母同住。受访者父母信息则包括父母受教育年限和父母健康状况两个变量。父母受教育年限选取父母双方中受教育程度较高者，其他操作同对受访者受教育年限的操作。父母健康状况是由受访者报告评估，选取父母中健在的、健康状况较差的那位为代表。

本节所用研究方法与第三节相同，此处不再赘述。

三 结果与分析

关于中国农村地区子女赡养行为的描述性分析可参见本章第四节“结果与分析”部分的讨论，此处不再赘述。

（一）代间情感亲密度的描述性分析

表6—13从多个维度给出了反映代间情感亲密度的变量。整体来看，受访者与父母间保持了良好的关系和频繁的情感互动，因而可以说亲子间的关系非常紧密；受访者对待父亲和母亲也没有显著的差异。具体来看，近六成的受访者均表示其与父亲（59.2%）或者母亲（58.6%）每周至少见面一次；但也有近10%的受访者报告自己与父亲（9.6%）或者母亲（8.9%）每年难得见上一面。就见面外的其他联系而言，五成左右的受访者报告自己与父亲（53.2%）或者母亲（49.8%）进行电话或者书信等联系至少一周一次；但仍然有一成左右的受访者表示自己与父亲（9.7%）或者母亲（12.5%）进行电话或者书信等联系一年难得一次。关于询问受访者与父母相处情况，九成以上（父母分别是94.2%和94.0%）的受访者都自评自己与父母相处得“好”或者“很好”。而从子女的角度出发，询问受访者的父母近期给予的情感支持频度，49.8%的受访者报告其父母“有时”、“经常”或者“很经常”给予受访者情感支持。

表 6—13　　代间情感亲密度的描述性统计情况　　单位:%

选项	几乎每天	一周数次	约一周一次	约一月一次	一年数次	约一年一次	一年少于一次	样本量(个)
与父亲多久见面一次[a]	32.13	13.21	13.81	18.32	12.91	6.01	3.60	333
与母亲多久见面一次[b]	30.61	14.72	13.32	18.46	14.02	5.14	3.74	428
除见面外，与父亲多久联系一次（电话、书信等）[c]	15.73	17.23	20.22	20.60	16.48	3.00	6.74	267
除见面外，与母亲多久联系一次（电话、书信等）[d]	14.20	17.97	17.68	20.29	17.39	3.77	8.70	345
选项	很不好	不好	无所谓好不好	好	很好	—	—	样本量
与父亲相处情况[e]	0.22	0.67	4.90	65.70	28.51	—	—	449
与母亲相处情况[f]	0.37	0.55	5.13	64.84	29.12	—	—	546
选项	完全没有	很少	有时	经常	很经常	—	—	
父母的情感支持频度	23.46	26.70	33.50	14.40	1.94	—	—	618

说明：a、b、c 和 d 的样本不包含与父母同住者；e 和 f 只包含相应地在世样本。

（二）父母支持的描述性分析

表 6—14 给出了多项父母支持的分布情况。就父母近期的经济支持频度而言，78.8% 的受访者报告父母近期“完全没有”或者“很少”给予自己帮助。同时有 49.4% 的受访者表示自己结婚以来，父母就没有在金钱上帮助过自己。可见，随着子女进入青壮年经济实力日益增长而父母的经济能力却在下降，故父母给予子女经济支持已非其优势。父母给予子女近期的生活照料频度高于父母给予的经济支持，但也有限，有 41.9% 的受访者报告父母近期“有时”、“经常”或者“很经常”给予自己生活照料。我们用受访者工作前的受教育水平作

为父母对子女早期投资的一项测量，从表 6—14 中可以看出，46.0% 的受访者是初中文化水平，高中及以上文化水平的受访者只占 11.5%。

表 6—14　　父母支持的描述性统计情况　　单位：%

选项	完全没有	很少	有时	经常	很经常
父母近期的经济支持	60.36	18.45	13.92	6.47	0.81
父母近期的生活照料	37.54	20.55	20.71	17.15	4.05
选项	未上过学	小学	初中	高中及以上	
工作前的受教育水平	12.46	30.10	45.95	11.49	
选项	非常多	有一些	没有	父母当时都已去世	样本量
结婚以来，父母是否在金钱上帮助过您	3.85	46.24	49.36	0.55	545

（三）情感亲密度和父母支持对子女赡养行为影响的 Logistic 回归分析

自变量和控制变量的描述性分布由表 6—15 第二列的“描述统计”给出。自变量的一些描述性分析已在前文有所讨论，而控制变量也在第四节的定序 Logistic 回归分析部分已有讨论，故此处不再赘述。

表 6—15 给出了影响子女赡养父母行为的因素的估计值。模型（1）—（5）、（6）—（10）和（11）—（15）分别给出了子女给予父母各项支持的回归估计，为校正整群抽样可能带来的偏差，所有模型报告的皆是稳健标准误（Robust Standard Errors）。就各因变量而言，第一组模型［模型（1）、（6）和（11）］是只包含控制变量的基准模型；第二［模型（2）、（7）和（12）］和第三个模型［模型（3）、（8）和（13）］分别是加入了情感亲密度和父母支持变量后的嵌套模型；第四组模型［模型（4）、（9）和（14）］则是同时加入情感亲密度、父母支持变量和控制变量后的嵌套模型；第五组模型［模

型（5）、(10）和（15）］则是在第四个模型的基础上加入交互项后的交互模型。比较各因变量内部各模型［模型（1）—（5）、(6）—（10）和（11）—（15）］，可以发现，各自变量和控制变量对因变量的统计估计基本稳定。由于当模型中存在交互项（高次项）时，对构造交互项（高次项）的低次项进行统计检验的结果是不确定的①，故在分析时主要参照第四组模型［模型（4）、(9）和（14）］的估计结果，而不是交互模型的估计结果。

检视代间情感亲密度对受访者赡养行为的影响，我们发现，与父母关系的自评显著影响子女给予父母的生活照料（$\alpha=0.01$②）和精神慰藉（$\alpha=0.001$）的频繁程度，但对经济支持影响频度不显著。即报告自己与父母相处越好的受访者越可能报告给予父母更经常的生活照料和精神慰藉，但对经济支持的影响不具有统计学意义上的推论性，假设1得到验证。父母近期的情感支持显著影响子女给予父母的生活照料（$\alpha=0.05$）和精神慰藉（$\alpha=0.001$）的频繁程度，但对经济支持频度影响不显著。即受访者报告父母近期给予自己越经常的情感支持，受访者越可能报告自己给予父母更经常的生活照料和精神慰藉，但对经济支持的影响不具有统计学意义上的推论性，这一结果与假设2一致。需要说明的是，情感亲密度的两个测量变量在未加入父母支持变量的模型中分别在10%和5%的统计水平上显著，可见情感亲密度和子女给予父母经济支持之间确实存在联系，只是这种联系并不突出，一旦控制了与情感亲密度具有一定相关性的父母支持变量后，缘于条件性和共线性等原因，情感亲密度的影响就变得愈加不明显。

就父母支持对子女赡养行为的影响而言，我们发现，父母近期给予子女经济支持频度对子女支持父母的各项内容均不显著，这与假设3略有出入。假设3中预测父母的近期经济对子女给予父母的经济支

① 谢宇：《回归分析》（修订版），社会科学文献出版社2013年版，第243—246页。

② 如无特殊说明，显著性主要来源于第四组模型［模型（4）、(9）和（14）］。

表 6—15 情感亲密度和父母支持对子女赡养行为影响的定序 Logistic 模型

变量	描述统计	经济支持					生活照料					精神慰藉				
		(1)	(2)	(3)	(4)	(5)	(6)	(7)	(8)	(9)	(10)	(11)	(12)	(13)	(14)	(15)
情感亲密度																
与父母的关系自评	2.249 [0.536]		0.229 + (0.134)		0.216 (0.135)	0.216 (0.134)		0.379 * (0.151)		0.459 ** (0.150)	0.438 ** (0.149)		0.717 *** (0.153)		0.675 *** (0.157)	0.664 *** (0.157)
父母近期情感支持	2.427 [1.021]		0.187 * (0.090)		0.140 (0.103)	0.213 (0.160)		0.503 *** (0.092)		0.252 * (0.103)	0.265 (0.164)		1.194 *** (0.121)		1.301 *** (0.127)	1.363 *** (0.169)
父母支持																
近期经济支持	1.681 [0.966]			-0.013 (0.122)	-0.029 (0.126)	-0.030 (0.126)			0.158 (0.107)	0.140 (0.104)	0.144 (0.102)			0.056 (0.102)	-0.071 (0.098)	-0.068 (0.098)
近期生活照料	2.256 [1.169]			0.164 + (0.095)	0.102 (0.104)	0.093 (0.139)			0.523 *** (0.099)	0.424 *** (0.105)	0.275 + (0.143)			0.323 ** (0.098)	-0.157 + (0.094)	-0.253 * (0.119)
受教育程度(未上过学为参照组)																
小学	0.301 [0.459]			0.520 * (0.247)	0.516 * (0.249)	0.533 * (0.251)			0.450 + (0.265)	0.440 (0.269)	0.403 (0.270)			0.421 (0.278)	0.497 + (0.282)	0.482 + (0.281)
初中	0.460 [0.499]			0.727 ** (0.256)	0.693 ** (0.264)	0.724 ** (0.270)			0.435 (0.279)	0.396 (0.285)	0.345 (0.285)			0.477 (0.296)	0.515 + (0.298)	0.503 + (0.296)

续表

变量	描述统计	经济支持					生活照料					精神慰藉				
		(1)	(2)	(3)	(4)	(5)	(6)	(7)	(8)	(9)	(10)	(11)	(12)	(13)	(14)	(15)
高中及以上	0.115 [0.319]			0.714 * (0.338)	0.620 + (0.350)	0.647 + (0.357)			0.988 ** (0.356)	0.863 * (0.364)	0.809 * (0.361)			0.956 ** (0.348)	0.745 * (0.370)	0.728 * (0.368)
交互项																
女性 β_1 父母近期的情感支持					-0.122 (0.203)					-0.015 (0.206)					-0.106 (0.200)	
女性 β_2 父母近期的生活照料					-0.002 (0.177)					0.329 * (0.180)					0.197 (0.163)	
控制变量																
女性	0.510 [0.500]	-0.894 *** (0.175)	-0.858 *** (0.179)	-0.654 ** (0.190)	-0.677 *** (0.192)	-0.378 (0.444)	-0.366 * (0.173)	-0.286 + (0.172)	0.046 (0.194)	0.010 (0.195)	-0.688 (0.489)	-0.333 + (0.172)	-0.148 (0.181)	0.000 (0.194)	-0.090 (0.206)	-0.283 (0.549)
年龄	38.2 [10.3]	0.024 ** (0.009)	0.026 ** (0.009)	0.035 ** (0.010)	0.034 ** (0.010)	0.034 ** (0.010)	0.013 (0.009)	0.021 * (0.009)	0.036 *** (0.010)	0.036 *** (0.010)	0.036 *** (0.010)	-0.002 (0.009)	0.013 (0.009)	0.013 (0.010)	0.011 (0.010)	0.011 (0.010)
个人收入对数值	0.546 万元 [0.707]	0.112 * (0.044)	0.116 * (0.046)	0.112 * (0.046)	0.117 * (0.047)	0.117 * (0.046)	0.043 (0.050)	0.045 (0.046)	0.039 (0.050)	0.048 (0.047)	0.047 (0.046)	0.057 (0.046)	0.046 (0.041)	0.053 (0.046)	0.044 (0.041)	0.043 (0.041)

续表

变量	描述统计	经济支持					生活照料					精神慰藉				
		(1)	(2)	(3)	(4)	(5)	(6)	(7)	(8)	(9)	(10)	(11)	(12)	(13)	(14)	(15)
个人社会经济地位自评（下层为参照组）																
中下层	0.262 [0.440]	0.100 (0.174)	0.097 (0.176)	0.056 (0.178)	0.061 (0.179)	0.048 (0.180)	-0.011 (0.170)	-0.020 (0.171)	-0.051 (0.175)	-0.046 (0.176)	-0.041 (0.174)	-0.003 (0.174)	-0.020 (0.183)	-0.045 (0.176)	-0.026 (0.185)	-0.034 (0.183)
中层及以上	0.291 [0.455]	0.482* (0.187)	0.429* (0.193)	0.398* (0.192)	0.384* (0.194)	0.376+ (0.194)	-0.026 (0.192)	-0.131 (0.193)	-0.184 (0.198)	-0.189 (0.195)	-0.172 (0.194)	0.398* (0.190)	0.241 (0.190)	0.278 (0.198)	0.228 (0.195)	0.233 (0.194)
已婚有偶	0.880 [0.325]	0.864** (0.291)	0.922** (0.295)	0.837** (0.316)	0.870** (0.315)	0.871** (0.315)	0.293 (0.294)	0.382 (0.301)	0.400 (0.303)	0.451 (0.304)	0.439 (0.299)	0.229 (0.285)	0.455 (0.298)	0.279 (0.287)	0.439 (0.301)	0.428 (0.233)
与父母同住	0.290 [0.454]	0.573** (0.208)	0.482* (0.215)	0.497* (0.230)	0.467* (0.228)	0.466* (0.229)	1.220*** (0.205)	1.093*** (0.206)	0.983*** (0.215)	0.969*** (0.214)	0.986*** (0.212)	0.759*** (0.194)	0.482* (0.191)	0.633** (0.203)	0.595** (0.203)	0.605** (0.203)
父母受教育年限	3.913 [3.851]	0.019 (0.023)	0.012 (0.023)	0.007 (0.023)	0.003 (0.023)	0.002 (0.023)	0.008 (0.021)	-0.011 (0.021)	-0.011 (0.021)	-0.022 (0.022)	-0.020 (0.022)	0.024 (0.021)	-0.004 (0.023)	0.011 (0.022)	-0.012 (0.024)	-0.011 (0.024)
父母健康评价（“好”为参照组）																

续表

变量	描述统计	经济支持					生活照料					精神慰藉				
		(1)	(2)	(3)	(4)	(5)	(6)	(7)	(8)	(9)	(10)	(11)	(12)	(13)	(14)	(15)
一般	0.131 [0.338]	−0.333 (0.206)	−0.264 (0.214)	−0.281 (0.211)	−0.228 (0.219)	−0.234 (0.221)	−0.059 (0.201)	0.060 (0.212)	0.063 (0.208)	0.186 (0.218)	0.180 (0.217)	−0.114 (0.207)	0.098 (0.236)	−0.053 (0.206)	0.072 (0.239)	0.071 (0.239)
不好	0.273 [0.446]	−0.310 $^{+}$ (0.183)	−0.298 (0.182)	−0.286 (0.185)	−0.283 (0.184)	−0.290 (0.184)	0.089 (0.174)	0.084 (0.176)	0.162 (0.183)	0.181 (0.185)	0.227 (0.190)	0.381 * (0.176)	0.438 * (0.186)	0.432 * (0.177)	0.421 * (0.187)	0.444 * (0.191)
Cut1		0.482 (0.629)	1.532 (0.734)	1.812 (0.798)	2.402 (0.840)	2.579 (0.859)	−0.771 (0.665)	1.480 (0.771)	1.987 (0.792)	3.327 (0.883)	2.903 (0.897)	−1.598 (0.646)	2.915 (0.726)	0.261 (0.814)	2.962 (0.854)	2.830 (0.865)
Cut2		1.916 (0.636)	2.974 (0.741)	3.264 (0.808)	3.859 (0.849)	4.035 (0.866)	0.792 (0.665)	3.119 (0.780)	3.647 (0.807)	5.021 (0.902)	4.613 (0.911)	0.334 (0.626)	5.251 (0.735)	2.239 (0.804)	5.315 (0.866)	5.189 (0.873)
Cut3		3.683 (0.657)	4.764 (0.762)	5.058 (0.828)	5.666 (0.868)	5.843 (0.886)	2.258 (0.672)	4.678 (0.795)	5.230 (0.819)	6.642 (0.920)	6.242 (0.929)	2.224 (0.631)	7.710 (0.776)	4.187 (0.819)	7.803 (0.905)	7.680 (0.908)
样本量	614	614	614	614	614	612	612	612	612	612	614	614	614	614	614	
−2Log Likelihood(Final)	−775 ***	−770 ***	−769 ***	−766 ***	−766 ***	−784 ***	−758 ***	−752 ***	−741 ***	−738 ***	−752 ***	−646 ***	−738 ***	−641 ***	−640 ***	
伪 R^2	0.060	0.065	0.067	0.070	0.070	0.042	0.072	0.081	0.094	0.097	0.031	0.168	0.048	0.174	0.175	

说明：$^{+}$ $p<0.1$，* $p<0.05$，** $p<0.01$，*** $p<0.001$（双尾检验）。

持有负向影响，而在我们的研究结果中虽然这一回归系数是负号，但不能达到相应统计水平（如5%）的显著性要求，因而并不具有推论总体的意义。所以我们并没有把握依据假设中所说，认为如果亲代给予子代较多经济支持，意味着自身较高的经济实力，子代则会相应减少对父母经济的反馈。可见，父母的需求及自身的现实并不决定子代给予父母的经济支持，其在一定程度上具有仪式性作用[①]，即子女需要给予父母必要的赡养资源尤其是经济支持，以向外界宣称自己对于既有道德规范的遵守。

同样，父母近期给予子女生活照料频度对子女支持父母的生活照料（α=0.001）有显著正向影响，对精神慰藉的负向影响在10%的统计水平上显著，而对经济支持影响不显著，这一研究结果与我们的假设4有较大不同。首先，就子女的经济支持而言，父母近期生活照料的影响在未加入情感亲密度变量前的模型中在10%的统计水平上显著且是正向影响，可见父母近期生活照料对子女给予经济支持是具有正向影响趋势的。但仍然如前文所述，子女经济支持所具有的象征意义（仪式性给予）意味着父母的诸多功能性支持甚至于前文中的情感亲密度对子女给予父母经济支持的影响都极为有限。其次，就子女给予父母的精神慰藉研究结果而言，验证了我们在研究假设部分提到的亲子间过于频繁的互动也可能增加这一过程中的摩擦和冲突。因而，就出现了我们模型中的情况：在未加入情感亲密度变量之前，父母近期的生活照料（α=0.01）支持显著影响子代给予父母的精神慰藉频度；而在加入之后，父母近期生活照料的影响方向发生了变化，当然这一影响只是边际显著（α=0.1）。可见，父母的近期日常照料整体上还是促进子女给予父母精神慰藉的，只是这种影响主要通过代间情感亲密度起间接作用。

就父母的早期支持：子女工作前的受教育水平而言，我们的研究发现，整体上子女工作前获得的教育水平对子女的赡养行为有显著的

① Logan, John R. and Fuqin Bian. *ParentsNeeds, Family Structure, and Regular IntergenerationalFinancial Exchange in Chinese Cities. Sociological Forum.* 2003, 18: 85-101.

正向影响，即子女工作前的受教育水平越高，其更可能给予老年人更多的各项支持，这与我们的假设 5 一致。

就我们在模型中设置的两个交互项（女性受访者和其父母近期给予情感支持的交互项以及女性受访者和其父母近期给予生活照料的交互项）而言，只有女性和父母近期给予生活照料的交互项对子女给予父母的生活照料（α = 0.05）有正向的显著影响。这表明，相比于儿子，父母近期给予女儿生活照料可以获得更多来自女儿生活照料方面的反馈支持，即父母近期给予女儿的日常照料支持能获得更即时有效的生活照料回报，我们的假设 6 和假设 7 部分得到验证。可见，儿子和女儿赡养行为逻辑的差异在父母功能性支持对子代赡养行为的影响中有明显表现，而在父母情感性支持对子代赡养行为的影响中表现不明显。

就控制变量而言，相比于男性，女性给予父母更少的经济支持，但子女给予父母的生活照料和精神慰藉没有显著的性别差异。年龄对子女给予父母的经济支持（α = 0.01）和生活照料（α = 0.001）频度有显著的正向影响，但对精神慰藉频度没有显著影响。受访者的年收入水平对其提供经济支持的频度（α = 0.05）有显著影响，而对提供生活照料和精神慰藉频度没有显著影响。社会经济地位显著影响子代给予父母的经济支持频度（α = 0.05），而对提供生活照料和精神慰藉频度没有显著影响，表现为相对于自我评价社会经济地位为下层的样本，选择中层及以上的样本更经常地给予父母经济支持。婚姻状况显著影响子代给予父母的经济支持频度（α = 0.01），而对生活照料和精神慰藉频度的影响不显著，表现为相对于非在婚（未婚/分居/离婚/丧偶）的样本，已婚有偶的样本给予父母更经常的经济支持。父母的受教育水平对子女的赡养行为没有显著影响。父母的健康情况显著影响子女提供精神慰藉的频繁程度（α = 0.05），而对经济支持和生活照料频度没有显著影响，表现为子女给予身体不健康的父母更多的精神慰藉。

四　结论与讨论

本书利用 CGSS2006 数据考察了中国农村地区代间情感亲密度和

父母支持对子女赡养行为的影响。研究发现，代间情感亲密度确实会影响子女的赡养行为，当然影响的程度和大小会因赡养内容的不同而存在差异：整体而言，代间情感亲密度对子女给予老年人的精神慰藉影响最大，其次是生活照料，而对经济支持的影响不具有推论意义。自评与父母相处越好的受访者越可能报告自己给予父母更多的精神慰藉和生活照料；父母近期给予受访者越经常的情感支持，受访者也越可能报告自己给予父母更经常的精神慰藉和生活照料。

父母近期的功能性支持（包括经济支持和生活照料）一定程度上影响子女的赡养行为。具体表现在父母近期给予子女的生活照料对子女给予父母生活照料有显著的正向影响；在不控制代间情感亲密度的情况下，父母近期给予子女的生活照料也会显著正向影响子女给予父母的精神慰藉。但一旦控制了代间情感亲密度，日常互动增加可能导致代间摩擦和冲突增加，继而影响代际关系，在模型中就表现为父母近期日常照料对子代给予父母的精神慰藉有负向影响，虽然这一影响只在10%的统计水平上显著，但这一影响不容忽视。

上述研究结果表明，代际的功能性互动（包括经济支持和生活照料）有助于代际间情感的交流，加深代间情感亲密度，进而影响子女给予父母的各项代际支持尤其是情感支持。这与既有研究中关于情感亲密度是成年子女支持照料父母的重要动机[①]的结论相一致。

而且，我们的研究进一步细化了这一研究结论：子女给予父母的生活照料和情感支持行为对情感因素的影响更敏感，代际互惠理论对这两方面的赡养内容具有更充分的解释力。而子女给予父母的经济支持行为则主要受子女的经济条件等结构性因素的影响，无论是代际间的功能性互助还是情感性互助对子女给予父母的经济支持影响都较为有限，对父母提供经济支持一定意义上成为了子女的一种仪式性表达，以表明自己对社会道德规范的遵从。因而，情感亲密度对成年子女支持赡养父母行为的不同内容具有不同影响。

---

① Lawton, Leora & Silverstein, Merril &Bengtson, Vern. Affection, Social Contact, and Geographic Distance between Adult Children and Their Parents. Journal of Marriage and Family, 1994, 56 (1): 57 - 68.

另外，我们的研究还发现，情感亲密度和父母近期支持对子女赡养行为的影响存在性别差异。具体而言，我们发现，相比于儿子，父母近期给予女儿的生活照料可以换来女儿更多的生活照料和精神慰藉。但是父母近期给予子女的情感支持对子女赡养行为的影响并不存在显著的性别差异，这与既有研究发现情感亲密度对成年女儿给予父母代际支持有直接影响而对儿子影响微弱的结论[①]不完全一致。我们的研究发现无论儿子还是女儿，情感亲密度对他们给予父母支持尤其是精神慰藉和生活照顾都有显著影响。而儿子和女儿的性别差异表现在对父母近期生活照料的回馈，女儿表现得更为积极。这一结果可以进一步验证宋璐和李树茁[②]提出的“女儿与老年父母间的代际交换更多的是补偿性的‘均衡交换’形式，而儿子与父母间倾向于一种更长期的‘契约’”这一结论。即女儿赡养老人的这种即时性的“均衡交换”逻辑可以解释女儿在面对父母近期的生活照料支持时会给予父母更多即时性的支持尤其是女性擅长的日常照料性支持。同时，这也进一步佐证了在上一节中谈到的子代赡养行为的两套动力系统：女儿的“情分”和“良心”压力以及儿子的“名分”和“责任”压力[③]。情分来源于血缘亲情和日常互动，而名分来自于规范和继承。

总之，在现代性的市场交换逻辑日益深入中国人尤其是年轻人内心的背景下，代际互惠逻辑正日益凸显。代际间日常互动有助于提升亲子间的情感亲密度，而情感亲密度又进一步促进代间互动。但这些代间互助主要集中于亲子间的情感交流和劳务协助，经济支持往往保留了更多传统的特色。比如老年人的经济支持主要还是来源于儿子而不是女儿，又如子女给予父母的经济支持较少地受亲子间互动和情感

① Silverstein, Merril & Bengton, Vern L. Intergenerational Solidarity and the Structure of Adult Child-Parent Relationships in American Families. The American Journal of Sociology, 1997, 103 (2): 429 - 460.

② 宋璐、李树茁：《当代农村家庭养老性别分工》，社会科学文献出版社 2011 年版，第 141—184 页。

③ 唐灿、马春华、石金群：《女儿赡养的伦理与公平——浙东农村家庭代际关系的性别考察》，《社会学研究》2009 年第 6 期，第 18—36 页。

因素的影响。同时，女儿与父母间的互动更倾向于一种即时性互惠，而儿子更可能是一种长久契约。我们有理由相信，如果通过完善社会保障制度解决老年人晚年的经济问题，将会进一步促进和谐代际关系的建立和稳固。

第六节　孝道观念、家庭价值观与赡养行为[①]

孝道观念和家庭主义价值是中国传统社会典型的文化价值，不仅提供了家庭成员日常互动的基本原则，更成为一种维护和促进以家族（家庭）为基本单位的社会稳定的重要机制。社会变迁改变了中国人的价值观念和家庭价值观，这些观念的改变又将如何影响和改变家庭成员的行为，是一个长期备受学界关注的问题。

学者杨国枢的研究表明，我国台湾地区在从传统农业社会逐渐转型为现代工商社会的过程中，传统的旧孝道正逐渐为现代的新孝道所代替，他强调新孝道不仅不是“一种勉强的支持父母的态度与行为”，反而是一种“自我实现的重要手段与途径”[②]。内地也存在类似的现代化过程，传统孝道的观念与行为标准在发生变化。比如，对大学生孝道观念的调查研究表明，大学生提倡基于亲子间平等的孝，重视对父母的精神赡养等[③]；同时，“继志述事”、“事死”等传统孝道规范呈弱化趋势[④]。李琬予等[⑤]通过访谈和实验研究了城市中年子女赡养

---

① 本节与前几节存在一点较大不同，前几节考察的主要是农村地区样本，而本节出于对社区情理因素（被操作化为城市社区和农村社区）的研究，考察的是城市和农村样本，故在此说明，提醒读者注意。

② 杨国枢：《现代社会的新孝道》，转引自叶光辉、杨国枢《中国人的孝道：心理学的分析》，重庆大学出版社 2009 年版，第 44—45 页。

③ 邓凌：《大学生孝道观的调查研究》，《青年研究》2004 年第 11 期，第 38—42 页。

④ 刘新玲：《对传统“孝道”的继承和超越——大学生“孝”观念调查》，《河北科技大学学报》（社会科学版）2005 年第 5 卷第 2 期，第 68—72 页。

⑤ 李琬予、寇彧、李贞：《城市中年子女赡养的孝道行为标准与观念》，《社会学研究》2014 年第 3 期，第 216—240 页。

的孝道行为标准与观念在现实实践中的权变，他们发现，城市中年子女将同龄人中多数人的赡养孝行视为孝行标准，并在面临赡养困境时会对自己孝行水平和孝道观进行调整。那么，孝道观念的改变与子女赡养行为间存在怎样的关系呢？

其次，伴随孝道观念的变迁，义务本位的传统家庭主义价值观也遭受了权利本位的个体主义价值观的挑战。刘汶蓉利用全国调查数据，从四个维度考察了中国人家庭价值观的变迁情况，她发现，中国人家庭整体利益观和为家人承担责任的观念未受到现代化冲击，但代际间和合共生的利他主义观念整体趋弱，家庭幸福被视为自我价值实现的一部分①。

基于上文的讨论，本文利用 2006 年中国综合社会调查（CGSS2006）数据，探讨孝道观念、家庭价值观对子女赡养父母行为的影响。我们试图回答以下三个问题：第一，中国人的孝道观念、家庭价值观呈现一种什么状态，发生了怎样的变化，以及这种现状和变化在城乡之间是否存在差异？第二，孝道观念和家庭价值观分别对子女赡养行为有怎样和多大程度的影响？第三，孝道观念和家庭价值观对子女赡养行为的影响是否存在城乡差异以及这种差异是怎样的？

一　理论与假说

（一）现代化理论、价值观念与代际关系

作为进化论与结构功能主义结合体的家庭现代化理论，其核心范畴是“传统”和“现代”②。在现代化的进程或者说是传统延续和变迁的张力中，价值观念和社会文化会随之改变，而这种文化观念的变化会进一步影响到人们对家庭形式和代际支持的偏好和选择。古德对此有极为预见性的论述，他认为，在工业化、城市化的过程中，夫妇式核心家庭将会逐步替代传统不同类型的扩大家庭；这缘于夫妇式家

① 刘汶蓉：《家庭价值的变迁和延续——来自四个维度的经验证据》，《社会科学》2011 年第 10 期，第 78—89 页。

② 唐灿：《家庭现代化理论及其发展的回顾与评述》，《社会学研究》2010 年第 3 期，第 199—222 页。

庭制度既满足了个体对平等和个人主义最大限度的追求，又与工业化要求的内在价值相适应[①]。可以说，很多家庭社会学领域如家庭结构、代际关系等的研究都或多或少试图与之进行对话。当然，缘于研究者不同的研究视角、研究方法和研究旨趣，得出了不尽相同甚至对立的结论。

杨菊华和李路路[②]通过定量方法比较分析了中国内地、日本、韩国和中国台湾地区家庭凝聚力情况后，认为儒家文化影响下的家庭凝聚力具有强大的抗逆性和适应性。黄娟[③]通过人类学的田野调查方法发现社区孝道依然在农村不断得以再生产。这类学者相信中国家庭的变迁永远不可能完全沿西方路线进行，其会保持自己的特色和方向[④]。但另一方面，当学者观察到社会上出现代际失衡现象及日益严重的家庭养老问题时，个体主义价值、经济理性和孝道衰落则成为解释这些问题的重要原因。郭于华[⑤]的研究发现代际关系中的公平逻辑已发生变迁：父辈保持了强调养育之恩及后代回报的无条件性的逻辑；而子辈的逻辑更看重交换的全部内容或者除生养之外的交换资源，他们的回报是有条件的。陈柏峰在湖北京山的调查发现，代际交换的失衡导致老人绝望自杀率居高不下[⑥]；而他在皖北李圩村的调查发现代际失

---

① 古德的《世界革命与家庭模式》（*World Revolution and Family Patterns*）出版于1963年，此处观点转引自马克·赫特尔：《变动中的家庭——跨文化的透视》，宋践、李茹等译，浙江人民出版社1988年版，第38—43页。

② 杨菊华、李路路：《代际互动与家庭凝聚力——东亚国家和地区比较研究》，《社会学研究》2009年第3期，第26—53页。

③ 黄娟：《社区孝道的再生产：话语与实践》，社会科学文献出版社2011年版，第221—248页。

④ 李银河：《生育与村落文化·一爷之孙》，文化艺术出版社2003年版，第212页。

⑤ 郭于华：《代际关系中的公平逻辑及其变迁：对河北农村养老事件的分析》，《中国学术》2001年第4期，第221—254页。

⑥ 陈柏峰：《代际关系变动与老年人自杀——对湖北京山农村的实证研究》，《社会学研究》2009年第4期，第157—176页。

衡状态下的当前农民家庭关系日益理性化[①]，这些都缘于农民价值世界倒塌导致了孝道的衰落。

（二）孝道双元理论与赡养行为

孝道双元模型（Dual Filial Piety Model）缘于中国台湾学者杨国枢和叶光辉等人的多项实证研究和分析，他们认为，孝道包含相互性和权威性两个面向，相互性孝道（Reciprocal Filial Piety）来自于亲子日常互动中积累的深厚情感，是亲子间亲密关系的一种自然表现，因而，无须外在的约束，子女均能发自内心地善待父母、关心父母。相互性孝道与儒家伦理中的“亲亲原则”相呼应，也与现代社会中建立于平等基础之上的“纯粹性关系”一致。[②] 而权威性孝道源于人们对社会认同的寻求，这一认同通过遵从社会规范达至。亲子关系随着子女的成长和父母的衰老，会逐渐往不利于父母的方向发展，为了整个社会的有效继替，中国传统社会发展出一套奠基于“辈分—年龄—性别”伦理阶序上的权威体系，用以强化父代的权威。权威性孝道与儒家伦理中的“尊尊原则”相呼应，因而需要互动双方的一方通过自我压制达至顺从权威的表现。[③] 他们认为，相互性与权威性孝道虽有所差异，但并不对立互斥，更不是不同时代的文化产物。在社会变迁中，孝道的双元面向始终在华人社会中普遍存在，但不同时代中双元面向的孝道所占比重不同。[④]

---

① 陈柏峰：《农民价值观的变迁对家庭关系的影响——皖北李圩村调查》，《中国农业大学学报》（社会科学版）2007 年第 3 期，第 106—113 页。

② 叶光辉、杨国枢：《孝道之心理学研究的回顾与前瞻》，转引自叶光辉、杨国枢：《中国人的孝道：心理学的分析》，重庆大学出版社 2009 年版，第 351—352 页。

③ 叶光辉、杨国枢：《孝道之心理学研究的回顾与前瞻》，转引自叶光辉、杨国枢：《中国人的孝道：心理学的分析》，重庆大学出版社 2009 年版，第 352—353 页。

④ 曹惟纯、叶光辉：《高龄化下的代间关系》，《社会学研究》2014 年第 2 期，第 116—144 页。

利用孝道双元理论研究子女赡养父母行为的实证研究主要有伊庆春[①]对台湾地区家庭代间关系的研究，他主要证实了父系规范、性别规范和婚姻状态在台湾地区家庭代间交换中的重要影响。大陆地区只有李启明和陈志霞[②]通过调查武汉高校的大学生，主要探讨了双元孝道在父母教养方式与普遍尊老关系之间的中介作用。利用全国性数据，探讨双元孝道对子女赡养行为的研究仍未出现；同时，在模型中加入与孝道观念联系紧密的家庭价值观，并考虑这些不同观念对子女赡养行为影响的城乡差异都是既有研究没有很好回答的问题。

（三）研究假设

本研究从子女的角度出发，旨在研究孝道观念、家庭价值观与子女赡养父母行为之间的关系。一般而言，子女给予父母的支持大致包含三方面内容，即经济支持、生活照料和精神慰藉。就孝道观念而言，使用孝道双元模型，将孝道观念操作化为相互性孝道和权威性孝道两个维度。家庭价值观则是通过询问受访者一组有关家庭价值的命题，然后对其进行因子分析生成新的公因子作为解释变量。

传统“孝观念”意涵丰富，包括养亲与敬亲、无违、传宗接代、显亲、祭亲等。[③] 综合来看，其根本是养老和敬老。观念会影响行为，如果一个人秉持孝道观念，在同等情况下其势必会给予父母更多的代际支持。另外，既有的研究及我们的前述研究中，指出了子女提供经济支持的动机或者动力不同于提供给父母的生活照料和情感慰藉，前者的动力较多来源于既定的社会规范和自身资源的限制；而后两者尤其精神慰藉很大程度上依赖于代间的情感亲密度和日常互动。因而，

---

① 伊庆春：《台湾地区家庭代间关系的持续与改变——资源与规范的交互作用》，《社会学研究》2014 年第 3 期，第 189—215 页。

② 李启明、陈志霞：《父母教养方式与双元孝道、普遍尊老的关系》，《心理科学》2013 年第 1 期，第 128—133 页。

③ 陈功：《社会变迁中的养老和孝观念研究》，中国社会出版社 2009 年版，第 61—62 页。

影响这些行为的因素将会不完全一致。在前文中提到的双元孝道模型所区分的两种孝道向度——权威性孝道和相互性孝道分别对应不同的发生逻辑，权威性孝道可能对子女给予父母的经济支持有影响，而相互性孝道则对子女给予父母的生活照料和精神慰藉有影响。基于上述讨论，提出如下假设：

假设1：相互性孝道得分越高（越认同相互性孝道）的受访者，越可能给予父母更经常的生活照料和精神慰藉。

假设2：权威性孝道得分越高（越认同权威性孝道）的受访者，越可能给予父母更经常的经济支持。

另外，越认同家庭价值观的人往往意味着其更看重家庭成员的利益和幸福，因而其出于家庭成员幸福保障的考虑会给予作为加家庭成员的父母以更多的代际支持。于是，有了假设3。

假设3：家庭价值观得分越高（越认同家庭价值观）的受访者，越可能给予父母更经常的各项代际支持。

二 数据、变量和方法

本研究所使用数据资料来源于2006年中国综合社会调查（CGSS2006）数据，该数据的详细情况见前述章节。结合本研究主题，笔者选取回答了家庭问卷的样本，且其父母至少有一方仍然在世的非学生样本[①]，共获得有效样本2096个。

本文将子女赡养行为界定为成年子女给予父母的经济支持、生活照料和精神慰藉三方面的支持和帮助，将之作为被解释变量（因变量）。具体操作化为过去一年受访者对自己父母提供上述三方面帮助的频繁程度[②]（完全没有=1；很少=2；有时=3；经

---

① 鉴于学生和工作的成年子女在赡养父母方面有较大差异（尤其是在经济支持方面）且学生样本相对较少，因而剔除了学生样本（剔除过程使用了问卷中“B1b”和“A11”两题）。

② 需要注意的是，此处的频繁程度既不反映数量的多少（如就经济支持而言，“经常”不一定比“很少”在数额上更大），也缘于每个人衡量标准的差异而存在较强的主观性。

常/很经常 =4)，其中，经济支持以给钱频度测量，生活照料以帮助料理家务（如打扫、准备晚餐、买东西、代办杂事等）或照顾小孩或其他家人的频度测量，精神慰藉以倾听父母的心事或想法的频度测量。

本研究的解释变量（自变量）包括相互性孝道、权威性孝道和家庭价值观，其中，前两个作为孝道观念的操作变量。同时，我们重点考察了解释变量与样本类型间可能存在的交互效应。

就孝道观念而言，本研究所使用数据是借鉴“双元孝道九题短版量表”[①]，经删改而成。其中，共有四道题测量相互性孝道，分别是“对父母的养育之恩心存感激”、“无论父母对您如何不好，仍然善待他们”、“赡养父母使他们生活更为舒适”和“子女应该做些让父母有光彩的事”。这些问题主要反映亲子间的亲密感情及由此产生的自发赡养父母的行为。

另有两道题测量权威性孝道，分别是“放弃个人志向，达成父母的心愿”和“为了传宗接代，至少要生一个儿子”。这些问题主要反映中国传统社会中子女的角色义务，这一角色义务产生于传统社会中“辈分—年龄—性别”伦理阶序。关于孝道观念的测量指标皆采用李克特量表的形式，询问受访者对于所提命题的同意程度，采用 7 点量尺计分，以 1 到 7 依次代表“非常不同意”、“相当不同意”、“有些不同意”、“无所谓同意不同意”、“有些同意”、“相当同意”和“非常同意”，得分越高表示个人越认同该孝道观念。使用因子分析法我们得到了与理论预期一致的两因素结果。经计算，两个孝道因子的方差累积贡献率为 65.4%，相互性孝道因子的 Cronbach's α值为 0.807，权威性孝道因子的 Cronbach's α值为 0.477，可见相互性孝道因子内部一致性相当不错，而权威性孝道因子内部一致性则相对弱一些。

---

① Yeh, K. H. & O. Bedford 2003, *A Test of the Dual Filial Piety Model. Asian Joumad of Social Psychology* 6 (3)；转引自曹惟纯、叶光辉：《高龄化下的代间关系》，《社会学研究》2014 年第 2 期，第 116—144 页。

就家庭价值观[①]而言，其操作方法类似于孝道观念的操作方法。我们选择了三道题作为测量，分别是“在家中父亲的权威应该受到尊重”、“家庭的幸福应该优先于个人的利益”和“应该以家庭为重，不应把自己看得更重要”。这些问题主要反映受访者在“家本位”和“个人本位”二者间的权衡，及对传统家庭价值观维系基础的父权等方面的态度。同样，家庭价值观采用7分法度量，以1到7依次代表“非常不同意”到“非常同意”7个层次，得分越高表示越认可家庭价值观。经主成分因子法（principal component factoring）进行因子分析并使用promax斜交法转轴，得到了一个家庭价值观的公因子。经计算，其方差累积贡献率为51.6%，Cronbach's α值为0.526。

同时，我们对样本类型进行虚拟化处理（农村样本=1），并分别检验了样本类型变量与孝道观念和家庭价值观的交互效应。

控制变量主要包括受访者信息与其父母信息两大类。受访者信息主要包括性别、年龄、受教育年限、个人收入、个人社会经济地位自评、婚姻状况和是否与父母同住变量。其中，受教育年限是依据受访者回答自己最高受教育程度（包括目前在读）分别赋值所得（没有受过任何教育/扫盲班=0；小学=6；初中=9；职业高中/普通高中/大专/技校=12；大学专科（成人高等教育/正规高等教育）/大学本科（成人高等教育/正规高等教育）/研究生及以上/其他=15）。个人收入是以受访者过去一年（2005年）的全年总收入作为测量指标，该变量中不清楚和拒绝回答的样本数小于5%，故以均值代替。同时，为了使收入变量呈正态分布，且波动不过于剧烈，将其取对数处理，其中收入原始值如果为0，在其取对数后仍赋值仍为0。个人过去一年的总收入从客观角度测量了子女的社会经济地位，而个人社会经济地位自评则从受访者的主观角度测量其社会经济地位。由于只有18个样本选择“上层”和“中上层”，故将该变量合并成一个三分变量：中层及以上、中下层和下层。婚姻状况被设置为一个虚拟变量，已婚且配偶健在者赋值为1，

---

① 家庭价值观的操作并没有形成一致或者成熟的观点，本文主要通过对CGSS2006数据所提供的一组有关家庭价值观的量表进行探索性的因子分析后选取了三道题作为测量。

其他则赋值为0。其中，是否与父母同住在我们的研究中用一个虚拟变量（与父母同住=1）表示，父母当中只要有一人与受访者同住在此处都算作与父母同住。受访者父母信息则包括父母受教育年限和父母健康状况两个变量。父母受教育年限选取父母双方中受教育程度较高者，其他操作同对受访者受教育年限的操作。

本节所用研究方法与第三节相同，此处不再赘述。

三 结果与分析

（一）子女赡养行为的描述性分析及城乡差异分析

表6—16给出了子女赡养父母行为的统计分布情况及城乡差异信息，包含了子代给予父母经济、劳务和情感三方面内容的频繁程度。整体来看，绝大多数受访者都给予父母一定的支持，其中，子女给予父母的精神慰藉最为频繁，其次是经济支持，生活照料相对较低。具体来看，60%左右的受访者汇报自己给予父母在经济（62.1%）、生活照料（56.7%）和精神慰藉（65.1%）三个方面“有时”、“经常”及以上的帮助频度。但亦有14.4%的受访者汇报自己过去一年从未给予父母任何经济支持，14.9%的受访者汇报过去一年从未给予父母生活方面的照料，7.5%的受访者汇报过去一年从未给予父母情感方面的支持。

表6—16 子女赡养父母行为的分布情况及城乡差异 单位：%

	完全没有	很少	有时	经常/很经常	样本量（个）
经济支持	14.42	23.51	38.46	23.61	2067
生活照料	14.90	28.38	33.38	23.34	2061
精神慰藉	7.47	27.47	41.45	23.61	2075
农村样本（生活照料）	12.58	26.31	32.03	29.08	
城市样本（生活照料）	15.87	29.26	33.95	20.91	$\chi^2=17.25$，P=0.001

注：鉴于篇幅，表中只给出了城乡差异在5%统计水平以上的生活照料分布，经济支持和精神慰藉因为在相应统计水平上不显著，故未列出。

对子女赡养行为的城乡差异进行卡方检验发现，只有子女给予父母的生活照料在0.1%的统计水平上显著，如表6—13所示。从表中可以看出，相对于城市样本，农村子女更可能给予其父母更经常的生活照料。

（二）孝道观念、家庭价值观的描述性分析

表6—17给出了孝道观念、家庭价值观的描述性统计情况。综合来看，无论从单题得分还是平均得分来看，相互性孝道得分均高于权威性孝道；而从标准差来看，相互性孝道的标准差则皆低于权威性孝道的标准差；进一步对双元孝道平均得分进行单样本T检验发现，相互性孝道的得分显著高于权威性孝道的得分（$t=48.52$，$ps<0.001$）。可见，人们对相互性孝道的认可度已经高于权威性孝道，且多数人对相互性孝道持肯定态度（得分离散程度较小）①。具体来看，超过九成的受访者表示认同“感激父母的养育之恩（95.8%）”、“善待父母（93.4%）”以及“使父母生活舒适（92.8%）”；另有近九成的受访者认为自己“应该做些让父母有光彩的事（87.7%）”，这些表明亲子间和合共生的观念仍然存在，且子女会自发地表现出感恩关怀父母。而对于权威性孝道，有相当数量的受访者明确表示了自己的不认同，如28.1%的受访者表示不会为了“达成父母的心愿而放弃个人志向”；另有31.6%的受访者明确表示不同意“为了传宗接代，至少要生一个儿子”的观点。

就家庭价值观而言，绝大多数受访者保持了对家庭的重视，有85.2%的受访者表示“应该以家庭为重，不应把自己看得更重要”；另有68.8%的受访者认为“家庭的幸福应该优先于个人的利益”。而就父权来说，问卷是询问受访者对以下问题的同意情况，“在家中父亲的权威应该受到尊重”，83.9%的受访者认同这一观点。需要注意的是，受访者对这一题所指涉“家中父亲的权威”的理解可能不是传统意义上基于家庭财产控制、辈分和身份的权威，而较大程度上是基于情感性地对父亲的尊敬和尊重。

---

① 这与曹惟纯、叶光辉的对台湾地区民众的研究结果相一致。见曹惟纯、叶光辉《高龄化下的代间关系》，《社会学研究》2014年第2期，第116—144页。

表 6—17　　孝道观念、家庭价值观的描述性统计情况　　单位：%

	不同意	无所谓	有些同意	相当同意	非常同意	均值	标准差
RFP1 对父母的养育之恩心存感激	1.34	2.86	23.47	38.60	33.73	5.998	0.927
RFP2 无论父母对您如何不好，仍然善待他们	1.86	4.77	27.58	39.41	26.38	5.832	0.953
RFP3 赡养父母使他们生活更为舒适	1.77	5.39	30.06	37.83	24.95	5.781	0.964
RFP4 子女应该做些让父母有光彩的事	2.72	9.59	33.73	34.92	19.04	5.573	1.010
AFP1 放弃个人志向，达成父母的心愿	28.10	17.75	26.72	19.04	8.40	4.542	1.426
AFP2 为了传宗接代，至少要生一个儿子	31.58	24.76	20.90	14.98	7.78	4.235	1.570
相互性孝道单题平均得分	—	—	—	—	—	5.796	0.767
权威性孝道单题平均得分	—	—	—	—	—	4.388	1.215
双元孝道单题平均得分的相关性	0.162***						
双元孝道单题平均得分的差异（T-test）	48.52***（RFP > AFP）						
HVC1 在家中父亲的权威应该受到尊重	6.44	9.69	36.98	28.63	18.27	5.421	1.106
HVC2 家庭的幸福应该优先于个人的利益	11.88	19.37	36.98	22.14	9.64	4.938	1.232
HVC3 应该以家庭为重，不应把自己看得更重要	5.68	9.16	41.51	30.82	12.83	5.349	1.037

说明：（1）RFP 为相互性孝道，AFP 为权威性孝道，HVC 为家庭价值观；（2）单题平均得分即相应孝道总得分除以测量题数；（3）原有选项包含“非常不同意”、“相当不同意”、“有些不同意”、“无所谓同不同意”、“有些同意”、“相当同意”和“非常同意”等 7 个量度，因选择前两项的样本较少，故将它们与第三项合并，为“不同意”选项；（4）*** $p < 0.001$（单尾检验）。

（三）孝道观念和家庭价值观对子女赡养行为的定序 Logistic 回归分析

自变量和控制变量的描述性分布在表 6—18 第二列中呈现。前文已有部分自变量描述性分析，而控制变量也在第四节的定序 Logistic 回归分析部分讨论，故此处不再赘述。

表 6—18 给出了影响子女赡养父母行为的因素的估计值。模型（1）—（4）、（5）—（8）和（9）—（13）分别就估计了子女给予父母的经济支持、生活照料和精神慰藉，为校正整群抽样可能带来的偏差，所有模型报告的皆是稳健标准误（Robust Standard Errors）。就各因变量而言，第一组模型［模型（1）、（5）和（9）］是只包含控制变量的基准模型；第二组［模型（2）、（6）和（10）］和第三组模型［模型（3）、（7）和（11）］分别是加入了孝道观念、家庭价值观和样本类型变量后的嵌套模型；第四组模型［模型（4）、（8）和（12）］则是同时加入孝道观念、家庭价值观、样本类型变量和控制变量后的嵌套模型；第 13 个模型则是在第 12 个模型的基础上加入交互项后的交互模型，因生活照料和经济支持相关交互项并不显著，故表中未列入相关模型。比较各因变量内部各模型［模型（1）—（4）、（5）—（8）和（9）—（12）］，可以发现，自变量和控制变量对因变量的统计估计基本稳定。由于当模型中存在交互项（高次项）时，对构造交互项（高次项）的低次项进行统计检验的结果是不确定的[①]，故在分析时主要参照第四组模型［模型（4）、（8）和（12）］的估计结果，而不是交互模型的估计结果。

检视孝道观念对子女赡养行为的影响，我们发现，相互性孝道显著影响子女给予父母的精神慰藉（$\alpha = 0.01$[②]）的频繁程度，但对子女给予的经济支持和生活照料频度没有显著影响。即相互性孝道得分越高（越认同相互性孝道）的受访者，越可能给予父母更经常的精神慰藉，但对经济支持和生活照料的影响不具有统计学意义上的推论性，这与假设 1 中关于生活照料的预测不一致。可能的原因是生活照料较多地受到时空限制，子女往往只能是“有心无力”；同时，相互

① 谢宇：《回归分析》（修订版），社会科学文献出版社 2013 年版，第 243—246 页。

② 如无特殊说明，显著性主要来源于第四组模型［模型（4）、（8）和（12）］。

表 6—18　　孝道观念、家庭价值观和社区情理对子女赡养行为影响的定序 Logistic 模型

变量	描述统计	经济支持				生活照料				精神慰藉				
		(1)	(2)	(3)	(4)	(5)	(6)	(7)	(8)	(9)	(10)	(11)	(12)	(13)
相互性孝道			0.006 (0.046)		0.007 (0.046)		-0.059 (0.047)		-0.064 (0.047)		0.176 *** (0.051)		0.175 ** (0.051)	0.114 * (0.056)
权威性孝道			0.078 + (0.045)		0.079 + (0.045)		-0.012 (0.044)		-0.018 (0.044)		-0.004 (0.047)		-0.006 (0.047)	-0.009 (0.047)
家庭价值观			0.132 ** (0.046)		0.131 ** (0.046)		0.171 *** (0.044)		0.175 *** (0.044)		0.111 * (0.045)		0.112 * (0.045)	0.103 * (0.046)
农村样本	0.295 [0.456]			-0.050 (0.103)	-0.054 (0.104)			0.463 *** (0.107)	0.472 *** (0.107)			0.186 + (0.107)	0.177 + (0.107)	0.185 + (0.107)
交互项														
农村×相互性孝道														0.232 * (0.100)
控制变量														
男性	0.456 [0.498]	0.345 *** (0.087)	0.322 *** (0.088)	0.348 *** (0.087)	0.326 *** (0.088)	-0.110 (0.087)	-0.134 (0.088)	-0.143 (0.087)	-0.166 + (0.088)	-0.156 + (0.086)	-0.174 * (0.088)	-0.170 + (0.087)	-0.188 * (0.088)	-0.185 * (0.088)
年龄	37.3 [10.5]	0.010 * (0.005)	0.010 * (0.005)	0.010 * (0.005)	0.010 * (0.005)	0.023 *** (0.005)	0.023 *** (0.005)	0.026 *** (0.005)	0.026 *** (0.005)	0.016 ** (0.005)	0.017 *** (0.005)	0.017 *** (0.005)	0.018 *** (0.005)	0.018 *** (0.005)

续表

变量	描述统计	经济支持				生活照料				精神慰藉				
		(1)	(2)	(3)	(4)	(5)	(6)	(7)	(8)	(9)	(10)	(11)	(12)	(13)
受教育年限	9.910	0.032 *	0.035 **	0.030 *	0.032 *	0.016	0.016	0.040 **	0.040 **	0.050 ***	0.046 **	0.059 ***	0.055 ***	0.056 ***
	[3.526]	(0.013)	(0.013)	(0.014)	(0.014)	(0.014)	(0.014)	(0.015)	(0.015)	(0.014)	(0.014)	(0.015)	(0.015)	(0.015)
个人收入对数值	1.12 万元	0.075 ***	0.079 ***	0.075 ***	0.080 ***	-0.003	-0.001	-0.005	-0.002	0.013	0.018	0.013	0.017	0.016
	[1.404]	(0.017)	(0.018)	(0.017)	(0.017)	(0.014)	(0.015)	(0.015)	(0.015)	(0.016)	(0.017)	(0.017)	(0.017)	(0.017)
个人社会经济地位自评(下层为参照组)														
中下层	0.304	0.381 ***	0.390 ***	0.380 ***	0.389 ***	0.164 +	0.164 +	0.178 +	0.177 +	0.245 *	0.263 *	0.248 *	0.266 **	0.264 *
	[0.460]	(0.102)	(0.102)	(0.102)	(0.102)	(0.099)	(0.099)	(0.100)	(0.099)	(0.102)	(0.102)	(0.102)	(0.102)	(0.102)
中层及以上	0.335	0.606 ***	0.610 ***	0.607 ***	0.612 ***	0.255 **	0.268 **	0.251 *	0.264 *	0.426 ***	0.465 ***	0.421 ***	0.460 ***	0.446 ***
	[0.472]	(0.103)	(0.105)	(0.104)	(0.105)	(0.103)	(0.103)	(0.103)	(0.104)	(0.104)	(0.105)	(0.104)	(0.105)	(0.106)
已婚有偶	0.798	0.329 **	0.306 *	0.334 **	0.311 *	0.230 +	0.208	0.184	0.162	0.174	0.148	0.154	0.129	0.127
	[0.402]	(0.126)	(0.125)	(0.126)	(0.125)	(0.127)	(0.128)	(0.128)	(0.129)	(0.124)	(0.126)	(0.125)	(0.126)	(0.126)
与父母同住	0.234	0.119	0.105	0.126	0.113	1.255 ***	1.265 ***	1.203 ***	1.213 ***	0.745 ***	0.736 ***	0.721 ***	0.714 ***	0.704 ***
	[0.423]	(0.115)	(0.115)	(0.116)	(0.116)	(0.114)	(0.115)	(0.115)	(0.116)	(0.112)	(0.113)	(0.114)	(0.114)	(0.115)
父母受教育年限	6.249	-0.033 **	-0.032 **	-0.035 **	-0.033 **	0.012	0.014	0.025 *	0.026 *	0.027 *	0.027 *	0.032 **	0.032 *	0.032 *
	[4.070]	(0.012)	(0.012)	(0.012)	(0.012)	(0.012)	(0.012)	(0.012)	(0.012)	(0.012)	(0.012)	(0.012)	(0.012)	(0.012)

续表

变量	描述统计	经济支持				生活照料				精神慰藉				
		(1)	(2)	(3)	(4)	(5)	(6)	(7)	(8)	(9)	(10)	(11)	(12)	(13)
父母健康评价（“好”为参照组）														
一般	0.138	-0.117	-0.108	-0.120	-0.111	0.104	0.099	0.120	0.116	-0.006	0.014	0.002	0.021	0.031
	[0.345]	(0.118)	(0.118)	(0.118)	(0.118)	(0.116)	(.116)	(0.117)	(0.116)	(0.115)	(0.116)	(0.115)	(0.116)	(0.116)
不好	0.270	-0.101	-0.112	-0.102	-0.113	0.018	0.007	0.024	0.013	0.041	-0.000	0.045	0.003	0.006
	[0.444]	(0.096)	(0.096)	(0.096)	(0.096)	(0.098)	(0.099)	(0.098)	(0.099)	(0.098)	(0.098)	(0.098)	(0.098)	(0.098)
Cut1		-0.028	0.010	-0.081	-0.047	-0.184	-0.178	0.291	0.306	-0.749	-0.760	-0.557	-0.577	-0.591
		(0.280)	(0.282)	(0.302)	(0.303)	(0.266)	(0.268)	(0.286)	(0.289)	(0.278)	(0.281)	(0.298)	(0.302)	(0.302)
Cut2		1.320	1.362	1.267	1.305	1.347	1.361	1.832	1.855	1.193	1.196	1.387	1.381	1.370
		(0.280)	(0.281)	(0.301)	(0.302)	(0.268)	(0.269)	(0.289)	(0.291)	(0.270)	(0.273)	(0.292)	(0.296)	(0.296)
Cut3		3.068	3.121	3.015	3.064	2.898	2.919	3.392	3.423	3.060	3.087	3.256	3.274	3.267
		(0.286)	(0.288)	(0.306)	(0.308)	(0.274)	(0.276)	(0.296)	(0.298)	(0.278)	(0.280)	(0.300)	(0.303)	(0.303)
样本量		2067	2067	2067	2067	2061	2061	2061	2061	2075	2075	2075	2075	2075
-2 Log Likelihood(Final)		-2675***	-2667***	-2675***	-2667***	-2695***	-2687***	-2685***	-2677***	-2548***	-2531***	-2547***	-2530***	-2527***
伪 R^2		0.025	0.028	0.025	0.028	0.029	0.032	0.033	0.0366	0.021	0.028	0.022	0.028	0.029

注：(1) 数据来源：2006 年中国综合社会调查 (CGSS2006)；(2) 圆括号内为稳健标准误，方括号内为标准差；(3) $^{+}p<0.1$；$^{*}p<0.05$；$^{**}p<0.01$；$^{***}p<0.001$（双尾检验）。

性孝道的测度较多使用“赡养”等较为抽象和概况性的词汇，受访者更可能将之理解为给予父母经济支持和关心父母等方面，而对具体生活照料的联系可能不足。另外，权威性孝道在10%的统计水平上显著影响子女给予父母的经济支持频度，即权威性孝道得分越高（越认同权威性孝道）的受访者，越可能给予父母更经常的经济支持，但对生活照料和精神慰藉没有显著影响，这与假设2基本一致。从技术上来说，增加样本量可以使变量的显著性水平提高，也就是说，如果我们能获得更多的样本数，权威性孝道对子女给予父母经济支持频度的影响可以达到我们一般认可的5%的显著性水平。但这种10%的边际水平的显著也一定程度上说明了权威性孝道和子女给予父母经济支持两者间存在联系。

就家庭价值观对子女赡养行为的影响而言，我们发现，家庭价值观显著影响子女给予父母的经济支持（$\alpha = 0.01$）、生活照料（$\alpha = 0.001$）和精神慰藉（$\alpha = 0.05$）的频繁程度。即家庭价值观得分越高（越认同家庭价值观）的受访者，越可能给予父母更经常的经济支持、生活照料和精神慰藉，这与我们的假设3相一致。

就样本类型而言，其显著影响子女给予父母的生活照料频度（$\alpha = 0.001$），对子女给予的精神慰藉频度（$\alpha = 0.1$）在边际水平上显著，而对子女给予父母的经济支持频度没有显著影响。即相对于城市样本，农村居民更可能给予父母更经常的日常照料和精神慰藉，但对经济支持的影响不显著。这源于复杂的城乡差异，一般认为，在中国，相比于农村，城市经济发展较快，各类社会保障设施更为健全；另一方面，从文化的角度来看，城市社区的人际隔离和陌生化程度也相对较高，传统意义的社会规范和舆论监督也更为弱化。因此，我们有理由相信，农村老年人的晚年养老资源更多地依赖于子女。

我们尝试在模型中加入样本类型与观念间的交互项变量，最终我们只发现了样本类型与相互性孝道组成的交互项对子女给予父母的精神慰藉频度（$\alpha = 0.05$）有显著的正向影响，如模型（13）中所示。这表明，相比于城市子女，农村子女越认同相互性孝道，会更经常给予父母精神慰藉；或者相互性孝道对农村子女给予父母的精神慰藉频度的影响要强于对城市子女的相应影响。

就控制变量而言，男性主要给予父母经济支持，而女性主要给予父母日常照料和情感支持。这与我们前几节针对农村样本所得结论有出入，可见城乡子女赡养父母行为存在性别差异。年龄对子女给予父母的经济支持（α = 0.05）、生活照料（α = 0.001）和精神慰藉（α = 0.001）频度有显著的正向影响。受访者的受教育年限显著正向影响子女给予父母的经济支持（α = 0.05）、生活照料（α = 0.01）和精神慰藉频度（α = 0.001）。受访者的年收入水平对其提供经济支持的频度（α = 0.001）有显著正向影响，而对提供生活照料和精神慰藉频度没有显著影响。社会经济地位显著影响子代给予父母的各项代际支持频度，表现为自评社会经济地位越高的受访者，越可能报告自己给予父母更经常的经济支持、生活照料和精神慰藉。婚姻状况显著影响子代给予父母的经济支持频度（α = 0.05），而对生活照料和精神慰藉频度的影响不显著，表现为相对于非在婚（未婚/分居/离婚/丧偶）的样本，已婚有偶的样本给予父母更经常的经济支持。

父母的受教育水平显著影响子女的赡养行为（α = 0.01，α = 0.05，α = 0.05），表现为父母受教育水平越高，子女给予父母的经济支持越少，但给予的生活照料和精神慰藉更多。这与对农村样本的研究结果不同，可能的原因是城乡父母的社会保障差异，对城市父母来说，较高的受教育水平意味着较高的退休工资，而农村的较高受教育水平者不一定有这种保障，故农村样本的研究结论是父母的受教育水平对子女赡养行为没有显著影响。父母的健康情况对子女赡养父母的行为没有显著影响。

四　结论与讨论

本书利用2006年中国综合社会调查（CGSS2006）数据，考察了中国人的孝道观念和家庭价值观的现状，并就二者对子女赡养父母行为的影响进行了回归分析。研究发现，人们对相互性孝道的认可度已经高于权威性孝道，且多数人对相互性孝道持肯定态度；且绝大多数受访者保持了对家庭价值的重视。

孝道观念对子女赡养行为的不同内容具有不同影响，表现在相互性孝道观念显著正向影响子女给予父母的精神慰藉；而权威性孝道观念在边际水平上影响子女给予父母的经济支持。给予父母经济支持一定程度上作为一项子女表达孝心的行为，其基于规范、契约的行为动力受到同样缘于社会角色期待的权威性孝道的影响，这进一步说明了子女给予父母经济支持这一行为的象征性或仪式性的性质。而较大程度上基于情感与互惠的代间生活照料和情感支持则会促进对相互性孝道认同的形成，而相互性孝道的认同又会进一步促使代间互助尤其是情感支持和生活照料的发生。

就家庭价值观而言，其显著正向影响子女给予父母的各项代际支持，越认同家庭价值的受访者越可能给予父母更经常的经济支持、生活照料和精神慰藉。现代化理论预测现代化的进程会逐渐消解传统的家庭价值，但研究者发现当代中国人仍然高度重视家庭，强调家庭价值高于个人价值①，我们在前文的研究中也得出了一致的研究结果。但需要注意的是此处的家庭主要指涉核心家庭或者主干家庭，不同于传统社会中的大家族或者扩展家庭，家庭价值主要指的是保障父母或者子女的利益或幸福。在这样一种观念的驱动下，成年子女为父母提供更多的支持，以保障他们生活的幸福，在很大程度上是实现自我价值的途径和手段。

总之，伴随现代化的进程，中国人的孝道观念和家庭主义价值观虽保持了较多传统色彩，但也在朝向个体主义的方向发展，这些变化都或多或少地影响了老年人养老资源的获得。人们对相互性孝道的高度认同和对家庭价值的追求，有助于亲子间日常的生活互助和情感交流，这势必会大大促进代际间的团结。但与此同时，随着城市化的进程，乡村社区解体，城市的原子化社区逐渐建立，子女赡养父母的外在约束日益弱化，而随着社会保障的进一步建立，父母对子女的经济依赖也会逐渐弱化。届时亲子间的纽带将主要依赖于情感交流和弱化的生活照料，而相互性孝道和家庭价值观对之有重要影响。因而有意识地促使人们对相互性孝道和家庭价值观的认同将有助于构建和维护良好和谐的代际关系。

① 刘汶蓉：《家庭价值的变迁和延续——来自四个维度的经验证据》，《社会科学》.2011 年第 10 期，第 78—89 页。

在本章中，我们从比较代间支持的差异和变迁出发，重点分析了代际支持中子女支持父母这一维的行为逻辑和影响因素。就子女的赡养行为而言，我们延续既有研究的经典范式——互惠机制和规范机制，重点探讨二者在子女赡养行为中体现的张力。虽然我们的研究发现，在农村地区，对子女赡养行为的一些传统约束在日益弱化，而代际互惠日益成为主导因素，但这一趋势在不同支持内容（经济支持、生活照料和情感支持）中表现不同。同时，对于居住安排、情感亲密度、孝道观念等影响因素的研究也进一步明晰了不同赡养内容间的差异。

就子女给予老年父母的经济支持而言，其相比于日常照料和精神慰藉，是老年人生活最基础和最根本的需求，尤其是在社会保障仍然十分匮乏的中国农村地区。另一方面，老年人随着年龄的增长，其收入逐渐减少，身体机能也日益下降，也就是说，代际间的互惠机制将会逐渐失去其基础。在实践中也是如此，父母给予成年子女的经济支持逐渐减少，而成年子女反哺父母则呈上升趋势，于是成年子女与父母之间在经济支持方面呈现流向父母的倾向，且这种净流向随年龄的增加而增加，这也构成了与西方社会代际关系的最大差异。[①] 西方代际间较多是成年子女接受父母的经济支持，而中国则主要是成年子女在经济上反哺父母。中西代际关系的另一重大差异则在于父母对子女的角色期望及与之相应的子女在养老实践中的角色分工。[②] 特别是经济支持方面的性别差异，儿子被赋予更高的经济赡养责任。我们的研究在证实前述既有研究结论的基础上，还进一步发现，与互惠机制有紧密联系的如代际情感亲密度、父母近期的经济或者劳务支持、相互性孝道观念等因素皆对子女给予父母的经济支持影响有限；而与规范机制有紧密联系的如权威性孝道观念、传统家庭价值观、城乡差异等

---

① Yi. Chin-Ghun, En-Ling Pan, Ying-Hwa hang & Chao-Wen Chan. *Grandparents, Adolescents, and Parents: Intergenerational Relations of Taiwanese Youth. Journal of Family Issues.* 2006, 27 (8): 1042 - 1067.

② 伊庆春：《台湾地区家庭代间关系的持续与改变——资源与规范的交互作用》，《社会学研究》2014 年第 3 期，第 189—215 页。

因素对子女提供的经济支持有显著的决定作用。因而，我们有充分的理由认为，当下农村老年人的基本生活保障并未发生重大问题既得益于整个社会经济的发展和相关保障体系的建立，更源于传统规范机制对于子女在提供物质赡养方面的约束作用。

与经济支持不同，老年人的日常照料是一个依赖于社会互动的过程，其需要照顾者时间、精力和体力等多方面的投入和付出，空间因素往往成为照料供给者和接受者间行为的重要决定因素。[①] 我们的研究也证实，居住安排对子女给予父母照料支持有重要的决定性作用。并且在农村地区，儿子比女儿提供更多的生活照料支持这一性别差异在加入居住安排变量后不再显著，这说明农村较高的父母与儿子同住率事实解释了性别差异现象。一方面，既有的传统习俗造成了父母更多地选择与儿子居住在一起；而共同居住又促进了代际互助，在某种程度上，这是一种规范机制有效促进互惠机制发生的形式。然而最近十多年农村劳动力的大规模迁移，在空间上拉大了亲子间距离，子女难以在身边侍奉父母。老年人往往通过降低自己的生活预期和生活质量，以自我照顾和老年夫妻间相互照顾的方式走完人生的最后一段。尤其是部分年轻夫妇外出务工将子女留在家乡，老年父母还要担负起照料孙子女和家务农活的责任，这进一步加重了老年人的负担。当然这也一定程度上换来子女的经济支持，但这种回报往往十分有限。在某种程度上，老年人在以一种自我牺牲的方式来实现整个家庭的继替。

老年人的情感支持问题一直是学者们强调的问题，却始终未对其进行有效的学理性研究。学界的基本共识是现实的养老往往存在重物质而轻精神的倾向，而子女的精神赡养是老年人健康长寿不可或缺的重要因素。[②] 我们的研究发现，情感支持在代际之间更倾向于一种双

---

① 谢桂华：《老人的居住模式与子女的赡养行为》，《社会》2009 年第 5 期，第 149—167 页；夏传玲：《老年人日常照料的角色介入模型》，《社会》2007 年第 3 期，第 114—141 页。

② 刘桂莉：《养老支持力中的“精神赡养”问题》，《南昌大学学报》（人文社会科学版）2003 年第 1 期，第 26—31 页；穆光宗：《老龄人口的精神赡养问题》，《中国人民大学学报》2004 年第 4 期，第 124—129 页。

向支持，而这一双向支持在近些年有明显的上升趋势。因而在不考虑亲子双方心理感知的前提下，代际间客观的情感互动在增强。中国家庭在保持其传统功能性团结的同时，更为西式的情感性团结也在日益凸显。而且我们的研究也发现父母的工具性支持（经济支持和生活照料）并不能换来子女更多的情感支持；而工具性支持之间是可以互换的。可见，代际间的功能性互助和情感互助在一定程度上有分离趋势，有各自相对独立的行为逻辑。我们的研究发现，代际间的情感亲密度（与父母关系自评和父母的情感支持频度）、相互性孝道观念和家庭价值观念等显著影响子女给予父母的情感支持频度。因而，在经济持续发展和社会保障完善的基础上，适当剥离代际间的功能性依赖以降低可能造成的代际冲突，并适当引导良善的家庭价值观念以构造家庭作为个人情感避风港的机制，是存在可行性的。

第七章　新农保的制度设计及其推进过程

现阶段，中国农村养老问题的主要矛盾是随着人们生活水平的提高，农村老年人的物质需求不断增长与传统家庭养老经济供给不足的矛盾，因此，在经济支持、生活照料、精神慰藉养老的三个方面，解决经济支持问题，特别是提高农村老人的经济独立性，是中国农村养老的基本问题。为此，国务院决定从2009年开始开展新型农村社会养老保险（简称新农保）试点，截至2012年9月，中国已经基本实现了新农保制度在所有县级行政区的全覆盖。从本章开始的以下各章将主要基于对中国中东西部5省样本农民的调查，探讨新农保的实施状况。新农保作为制度性的养老保障模式，弥补了非制度性保障的不足。在对新农保进行研究之前，需要对新农保的制度设计进行解析。本章将集中探讨新农保制度设计及其在农村的推进实践，介绍研究的抽样方式、调查地区的基本情况及新农保实施的状况，通过理论上的探讨及实地经验的分析，剖析新农保的推进过程。

第一节　新农保的制度设计及实施概况

一　新农保制度内容解析

2009年国务院发布《国务院关于开展新型农村社会养老保险试点的指导意见》（以下简称《指导意见》），拉开了新农保试点的大幕。这里首先将对《指导意见》的相关规定进行详细解读。

（一）基本原则

《指导意见》指出："新农保试点的基本原则是'保基本、广覆盖、有弹性、可持续’。一是从农村实际出发，低水平起步，筹资标准和待遇标准要与经济发展及各方面承受能力相适应；二是个人（家庭）、集体、政府合理分担责任，权利与义务相对应；三是政府主导和农民自愿相结合，引导农村居民普遍参保；四是中央确定基本原则和主要政策，地方制定具体办法，对参保居民实行属地管理。”①

第一个原则就意味着新农保的保障水平不可能太高，这也导致一些研究者及相关政府工作人员对新农保保障能力的否定，当然这也减轻了地方财政的压力；第二个原则其实是设计了保费的分担机制，这也是新农保与老农保最大的不同之处，即增加了政府责任；第三个原则与一般的社会保险的强制性不同，采取了农民“自愿”的原则，极具中国特色，这也增加了新农保起步阶段的动员难度；第四个原则意味着中央将制度具体实施方案的设计权限下放到了地方，地方政府可以根据本地实际情况制订实施方案，应该说这种做法在新农保推行初期可以有效调动地方积极性，有利于新农保制度的快速推进，但是随着新农保制度的进一步推行，这种制度设计将增加地方财政压力，也会导致区域之间的不均衡，不利于社会养老保障资源的优化配置。

（二）目标任务

《指导意见》对新农保的目标任务规定为：“探索建立个人缴费、集体补助、政府补贴相结合的筹资模式，实行社会统筹与个人账户相结合，与家庭养老、土地保障、社会救助等其他社会保障政策措施相配套，保障农村居民老年基本生活。”② 在“个人缴费、集体补助、政府补贴”的筹资模式中，集体补助部分在大多数农村地区因为集体经济短缺，导致出现缺位状态，但是这种设计应该说是没问题的。新农保的定位其实很明确，并不是给农村老人提供完全的养老经济支持，现阶段仅是家庭等养老经济支持的补充，也就导致了新农保成为了“锦上添花”的政策。

---

① 《国务院关于开展新型农村社会养老保险试点的指导意见》（国发〔2009〕32文件）。

② 同上。

《指导意见》公布于2009年，当年国务院决定选择全国10%的县（市、区、旗）进行试点，这是中国农村政策推行中比较成熟的做法，比如之前的税费改革试点，尤其是新型农村合作医疗的实施。《指导意见》中新农保的任务目标是2020年之前基本实现对农村适龄居民的全覆盖。一些人乐观地认为这一目标已经在2012年提前完成了，其实不然。2012年只是实现了城乡居民社会养老保险在所有县级行政单位的全覆盖，也即是参保地区的全覆盖，而非适龄参保人员的全覆盖。

（三）参保范围

《指导意见》规定："年满16周岁（不含在校学生）、未参加城镇职工基本养老保险的农村居民，这些群体可以在户籍地自愿参加新农保。"[①] 这一规定将适龄参保群体进行了界定，这也意味着适龄参保群体的规模将十分巨大，因此前文提到的到2020年之前基本实现对农村适龄居民的全覆盖并不容易。当然，这一条也规定了参保的地点，即户籍地，也就意味着身处非本户籍地的农民参保需要返回本地，这对今后新农保在不同地区的转接提出了要求。

（四）基金筹集

《指导意见》指出：新农保基金由个人缴费、集体补助、政府补贴三部分构成；其中，个人缴费标准目前设置为每年100元、200元、300元、400元、500元5个档次，地方可以根据实际情况增设缴费档次，参保人自主选择档次缴费，多缴多得，国家依据农村居民人均纯收入增长等情况适时调整缴费档次。[②] 各地一般不会照搬《指导意见》中的标准设置缴费档次，而是增加缴费档次，或者提高每一档的缴费金额。因为是农民自主选择缴费档次，所以绝大多数农民会选择最低档次缴费，也即农民缴费是"就低不就高"，这就意味着即使设计再多档次，如果相应的激励措施没有到位，仍然不利于促进农民选择较高档次缴费。

① 《国务院关于开展新型农村社会养老保险试点的指导意见》（国发〔2009〕32文件）。

② 同上。

在集体补助方面，要求："有条件的村集体应当对参保人缴费给予补助，补助标准由村民委员会召开村民会议民主确定，并鼓励其他经济组织、社会公益组织、个人为参保人缴费提供资助。"[①] 正如前文讲到的，集体补助实施的前提是有发达的集体经济，而这一前提条件在中西部地区，甚至是东部地区大部分农村也不具备。即使有集体经济的村，其集体经济也很难长期坚持对农民参保进行补助。

"政府对符合领取条件的参保人全额支付新农保基础养老金，其中中央财政对中西部地区按中央确定的基础养老金标准给予全额补助，对东部地区给予50%的补助。地方政府应当对参保人缴费给予补贴，补贴标准不低于每人每年30元；对选择较高档次标准缴费的，可给予适当鼓励，具体标准和办法由省（区、市）人民政府确定。对农村重度残疾人等缴费困难群体，地方政府为其代缴部分或全部最低标准的养老保险费。"[②] 这里对政府补贴部分的配给方式进行了规定，尤其是基础养老金的份额，对中西部地区进行了倾斜。而对个人缴费部分的补贴，也即对个人账户部分的补贴规定了最低额度，这使大多数的县市选择的补贴额度也是30元。这里还规定了对于选择较高档次缴费的激励措施，从各地对激励措施制度设计的情况来看，激励的程度并不大，很多县市对选择较高档次缴费的仅给予数元的激励。当然，这也与地方财政有关，激励部分的资金将完全由地方财政负担，如果农民选择较高档次缴费，这对于地方财政的压力不小。

（五）养老金待遇

新农保的"养老金待遇由基础养老金和个人账户养老金组成，支付终身。中央确定的基础养老金标准为每人每月55元。地方政府可以根据实际情况提高基础养老金标准，对于长期缴费的农村居民，可适当加发基础养老金，提高和加发部分的资金由地方政府支出。个人

① 《国务院关于开展新型农村社会养老保险试点的指导意见》（国发〔2009〕32文件）。

② 同上。

账户养老金的月计发标准为个人账户全部储存额除以139（与现行城镇职工基本养老保险个人账户养老金计发系数相同）。参保人死亡，个人账户中的资金余额，除政府补贴外，可以依法继承；政府补贴余额用于继续支付其他参保人的养老金”。[①]《指导意见》中关于个人交付部分参保人死亡后若有余额可以依法继承的规定，是农民直接关心的核心利益问题。另外，关于“国家根据经济发展和物价变动等情况，适时调整全国新农保基础养老金的最低标准”[②] 的规定，让农民对提高基础养老金标准充满了期待，毕竟55元的基础养老金的养老保障力度还是比较小的。2015年1月15日国务院批准，从2014年7月1日起，全国城乡居民基础养老金最低标准由每人每月55元提高至70元。

（六）养老金待遇领取条件

“年满60周岁、未享受城镇职工基本养老保险待遇的农村有户籍的老年人，可以按月领取养老金。新农保制度实施时，已年满60周岁、未享受城镇职工基本养老保险待遇的，不用缴费，可以按月领取基础养老金，但其符合参保条件的子女应当参保缴费；距领取年龄不足15年的，应按年缴费，也允许补缴，累计缴费不超过15年；距领取年龄超过15年的，应按年缴费，累计缴费不少于15年。要引导中青年农民积极参保、长期缴费，长缴多得。具体办法由省（区、市）人民政府规定。”[③]

这里需要指出的是，对于新农保实施时已满60周岁的农民可以不用缴费直接领取基础养老金，这一方面体现了国家对农村老人的一种关怀，另一方面其实也是一种策略。这种策略有利于树立农民的参保信心，有利于新农保的快速推进。缴费年限规定的是15年，但对于距离60岁不足15年的也进行了权宜的规定，不须缴费15年，这是合适的，有利于这一部分群体尽早参保。而从收益可得性的角度来

---

① 《国务院关于开展新型农村社会养老保险试点的指导意见》（国发〔2009〕32文件）。

② 同上。

③ 同上。

看，45 岁及以上的农民参保的可能性应该更大，因为这一群体处在必须缴费的时间节点，且距离领取养老金时间较短。45 周岁以下的年轻人因为还不到最低缴费年限的时间节点，且因为目前养老金待遇并不高，所以基于自身考虑可能并不愿意缴费，因此引导年轻人积极参保、长期参保是必要的，但是却并不容易。所以，国家在开始实施新农保时设计了备受诟病的“捆绑政策”，即对实施新农保时已年满 60 岁的农民可直接领取基础养老金的前提条件是其符合参保条件的子女必须参保缴费。

（七）其他规定

新农保的《指导意见》还对基金管理与监督、经办管理服务、相关制度衔接等进行了详细的规定，因为本成果的侧重点在于新农保的微观调查，所以在这里这些部分不再具体解析。

二　研究地点选择及新农保实施概况

新农保推行过程中采取先试点后全面推行的方式，2009 年选择了全国 10% 的县（市、区、旗）作为第一批试点，在此基础上逐步扩大试点。在 2012 年全面推行之前，共进行过 3 次试点。为全面了解新农保推行的情况及实施状况，本研究选取了东、中、西部且不同实施时间的 5 个地区进行抽样调查，以期具有对全国的代表性。这 5 个地区分别是浙江省温州市、山东省武城县、湖北省广水市、江西省寻乌县及四川省宜宾市。同时，为了对某些主题进行深入剖析，本研究还选取了部分乡镇进行了专题性质的研究。这里主要介绍所选的 5 个样本地区基本的社会经济状况以及新农保的实施状况。

（一）浙江省温州市

浙江省温州市辖 11 个县（区、市），全市有 60 个街道、64 个镇、6 个乡，5403 个村委会，687 个居委会（含社区）。2010 年第六次全国人口普查显示温州市常住人口 912.21 万人，其中市外流入人口 284.22 万人，占全市常住人口的 31.16%。2013 年全市生产总值 4003.86 亿元，其中，第一、二、三产业分别占 2.9%、50.3%、46.8%，可见，从产业结构看，温州市已是一个高度非农化的地区；农村居民人均纯收入 16194 元，农村居民人均生活费支出 11724 元。①

温州市 2010 年开始实施城乡居民统一的社会养老保险，这是与该地区的经济与社会发展水平及产业结构特点相适应的。《温州市城乡居民社会养老保险实施办法》有以下几个方面的特点：第一，缴费档次的设置不同于新农保的《指导意见》（见表 7—1），温州市设置了七个缴费档次，且每个档次之间间距并非固定的 100 元，相应的政府补贴的标准也不是固定的 30 元，而是呈非等距的递进，这样的制度设计相对于固定 30 元的政府补贴原则上更有利于激励农民选择较高档次缴费。第二，温州市基础养老金为 60 元，高于新农保《指导意见》中提出的 55 元。第三，温州市为鼓励农民长期缴费，根据长缴多得的原则设置了"缴费年限养老金"，按缴费年限分段计发：①缴费 5 年（含）以下的，按 1 元/年计发；②缴费 6 年以上、10 年（含）以下的，从第 6 年起按照 2 元/年计发；③缴费 11 年（含）以上的，从第 11 年起按 3 元/年计发；④为调动城乡居民参保的积极性，对参保人设置了标准为 20 个月基础养老金的丧葬补助费。从统计资料来看，2013 年温州市参加城乡居民社会养老保险人数为 2185614 人。

表 7—1　温州市城乡居民社会养老保险缴费补贴标准（2010 年）

	一档	二档	三档	四档	五档	六档	七档
缴费标准（元）	100	300	500	800	1000	1500	2000
政府补贴（元）	30	35	40	50	60	80	100

（二）山东省武城县

山东省武城县隶属山东省德州市，隔京杭运河与河北省相望，辖 7 镇 1 街 1 个省级开发区，面积 748 平方公里，人口 40 万。2013 年全

① 数据来源：温州市政府网，http：//www. wenzhou. gov. cn/col/col3583/index. html。

年完成 GDP 189.8 亿元，完成地方财政收入 7.05 亿元，农民人均纯收入 11042 元。[①] 武城县从 2011 年 7 月开始实施城乡居民社会养老保险。武城县根据国务院的新农保《指导意见》和《国务院关于开展城镇居民社会养老保险试点的指导意见》（简称《城居保指导意见》）以及山东省相关文件，制订了实施方案。武城县城乡居民社会养老保险个人缴费的档次设为每年 100 元、200 元、300 元、400 元、500 元、600 元、700 元、800 元、900 元、1000 元 10 个档次。在实际实施过程中，武城县在 2012 年 10 月将基础养老金由原来的 55 元/月调整到了 60 元/月。截至 2013 年 6 月底，武城县 9 个乡镇街 60 岁以上养老金领取人员为 56582 人，发放养老金共计 2019.7 万元，累计发放养老金 7341.63 万元；参保人员补缴上年保费金额 0.85 万元，16—59 周岁的参保人员 1648 人，参保费 20.13 万元，累计收缴保费 3651.96 万元。

（三）江西省寻乌县

江西省寻乌县地处江西东南端，居闽、粤、赣三省交界处，全县总面积 2312 平方公里，辖 15 个乡镇，6 个居委会，173 个行政村，总人口 31.71 万人，其中农村人口 26.5 万人，占总人口数的 83.6%。2013 年寻乌县实现生产总值 44.7 亿元，财政总收入和公共财政预算收入分别达到 5.3 亿元和 3.7 亿元，公共财政预算支出 16 亿元。2013 年城镇居民可支配收入 14728 元，农民人均纯收入 5088 元。[②] 寻乌县农业以种植果树为主，是“中国蜜橘之乡”、“中国脐橙之乡”、“中国脐橙出口基地县”、“绿色生态果品生产县”，并率先在全省实现农业人口人均 2 亩果园。

寻乌县自 2010 年 10 月便正式启动了新农保试点，在试点初期寻乌县设置的缴费档次有 100 元、200 元、300 元、400 元、500 元、800 元 6 个档次，2012 年寻乌县将新农保和城居保合并实施，从而将缴费

① 数据来源：《武城时报》，http：//epaper.dezhoudaily.com/wcsb/html/2014-01/13/content_ 220720.htm。

② 数据来源：寻乌县人民政府 2014 年工作报告，http：//www.xunwu.gov.cn/tszt/xgqx/201405/t20140516_ 119588.htm。

档次调整为100元至1000元共10个档次。同时规定政府补贴标准由固定的30元改为每增加一个档次多补贴5元，最高不超过75元，并允许超档次缴费。截至2011年11月底寻乌县城乡居民社会养老保险参保人数为145067人。其中，16—59周岁参保人数为117722人，收缴保费1180.427万元，对2.73万符合领取条件的人员发放了基础养老金，发放资金2090.299万元。

（四）湖北省广水市

湖北省广水市位于湖北省北部偏东，全市国土面积2647平方公里，人口90万，全市共辖3个街道办事处10个、4个乡镇、3个国营林场、2个经济开发区，556个村民委员会，3701个村民小组，47个居民委员会，131个居民小组。[①] 2013年生产总值211亿元，增长11.5%，农民人均纯收入9120元，增长13%。[②] 广水市自2011年8月开始推行城乡居民社会养老保险，在推行过程中将新农保和城居保合并实施。广水市城乡居民社会养老保险的实施方案与国家《城居保指导意见》相似，缴费档次也是100元至1000元10个档次，财政补贴为30元，基础养老金为55元。截至2012年11月底，广水市16—59周岁适龄人口实际参保总人数28.2万人，适龄人口参保率为93.14%，征收保费3100余万元，发放基础养老金6042.5万元。

（五）四川省宜宾市

四川省宜宾市辖2区8县，共有107个镇，65个乡、13个街道办事处，2842个村委会、331个居委会，22871个村民小组、2620个居民小组，辖区面积1.3万平方公里，总人口543万；2013年，国民生产总值1342.89亿元，城镇居民人均可支配收入22718元，农民人均纯收入8806元。[③] 宜宾市早在2012年之前，已在翠屏区、南溪区、

① 数据来源：广水市政府网，http：//www.zggs.gov.cn/zjgs/。

② 数据来源：广水市政府2014年工作报告，http：//www.0722fc.com/news/2014/0112/article_ 17806_ 5.html。

③ 数据来源：宜宾市政府网，http：//www.yibin.cn/ybgk/ybgk_ detail.jsp?classId = 02040101&newsId = 293093。

珙县和屏山县开展了新农保试点工作，宜宾县、江安县、长宁县、兴文县、筠连县和高县从2012年7月开始推行新农保。

三　调查数据的获取及样本特征描述

（一）调查数据的获取

本章及接下来的章节研究所用数据除特别注明数据来源外，均来自课题组的“5省问卷调查数据”。

（二）样本特征描述

表7—2列出了样本的基本特征：多数受访者为男性，年龄主要集中在30—59岁，文化程度主要为初中及以下，婚姻状况以已婚为主，身体健康的自评状况以良好为主，政治面貌中群众占多数，农民的职业主要为务农，但是已经出现明显分化。

表7—2　　样本基本特征描述

项目	选项	频数（N）	百分比（%）
性别	男	966	60.4
	女	633	39.6
年龄	30岁以下	151	9.4
	30—44岁	516	32.3
	45—59岁	601	37.6
	60岁及以上	331	20.7
文化程度	小学及以下	648	40.5
	初中	655	41.0
	高中/中专/技校	238	14.9
	大专及以上	58	3.6
婚姻状况	未婚	66	4.1
	已婚	1462	91.4
	离婚	13	0.8
	丧偶	58	3.6

续表

项目	选项	频数（N）	百分比（%）
身体健康状况	非常差	47	2.9
	比较差	250	15.6
	一般	435	27.2
	比较好	420	26.3
	非常好	447	28.0
政治面貌	中共党员	220	13.8
	民主党派人士	5	0.3
	群众	1374	85.9
职业分割	务工人员	203	12.7
	个体及企业经营	167	10.4
	干部技术人员	142	8.9
	家务劳动及无业人员	244	15.3
	农业劳动者	840	52.5

表7—3列出了样本所在家庭的基本特征。总体来看，样本结构基本符合所调查地区农村人口社会特征，样本代表性较好。

表7—3　　样本所在家庭基本特征描述

项目	选项	均值	标准差	中位数
子女状况	子女数（人）	2.118	1.186	2
	儿子数（人）	1.104	0.810	1
人口状况	家庭人口数（人）	4.635	1.960	5
	家庭代际数（代）	2.443	0.764	3
	60岁及以上人口数（人）	0.740	0.873	0
劳动力状况	劳动力数（人）	2.781	1.326	2
	务农为主劳动力数（人）	1.484	1.179	2
	非农为主劳动力数（人）	1.318	1.259	1

续表

项目	选项	均值	标准差	中位数
收入状况	家庭全年收入（元）	43002.568	59857.603	30000
	农业生产纯收入（元）	12943.230	30750.393	3000
	非农工作纯收入（元）	27367.876	50146.373	15000

四　新农保实施状况的描述统计分析

前文主要从官方统计数据方面对调查地区新农保实施的状况进行了简单的介绍，这里将主要基于5省的调查数据，对新农保实施的状况进行描述统计分析。

（一）农民对新农保的了解程度

总体来看，农民对新农保并不是很熟悉，了解程度比较肤浅。表7—4显示，对新农保“很熟悉”的样本占总体样本的6.8%，“较熟悉”的占16.6%，两者之和为23.4%，即对新农保很熟悉和比较熟悉的样本比例仅两成多；对新农保“一般”了解的样本占总体样本的24.5%；而对新农保“不太了解”、“了解很少”和“没听说过”的样本，分别占总体样本的25.5%、22.4%和4.3%，三者之和为52.2%，也即有一半多的样本农民对新农保了解程度比较低。

表7—4　　了解新农保的程度　　单位：%

选项	浙江温州	山东武城	湖北广水	江西寻乌	四川宜宾	合计
很熟悉	6.1	3.0	8.1	12.8	3.8	6.8
较熟悉	18.2	14.4	20.7	14.5	16.0	16.6
一般	22.5	22.4	19.3	34.0	23.2	24.5
不太熟悉	21.4	30.7	18.0	27.9	27.6	25.5
了解很少	23.6	28.0	24.4	10.8	25.7	22.4
没听说过	8.2	1.4	9.5	0.0	3.8	4.3
显著性检验	Pearson 卡方 = 146.665　df = 20　Sig = 0.000					

表7—4还显示出不同地区农民了解新农保的程度存在一些差异，

江西寻乌地区样本农民对新农保“不太熟悉”、“了解很少”、“没听说过”的比例最低，合计为38.7%，湖北广水、浙江温州地区样本农民的比例略高，为51.9%和53.2%，其他两地样本农民的比例则在60%左右。

表7—5　　对新农保各项规定的认知情况　　单位:%

新农保的相关规定	浙江温州	山东武城	湖北广水	江西寻乌	四川宜宾	合计	N
1. 引导农民参保应遵循自愿原则，不能强迫农民参加	80.5	85.1	82.0	77.3	82.7	81.6	1529
2. 政府会对参加新农保的农民给予参保补贴	62.6	61.5	53.9	86.6	70.4	67.8	1530
3. 凡本市年满16周岁（不含在校学生）、未参加城镇职工基本养老保险的农村居民，可以在户籍所在地参加新农保	42.4	48.9	42.7	85.6	59.2	57.0	1527
4. 参保对象从本县（市）迁往外地，若迁入地尚未建立农村社会养老保险制度，可将他个人交纳全部本息退还给本人	30.4	16.9	24.7	69.0	30.6	34.9	1526
5. 若参保人死亡，个人账户中的资金余额，除政府补贴外，可以依法继承	37.7	23.9	36.8	79.4	39.5	44.0	1525
6. 新型农村社会养老保险有不同的缴费档次	51.0	71.3	68.2	—	74.9	67.1	1187
7. 当个人缴费标准达到一定缴费档次后政府会相应提高补贴额度	42.4	57.6	57.7	—	60.5	55.1	1186
8. 新农保基金纳入社保基金财政账户，实行收支两条线管理	25.7	14.0	31.8	—	24.1	23.2	1187

表7—4询问的是农民对新农保了解程度的主观感受，为了更客观地测量农民对新农保的了解程度，研究在问卷中设置了一些与新农保基本规定相关的问题，通过询问农民对这些基本规定是否了解，考察农民对新农保的了解程度。表7—5中显示了新农保的8项基本规

定，其中第 6 至 8 项的规定在江西寻乌进行调查时并没有设置。表 7—5显示，农民最了解的新农保规定是“引导农民参保应遵循自愿原则，不能强迫农民参加”，占 81.6% 的样本知道这一项规定；其次是“政府会对参加新农保的农民给予参保补贴”和“新型农村社会养老保险有不同的缴费档次”，比例分别为 67.8% 和 67.1%；而农民了解程度最低的规定是“新农保基金纳入社保基金财政账户，实行收支两条线管理”，仅占 23.2% 的样本知道这一项规定。可以看出农民对新农保的了解主要集中在与其本身关系比较密切的规定以及新农保在推行中被宣传人员重点强调的规定，而与参保农民关系相对关系较远的规定，比如基金管理，则了解较少。不同地区农民对相关规定的了解程度存在差异，最明显的差异是在前五项规定中江西寻乌地区的样本，除第一项外，比例均远高于其他地区。

表 7—6　　了解新农保的途径　　单位:%

选项	浙江温州	山东武城	湖北广水	江西寻乌	四川宜宾	总计
电视、收音机	24.5	16.0	16.5	27.7	17.3	20.4
村里广播	10.1	60.1	1.9	4.7	2.0	17.5
报纸	11.7	3.7	2.2	7.3	4.2	5.7
杂志	0.8	0.3	0.0	2.0	1.3	0.9
互联网	5.8	0.8	3.0	4.7	2.9	3.3
相关部门群发短信	4.7	0.0	0.0	5.5	1.6	2.4
基层干部上门宣传	33.5	20.8	61.8	62.7	34.9	42.3
村里集体组织宣讲	29.2	33.4	31.8	42.0	40.1	35.7
亲友告知	44.7	11.0	13.9	21.0	24.8	22.2
其他	3.5	2.8	10.9	5.2	9.8	6.3

注：此问题为多选题，因此百分比合计大于 100%。

从信息了解的途径来看（见表 7—6），42.3% 的样本是通过“基层干部上门宣传”的方式了解新农保，35.7% 的样本是通过“村里集体组织宣讲”的方式了解新农保，另外通过“亲友告知”、“电视、收音机”及“村里广播”了解新农保的比例分别为22.2%、20.4%和17.5%，可以看出农民了解新农保的途径主要还是村组干部，村组干部是新农保在农村宣传的主体。可以发现，各地区样本了解新农保的途径相对一致，主要是通过“基层干部上门宣传”和“村里集体组织宣讲”，山东武城样本农民则主要是通过“村里广播”了解新农保，浙江温州地区的样本农民了解新农保的途径比较多样化。

农民认为当地新农保宣传的力度如何呢？调查发现，样本农民认为新农“保宣传力度很大”的占32.5%，认为“宣传力度一般”的占46.4%，认为“宣传力度很小”的占21.1%，总体来看农民比较认同目前新农保的宣传力度。对新农保宣传力度的评价也存在地区差异，江西寻乌地区的样本农民认为本地宣传力度很大的比例最高，为57.7%，四川宜宾地区样本农民的比例最低，为14.0%。应该说农民对新农保的了解程度与其对新农保宣传力度评价是相关的，江西寻乌地区农民表示不太了解新农保的比例是最低的。

表7—7　被访者对当地新农保宣传工作力度的评价　单位:%

选项	浙江温州	山东武城	湖北广水	江西寻乌	四川宜宾	合计
宣传力度很大	20.9	31.2	34.2	57.7	14.0	32.5
宣传力度一般	45.3	46.6	49.6	32.8	59.5	46.4
宣传力度很小	33.9	22.2	16.2	9.5	26.4	21.1
显著性检验	Pearson 卡方 = 186.792　df = 12　Sig = 0.000					

（二）农民的参保意愿与行为[①]

因为60岁及以上的老人，在新农保推行之时不需缴费，便可以按月领取基础养老金，对其测量参保意愿并无实际意义，因此根据研究主题，这里选取了16—59周岁适龄参保的样本进行分析，有效样

① 本段落样本介绍与现状分析内容已分别发表：钟涨宝、聂建亮：《政策认知与福利判断：农民参加新农保意愿的实政分析》，《社会保障研究》2014年第2卷，第80—92页；聂建亮、钟涨宝：《新农保养老保障能力的可持续研究》，《公共管理学报》2014年第3期，第70—79页。

本数量共 1268 人。在所选样本中，浙江省温州市共 214 人，山东省武城县共 266 人，江西省寻乌县共 309 人，湖北省广水市共 228 人，四川省宜宾市共 251 人。

表 7—8　　　　农民参保意愿的描述统计

地区	不愿参保（%）	愿意参保（%）	N
四川宜宾	27.1	72.9	251
江西寻乌	6.5	93.5	309
湖北广水	8.8	91.2	228
山东武城	8.3	91.7	266
浙江温州	15.9	84.1	214
合计	12.9	87.1	1268

农民参加新农保意愿的频次分析结果显示（见表 7—8），有 1104 个样本愿意参加新农保，占样本总量的 87.1%，有 164 个样本不愿意参加新农保，占样本总量的 12.9%。由此可见，农民愿意参加新农保的比率较高，也即农民的参保意愿较高。表 7—8 还显示，不同地区农民的参保意愿存在一定差异：四川宜宾样本中愿意参保的比例最低，为 72.9%，其次是浙江温州样本，愿意参保的比例为 84.1%，其余江西寻乌、湖北广水、山东武城样本愿意参保的比例接近，都在 90% 以上。四川宜宾样本农民参保意愿最低，可能因为课题组在四川宜宾调查时，选择的是 2011 年已启动新农保的翠屏区和 2012 年刚启动新农保的高县和兴文县，多数样本来自刚启动新农保的地区，当地农民参保意愿相对较低。浙江温州样本农民参保意愿不高，可能因为该地区农民收入及生活水平处于高位，往往选择收益率高的商业保险，而对保障能力仅处于基本保障层次的新农保需求并不强烈。虽然山东武城与浙江温州同处于东部地区，但武城县地处鲁西北，其经济状况更接近于中部地区，因此山东武城样本农民与中部地区样本农民的特质比较接近。江西寻乌、湖北广水地处中部，经济发展水平不及东部，农民很难承受需要交纳高额保费的商业保险，而对缴费水平偏

低的新农保的需求较高，且这些地区已推行新农保一年以上，农民对新农保了解程度较高，对新农保的惠农特质感触较深，所以参保意愿较高。

表 7—9 农民参保行为的描述统计

地区	已参保（%）	未参保（%）	N
四川宜宾	45.5	54.5	244
江西寻乌	86.9	13.1	306
湖北广水	83.5	16.5	224
山东武城	85.0	15.0	260
浙江温州	36.5	63.5	208
合计	69.3	30.7	1242

农民参加新农保行为的描述分析结果显示（见表 7—9），处于适龄参保阶段的样本，有 69.3% 的参加了新农保，而未参加新农保的占到了 30.7%。由此可见，农民参加新农保的比例较高。同时，不同地区农民参保比例存在一定差异，江西寻乌、湖北广水、山东武城样本参保的比例高达 85% 左右，而四川宜宾样本参保的比例不足 50%，浙江温州样本参保的比例更低，甚至不足 40%。不同地区样本参保比例存在差异，可能由以下原因造成：第一，浙江温州样本参保比例之所以相对湖北广水、江西寻乌、山东武城以及四川宜宾较低，与当地农村养老保险险种较多有关，当地农民更多地会选择参加其他保险。国家统计局浙江调查总队课题组在浙江农村的调查显示，新农保、职工养老保险和失地农民养老保险等是浙江农村居民参加的三种最主要的养老保险险种，分别有 59.3%、15.8% 和 12.2% 的农村居民参加，除此之外，还有 7.3% 的农民参加了其他商业保险。[①] 第二，之所以四川宜宾样本参保比例低于江西寻乌、湖北广水和山东武城，更大程

① 国家统计局浙江调查总队课题组：《浙江农村居民养老保障调查》，《浙江经济》2011 年第 23 期。

度上是因为在四川宜宾调查时，选择的是2011年已开始推行新农保的翠屏区和2012年刚开始推行新农保的高县和兴文县，多数样本来自刚开始推行新农保的地区，所以参保比例相对较低。

（三）农民对捆绑政策的评价

国家为有效动员农民参保，设计了“捆绑”政策，即“新农保制度实施时，已年满60周岁、未享受城镇职工基本养老保险待遇的，不用缴费，可以按月领取基础养老金，但其符合参保条件的子女应当参保缴费”[①]，对于这一政策大多数样本农民认为比较合理，占59.0%，认为不合理的比例为28.1%，不足三成，认为无所谓的占12.9%，可以发现虽然有部分农民对这一政策并不满意，但是绝大多数农民还是比较理解的。可能因为很多农民认为子女交钱其实是给老人交的，将代内的保障理解为代际间的保障，从而出现较高的赞同度。当然，这其中存在一些地区间的差异，四川宜宾地区样本认为不合理的比例最高，达到了36.9%，这与四川宜宾所选部分样本地区正在推行新农保相关。当地推行新农保过程中，政府为了促成农民参保使用了“捆绑”政策，而这一政策也导致一些参保农民不满，所以不赞同这一政策的比例最高。

表7—10　　农民对“捆绑”政策的评价　　单位:%

选项	合理	不合理	无所谓
浙江温州	60.6	23.3	16.1
山东武城	60.1	27.1	12.7
湖北广水	69.8	22.4	7.8
江西寻乌	53.5	29.7	16.9
四川宜宾	52.2	36.9	10.8
合计	59.0	28.1	12.9

① 《国务院关于开展新型农村社会养老保险试点的指导意见》，国发〔2009〕32文件。

（四）农民对新农保养老保障能力的评价①

表 7—11　　农民对新农保养老保障能力的评价　　单位：%

项目	选项	浙江温州	山东武城	湖北广水	江西寻乌	四川宜宾	合计	显著性检验
新农保在改善老年贫困人口生活方面的作用	作用很大	4.3	3.9	4.4	14.2	7.8	7.1	Pearson 卡方 =131.359 df=16 Sig=0.000
	作用较大	12.9	20.2	20.4	35.5	25.4	23.3	
	作用一般	32.1	35.5	34.0	32.8	32.9	33.5	
	作用较小	42.1	32.4	32.3	13.4	26.3	28.8	
	几乎没有什么作用	8.6	8.0	8.8	4.1	7.5	7.3	
新农保待遇满足本地老年人基本生活需要的程度	完全能满足	0.7	0.3	0.7	0.6	1.6	0.8	Pearson 卡方 = 34.264 df=02 Sig=0.001
	基本能满足	12.1	19.4	11.6	16.0	19.2	15.9	
	很难满足	42.9	49.9	51.0	53.2	51.1	49.8	
	完全不能满足	44.3	30.5	36.7	30.2	28.1	33.5	

为考察农民对新农保养老保障能力的评价，这里采用等级量表进行询问。新农保的保障能力有两个层次，第一个层次为较低层次的养老保障能力，即新农保仅仅是对当地贫困老年人口有一定的作用；第二个层次为较高层次的养老保障能力，即新农保的保险待遇可以满足当地老年人的基本生活需要。调查显示（见表 7—11），认为新农保在改善老年贫困人口的生活方面"作用很大"及"作用较大"的样本占总体样本的 30.4%，认为"作用一般"的占 33.5%，认为"作用较小"及"几乎没有什么作用"的占 36.1%。总体来看，农民对新农保较低层次保障能力评价趋向于中间值，即评价较高与评价较低的比例相近，更像是正态分布。认为新农保待遇完全能满足本地老年

① 本段落由钟涨宝、聂建亮合著，曾发表于《农民的养老观念与新农保养老保障能力评价》，《中南民族大学学报》（人文社会科学版）2014 年第 1 期；收录时增加了对山东省武城调查数据的分析。

人基本生活需要的样本仅占 0.8%，认为基本能满足的占 15.9%，两者总计 16.7%，而认为很难满足和完全不能满足的样本所占比例高达 83.3%，也就是说绝大多数农民认为新农保待遇不能满足本地老年人的基本生活需要，即农民并不认同新农保的较高层次保障能力。可以看出，新农保的养老保障能力不足，在农民眼中新农保仅是有限保障。

各地农民对新农保保障能力的评价也存在差异，江西寻乌地区的样本农民更认可新农保较低层次的养老保障能力，浙江温州地区的样本农民则更不认同新农保较低层次的养老保障能力。对新农保较高层次养老保障能力评价相对较高的是四川宜宾的样本及山东武城的样本，但是总体来看各地差距不大。

（五）农民对新农保权利义务观念的认知

调查显示，农民普遍认为社会养老保险是所有公民应享有的权利。表 7—12 显示，对于“社会养老保险是所有公民应享有的权利”这句话，有 52.3% 的样本表示“完全同意”，34.6% 的样本表示“比较同意”，两者合计 86.9%，而表示反对的仅占 1.7%。各地区中，权利观念最强的是浙江温州的样本选择“完全同意”的比例为 64.3%；其次是湖北广水的样本比例为 61.7%；再次是山东武城的样本比例为 50.4%。

农民不仅觉得社会养老保险是一种权利，而且也承认缴纳社会养老保险是所有公民应尽的义务。对于“缴纳社会养老保险费是所有公民应尽的义务”这一说法，39.5% 的样本表示“完全同意”，37.9% 的样本表示“比较同意”，两者合计 77.4%，虽然相对于权利观念有所下降，但是比例仍然接近八成，而表示“比较反对”和“完全反对”的比例也仅占 6.7%。与农民的权利观念相似，相对比较认同义务观念的分别是山东武城、浙江温州和湖北广水的样本，选择“完全同意”的比例分别为 44.9%、44.6% 和 41.2%。农民将参保内化为一种权利，把缴费内化为一种义务，这无疑有利于新农保的普遍推行，也有利于新农保的可持续发展。

表 7—12　　农民对新农保权利义务观念的看法　　单位:%

项目	选项	浙江温州	山东武城	湖北广水	江西寻乌	四川宜宾	合计	显著性检验
社会养老保险是所有公民应享有的权利	完全同意	64.3	50.4	61.7	45.6	42.3	52.3	Pearson 卡方 = 69.629 df = 16 Sig = 0.000
	比较同意	26.1	38.8	29.2	37.2	39.4	34.6	
	说不清	6.8	9.7	7.1	16.6	16.1	11.5	
	比较反对	2.1	1.1	2.0	0.3	1.9	1.4	
	完全反对	0.7	0.0	0.0	0.3	0.3	0.3	
缴纳社会养老保险费是所有公民应尽的义务	完全同意	44.6	44.9	41.2	35.9	31.2	39.5	Pearson 卡方 = 37.873 df = 16 Sig = 0.002
	比较同意	34.6	37.4	37.4	39.9	39.7	37.9	
	说不清	13.2	11.1	13.3	20.1	21.8	15.9	
	比较反对	5.0	5.3	6.1	2.9	4.7	4.8	
	完全反对	2.5	1.4	2.0	1.2	2.5	1.9	

（六）农民对新农保制度收益的评价

为了获得农民对新农保制度收益的评价，这里设计了两道负向评价题目进行测量。第一道题为农民对“搞农村社会养老保险，实质上是增加农民负担”这句话的看法；第二道题为农民对“缴纳农村社会养老保险费，还不如把钱存到银行”的看法。总体来看，农民比较认同新农保的收益情况。调查显示大部分样本并不认同“搞农村社会养老保险，实质上是增加农民负担”这一看法，有 30.6% 的样本表示“完全反对”，35.6% 的样本表示“比较反对”，两者合计 66.2%，也有 17.8% 的样本表示“说不清”，表示“比较同意”和“完全同意”的分别占 10.4% 和 5.5%，合计 15.9%。因此可以说，绝大多数农民认为新农保的实施并没有增加农民的负担。

而农民对“缴纳农村社会养老保险费，还不如把钱存到银行”的看法显示，表示“完全反对”和“比较反对”的分别占 29.8% 和 36.4%，两者合计 66.2%，与农民对“搞农村社会养老保险，实质上是增加农民负担”这句话的看法赞同的比例相同，表示“不清楚”的比例则略高，为 18.5%。而表示“比较同意”和“完全同意”的比例分别为9.8%和5.4%，两者合计15.2%。因此可以说，绝大多数农民认为参加新农保要比把钱存银行收益更高。

表7—13　　农民对新农保制度收益的评价

项目	选项	频数（N）	百分比（%）
搞农村社会养老保险，实质上是增加农民负担	完全同意	88	5.5
	比较同意	166	10.4
	说不清	285	17.8
	比较反对	569	35.6
	完全反对	489	30.6
缴纳农村社会养老保险费，还不如把钱存到银行	完全同意	87	5.4
	比较同意	156	9.8
	说不清	296	18.5
	比较反对	582	36.4
	完全反对	476	29.8

第二节　国家与农民：新农保推行的"过程互动模型"[①]

农村社会养老保险一直是学界关注的问题，尤其是新农保试点前后数年，研究新农保的论文数量明显增加。通过对已有研究的分析发现，学界关于新农保的研究范式事实上暗示了一种倾向：新农保取得目前成绩的缘由是制度需求与制度供给间达到了一定程度的契合。[②]但这些分析范式并不能回答国家制度供给与农民制度需求达成目前契合度的过程是怎样的？换句话说，国家与农民之间通过一个怎样的互

① 本节由钟涨宝和韦宏耀合著，曾发表于《西北农林科技大学学报》（社会科学版）2014年第2期，收录本报告时有改动。

② 李轩红：《中国农村养老保险制度变迁的原因分析》，《山东社会科学》2011年第3期。

动过程实现目前的参保格局？同时，关于这一互动过程的特征、稳定性如何、将会朝向什么方向发展及可能产生的影响等都是既有研究难以很好回答的问题，但却是研究者难以绕开的问题。从社会学视角来看，互动是个人间、个人群体间、群体间传递信息的交往活动。经典的“国家—社会”分析范式尤其孙立平倡导的“过程—事件分析”为我们回答前述问题提供了一个新的分析视角。[①]

一　新农保推行的“过程互动模型”：一个分析框架

（一）国家—农民关系的研究

作为起源于西方思想传统的学科，社会学对于“国家与农民”关系的研究基本上从属于“国家—社会”的分析模式。从理论上看，为突破国家与社会的简单二元对立，“国家与农民”关系的研究可以从两方面展开：一是分析基层政权及其代理人与农民个体之间的复杂互动关系，主要研究成果有费孝通先生的“双轨政治”[②]、杜赞奇的“经纪模式”[③]；二是从政府行为的角度分析国家与农民关系背后的中央与地方关系，如周飞舟的“悬浮型”基层政权[④]。若将二者加以结合，我们就有可能得到一幅有关国家与农民关系的立体图像。

另外，在探讨国家与农民关系的研究中，孙立平倡导一种“过程—事件”的分析策略。所谓“过程—事件分析”指的是这样一种分析策略，它试图摆脱传统的结构分析或制度分析方法，从社会的正式结构、组织和制度框架之外，从人们的社会行动所形成的事件与过程

① 孙立平：《“过程—事件分析”与对当代中国农村社会生活的洞察》，谢立中主编：《结构—制度分析，还是过程—事件分析?》，中国社会科学出版社2010年版，第132—154页。

② 费孝通：《费孝通文集第四卷》，群言出版社1999年版，第336—340页。

③ ［美］杜赞奇：《文化、权力与国家：1900—1942年的华北农村》，王福明译，江苏人民出版社2010年版，第24—37页。

④ 周飞舟：《从汲取型政权到“悬浮型”政权——税费改革对国家与农民关系之影响》，《社会学研究》2006年第3期。

之中去把握现实的社会结构与社会过程。[1]

（二）过程互动模型的简介、层面、阶段及研究单位

1. 过程互动模型

本研究将在既有新农保研究成果的基础上，从国家与农民的双向视角为我们分析转型期中国的农村社会保障问题提供了一个独特视角和理论资源出发，以孙立平的“过程—事件分析”为学术起点，充分借鉴社会学中经典互动理论[2]，吉尔茨对地方性知识的研究等相关理论资源[3]，提出新农保推行的过程互动模型的分析框架，希望进一步了解新农保制度以外的“隐秘”，尤其是推行过程中各主体间的互动。

互动是最基本、最普遍的日常现象，它赋予社会现象以能动的特性，重视了动态的因素；而过程则提供了时间与历史的维度。[4] 因此，新农保的“过程互动模型”便是希望提供一种动态的、历时性的情境，而不是静态的、共时性的场景。从新农保制度的制定开始，中央政府与地方政府的利益博弈，到各级政府部门、村干部的宣传动员，再到村庄中的农民相互之间的信息传递、互动，到农民作出参保与否决策的整个过程都是我们意欲考察的对象。从图 7—1 中，我们可以看出，中央政府、地方政府和村干部作为国家层面的一维，村庄、家庭和农民作为社会层面的一维，它们之间以及各自内部主体之间都在进行着复杂的互动，构成了一幅新农保推行过程的曼妙图景。

---

① 谢立中：《结构—制度分析，还是过程—事件分析？——从多元话语分析的视角看》，《中国农业大学学报》（社会科学版）2007 年第 4 期。

② 郑杭生：《社会学概论新修》（第三版），中国人民大学出版社 2003 年版。

③ ［美］吉尔茨：《地方性知识——阐释人类学论文集》，王海龙、张家瑄译，中央编译出版社 2000 年版，第 222—296 页。

④ 孙立平：《“过程—事件分析”与对当代中国农村社会生活的洞察》，谢立中主编：《结构—制度分析，还是过程—事件分析？》，中国社会科学出版社 2010 年版，第 132—154 页。

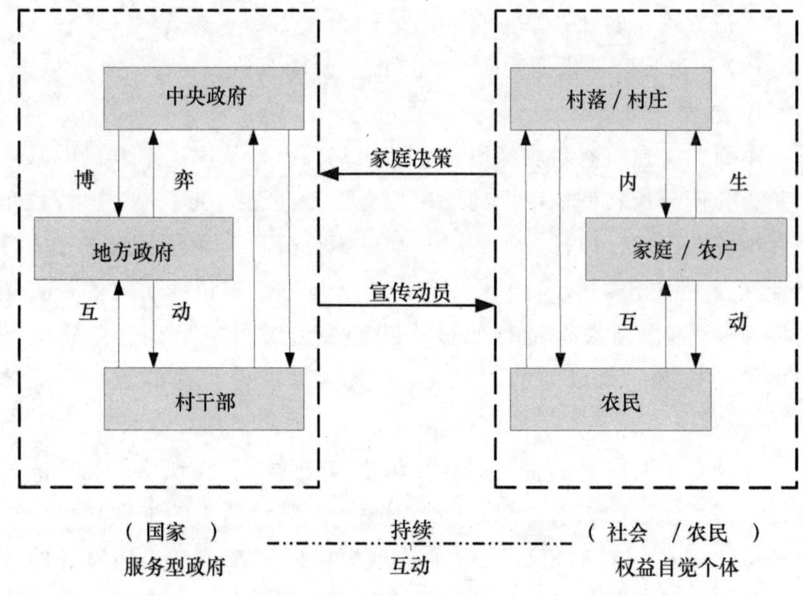

图 7—1　新农保推行的“过程互动模型”示意图

2. 过程互动模型的三个层面

应星对大河移民上访事件的研究中涉及消极农民、积极农民、村庄干部、区乡干部、县政府、地区政府、省市政府、中央各个层次，我们很难将这些层次简单地归结为国家和社会两方面。[①] 同样，我们在对新农保的研究中遇到类似问题，从过程互动模型中，我们至少可以划分出三个层面。第一个层面是国家内部层面，包括中央政府和地方政府在制定新农保制度（包括中央政府的指导意见和地方政府的具体实施办法）过程中的博弈互动；第二个层面是社会层面，具体到新农保推行过程中，就是村庄内部不同农民个体间的相互影响；第三个层面是国家/农民层面，主要是指作为国家体现的村干部与农民个体间的互动，同时也包括作为政府组织层面的国家与村庄或农民之间的互动。

① 应星：《大河移民上访的故事》，生活·读书·新知三联书店 2001 年版。

3. 过程互动模型的四个阶段

社会政策一般经历制定、执行、反馈等过程[①]，在新农保推行的过程互动模型中，大致存在四个阶段：地方政府应对中央政府指导意见提出具体实施办法的博弈阶段（国家内部层面）；国家机器动用各项资源宣传新农保阶段（国家/农民层面的一侧）；村庄内部成员相互传递新农保信息、相互影响互动的过程（社会/村庄内部层面）；农民对新农保制度的回应阶段即农民个体是否参保或者村庄的参保率情况（国家/农民层面的另一侧）。这种阶段分类是为了分析新农保推行过程的方便，在实践中各阶段往往是相互交叠的并且存在循环往复的动态交互。

4. 过程互动模型的研究单位

在对当代中国农村的研究中，因为研究单位的差异，往往导致两种截然不同的图景：一种是乡土性、田园诗的画面；另一种则是国家权威、权力威严的画面。孙立平认为，“过程—事件分析”中不同的研究单位同时以互动的方式出现可以有效克服前述偏误。[②] 在新农保推行的过程互动模型中至少涉及六个互动主体：中央政府、地方政府、村干部、村庄、家庭以及农民。其中，村庄对于新农保的分析是一个比较特殊的研究单位，作为中国行政体系末梢的村委会存在于村庄中，决定了村庄作为分析新农保参保率的最基本单位。同时，新农保的个人参保基本没有明显的过程性，而对于村庄来说，从新农保的宣传进入村庄，到最开始村庄中积极分子的参保，再到中间分子参保，使参保率达到基本稳定的阶段等，存在明显的过程性和时间性。因此，为追求分析的过程性，我们的分析一直暗含着对这一研究单位的诉求。

---

① 郑杭生主编：《社会学概论新修》（第三版），中国人民大学出版社 2003 年版。

② 孙立平：《“过程—事件分析”与对当代中国农村社会生活的洞察》，谢立中主编：《结构—制度分析，还是过程—事件分析?》，中国社会科学出版社 2010 年版，第 132—154 页。

二　过程互动模型的实践：新农保的推行

（一）制度激励：中央—地方的博弈互动

新农保基金由个人缴费、集体补助、政府补贴构成。其中，自家庭联产承包责任制实施以来，中国大部分农村集体经济已有名无实，故新农保的集体补助一项对于中国大部分地区是空白的。同时，政府补贴由中央政府和地方政府共同完成。中央财政对中西部地区按中央确定的基础养老金标准给予全额补助，对东部地区给予50%的补助。地方政府对参保人缴费给予不低于每人每年30元的补贴标准；对选择较高档次标准缴费的，可给予适当鼓励。[①]

可见，新农保的制度激励主要涉及中央政府、地方政府以及农民，这三者间往往存在博弈困境。从中央政府来说要大力推广新农保制度，便制定了相关的多缴多补政策，但是它将其中部分财政支出转嫁给了地方政府，由地方财政支出鼓励参保人缴费，于是便出现了分税制改革以来学者经常指出的“中央点菜，地方埋单”、“财权上解，事权下移”的财政格局。[②] 地方政府面对新农保的《指导意见》，一方面，如果完全执行中央的政策，将是较大的财政负担；另一方面，作为下属政府，地方政府又不得不执行。其选择的策略便是“折扣性”的执行政策。以河北省为例，其新农保的实施意见中按照中央文件的指示，将个人缴费标准设为每年100元、200元、300元、400元、500元5个档位，无论选择哪个缴费档位，每年都补贴30元。[③] 这5个档次的缴费标准的直观收益率分别是30%、15%、10%、7.5%、6%。缘于信息不充分，比较讲求现时现报而只能做到有限理

---

① 《中华人民共和国中央人民政府、国务院关于开展新型农村社会养老保险试点的指导意见》，[2009－09－04]（http：//www.gov.cn/zwgk/2009－09/04/content_1409216.htm）。

② 麻学锋、郭文娟、马红鸽：《基于利益视角的“新农保”政策过程分析——以民族地区为例》，《人口与经济》2011年第1期。

③ 《中华人民共和国中央人民政府、国务院关于开展新型农村社会养老保险试点的指导意见》，[2009－09－04]（http：//www.gov.cn/zwgk/2009－09/04/content_1409216.htm）。

性的乡村农民在这种情形下一般只会选择较低档次的缴费标准。然而随着农民对新农保相关政策的不断深入了解，会逐渐认识到中央政策与地方政策之间的矛盾，继而抵触地方政府，影响其参保行为。因而，国家与农民之间，一方面，农民对国家的政策予以极大信任；另一方面，则是对地方政府的执行心存疑虑，地方政府某种程度上成了中央政府的“替罪羊”。而在这层关系的背后，是中央政府与地方政府既存在领导与被领导的关系，更存在一种博弈的关系。在这一博弈阶段，农民的权益一直是中央和地方双方博弈的对象，而农民在这一过程中处于缺位状态，其权益在一定程度上受到了剥夺。而这种被剥夺的后果则是农民对政府的信任下降，继而增加政策的执行成本。

（二）宣传动员：村干部的“独角戏”

新农保参保行为就其本质而言，与其他金融投资一样，也是一种融资行为，农民和新农保制度之间存在交易：我现在投资了多少钱，为的是将来某个时候获得更大的收益，这种交易能否发生取决于农民是否获得信息和农民是否信任制度。[①] 那么，推广新农保，将相关信息准确传达给受众是第一步，而政府的社会动员是其中极为关键的一环。

国家在推广新农保过程中使用了多种宣传方式，如电视、广播、报纸、杂志、互联网、相关部门群发短信、发放宣传册子传单等，但缘于乡土社会本身的固有属性，一些传统的宣传方式更为有效，比如基层干部上门宣讲、村里集体组织宣讲、亲友告知等。前者的传播虽然有其便捷、迅速、范围广等优点，但是对于乡土社会有其关键性的缺陷：一方面这类传播方式所传达的信息大多概括而缺乏具体性，质朴的农民对这类信息的理解与掌握存在困难；另一方面则是受众对这类信息的传播缺乏信任。因此，在社会事实传播的过程中，尤其是在乡土社会，传统的人际传播不可或缺。在这种宣传方式中，基层村干部往往扮演极为重要的角色。他一方面作为国家权力在农村的代理人，贯彻国家的利益；另一方面作为村民选举产生的村干部又必然受

① 吴玉锋、吴中宇：《村域社会资本、互动与新农保参保行为研究》，《人口与经济》2011 年第 2 期。

制于村民的利益取向。在两者之间村干部会更偏向于谁的利益，更为重要的是村民如何判断村干部的角色决定了村干部的动员效力。农民会去参考村干部的建议，但最终决定仍然需要综合考虑多方面因素。

（三）内生互动：村庄舞台的展现

费孝通先生指出中国乡村的社会结构呈现出一种“差序格局”的状态，各人以“己”为中心，像石子一般投入水中，和别人所联系成的社会关系像水的波纹一般，一圈圈推出去，愈推愈远，愈推愈薄。[①]这就是说，在中国传统社会中，人与人间的关系不如西方那么个人化，每个传统的中国人都被一层层的人伦关系所笼罩，成为关系中的人。虽然现代农村人口流动频繁，大量青壮年劳动力流入城市，接受现代化洗礼，但是他们的关系网，尤其是那些依然留守乡村的群体的关系网主要还是存在于他们生活的村落。在这些村落中，有他们最为亲密的亲人、最为信任的朋友和最为熟悉的邻居，他们之间相互影响，对生活中的各种事件彼此传递信息，影响到彼此的决策。赵德余、梁鸿在对上海郊区的研究中发现，一个村庄整体的农民参保激励及其保障水平不仅仅是农民个体选择的结果，而且还受村落层面的自然环境、社会经济与政治民主情况的影响。[②]他们的研究主要揭示了村落在农民参保中经济层面的作用，而吴玉锋、吴中宇的研究进一步揭示了村落中社会资本、互动等非经济因素对农民参保行为的影响。[③]

生活在村落中的个体会参照其他个体尤其是那些值得信任的亲戚、朋友、邻居的行为，在新农保中，表现为“看别人参保了，自己也跟着参保；自己缴费多，别人也跟着缴费多”。[④] Manski 把这种个体行为决策受到参照群体成员行为的影响，而这种决策又可能反作用

① 费孝通：《费孝通文集第五卷》，群言出版社 1999 年版，第 335—336 页。

② 赵德余、梁鸿：《农民参与社会养老保险行为选择及其保障水平的因素分析——来自上海郊区村庄层面的经验》，《中国人口科学》2009 年第 1 期。

③ 吴玉锋、吴中宇：《村域社会资本、互动与新农保参保行为研究》，《人口与经济》2011 年第 2 期。

④ 同上。

于参照群体成员的互动称为内生互动，这种互动的影响是双向的，结果是不确定的。① 就是说，在新农保中也可能产生这样的效应“看别人不参保，我也不参保；我选择低档次的缴费标准，别人也选择低档次的缴费标准”。② 吴玉锋、吴中宇的研究验证了内生互动对参保行为的消极影响，但是并没有解释产生这一结果的原因。③ 但是其暗示内生互动增加了群体成员的安全感，而安全感的增加降低了人们的风险意识，那么防范风险的养老保险一定程度上也就失去了市场。但是内生互动确实有助于降低农民搜寻信息的成本，而且农民对于这种信息普遍抱有极高的信任度。

（四）家庭决策：农民的回应

家庭在中国农民的行为选择中有特殊的意义，农民往往在家庭成员协商的基础上共同作出旨在使家庭全体成员福利最大化的理性决策，即农民的行为选择受到家庭决策的影响。对于新农保，是否参保、何人参保、选择何种参保档次等，都是在家庭决策中实现。在这种家庭决策中，传统家庭中长者权威正逐渐被年轻一代取代，年轻人往往较父辈有更高的学历和出外打工的经历，他们被赋予“见多识广”的光环，其对于参保行为起着举足轻重的作用。事实上，这一群年轻人较父辈确实有着更多的现代性思维，有着自己的行为逻辑。一方面他们往往鼓励自己年迈的父母参保，而父母出于参保的现实好处，参保的积极性很高；另一方面他们自己往往以还很年轻为借口，参保并不积极，甚至抵触。这样“一冷一热”的参保现象往往被一些学者解释为农民受传统观念的影响和生存环境的限制，而更重视眼前利益的结果。④ 这只能部分解释这一现象，年轻一代在现代化城市的

① Charles F. Manski. Economic Analysis of Social Interactions. Journal of Economic Perspectives, 2000 (3).

② 吴玉锋、吴中宇：《村域社会资本、互动与新农保参保行为研究》，《人口与经济》2011 年第 2 期。

③ 同上。

④ 邓大松、薛惠元：《新型农村社会养老保险制度推行中的难点分析——兼析个人、集体和政府的筹资能力》，《经济体制改革》2010 年第 1 期。

经历早已使他们相当程度上摆脱了传统思维，长时间生活在城市的他们已经渐渐失去了对故土村落的归属感，而新农保有将他们捆绑在乡村的倾向。新农保较低的保障水平一方面在经济激励上难以吸引年轻人；另一方面更以一种农村生活水平的象征意义而使年轻人产生心理上的拒斥。

政策制定者在新农保推行之前，基于实践的经验，已经预估到年轻人可能的参保困境，于是在制度设计时加入了“捆绑政策”。“捆绑政策”在一定程度上提高了农民参保率，却也产生了一系列意外的后果，比如部分子女与父母的矛盾加大、农村资金净流出、逆淘汰现象等。“捆绑政策”反映的最大问题是其与新农保自愿原则间的冲突，它只是制度设计层面的一个缺陷，已经在多地的实践中得到部分纠正。但是，新农保自愿原则与各地为追求参保率而不断出现的强制办理现象的矛盾却经常发生。这种逻辑产生的根源在于国家与农民资源禀赋的不对等，亦是中国传统“恩赐”政治的延续。在这种情境下，农民在与国家的互动中始终处于弱势的地位，一直在被动地接受。这种被动的接受在短期内或许有利于政策的广泛推行，却会因为缺乏足够的反馈机制而难以完善改进和长期维持。

（五）权益自觉：新农保作为一项助力器

村落中的农民参保以后，并不是新农保推行的结束，而是新的开始。一项新的困境摆在国家与农民的面前，即新农保如何优质的维持下去。此时，更需要国家与农民间的相互配合、互动与反馈。作为国家，如何持续提供、完善各种相关服务，保持与农民的沟通成为其挑战；而作为农民，如何找到经济激励之外持续参保的动力应是其需要努力的方向。

从国家层面来看，新农保的维续存在如下困难：地方政府筹资难、新农保基金管理与保值增值难、制度衔接难、经办管理服务难等问题。新农保持续困境的解决需要一揽子计划，归根结底，其作为一件准公共物品，它在呼唤其供给主体的转型，即新农保的持续供给需要服务型政府的支撑。服务型政府是怎样的？吴玉宗认为，服务型政府是严格建立在法律基础上并且履行法律义务的政府；所有作为都必须建立在为民兴利和为促进社会发展和稳定上；所有服务都应该是公开、公平和公正的且是弹性的、灵活的和创新的。[①] 服务型政府的主要职责有制度供给服务、提供良好的公共政策服务、公共产品和公共服务等。服务型政府的获得无法完全来源于政府内部转型，它需要借助于外生力量的助产。就新农保而言，这份力量必然来源于每一已是或潜在参保主体的合力。

作为参保农民，维持新农保运行的基础行为即是完成持续缴费。我国实施“老农保”的经验教训表明，如何长期维持农民的参保意愿是一直未能妥善解决的难题，无论是商业性农村养殖业、种植保险，还是新型农村合作医疗制度，凡属自愿保险都必然面临这一难题。[②] 对于新型农村社会养老保险而言，则更是如此。要破解这一难题，除了前述服务型政府的建设以增强农民对政府的信任，另一环则是农民自身的觉醒。一方面，农民要从多渠道了解新农保，逐渐形成权力意识，亦即认识到自己作为一个公民，有权享受国家所提供的社会养老保险，在这种自我权力的内化中深化对新农保的认同；另一方面，农民在权力意识增强的过程中，要不断反思自我的义务，亦即在社会养老保险中自己所肩负的重要责任，在行为上就表现为积极关注新农保的相关信息，并积极主动地选择适合自己档次的缴费标准持续参保。农民这种权利意识的自我觉醒、自我反省和自我创建的行为，模仿费孝通先生对于“文化自觉”的定义，姑且将之称为“权益自觉”。在对新农保的研究中，我们发现，这种“权益自觉”在目前是残缺的，即农民在强调自身权利的同时却往往忽视责任。

三　结论与讨论

通过前文分析框架的提出和对新农保推行的具体实践的分析，可以对本文的逻辑思路和几个层面的命题做一总结。

第一，国家政策制定的过程中缺少农民的声音。在地方政府针对

---

① 吴玉宗：《服务型政府：概念、内涵与特点》，《西南民族大学学报》（人文社科版）2004 年第 2 期。

② 林义：《破解新农保制度运行五大难》，《中国社会保障》2009 年第 9 期，第 14—16 页。

中央政府新农保的指导意见制定具体实施办法的过程中，主要存在中央与地方以农民权益为筹码的利益博弈，这一阶段的特殊性直接导致了农民的失声。中央为农民权益提供超前打算的同时却不愿为其买单，在转嫁地方的过程中受到了“软抵制”，最终以最弱势群体的权益损失为结果。

第二，农民的行为越来越理性化，但也表现出不够独立的特征。关于农民的行为，一直存在“道义经济”和“理性小农”之争，但这只是学理层面的争论，而现实中农民的行为很大程度上受制于生存境遇、制度安排和社会变迁。[①] 在新农保的推行中，无论是面对多种宣传渠道的轰炸，还是面对村干部的情理动员，农民明显保持了一定的独立性，虽然这种独立性深受村庄共同体及家庭共同体的影响。我们发现，农民参保与否的决策是在综合多项因素后作出的理性决策。这一结论与已有学界的研究成果基本一致：当前乡村社会关系和个人行为渐趋功利化和理性化。

第三，政府转型与农民觉醒相互促进。社会转型与社会互动之间存在密切的关系，社会转型引起互动情境和互动方式的变革，而社会互动促进社会转型。税费改革以来，政府力图将国家—农民的“汲取型”关系转变为“服务型”关系[②]，新农保作为这一目的的一部分，它的推行在保障农民老年基本生活的同时也增强了农民的权力意识；而农民权力意识增强的同时为政府的进一步转型提供了民间基础。从新农保的推行过程中，我们发现，这种相互促进的趋势还只是处于初步阶段，农民的觉醒也还仅限于争取权力而忽视自身的责任。

第四，过程互动模型意在揭示新农保推行背后的乡村社会结构基础，即国家—农民的关系。国家—农民关系的格局就是一种基本的社会结构，因此，国家—农民关系状态、社会结构形态是新农保推行过程中的重要影响因素；反过来，新农保的推行又为

---

① 郭于华：《“道义经济”还是“理性小农”》，《读书》2002 年第 5 期。

② 周飞舟：《从汲取型政权到“悬浮型”政权——税费改革对国家与农民关系之影响》，《社会学研究》2006 年第 3 期。

国家—农民关系各主体间的博弈与社会结构的变迁提供了制度基础和平台。

第五，过程互动模型是一个亟待进一步清晰化的分析性框架。过程互动模型虽然对认识和分析新农保问题提供了一个新的视角，但仍需进一步清晰和深化。因为分析材料的匮乏，尤其是第一手经验材料的匮乏，新农保推行中的很多问题仍然被隐匿了，比如中央政府关于新农保指导意见是如何制定的、村干部具体是如何利用自身资源进行情理动员的等。而且新农保自试点至今不足四年，其影响和可能的后果还没有完全展现，需要后续进一步追踪分析。

第三节　新农保推进的基层路径：基于嵌入性视角①

上一节基于过程互动模型，探讨了新农保推行过程中各个主体之间的相互关系，本节将针对新农保基层推进路径进行探讨，尤其是对新农保在农村最基层村庄内部的推进进行探讨。新农保作为一项重大的公共政策，其短期内可以实现在全国农村的全面覆盖，有赖于强有力的推进体系。而这一推进体系中最关键的部分则是处于其末端与农民零距离接触的基层，更具体地说是在村组。没有村组干部的有效动员，便不可能实现新农保在全国农村的全面覆盖。基于此，本节将集中探讨新农保在农村基层的推进路径，以及新农保成功推进的可能解释。这里所说的基层是指在行政村及村民小组层面，也即本研究所要探讨的是新农保如何在村庄内部推进。

一　理论依据及研究进路

（一）理论依据

对新农保在基层的推进进行研究时，拟采用嵌入性理论。因为当

---

① 本节由聂建亮和钟涨宝合著，曾发表于《华中农业大学学报》（社会科学版）2014 年第 1 期，并被人大复印报刊资料《社会保障制度》2014 年第 5 期全文转载，收录本报告时有改动。

新农保在我国开始试点推行时，我国农村的养老并不是一片空白，而是实际存在着以家庭养老为主的传统养老模式。嵌入本来是指某一事物卡进另一事物的过程和结果，这种用法在自然科学、建筑学中是比较普遍的。[①] 社会科学中，波兰尼在《大转型：我们时代的政治与经济起源》最早提出了“嵌入”的概念，在经济活动和社会的关系方面，利用“嵌入性”概念进行系统解释的是格兰诺维特。格兰诺维特基于波兰尼的概念提出了“经济行为是嵌入于社会网之中”的假设。“嵌入性”概念的提出对后来的经济社会学研究产生了深远的影响。本文期望借助嵌入概念和嵌入性思想去解释和说明我国新农保的基层推进路径。实际上，如果不做苛刻的要求，不一定要按照概念提出者赋予的既定意义去使用概念，而是在某种相近的意义上展开分析，并用于新的分析对象，这样可以延长这一概念的分析链条，并使这一概念有更宽广的意义。在这里可能做的是理论的迁移，即把用于解释某一对象的概念和理论用于解释另外的事物。[②]

与波兰尼、格兰诺维特不同的是，本文不是研究经济活动和社会关系之间的嵌入性问题，而是用嵌入性概念研究我国新农保的基层推进。本文认为新农保制度在农村基层的推进是一种嵌入性推进，其是作为一种外生的普惠性政策，嵌入中国农村社会以及其业已形成的以家庭养老为主导的养老模式中。根据对嵌入性的界定，王思斌认为研究嵌入问题需要明确几个基本问题，即嵌入的主体、嵌入的对象、嵌入的过程[③]，而笔者认为还需要加入嵌入工具，这更大程度上是本文所探讨问题的关键。嵌入的主体即谁的嵌入，本文的嵌入主体是新农保，既表现为一种政策，也表现为一种养老方式。新农保嵌入的对象是农村社会，或者更具体地说是农村中业已存在的养老模式。嵌入的工具是指依靠什么进行嵌入，本节研究发现新农保在基层的嵌入工具是村组干部。本节试图以湖北省 H 县港村作为个案[①]，基于嵌入性视

① 王思斌：《中国社会工作的嵌入性发展》，《社会科学战线》2011 年第 2 期。

② 同上。

③ 同上。

角，探讨新农保的基层推进路径。

（二）个案村庄及研究进路

港村位于湖北省黄梅县孔镇。黄梅县是湖北省第二批新农保试点县，从2010年10月开始推进实施新农保，孔镇则从2010年12月中旬开始正式推进新农保。港村位于孔镇东部，与孔镇城区毗邻。港村共19个村民小组，目前该村对邻近的小组进行了合并管理，所以现在该村共有13名村民小组长。港村全村共1128户，农村居民总人口4230人。港村现有计税耕地面积3845亩，其中旱地有2000多亩，水田有1845亩，还有300多亩的水面和荒坝。港村是一个典型的以打工经济为支柱的内陆村庄，外出打工者占到了总人口的40.0%左右。外出打工者多是青壮年劳动力，留守在村的主要是老人、妇女和儿童。据孔镇政府统计，截至2011年4月15日，港村16—59岁已参保人数2442人，占应参保人数的比例为85.6%，参保比例在孔镇处于前列。

本文试图将港村作为一种实证个案的类型加以讨论。笔者从2011年3月开始进入孔镇的4个村庄，进行了为期3个月的实地调研活动，从而获得了丰富的质性研究资料。在港村共完成个案访谈20余人，整理访谈资料10万余字。笔者对个案材料的原始谈话内容进行了定性分析，个案编码用“个案”的英文单词“Case”的第一个字母“C”，加上个案次序及被访者姓名汉语拼音第一个字母表示，比如，“C1 - XXH”指排序第1姓名为XXH的个案。同时，本研究辅以2011年5月在港村的问卷调查收集数据资料。在港村进行问卷调查时，主要采用随机抽样的方式进行抽样。根据村委会提供的户主名册采取等距抽样的方法选取样本框。样本确定后，样本地址前一户与样本后一户为一组，进行入户调查。每组（3户）中最多只能成功访问1户。调查共发放问卷130余份，收回有效问卷128份。问卷全部采用面访的形式完成，具有较高的可信度。

二　双层嵌入：新农保嵌入农村基层的效果

自2010年12月中旬开始正式推进新农保工作，到2011年4月中旬，短短4个月时间，新农保在港村取得了近乎成功的推进，也即新农保在农村基层实现了成功嵌入。笔者认为新农保在农村基层的嵌入是一种双层嵌入，即首先嵌入农村社会，继而进一步嵌入农村业已形成的以家庭养老为主导的多元养老模式中，见图7—2。

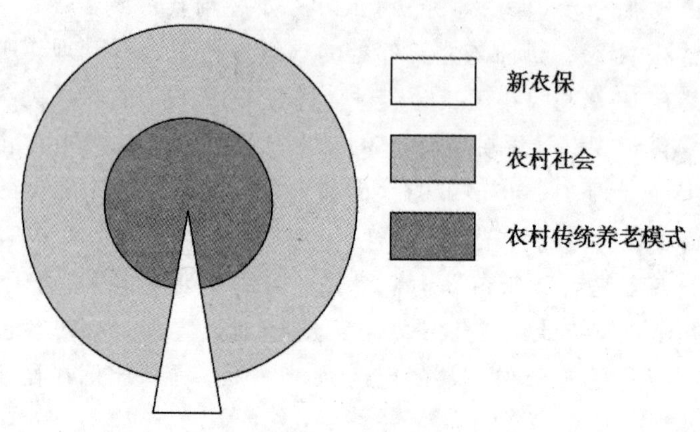

图7—2 新农保在农村基层的双层嵌入

（一）嵌入农村社会

这里用2个指标分别衡量新农保嵌入的程度和效果，即新农保的参保率和农民对当地新农保实施效果的评价。首先，新农保在短时间内达到了较高的参保率。孔镇财经所提供的数据显示，截至2012年4月15日港村适龄人口参保率达到了85.6%，笔者的抽样调查结果与这一数据基本吻合。调查显示（见表7—14），样本中“已满60周岁”的占25.0%，他们已无须交纳养老保险费，每月可领取55元的基础养老金，这一部分样本不计入适龄人口，这样适龄人口占样本比例为75.0%。“已经参加了”的占样本总体的66.4%，占样本中适龄人口的比例则为88.5%，与孔镇财经所统计的85.6%基本吻合。其次，农民对本地新农保实施效果有较高的评价。调查显示，样本中认为本地新农保的实施“效果非常好”的占7.8%，认为“效果比较好”的占46.1%，两者共计53.9%。认为“效果一般”的占39.8%，认为“效果不太好”的占5.5%，认为“效果很差”的仅1人。总体来看，农民的参保率较高，对本地新农保的实施效果感到满意，新农保嵌入效果相对较好。

表 7—14 农民参加新农保的比例及政策实施效果评价

项目	选项	频数（N）	百分比（%）
农民参加新农保的比例	已满60周岁	32	25.0
	已经参加了	85	66.4
	还没有参加，正准备参加	9	7.0
	还没有参加，也不准备参加	2	1.6
农民对本地新农保实施效果的评价	效果非常好	10	7.8
	效果比较好	59	46.1
	效果一般	51	39.8
	效果不太好	7	5.5
	效果很差	1	0.8

（二）嵌入农村业已存在的传统养老模式中

农民参加了新农保，并不意味着农民认同了新农保这种养老方式。参加新农保相对容易，而接受新农保作为自己今后的养老选择则并非易事。这里用农民自主选择的养老方式这个指标来衡量新农保嵌入农村传统养老模式的效果。抽样调查结果显示，在当地农民的养老方式选择中，新农保已占据了重要的地位。农村传统的养老方式有养儿防老、土地养老、储蓄养老等。在港村，新农保试点的推行改变了农村传统的养老方式格局，农民开始对新农保寄予厚望。

调查显示（见表 7—15），农民自主选择的养老方式中②，排在第一位的是“养儿防老”，有 77.3% 的样本选择了这一项；“农村社会养老保险”排到了第二位，有 59.4% 的样本选择了此项；“土地养老”排到了第三位，有 48.4% 的样本选择了此项；“储蓄养老”排到了第四位，有 21.1% 的样本选择了此项；集体养老、商业保险养老等受到了小部分被访者的青睐。从调查结果来看，新农保这种养老方式已经得到多数农民的认可，新农保已嵌入农村传统的多元养老模式中。

表 7—15　　农民自主选择的养老方式

选项	频数（N）	百分比（%）
养儿防老	99	77.3
农村社会养老保险	76	59.4
土地养老	62	48.4
储蓄养老	27	21.1
集体养老	10	7.8
商业保险养老	6	4.7

注：此问题为多选题，因此百分比合计大于 100%。

三　嵌入工具：新农保嵌入农村基层的关键

（一）自上而下的层层推进

国务院的新农保《指导意见》以及湖北省随后出台的《湖北省人民政府关于开展新型农村社会养老保险试点工作的实施意见》并没有对新农保的基层推进单位进行规定。到达县级以后，黄梅县出台了《黄梅县新型农村社会养老保险实施办法》，具体分配了工作任务。该实施办法对县政府、县农村社会保险管理局、乡镇及其人力资源和社会保障服务中心的职责和任务进行了详细的规定。最后，该实施办法将具体任务分配到了中国农村的最基层，即村委会。要求各村委员会根据上级政府的要求，负责在本区域内开展新农保的有关具体工作。这一规定实质上是将新农保在基层的宣传动员、参保农民信息采集、保费征缴、信息反馈等具体和繁杂的任务交给了村委会。新农保任务借助文件的形式实现了从中央到基层、自上而下的层层推进。

中国农村人口众多，环境复杂，单靠政府工作人员很难将一项政策，尤其是需要大量宣传动员和经办工作的政策推进到农村。任何一项政策在农村的成功推进离不开介于政府与村民之间的村委会的积极协助。可以说，村委会是任何国家政策得以在农村推进的关键所在。新农保作为一项惠农政策，其在农村的推进更是离不开村委会的协助。村委会一般下设村民小组，各个村民小组选举产生小组长负责各小组的日常工作，新农保向农村基层推进的关键更大程度上是村民小组长。村组干部承担着新农保的宣传动员以及相关的代办事宜，并成为了新农保嵌入农村基层强有力的嵌入工具。

（二）村组干部的宣传动员

2010 年 12 月中旬，孔镇召开了全镇党员干部大会，对全镇新农保工作作了具体的安排。经过核查，2010 年 10 月至 2011 年 1 月间该镇享受基础养老金的人数为 12467 人，于是孔镇从 2011 年 1 月 9 日开始将 4 个月的基础养老金 220 元首先发放给了这些老人。2011 年春节过后，孔镇各村开始正式推进新农保。孔镇根据各行政村年报人口，下达各村新农保参保指标。港村在接受任务后，首先召开村组会议，向小组长讲解政策，并发放由 H 县印制的新农保宣传单《H 县新型农村社会养老保险政策问答》和《人生都有夕阳红　新型农保敬老情——致全县农民朋友的一封信》，然后再由各小组长到本小组进行政策宣传。

> 新农保是去年腊月镇里开会提到了，具体宣传动员是在正月十几。宣传的话，首先是召开村组会议，给组长讲解政策，再发放宣传单，各村组长再到各家宣传政策。（C1 - XXH，男，43 岁，港村党支部书记）

村干部将港村新农保参保指标分解到各小组，由小组长通过积极宣传动员完成本小组的指标。小组长在进行宣传动员时一般是到各家各户进行走访宣传，并发放宣传单，鼓励农民参保，如 C4 - ZYJ。也有小组长通过召开小组代表会议，将政策传达到各家各户，如 C5 - QWF。

> 村里边给了指标，我们组指标是 238 人，完成了 318 人，大多数的小组都超了。我们宣传都是各家各户啊，上门宣传，不到各家各户不行啊。（C4 - ZYJ，男，56 岁，港村 9 组、10 组组长）
>
> 不论什么事都需要宣传一下啊，那时候我就找那个村民代表开会啊。我找了 9 个代表，每个房里 1 个，我把会议精神给他们一讲，要收钱，代表再给每家说。村里是给了指标，给了 240 多

个指标啊，我们小组交了将近300人。（C5－QWF，男，57岁，港村17组、18组组长）

一般来说，宣传动员工作直接影响农民的参保行为。为了做好对农民的宣传动员，村庄首先动员小组长，再由小组长回小组进行宣传动员。小组长的宣传动员策略并不是很多样，主要的方式为挨家挨户上门宣传动员。这种方式对小组长来说是最耗费时间的，但是也是效果最好的。而又因为各个小组本身户数不多，在一定程度上降低了入户宣传的难度。也有小组长在本组召开代表会，通过代表将政策传达到各家各户，但是这种方式并不普遍。挨家挨户上门宣传可以保证政策传达的准确性和完整性，但这仍然是相对而言的。政策在传达到小组长层面时已经出现信息的过滤。小组长常常并不能完全理解新农保政策，甚至对一些规定存在理解偏差。在这种情况下，小组长再将政策传达给农民，政策信息必定会出现局部缺失，如对于缴费的档次，小组长更加强调的是100元/年的标准；甚至有时候小组长有意曲解政策信息，如小组长不仅热衷于宣传新农保的“捆绑政策”[③]，而且将“捆绑政策”的运用扩大到所有人。这样的宣传策略，目的是最大限度地动员农民参保。

（三）村组干部的代办

在初步的宣传动员之后，各小组开始对村民参保进行摸底登记，并代收保险费。大部分小组只需一两天就可以完成多数村民保险费的征缴工作，如港村19组只用了1天时间，7组、8组用了2天时间。当然也有小组花费时间较长，如C7－WYQ。而后，小组长将本小组保险费上交村委会，再由村委会统一上交孔镇财经所。村民小组长成为了新农保代办的主力，承担着新农保最基础、最关键的工作。

像我们一个组，90多户，一晚上去了他家，早一点去，他还没有睡觉，他给你开门，你给他讲这个事。像有的人，已经睡觉了，他就说你明天来。白天来吧，好多都出去做工了，这样一天收不了几家，是不是？（C7－WYQ，男，48岁，港村11组、12组组长）

不过，村民小组长经办新农保时将手续进行了简化，或者说进行了权宜的调整，如小组长在收保险费时并未开具发票。这种经过调整的参保程序提高了新农保在基层的推进进度。这样的程序也会使村民产生怀疑，因为村民即使相信这一政策，但是却担心保费被侵吞或者挪用，如 C2 – CXM。不仅仅是发票问题，村民真正担心的是政策的执行和持续性问题，而实质是农民对政策的信任问题。小组长需要向村民解释，建立农民对政策的信心，如 C3 – XGL。不过，也有农民在不十分了解政策的情况下，凭着对村民小组长的信任，缴纳了养老保险费，如 C2 – CXM。

太不规范啊，新农保，我交了吧，他得给我一个单子啊，开个票吧？没有！（C2 – CXM，男，53 岁，港村村民）

有些人问（新农保）到底是不是真的，要是假的就没有意义了。我给他们解释说这是真的，这是政府搞的。（C3 – XGL，男，47 岁，港村 7 组、8 组组长）

他（村民小组长）来收我就直接给他了。我也搞不清新农保的政策，他们说交多少就交多少。（C2 – CXM，男，53 岁，港村村民）

动员农民参保缴费，小组长有自己的方式。多数小组长会采取多次上门的策略，如 C9 – LLY，也有小组长会借助村民的从众心理，动员村民缴费，如 C5 – QWF。问卷调查结果也显示，35.1% 的有效样本表示，自己参加或准备参加新农保的原因是“别人都参加了，自己也跟着参加”。

有 50% 是一次就收上来了，40% 的收了两次，其他的都收几次也差不多了，但也还有没交的。我们组交钱的积极性还是很高的，但也有的要催很多次，我们就跟他们说自己交钱自己受益，就好了。（C9 – LLY，男，52 岁，港村 2 组组长）

我第一次就给他们讲，你交吧，他如果不交，那我就去第二次。我说你交吧，别人都交了，他就讲等两天吧。第三次，我就说别人全部交了，就剩你一个了，没办法他就给了。（C5 - QWF，男，57 岁，港村 17 组、18 组组长）

当然最有效的还是运用新农保的“捆绑政策”。“捆绑政策”主要是针对年轻人，而年龄相对较大的农民参保是比较积极的，如C5 - QWF 所述。新农保的“捆绑政策”虽然受到了学界和村民的批评，但是其在新农保推进之初，确实发挥了巨大的作用。

你像跟我年纪差不多的人啊，他们就积极，他们是这么想的，再过几年他就可以得钱。年轻的不这么想啊，我交多少年才能拿到钱啊。我给他们讲你不交钱啊，你家里老年人就没有钱。（C5 - QWF，男，57 岁，港村 17 组、18 组组长）

经过一个多月村民小组长积极的宣传动员和经办，港村新农保参保率达到了较高的水平，新农保各项事务逐渐步入正轨。

由以上过程可见，国家将新农保推进中最关键的工作，即新农保的保费征缴交给了村庄，而村庄又进一步将任务分配给了村民小组长。在经过宣传动员后，小组长在较短的时间里完成了大部分适龄参保人口的保费征缴工作。但是，仍然有部分农民并不愿意较早地参保缴费，小组长便采用多次上门的策略动员农民参保。小组长会根据不同的群体，采取不同的动员策略。小组长代办新农保可以有效降低交易成本，使农民与政策的互动更加直接甚至简便。同时，由村民小组长进行保费征缴，使程序简化成为了可能。小组长可以借助个人权威以及村民对其的信任，在不能开具发票的情况下成功地将保费收起。这种简化了的保费征缴程序很大程度上加快了新农保在基层的推进速度。

四　制度品质与对象需求：新农保嵌入农村基层的重要因素

新农保能够成功嵌入农村社会以及农村中业已存在的传统养老模式中，得益于村组干部这一嵌入工具的巨大作用。村组干部生于农村，长于农村，对本村组十分熟悉，而且其本身又是通过选举产生，具有一定的权威性。村组干部可以利用对本村组的了解以及本身所具有的内生权威，完成外部权威很难完成的任务，天然地成为了政策执行的工具。新农保在农村基层的成功推进，得益于政策执行工具的强大动员能力，但是不可否认的是，嵌入主体迎合农民的制度品质以及嵌入对象的需求也是重要因素。

（一）嵌入主体迎合农民的制度品质

1. 低水平起步，降低了农民的参保门槛

新农保的基本原则之一便是“从农村实际出发，低水平起步，筹资标准和待遇标准要与经济发展及各方面承受能力相适应”。因为是低水平起步，所以缴费设置了不同的档次。最低缴费档次为每年 100 元，这一缴费档次对于一般农村家庭是可以承受的。正如 C7 - XGL 所说：“说实话有的一年交 100 块钱，抽烟的少抽几包烟，打牌的少打几次牌，那 100 块钱就有了!”在调查中，我们也发现大部分的农民缴费选择的是最低档次。在已经或准备缴费的样本中，农民选择的缴费档次主要为 100 元/年，占 89.3%；其次是 200 元/年，占 4.9%；选择 2000 元/年的仅 1 人。可见 100 元/年对农民来说是一个相对较低的门槛。这充分说明，正是采用了低水平起步的方式，农民才能够较快地接受新农保政策。这也为新农保将来的进一步推进奠定了基础：只要农民选择了参保，农民就有可能在今后逐渐提高缴费档次。

2. 与农村低保等不同，新农保具有普惠性

新农保在农村基层的成功推进也得益于新农保制度的普惠性。新农保不同于农村原有的社会保障制度，尤其是农村最低生活保障制度（简称“低保”）以及农村“五保”供养制度（简称“五保”）。低保针对的是农村中生活贫困的家庭，不具有普惠性。因为低保不需要个人承担任何的缴费义务，享受低保农户的标准又不好把握，低保制度在农村的实行带来了诸多问题。“五保”主要是对丧失劳动能力和生活没有依靠的老、弱、孤、寡、残农民实行的一种社会救助制度，其受益的群体特征明显，容易确定，但是受益面太狭窄。与低保、“五保”不同，新农保的保障群体是全体农村居民，任何农村居民只要符合参保条件，都可以参保。新农保基金并不是完全自筹，而是政府给

予一定补贴，这样就更加提高了农民参保的可能性。

3. 对60岁以上老人养老金的先行支付，形成了良好的示范效应

让农民看到切实的实惠，打消农民对政策的不信任，才能真正激发农民的参保积极性。H县规定，新农保实施时，即截至2010年9月30日，年满60周岁、未享受城镇职工基本养老保险待遇的本县户籍农村居民，不用缴费，可按月领取基础养老金55元。农民家庭中年满60周岁的老人可以不用缴费直接领到基础养老金，这对农民来说是一种正向激励，使之相信新农保政策。

> 对我来说，这个无所谓的。前边已经有老人领了这个养老金了啊，人家不会骗你钱啊。(C7－WYQ，男，48岁，港村11组、12组组长)

(二) 嵌入对象的需求

随着农村经济的发展，农民生活水平不断提高，老年人对养老的期待也越来越高，致使农村中养老成本随之增加。农村的传统养老方式是家庭养老，家庭中应承担赡养老人责任的子女数量因为计划生育而大大减少，导致农村中子女赡养负担的加重，农村中家庭养老的能力逐渐减弱。这时，农村社会亟须新的养老方式参与其中，使家庭养老方式得到有益的补充。传统养老方式式微，为新农保这种外生的养老方式的生存留下了空间。新农保并不是对原有农村养老模式的颠覆，而只是跟进或者说补充，所以受到原有养老体制的抵制并不剧烈，甚至根本没有受到抵制。新农保长驱直入，嵌入了农村传统养老模式中。

五 结论与讨论

基于对湖北省黄梅县港村的个案剖析发现，新农保在农村基层的推进是一种嵌入性推进，其是作为一种外生的普惠性政策，首先嵌入农村社会，继而进一步嵌入农村业已形成的以家庭养老为主导的多元养老模式中。新农保通过正式文件形式，将任务层层推向基层，最终村组干部成为了新农保在农村推进具体工作的执行者。村干部接受任

务后，将任务具体分配给村民小组长，于是村民小组长成为了新农保推进体系中最基层的部分。村民小组长借助其本身权威，采取深入各家各户的方式宣传新农保，并积极动员农民参保。村民小组长还承担了新农保推进中最复杂的保费征缴工作。新农保在基层借助村组，尤其是最基层的村民小组长强大的宣传动员及代办能力，在极短的时间内实现了近乎全面的推进，成功嵌入农村社会。最终，这一自外部嵌入的新型养老模式被农民接受，成为农村多元养老模式中重要的组成部分。新农保在农村基层的成功嵌入，不仅是因为其依托村组干部，尤其是村民小组长这一强有力的政策执行工具，还得益于嵌入主体迎合农民的制度品质及嵌入对象的需求。

从更直接的角度看，本文回应了中国公共政策研究的一个基本问题，即公共政策是如何在农村基层执行的。综观有关政策执行研究的文献，可以看出，有关执行的研究出现从垂直到水平、从政府到社会的研究趋势：从第一代“自上而下”研究途径到第二代“自下而上”研究途径，再到第三代所谓的整合途径，执行研究的焦点已从过去高高在上的政策制定的权威中心过渡到基层的政策执行结构内的互动主体，政策执行从关注官僚体制内的纵向控制转向基层执行结构内的水平互动。[①] 即便如此，对中国农村政策执行的研究仍然很少深入村庄内部。在中国当前农村政策执行的研究中，村庄似乎更大程度上是一个“黑箱”，农村政策的执行研究很难到达村庄内部。本文便是基于以上实际，试图剖析“黑箱”内的运作，从微观的视角考察为何我国众多农村政策可以在短时间内完成全面推进。悬置对政策本身特质的考虑，我们发现农村政策在农村的推进离不开村组干部，尤其是村民小组长这一农村本土群体。农村政策被分割成不同的任务指标，这些任务指标由基层政府下达到各个行政村，各行政村再将任务下达到各个村民小组，村民小组长具体负责本组政策宣传动员工作。正是这种宣传动员模式，促成了农村政策在中国农村的高效推进。

最后，需要说明的是，作为一项个案研究，本文还存在一些不

① 郑石明：《嵌入式政策执行研究——政策工具与政策共同体》，《南京社会科学》2009 年第 7 期。

足。本文质性材料的获取主要是通过村组干部，而对村民的访谈相对较少。另外，中国地区间差异显著，不同地区新农保在基层的推进过程与效果可能存在差异，因此有必要在不同地区选择个案进行研究，从而展现地区间差异。这些都有待后续研究进一步完善。

第八章　农民参与新农保的意愿与行为

农民参保是新农保推行的核心变量，如果没有农民参保，新农保制度就无法运行；而农民具有参保的意愿又是农民参保的先决条件。因此，要研究农民在新农保推行过程中的行为逻辑，就必须研究农民的参保行为，而要研究农民的参保行为需首先考察农民的参保意愿。本章将集中探讨影响农民参保意愿和参保行为的因素，以回应农民的行动逻辑。

第一节　政策认知与福利判断：农民参加新农保意愿的实证分析[①]

新农保坚持政府引导和农民自愿参保相结合的原则，这就表明在新农保推行中不能使用强制手段，而只能尊重农民意愿。计划行为理论认为行为意向是影响行为最直接的因素[②]，所以，了解农民的参保意愿，尤其是在新农保推行中农民的参保意愿，并分析影响农民参保意愿的因素，对深入推进新农保，最终实现对农村适龄居民的全覆盖具有重要的现实意义。基于此，本节将探讨新农保推行过程中农民的参保意愿及其影响因素，以期提出促进新农保进一步推进的建议。

---

① 本节内容由钟涨宝与聂建亮合著，曾发表在《社会保障研究（北京）》2014 年第 2 期，收录本报告时有改动。

② Ajzen I. 1991. The theory of planned behavior. Organizational behavior and human decision processes.

一　文献综述

2009年9月我国开始新农保试点后，众多学者对新农保进行了大量的调查研究，也包括一些对农民参加新农保意愿的研究。张朝华对广东珠海与茂名茂南两试点地区农户的调查表明，农户户主受教育的年限越长、农户家庭纯收入越高，农户参保的意愿就越强；农户家庭的人口数与土地面积越多、农户的年龄越大、农户户主的务农年限越长、非农收入所占的比重越高，农户参保的意愿就越弱。[①] 郝金磊、贾金荣基于2010年4月在甘肃省的调查数据，利用Logistic模型分析发现，农民对新农保有较强的参与意愿，年龄、健康状况、个人年收入、家庭劳动力数、家庭男孩数、家庭女孩数、家庭承包土地数及是否了解新农保等变量对农民参保意愿影响显著；性别、婚姻状况、文化程度、从事职业、家庭人口数等变量对农民参保意愿并无显著影响。[②] 田北海、丁镇基于2010年在鲁、冀、皖、黔四省的调查数据，对农民的参保意愿进行研究发现，大部分农民愿意参加新农保，收入主要源于务农、劳动能力低、子女定期给钱用、子女未读过大学、认知程度较高、未来预期乐观的农民参保意愿更强。[③] 还有一些研究者在研究中将农民的参保行为等同于参保意愿进行研究，这样处理显然并不科学。意愿指愿望、心愿，农民参与新农保的意愿具体指农民主观上是否愿意参保，以及希望通过什么样的方式参保。[④] 众多研究结果显示，农民的参保意愿决定其参保行为，作为一项以自愿参加为原则的惠民政策，提高农民的参保意愿才是政策良性运行的基础。

分析既有的关于农民参加新农保意愿的研究，我们发现：首先，

---

① 张朝华：《农户参加新农保的意愿及其影响因素——基于广东珠海斗门、茂名茂南的调查》，《农业技术经济》2010年第6期。

② 郝金磊、贾金荣：《西部地区农民新农保参与意愿研究》，《西北人口》2011年第2期。

③ 田北海、丁镇：《农民参与新型农村社会养老保险的意愿研究》，《甘肃行政学院学报》2011年第3期。

④ 同上。

一些被研究地区在调查时并未进行新农保试点，也有的被研究地区中既有已经进行试点的地区，也有未进行试点的地区，在以上情况下询问农民的参保意愿，并不能对政策推行有实质性的帮助。哈贝马斯曾提出“情境理性”概念，即人类的理性总是嵌入在具体情境中的，并随着情境的变化而变化。[①] 非新农保试点地区的农民，其并不处于新农保推行的情境之中，并不了解新农保的内容以及推行路径，所以其参保意愿不能反映农民在新农保推行情境中的参保意愿，得出的研究结论不适用于新农保的推行情境。所以，笔者认为要了解农民参加新农保的真实意愿，以有助于新农保的深入推进，选择正在推行新农保的地区进行研究是比较可取的。其次，虽然有些研究是在新农保试点地区进行的调查，但是样本量太少，这样就使统计结果的推广性较差。再次，已有研究的样本都包括 60 岁以上的老人，根据新农保政策，60 岁以上老人在新农保实施时，不需缴费即可每月领取基础养老金，所以对这一群体进行调查，对推进新农保并无多大意义。最后，已有研究自变量的选择主要集中在社会人口学方面，而很少有对与新农保本身紧密相关的政策认知、福利判断变量的考察，这里认为新农保作为一种嵌入性惠农政策，与其本身紧密相关的变量才应该成为考察农民参保意愿的关键。

针对现有研究的不足，并借鉴已有研究，这里尝试以在浙江省温州市、山东省武城县、江西省寻乌县、湖北省广水市以及四川省宜宾市的调查为基础，选择 16—59 岁的适龄参保人口，主要从对新农保的政策认知以及福利判断方面，对农民参加新农保的意愿及影响因素进行研究，探讨农民参保意愿的个体差异，并提出完善新农保制度的对策建议。

二　分析框架及研究假设

（一）分析框架

计划行为理论是社会心理学中最著名的态度行为关系理论，由 Ajzen 在 1985 年初步提出，1991 年 Ajzen 发表的《计划行为理论》，

① 哈贝马斯：《后形而上学思想》，译林出版社 2001 年版。

标志着该理论的成熟，该理论认为行为意向是影响行为最直接的因素。[①] 所以这里认为，农民参加新农保的意愿是影响农民参加新农保行为最直接的因素，研究农民的参保意愿有助于更好地解释农民的参保行为，有利于促进新农保的可持续发展。新农保是国家根据本国农村实际并借鉴国际经验实施的一种嵌入性惠农政策，由政府部门推动，以农民自愿参加的形式开展。参加新农保是对未来的投资，具有投资时间长，收益晚，不确定性大的特征。所以，这里借鉴已有对农民参保意愿的研究，结合新农保嵌入性特点，提出了农民参保意愿影响的一个分析框架。

在新农保嵌入农村之时，农民面对的是一个陌生的政策，因此欲推进新农保首先需要农民了解政策，对政策有正确的认识，所以政策认知便是影响农民参保的首要因素。在对新农保有一定认知之后，农民才可能对新农保的福利效力进行判断，农民参保决策的关键便是对参保后自身福利变化的判断，如果新农保可以明显提高参保农民的福利水平，那么农民更可能愿意参保；反之亦然。农民参保意愿影响的分析框架见图 8—1。

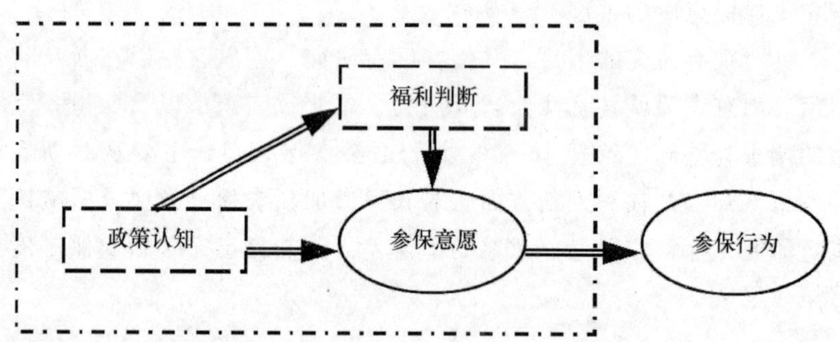

图 8—1　农民参保意愿影响分析框架

① Ajzen I. 1991. The theory of planned behavior. Organizational behavior and human decision processes.

（二）研究假设

基于以上分析，这里提出以下研究假设：

假设 1. 政策认知对农民的参保意愿有影响，政策认知程度越高，农民的参保意愿越高。

一个人对事物的预期和认知会影响其对该事物的态度。[①] 农民对新农保政策的认知包括对新农保政策总体的了解程度以及对新农保的认识，即对参保权利义务观念的看法。对新农保越了解，则更能理解其惠农的制度品质以及潜在的长期收益，更可能接受新农保；而越不了解政策，则更可能将其视作一种负担，更可能排斥新农保。农民对新农保的认识，对农民参保意愿也有重要的影响。如果农民对新农保有比较正面的认识，即认为参保是自己应享有权利，而缴费是自己应尽的义务，那么更可能愿意参加新农保；反之亦然。因此，基于以上分析本文提出以下两个推论：

推论 1. 农民越了解新农保，越愿意参加新农保。

推论 2. 农民参保权利义务观念越强，越愿意参加新农保。

假设 2. 福利判断对农民的参保意愿有影响，福利提升越高，农民的参保意愿越高。

对新农保进行福利判断需要考虑其保障效果和收益状况。新农保作为一种制度化的保障方式，保障效果是对其进行评价的根本标准。养老保障的目的在于抵御风险，因此一种养老保障形式是否有效在于其是否具有特定的保障能力。农民在作出参保行为选择时，会对新农保的保障效果进行考虑，如果新农保没有保障效果，或者不能达到自己的保障预期，那么农民可能不愿参保；相反，如果新农保具有较好的保障效果，或者达到了农民的保障预期，那么农民更可能愿意参保。同时，作为理性的经济人，农民在作出选择时会考虑成本—收益的比较分析。[②] 如果农民认为从长远来看参保可以带来收益，那么其

---

① 田北海、丁镇：《农民参与新型农村社会养老保险的意愿研究》，《甘肃行政学院学报》2011 年第 3 期。

② 宁满秀、谭晓婷、谢青青：《我国新型农村合作医疗制度的可持续性发展研究——基于农户参合行为的实证分析》，《农业技术经济》2010 年第 8 期。

便可能愿意参加新农保，反之如果参保从长远来看并不能带来收益，那么农民便不太可能愿意参保。所以，根据以上分析提出以下两个推论：

推论3. 新农保的保障效果越好，农民越愿意参加新农保。

推论4. 新农保的收益状况越好，农民越愿意参加新农保。

三 数据来源与变量测量

（一）数据来源

本文研究所用数据来源于课题组2012年8月至2013年8月间分别对江西省寻乌县、四川省宜宾市、湖北省广水市、浙江省温州市及山东省武城县农村居民开展的问卷调查。因为60岁及以上的老人，在新农保推行之时不需缴费，便可以按月领取基础养老金，对其测试参保意愿并无实际意义，因此根据研究主题，本文选取了16—59岁适龄参保的样本进行分析，有效样本数量共1268人。在所选样本中，浙江省温州市共214人，山东省武城县共266人，江西省寻乌县共309人，湖北省广水市共228人，四川省宜宾市共251人。

（二）模型构建

本文的被解释变量为农民参加新农保的意愿，有“愿意”与“不愿意”两种情况，为二分类选择变量，因此，本文拟建立二元Logistic模型。其模型形式为

$$p_i = F(y) = F(\alpha + \sum_{j=1}^{n} \beta_j x_j) = \frac{1}{1 + e^{-(\alpha + \sum_{j=1}^{n} \beta_j x_j)}} \tag{1}$$

（1）式中，p_i为农民i愿意参加新农保的概率，α为常数项，x_j表示第j个影响农民参加新农保意愿的自变量，n为自变量的个数，β_j是自变量回归系数。农民愿意参加新农保的概率与不愿意参加新农保的概率的比值$\frac{p_i}{1-p_i}$为事件发生比，对其进行对数变换，得到Logistic回归模型的线性表达式为

$$\ln\left(\frac{p_i}{1-p_i}\right) = \alpha + \sum_{j=1}^{n}\beta_j x_j \quad (2)$$

（三）变量选择与测量

1. 参保意愿

参保意愿是本研究的核心变量，也是因变量。根据研究目的，本文直接询问农民的参保意愿，从而避免了将参保行为和参保意愿进行混淆的做法。因变量为二分变量，包括“愿意”和“不愿意”两个选项，分别赋值1和0。

2. 政策认知变量

这里用2个子变量考察农民对新农保政策的认知。第1个子变量是农民了解新农保的程度，已有研究基本是通过一道李克特量表题目进行测量，这样很难准确测量农民了解新农保的程度。新农保政策有一些基本的规定，通过考察农民对这些基本规定的认识，可以在一定程度上得到农民对新农保的了解程度。在问卷中主要通过询问农民是否知道新农保的相关规定进行测量，具体的回答情况参见表8—1。表中的每项规定都有“是”和“否”两个选项，分别赋值1和0。将全部的5种情况的分值加总，得到一个新的连续变量，取值范围是0—5。调查对象的总分值越高，意味着农民对新农保的基本规定知道得越多，也即农民越了解新农保。

表8—1　　农民知道新农保基本规定的比例

新农保基本规定内容	频数	百分比
引导农民参保应遵循自愿原则，不能强迫农民参加	1002	79.0
政府会对参加新农保的农民给予参保补贴	841	66.3
农村居民年满16周岁（不含在校学生）且未在城镇参保，便可在户籍地参加新农保	726	57.3
参保人外迁时，若迁入地尚未建立新农保制度，其个人交纳全部本息退还给本人	458	36.1
若参保人死亡，个人账户中的资金余额，除政府补贴外，可以依法继承	583	46.0

第2个子变量是农民对参保权利义务观念的看法，来自问卷中农民对以下两种说法的看法："社会养老保险是所有公民应享有的权利"，"缴纳社会养老保险费是所有公民应尽的义务"，选项是"完全同意"、"比较同意"、"说不清"、"比较反对"和"完全反对"，为定序变量，分别赋值5、4、3、2、1（见表8—2）。将以上两题进行因子分析，得到一个新的连续变量。调查对象的分值越高，意味着农民越认同参保的权利义务。

表8—2　　农民对参保权利义务观念的看法描述

看法	选项	赋值	频数	百分比
社会养老保险是所有公民应享有的权利	完全同意	5	673	53.2
	比较同意	4	424	33.5
	说不清	3	146	11.5
	比较反对	2	19	1.5
	完全反对	1	4	0.3
缴纳社会养老保险费是所有公民应尽的义务	完全同意	5	497	39.3
	比较同意	4	477	37.7
	说不清	3	199	15.7
	比较反对	2	64	5.1
	完全反对	1	28	2.2

3. 福利判断变量

这里从两个方面测量新农保的福利，一方面是新农保的保障效果；另一方面是新农保的收益状况。新农保保障效果来自问卷以下两题："在您看来，新型农村社会养老保险待遇是否能够满足本地老年人的基本生活需要?""在您看来，新型农村社会养老保险在改善老年贫困人口的生活方面，有多大作用?"前一道题的选项分别是"完全不能满足"、"很难满足"、"基本能满足"、"完全能满足"，分别赋值1、2、3、4；后一道题的选项分别为"几乎没有什么作用"、"作用较小”、“作用一般”、“作用较大”、“作用很大”，分别赋值 1、2、3、4、5（见表 8—3）。将以上两题进行因子分析，得到一个新的连续变量。调查对象的分值越高，意味着农民越认可新农保的保障效果，也即新农保的保障效果越好。

表 8—3　　新农保保障效果描述

问题	选项	赋值	频数	百分比
在您看来，新农保待遇是否能够满足本地老年人的基本生活需要？	完全不能满足	1	339	32. 2
	很难满足	2	529	50. 3
	基本能满足	3	176	16. 7
	完全能满足	4	8	0. 8
在您看来，新农保在改善老年贫困人口的生活方面，有多大作用？	几乎没有什么作用	1	78	7. 4
	作用较小	2	270	25. 6
	作用一般	3	367	34. 9
	作用较大	4	255	24. 2
	作用很大	5	83	7. 9

新农保收益状况来自问卷中对以下说法的看法（见表 8—4）：“缴纳农村社会养老保险费，还不如把钱存到银行”。选项是“完全同意”、“比较同意”、“说不清”、“比较反对” 和 “完全反对”，赋值分别为 1、2、3、4、5。调查对象的分值越高，则认为新农保的收益状况越好；反之亦然。之所以将缴纳保险费与将钱存银行进行比较来考察新农保的收益状况，是因为农民在对投资行为进行成本—收益计算时，很少参照机会成本，而往往是将可能收益与银行利息比较，也即与可能的最低收益比较，如果投资行为的收益低于银行利息，那么该项投资行为并不经济。

表 8—4　　新农保收益状况描述

看法	选项	赋值	频数	百分比
缴纳农村社会养老保险费，还不如把钱存到银行	完全同意	1	57	5.4
	比较同意	2	101	9.6
	说不清	3	188	17.9
	比较反对	4	386	36.7
	完全反对	5	320	30.4

4. 其他控制变量

本文回顾了关于新农保参保意愿影响因素的各种研究，除政策认知和福利判断之外，其他变量在研究模型中按照控制变量处理。遵循以往的研究传统，我们模型中的控制变量分别是：①性别，分为男性和女性，分别赋值 1 和 0。②年龄，为连续变量，按照周岁计算，并在样本选择时控制年龄的范围在 16—59 岁。③文化程度，为定序变量，赋值分别为："小学及以下" =1，"初中" =2，"高中/中专/技校" =3，"大专及以上" =4。④家庭规模，为连续变量，范围在 1—20 人之间。⑤赡养老人数量，为连续变量，范围在 0—6 人。⑥是否承包或耕种了土地，为二分变量，分别是"有"和"无"，分别赋值 1 和 0。⑦家庭全年收入，指调查时全家前一年的收入，为连续变量。⑧所在地区，为分类变量，赋值分别为："四川宜宾" =1；"江西寻乌" =2；"湖北广水" =3；"山东武城" =4；"浙江温州" =5。以上①—⑦为社会人口学变量，是已有研究主要的考察变量。

各变量的描述性统计分析结果见表 8—5。

表 8—5　　计量模型变量的描述性统计分析结果

变量名称	定义变量	均值	标准差
控制变量			
性别	男 =1；女 =0	0.583	0.493
年龄	连续变量	42.784	9.946

续表

变量名称	定义变量	均值	标准差
文化程度	小学及以下 =1；初中 =2；高中/中专/技校 =3；大专及以上 =4	1.936	0.827
家庭规模	连续变量	4.663	1.681
赡养老人数量	连续变量	1.244	1.096
是否承包或耕种了土地	是 =1；否 =0	0.845	0.362
家庭全年收入	连续变量	46653.005	61894.027
所在地区	四川宜宾 =1；江西寻乌 =2；湖北广水 =3；山东武城 =4；浙江温州 =5	2.908	1.383
自变量			
政策认知变量			
了解新农保的程度	连续变量	2.847	1.659
参保权利义务观念	连续变量	-0.006	1.012
福利判断变量			
新农保保障效果	连续变量	-0.012	1.009
新农保收益状况	连续变量	3.727	1.156
因变量			
参保意愿	愿意 =1；不愿意 =0	0.871	0.335

四　结果与分析

为探讨影响农民参加新农保意愿的因素，本文采用二元 Logistic 回归模型对农民参保意愿进行估计，通过逐步回归法，设计了 3 个模型。模型 Ⅰ 是放入了主要控制变量的基本模型，包括所有社会人口学变量及地区变量，模型 Ⅱ 增加了政策认知变量，模型 Ⅲ 更是增加了福利判断变量的最终联合模型。回归分析的结果参见表 8—6。

表 8—6　　　农民参保意愿影响因素的 Logistic 回归结果

变量	模型Ⅰ		模型Ⅱ		模型Ⅲ	
	系数	标准误	系数	标准误	系数	标准误
控制变量						
性别	0.088	0.184	-0.035	0.192	-0.083	0.196
年龄	0.043***	0.010	0.041***	0.010	0.041***	0.010
文化程度	0.288**	0.119	0.006	0.130	0.002	0.133
家庭规模	-0.018	0.056	-0.007	0.058	-0.015	0.060
赡养老人数量	-0.041	0.082	-0.058	0.085	-0.077	0.087
是否承包或耕种了土地	-0.415	0.259	-0.562**	0.274	-0.588**	0.279
家庭全年收入	0	0	0	0	0	0
所在地区[a]						
四川宜宾	-0.298	0.279	-0.461	0.295	-0.746**	0.307
江西寻乌	1.363***	0.328	0.886**	0.350	0.519	0.362
湖北广水	0.996***	0.334	1.059***	0.344	0.882**	0.348
山东武城	1.080***	0.334	1.047***	0.340	0.759**	0.348
自变量						
了解新农保的程度			0.397***	0.063	0.388***	0.065
参保权利义务观念			0.300***	0.087	0.305***	0.089
新农保保障效果					0.406***	0.101
新农保收益状况					0.335***	0.081
常量	-0.663	0.648	-0.656	0.672	-1.403**	0.715
-2 倍对数似然值	872.289		808.454		772.140	
Nagelkerke R^2	0.127		0.208		0.255	

注：a. 以浙江温州为参照；b. *** 和 ** 分别表示变量在 1% 和 5% 的统计水平上显著。

（一）社会人口学变量对农民参保意愿的影响

就农民的参保意愿来看，在不考虑其他因素的情况下，社会人口学变量有一定的影响。模型Ⅰ显示，年龄在1%的统计水平上显著正向影响农民的参保意愿，即年龄越大，农民的参保意愿越高。年龄的EXP值为1.044（$e^{0.043}$），意味着在控制其他变量的情况下，农民的年龄每增加1岁，其参保意愿相应地增加4.4%。可能因为不同年龄段的农民，对老年生活保障的紧迫感不同，年龄较大的农民养老需求更加迫切。另外，从投入和收益角度来看，年龄越大的农民，距离享受养老金的时间越短，需要缴费的总金额也较少，收回成本的时间也越短，所以有更强烈的参保意愿。相反，年龄越小的农民，距离享受养老金的时间越长，需要缴费的总金额就越多，收回成本的不确定性也越强，所以参保意愿相对较弱。文化程度在5%的统计水平上显著正向影响农民的参保意愿，即文化程度越高，农民越愿意参加新农保。可能因为文化程度越高的农民，越容易理解新农保的惠农特质，从而也更容易接受新农保。

在政策认知和福利判断变量逐步放入模型的过程中，社会人口学变量的这些影响发生了一定的变化。年龄变量一直在1%的统计水平上显著正向影响农民的参保意愿。而文化程度变量对农民参保意愿的影响在模型Ⅱ和模型Ⅲ中消失了，这就意味着文化程度的影响被政策认知及福利判断变量削减了。在模型Ⅱ和模型Ⅲ中，是否承包或耕种了土地这一变量在5%的统计水平上显著负向影响农民的参保意愿，即没有承包或耕种了土地的农民更愿意参保。这可能是因为农地承载着养老保障的作用。土地保障被认为是农村家庭保障能力的基本核心①，这也是农村养老与城镇养老的一个重要差别。土地对于广大农民来说，是就业保障、生活福利和医疗养老保障的可靠手段，是“衣食之源，生存之本”②。拥有土地的农民，面对养老可能更加自信，而没有土地的农民则更需要来自外部的保障，新农保就成为一种重要的替代选择。可以发现，在最终联合模型Ⅲ中，影响农民参保意愿的社

① 吴晓东：《中国农村养老供给的困境与出路》，《社会科学研究》2004年第1期。

② 韩芳、朱启臻：《农村养老与土地支持——关于农村土地养老保障功能弱化的调查与思考》，《探索》2008年第5期。

会人口学变量仅年龄和是否承包或耕种了土地 2 个变量。

（二）政策认知变量对农民参保意愿的影响

由模型Ⅱ和模型Ⅰ的比较可以看出，当加入政策认知变量后，模型Ⅱ的 -2 倍对数似然值大幅下降了，由 872.289 下降到了 808.454，而 Nagelkerke R^2由 0.127 提高到了 0.208，这就意味着政策认知方面的变量对农民的参保意愿有强烈的影响。在模型Ⅱ中，反映对新农保政策认知的 2 个变量均在 1% 的统计水平上与农民的参保意愿呈显著的正相关关系。了解新农保的程度变量的 EXP 值为 1.487（$e^{0.397}$），意味着在控制其他变量的情况下，农民对新农保的了解程度每增加 1 个单位，农民的参保意愿将提高 48.7%。对新农保越了解，则更能理解其惠农的制度品质以及潜在的长期收益，更可能接受新农保；而越不了解政策，则更可能将其视作一种负担，更可能排斥新农保。调查统计结果就显示，对新农保"很熟悉"的样本中认为"搞农村社会养老保险，实质上是增加农民负担"的比例为 8.3%，而"没听说过"新农保的样本认为"搞农村社会养老保险，实质上是增加农民负担"的比例高达 31.3%。因此，推论 1 得到了验证。农民参保权利义务观念变量的 EXP 值为 1.349（$e^{0.300}$），意味着在控制其他变量的情况下，农民参保缴费的权利义务观念每提高 1 个单位，农民的参保意愿将提高 34.9%。调查统计结果显示，完全同意社会养老保险是所有公民应享有权利的样本中，89.6% 的愿意参加新农保，而完全反对社会养老保险是所有公民应享有权利的样本中，仅有 25.0% 的愿意参加新农保；同样，完全同意缴纳社会养老保险费是所有公民应尽的义务的样本中，90.7% 的愿意参加新农保，而完全反对缴纳社会养老保险费是所有公民应尽义务说法的样本中，仅有 60.7% 的愿意参加新农保。因此，推论 2 也得到了验证。

（三）福利判断变量对农民参保意愿的影响

分析显示，新农保福利判断变量与农民参保意愿的关系显著，增加了新农保福利判断变量的模型Ⅲ与模型Ⅱ相比，-2 倍对数似然值下降了 36.314，Nagelkerke R^2则增加了 0.047，可以说模型Ⅲ的解释力相较模型Ⅱ有所增加。模型Ⅲ显示，反映对新农保福利判断的 2 个变量均在 1% 的统计水平上与农民的参保意愿呈显著的正相关关系。

因此推论 3 和推论 4 得到了验证。新农保保障效果的 EXP 值为 1.501（$e^{0.406}$），意味着在控制其他变量的情况下，农民对新农保保障效果的认同每增加 1 个单位，农民的参保意愿将提高 50.1%。调查统计结果显示，认为新农保可以满足本地老年人基本生活需要的样本中，有 91.6% 的愿意参加新农保，而认为新农保完全不能满足本地老年人基本生活需要的样本中，有 83.6% 的愿意参加新农保。同时，认为新农保在改善老年贫困人口的生活方面，作用很大的样本中，90.3% 的愿意参加新农保，而认为新农保在改善老年贫困人口的生活方面，几乎没有什么作用的样本中，有 76.8% 的愿意参加新农保。新农保收益状况的 EXP 值为 1.398（$e^{0.335}$），意味着在控制其他变量的情况下，农民对新农保收益状况的认同每增加 1 个单位，农民的参保意愿将提高 39.8%。调查统计结果显示，完全同意缴纳农村社会养老保险费还不如把钱存到银行说法的样本中，有 81.1% 的愿意参加新农保，而完全反对这一说法的样本中，有高达 94.1% 的愿意参加新农保。

五　结论与讨论

基于对我国东部地区、中部地区以及西部地区 5 省农民的问卷调查，本节考察了新农保推行中农民的参保意愿，发现农民的参保意愿较高，且不同地区农民的参保意愿存在一定差异。并通过建立 Logistic 回归模型分析了影响农民参保意愿的因素。结果表明：农民对新农保的政策认知及福利判断均在一定程度上显著影响了农民的参保意愿，农民对新农保政策的认知程度越高，认为参保后福利提升越高，其参保意愿越高。而社会人口学变量中仅年龄和是否承包或耕种了土地对农民的参保意愿有显著影响，其中年龄越大的农民越愿意参加新农保，没有承包或耕种土地的农民更愿意参加新农保。可以发现，与社会人口学变量相比，与新农保政策本身紧密相关的政策认知和福利判断才是影响农民参保意愿的核心变量，而已有的研究却很少注意这一点。这与已有研究多是在没有推行新农保的地区收集数据有关，非新农保推行地区的农民，其并不处于新农保推行的情境之中，并不了解新农保的内容以及推行路径，所以其参保意愿不能反映农民在新农保推行情境中的参保意愿，得出的研究结论不适用于新农保的推行情境。

基于以上研究结论，政府在推行新农保的过程中，应该注意以下几点：首先，应加大对新农保的宣传力度，提高农民对新农保的政策认知。借助电视、广播、网络等多种媒介，通过悬挂横幅、发放宣传单、召开村民会议、村组干部上门宣传等多种形式加强新农保的政策宣传，使更多的农民充分认识参加新农保的收益以及必要性。其次，各地政府在制定新农保实施办法时，应充分考虑不同农民的个体及家庭特征，制定吸引农民参保的规定，尤其是制定吸引年轻农民参保的规定。最后，在保证新农保基金不出风险，并保持健康的替代率基础上，应尽量提高基础养老金标准，提高政府补贴比例，鼓励农民提早参保并选择较高档次缴费，让农民真正从新农保制度中受益，使新农保成为农村养老保障体系中不可或缺的组成部分。

第二节　政策认知还是外部动员：农民参加新农保行为的实证研究

新农保的《指导意见》指出，2009 年试点覆盖面为全国 10% 的县（市、区、旗），以后逐步扩大试点，在全国普遍实施，2020 年之前基本实现对农村适龄居民的全覆盖。目前，新农保已在全国各地普遍推行，但与基本实现对农村适龄居民全覆盖的目标还有一定的距离，仍然有部分地区农民的参保比例并不高。了解农民参加新农保的行为及影响因素，对深入推进新农保，最终实现对农村适龄居民的全覆盖以及避免再走老农保的老路具有重要的现实意义。那么，是哪些因素影响了农民的参保行为，农民对新农保政策的认知以及新农保推行中的外部动员对农民参保行为选择有怎样的影响？这些都是本节将要讨论的问题。

一　文献综述

新农保试点推行以后，一些人一直在关注农民的参保行为及其影响因素。通过已有实证研究的结论发现，影响农民参保行为的因素主要包括农民的个体特征、家庭人口经济特征、政策认知及地区差异等。首先，个体特征方面的研究发现，男性农民的参保概率高于女性农民[①]；年龄越大的农民参加新农保的概率越高[②]，也有人认为当年龄增大到一定阶段后参保概率开始下降[③]；受教育程度越高的农民参保的概率越低[④]；健康状况越好的农民参保的概率越低[⑤]，不过也有人发现参保人身体健康状况越好，参保的概率也越高[⑥]；从事纯农业劳动的农民参保的概率更高。[⑦] 其次，家庭人口经济特征方面的研究

① 王永礼、林本喜、郑传芳：《新农保制度下农民参保行为影响因素分析——对福建656户农民的实证研究》，《福建论坛》（人文社会科学版）2012年第6期；穆怀中、闫琳琳：《新型农村养老保险参保决策影响因素研究》，《人口研究》2012年第1期；罗遐：《政府行为对农民参保选择影响的实证分析——基于新农保试点的调查》，《山东大学学报》（哲学社会科学版）2012年第2期。

② 穆怀中、闫琳琳：《新型农村养老保险参保决策影响因素研究》，《人口研究》2012年第1期；罗遐：《政府行为对农民参保选择影响的实证分析——基于新农保试点的调查》，《山东大学学报》（哲学社会科学版）2012年第2期；赵光、李放、黄俊辉：《新农保农民参与行为、缴费选择及其影响因素——基于江苏省的调查数据》，《中国农业大学学报》（社会科学版）2013年第1期。

③ 高文书：《新型农村社会养老保险参保影响因素分析——对成都市的实地调查研究》，《华中师范大学学报》（人文社会科学版）2012年第4期。

④ 王永礼、林本喜、郑传芳：《新农保制度下农民参保行为影响因素分析——对福建656户农民的实证研究》，《福建论坛》（人文社会科学版）2012年第6期；高文书：《新型农村社会养老保险参保影响因素分析——对成都市的实地调查研究》，《华中师范大学学报》（人文社会科学版）2012年第4期；穆怀中、闫琳琳：《新型农村养老保险参保决策影响因素研究》，《人口研究》2012年第1期。

⑤ 高文书：《新型农村社会养老保险参保影响因素分析——对成都市的实地调查研究》，《华中师范大学学报》（人文社会科学版）2012年第4期；穆怀中、闫琳琳：《新型农村养老保险参保决策影响因素研究》，《人口研究》2012年第1期。

⑥ 钟涨宝、李飞：《动员效力与经济理性：农户参与新农保的行为逻辑研究——基于武汉市新洲区双柳街的调查》，《社会学研究》2012年第3期。

⑦ 高文书：《新型农村社会养老保险参保影响因素分析——对成都市的实地调查研究》，《华中师范大学学报》（人文社会科学版）2012年第4期。

发现，家庭规模越大，农民参保的可能性越小[①]；家中老人比例越高，农民参保的概率越高[②]；家庭承包地面积越大，农民参保的概率越高[③]；家庭有老人的农民参保概率明显高于没有老人的。[④] 再次，政策认知方面的研究发现，农民对新农保制度越了解，其参保概率就越高[⑤]；农民对新农保制度满意度越高，其参保可能性越大[⑥]；也有研究指出农民对制度的满意度对其参保行为没有显著影响。[⑦] 最后，地区差异方面的研究发现，养老保险政府补贴越多的地区，农民参保的

---

① 高文书：《新型农村社会养老保险参保影响因素分析——对成都市的实地调查研究》，《华中师范大学学报》（人文社会科学版）2012 年第 4 期。

② 钟涨宝、李飞：《动员效力与经济理性：农户参与新农保的行为逻辑研究——基于武汉市新洲区双柳街的调查》，《社会学研究》2012 年第 3 期。

③ 赵光、李放，黄俊辉：《新农保农民参与行为、缴费选择及其影响因素——基于江苏省的调查数据》，《中国农业大学学报》（社会科学版）2013 年第 1 期。

④ 王永礼、林本喜、郑传芳：《新农保制度下农民参保行为影响因素分析——对福建 656 户农民的实证研究》，《福建论坛》（人文社会科学版）2012 年第 6 期。

⑤ 吴玉锋：《新型农村社会养老保险参保行为主观影响因素实证研究》，《保险研究》2011 年第 10 期；王永礼、林本喜、郑传芳：《新农保制度下农民参保行为影响因素分析——对福建 656 户农民的实证研究》，《福建论坛》（人文社会科学版）2012 年第 6 期；穆怀中、闫琳琳：《新型农村养老保险参保决策影响因素研究》，《人口研究》2012 年第 1 期；钟涨宝、李飞：《动员效力与经济理性：农户参与新农保的行为逻辑研究——基于武汉市新洲区双柳街的调查》，《社会学研究》2012 年第 3 期；罗遐：《政府行为对农民参保选择影响的实证分析——基于新农保试点的调查》，《山东大学学报》（哲学社会科学版）2012 年第 2 期；赵光、李放、黄俊辉：《新农保农民参与行为、缴费选择及其影响因素——基于江苏省的调查数据》，《中国农业大学学报》（社会科学版）2013 年第 1 期。

⑥ 罗遐：《政府行为对农民参保选择影响的实证分析——基于新农保试点的调查》，《山东大学学报》（哲学社会科学版）2012 年第 2 期。

⑦ 吴玉锋：《新型农村社会养老保险参保行为主观影响因素实证研究》，《保险研究》2011 年第 10 期。

概率越高[①]；收入水平越高的地区，农民参保的概率也越高。[②]

上述研究主要侧重于从经济理性的角度解释农民参保行为，就当前的现实看，农民的行为受众多因素共同约制，尤其是当面临新制度或新事物时，其行为更易受一些非理性因素影响[③]，基于此，一些研究开始尝试弥补学界对新农保参与非经济因素研究的不足。吴玉锋研究指出村域信任和村域互动因子有助于农民参保，村域认同因子不利于农民参保。[④] 其中，村域社会互动中的内生互动不利于农民参保行为的发生，情景互动有助于推动农民参保。[⑤]

对相关文献进行回顾发现，已有研究对影响农民参保行为的因素进行了比较全面的讨论，其中农民个体、家庭人口经济特征以及地区变量实质上讨论的是具有不同群体特征的农民参保行为的差异，这些变量与新农保政策本身以及政策推行过程关系并不紧密。而对新农保的政策认知以及新农保推行过程中的外部动员是与新农保政策及其推行过程紧密相关的，是在新农保推行过程中可控的因素，所以对政策认知、外部动员以及两者之间关系的考察有助于相关部门有针对性地调整新农保推行策略，对深入推进新农保，最终实现对农村适龄居民全覆盖目标具有重要的意义。然而遗憾的是，现有研究或者对两者及其关系关注不足，或者研究方法存在缺陷，这些都不利于揭示新农保推行过程中可控因素对农民参保行为的影响。基于此考虑，本节试图通过实证研究，探讨政策认知与外部动员这些变量对农民参保行为的

---

① 罗遐：《政府行为对农民参保选择影响的实证分析——基于新农保试点的调查》，《山东大学学报》（哲学社会科学版）2012 年第 2 期。

② 王永礼、林本喜、郑传芳：《新农保制度下农民参保行为影响因素分析——对福建 656 户农民的实证研究》，《福建论坛》（人文社会科学版）2012 年第 6 期。

③ 钟涨宝、李飞：《动员效力与经济理性：农户参与新农保的行为逻辑研究——基于武汉市新洲区双柳街的调查》，《社会学研究》2012 年第 3 期。

④ 吴玉锋：《新型农村社会养老保险参与行为实证分析——以村域社会资本为视角》，《中国农村经济》2011 年第 10 期。

⑤ 吴玉锋、吴中宇：《村域社会资本、互动与新农保参保行为研究》，《人口与经济》2011 年第 2 期。

影响，以期为早日实现新农保在全国农村适龄居民全覆盖作出应有的贡献。

二 数据与变量

（一）数据来源

同本章第一节数据来源。

（二）模型构建

本文的被解释变量为农民参加新农保的行为，有“已参保”与“未参保”两种情况，为二分类选择变量，因此，本文拟建立二元 Logistic 回归模型。其模型形式为：

$$p_i = F(y) = F(\alpha + \sum_{j=1}^{n} \beta_j x_j) = \frac{1}{1 + e^{-(\alpha + \sum_{j=1}^{n} \beta_j x_j)}} \tag{1}$$

（1）式中，p_i 为农民 i 已参加新农保的概率，α 为常数项，x_j 表示第 j 个影响农民参加新农保行为的自变量，n 为自变量的个数，β_j 是自变量回归系数。农民已参加新农保的概率与未参加新农保的概率的比值 $\frac{p_i}{1 - p_i}$ 为事件发生比，对其进行对数变换，得到 Logistic 回归模型的线性表达式为：

$$\ln\left(\frac{p_i}{1 - p_i}\right) = \alpha + \sum_{j=1}^{n} \beta_j x_j \tag{2}$$

（三）变量选择与测量

1. 参保行为

参保行为是本研究的因变量。根据研究目的，因变量为二分变量，包括“已参保”和“未参保”两个选项，分别赋值 1 和 0。

2. 政策认知

政策认知是本文的一个重要自变量，这里用 2 个子变量考察农民对新农保政策的认知。第 1 个子变量是农民了解新农保的程度，与上一节一样，在问卷中主要通过询问农民是否知道新农保的相关规定进行测量（见表8—1）。表中的每项规定都有“是”和“否”两个选项，分别赋值1和0。将全部的5种情况的分值加总，得到一个新的连续变量，取值范围是0—5。调查对象的总分值越高，意味着农民对新农保的基本规定知道得越多，也即农民了解新农保的程度越高。

第2个子变量是农民对新农保养老保障能力的认可度。来自问卷以下两题：“在您看来，新农保待遇是否能够满足本地老年人的基本生活需要？”“在您看来，新农保在改善老年贫困人口的生活方面，有多大作用？”前一道题的选项分别是“完全不能满足”、“很难满足”、“基本能满足”、“完全能满足”，分别赋值1、2、3、4；后一道题的选项分别为“几乎没有什么作用”、“作用较小”、“作用一般”、“作用较大”、“作用很大”，分别赋值1、2、3、4、5（见表8—3）。将以上两题赋值相加，得到一个新的连续变量，取值范围为2—9。调查对象的分值越高，意味着农民越认可新农保的养老保障能力。

3. 外部动员

表8—7　　新农保推行过程中的外部动员描述

变量	选项	赋值	频数	百分比
宣传动员力度	力度很小	1	397	31.3
	力度一般	2	556	43.8
	力度很大	3	315	24.8
宣传动员方式	基层干部上门宣讲	1	535	42.2
	集体组织宣传	2	264	20.8
	村里广播	3	130	10.3
	其他	4	339	26.7

外部动员是本文的另一个重要自变量，这里用宣传动员力度和宣传动员方式2个子变量考察新农保推行中的外部动员（见表8—7）。第一个子变量是宣传动员力度，为农民的主观评价，包括“力度很小”、“力度一般”和“力度很大”三项，分别赋值1、2和3。第二

个子变量是宣传动员方式，包括“基层干部上门宣传”、“村里集体组织宣讲”、“村里广播”和“其他”，分别赋值为1、2、3和4，其中“其他”项包括电视、收音机、报纸、杂志、互联网等媒介。

4. 控制变量

表8—8　　变量的描述性统计分析结果

变量名称	定义变量	均值	标准差
因变量			
参保行为	已参保 =1；未参保 =0	0.693	0.461
控制变量			
性别	男 =1；女 =0	0.583	0.493
年龄	连续变量	42.784	9.946
文化程度	小学及以下 =1；初中 =2；高中/中专/技校 =3；大专及以上 =4	1.936	0.827
收入来源	务农 =1；非农 =0	0.562	0.496
家庭规模	连续变量	4.663	1.681
家庭老人比例	连续变量	0.092	0.148
家庭全年收入	连续变量	46653.005	61894.027
调查地区	四川宜宾 =1；江西寻乌 =2；湖北广水 =3；山东武城 =4；浙江温州 =5	2.908	1.383
自变量			
政策认知			
了解新农保的程度	连续变量	2.847	1.659
养老保障能力认可度	连续变量	4.760	1.460
外部动员			
宣传动员力度	力度很小 =1；力度一般 =2；力度很大 =3	2.065	0.747
宣传动员方式	基层干部上门宣传 =1；村里集体组织宣讲 =2；村里广播 =3；其他 =4	2.215	1.244

本文回顾了关于新农保参保行为影响因素的各种研究，除政策认知和外部动员之外，其他变量在研究模型中按照控制变量处理。遵循以往的研究传统，这里模型中的控制变量分别是：①性别，分为男性和女性，分别赋值 1 和 0。②年龄，为连续变量，按照周岁计算，并在样本选择时控制年龄的范围在 16—59 周岁。③文化程度，为定序变量，赋值分别为“小学及以下” =1，“初中” =2，“高中/中专/技校” =3，“大专及以上” =4。④收入来源，分为务农和非农，分别赋值 1 和 0。⑤家庭规模，为连续变量，范围在 1—20 人。⑥家庭老人比例，这里指年满 60 周岁的老人所占家庭总人口的比例，为连续变量。⑦家庭全年收入，指调查时被调查者所在家庭前一年的收入，为连续变量。⑧调查地区，为分类变量，赋值分别为：“四川宜宾” =1，“江西寻乌” =2，“湖北广水” =3，“山东武城” =4，“浙江温州” =5。以上①—⑦为社会人口学变量，是已有研究的主要考察变量。各变量的描述性统计分析结果见表 8—8。

三　结果与分析

为了探讨政策认知、外部动员对农民参保行为的影响，本文采用二元 Logistic 回归模型对农民参保行为进行估计，这里使用嵌套模型设计了 3 个回归模型。模型Ⅰ是放入了主要控制变量的基本模型，包括所有社会人口学变量及地区变量，模型Ⅱ增加了政策认知变量，模型Ⅲ更增加了外部动员变量。通过逐步放入自变量的嵌套模型，以观察自变量对模型解释力的贡献和净效应。回归分析的结果参见表 8—9。

表 8—9　　　农民参保行为的回归结果（Logistic 模型）

变量	模型Ⅰ		模型Ⅱ		模型Ⅲ	
	系数	标准误	系数	标准误	系数	标准误
常数项	-3.973***	0.541	-5.094***	0.611	-5.343***	0.627
性别[a]	0.049	0.160	-0.046	0.163	-0.012	0.167

续表

变量	模型Ⅰ		模型Ⅱ		模型Ⅲ	
	系数	标准误	系数	标准误	系数	标准误
年龄	0.070***	0.009	0.071***	0.009	0.063***	0.009
文化程度	-0.013	0.098	-0.090	0.104	-0.105	0.106
收入来源[b]	0.614***	0.174	0.571***	0.176	0.605***	0.179
家庭规模	0.000	0.047	0.003	0.048	-0.026	0.049
家庭老人比例	1.139**	0.553	1.268**	0.562	1.535***	0.571
家庭收入	0.000	0.000	0.000	0.000	0.000	0.000
调查地区[c]						
四川宜宾	0.205	0.236	0.015	0.244	0.005	0.249
江西寻乌	2.494***	0.279	2.164***	0.289	1.929***	0.295
湖北广水	2.345***	0.268	2.367***	0.272	2.189***	0.279
山东武城	2.261***	0.261	2.239***	0.267	2.009***	0.298
政策认知						
了解新农保的程度			0.180***	0.051	0.090*	0.054
养老保障能力认可度			0.188***	0.053	0.165***	0.054
外部动员						
宣传动员力度					0.354***	0.121
宣传动员方式[d]						
基层干部上门宣传动员					0.806***	0.202
村里集体组织宣讲					0.473**	0.222
村里广播					0.650*	0.346
-2倍对数似然值	1121.519		1092.129		1057.391	
Nagelkerke R^2	0.377		0.401		0.430	

注：***、**和*分别表示变量在0.01、0.05和0.1的统计水平上显著；a. 以女性为参照；b. 以非农为参照；c. 以浙江温州为参照；d. 以其他宣传动员方式为参照。

（一）社会人口学变量对农民参保行为的影响

模型Ⅰ显示，年龄、收入来源、家庭老人比例对农民参保行为有显著的正向影响作用，这种影响在增加了政策认知及外部动员变量后依然存在。在模型Ⅰ中，年龄的 EXP 值是 1.072（$e^{0.070}$），说明在控制其他变量的情况下，农民的年龄每增加 1 岁，其参保行为发生的可能性将增加 7.2%。收入来源的 EXP 值为 1.849（$e^{0.614}$），说明在控制其他变量的情况下，与收入来源主要为非农相比，收入来源主要为务农的农民参保的可能性大约高出 0.849 倍。家庭老人比例的 EXP 值为 3.123（$e^{1.139}$），说明在控制其他变量的情况下，所在家庭中老人的比例每增加 1 个单位，农民参保的可能性将增加 2.123 倍。不过，性别、文化程度、家庭规模、家庭收入等在诸多研究中显著的变量，在模型Ⅰ—Ⅲ中均未表现出显著性。另外，农民所在地区与农民的参保行为显著相关，相较于浙江温州样本，江西寻乌、湖北广水及山东武城样本农民参保行为的发生比更高，这与前文的分析相符。

（二）政策认知对农民参保行为的影响

由模型Ⅱ可知，反映政策认知的变量对农民的参保行为有非常重要的影响。在加入了政策认知这一变量后，模型Ⅱ的解释力相较模型Ⅰ增加了 2.4%，说明政策认知变量有助于更好地解释农民的参保行为。在模型Ⅱ中，了解新农保的程度及养老保障能力认可度变量的回归系数均为正值，且均在 0.01 的统计水平上显著正向影响农民的参保行为，也即农民了解新农保的程度越深，其参保的可能性越高；农民对新农保养老保障能力认可度越高，其参保的可能性越高。了解新农保的程度变量的 EXP 值为 1.197（$e^{0.180}$），说明在控制其他变量的情况下，了解新农保的程度每增加 1 个单位，农民参保的可能性将增加 19.7%。养老保障能力认可度变量的 EXP 值为 1.207（$e^{0.188}$），说明在控制其他变量的情况下，农民对新农保养老保障能力认可度每增加 1 个单位，农民参保的可能性将增加 20.7%。统计分析结果也显示，了解新农保的程度很低的农民（得分在 0—1），已参保的比例为 58.7%，了解新农保的程度一般的农民（得分在 2—3），已参保的比例为 70.3%，而了解新农保的程度很高的农民（得分在 4—5），已参保的比例达 74.6%。新农保养老保障能力认可度较低的农民（得分在 2—4），已经参保的比例为 62.9%，新农保养老保障能力认可度一般的农民（得分在 5—6），已经参保的比例提高到了 73.9%，新农保养老保障能力认可度较高的农民（得分在7—9），已经参保的比例进一步提高到了76.2%。

（三）外部动员对农民参保行为的影响

模型Ⅲ的结果显示，外部动员变量与农民参保行为有显著的相关关系，增加了宣传动员力度及宣传动员方式变量的模型Ⅲ与模型Ⅱ相比，解释力提高了2.9%。宣传动员力度变量在0.01的统计水平上与农民的参保行为呈显著的正相关关系，其EXP值为1.424（$e^{0.354}$），说明在控制其他变量的情况下，宣传动员力度每增加1个层次，农民参保的可能性将提高42.4%。统计分析结果也显示，认为当地新农保宣传动员力度很小的农民，已经参保的比例仅为48.7%，认为当地新农保宣传动员力度一般的农民，已经参保的比例提高到69.8%，而认为当地新农保宣传动员力度很大的农民，已经参保的比例高达84.5%。不仅是宣传动员的力度，宣传动员的方式对农民的参保行为也有影响。可以发现宣传动员方式为基层干部上门宣传动员、村里集体组织宣讲及村里广播的，相对于其他宣传动员方式分别在0.01、0.05及0.1的统计水平上显著正向影响农民的参保行为，其EXP值分别为2.240（$e^{0.806}$）、1.605（$e^{0.473}$）和1.916（$e^{0.650}$），说明在控制其他变量的情况下，与其他宣传动员方式相比，运用基层干部上门宣传动员、村里集体组织宣讲及村里广播的方式可以提高农民参保的可能性达124.0%、60.5%及91.6%，也即这些方式宣传动员的效果明显优于仅仅依靠普通传媒的力量。

不过，在增加了外部动员变量后的模型Ⅲ中，政策认知变量的影响发生了变化。其中，了解新农保的程度变量的系数大幅度降低，显著性也大幅度降低，其显著性由原来的在0.01的统计水平上显著下降到了仅在0.1的统计水平上显著，也即了解新农保的程度变量对农民参保行为的影响被外部动员变量大幅度削减。而养老保障能力认可度变量的系数略微减小，但显著性没有发生变化。应该说农民对新农保的了解很大程度上依靠外部动员，外部的宣传动员提高了农民对新农保的了解程度，因而外部动员变量的引入，一定程度上削减了农民了解新农保的程度的解释力。通过建立详析模式可以对这一问题进行说明，见表8—10、表8—11。表8—10显示，控制宣传动员力度以后，在所有三个宣传动员力度不同的组里，了解新农保的程度与农民参保行为的关系均不显著，因此二者可能没有关系。表 8—11 则显示，控制宣传动员方式以后，在所有四个宣传动员方式不同的组里，除其他项外，了解新农保的程度与农民参保行为的关系均不显著，因此二者关系可能较弱。在控制宣传动员力度和宣传动员方式后，了解新农保的程度与农民参保行为的关系基本消失，可以这样推论：了解新农保的程度对农民参保行为的关系更大程度上是由外部动员造成的。

可以说，农民参保很大程度上基于农民对新农保养老保障能力的认可，而来自外部的动员是影响农民参保的关键因素，外部动员的强度和方式均对农民参保率有显著的提高。可以发现，面对外部嵌入的新农保，农民的参保行为受经济理性与社会动员的双重影响：经济理性为基础，即农民越了解新农保，越认可新农保的养老保障能力，农民参保的可能性越高；社会动员是关键的推动力，来自外部的动员一方面可以向农民提供政策信息，从而有利于其作出理性选择；另一方面可以直接促动农民参保。

表 8—10　控制宣传动员力度后，了解新农保的程度对农民参保行为的影响

宣传动员力度	了解新农保的程度	参保行为		N	显著性检验
		已参保（%）	未参保（%）		
力度很小	了解程度很低	43.5	56.5	131	$\chi^2=2.594$ df = 2 Sig = 0.273
	了解程度一般	53.6	46.4	110	
	了解程度很高	50.8	49.2	61	
力度一般	了解程度很低	67.9	32.1	109	$\chi^2=0.316$ df = 2 Sig = 0.854
	了解程度一般	70.8	29.2	240	
	了解程度很高	69.5	30.5	197	
力度很大	了解程度很低	80.4	19.6	46	$\chi^2=0.830$ df = 2 Sig = 0.660
	了解程度一般	84.0	16.0	125	
	了解程度很高	85.7	14.3	223	

表 8—11　　控制宣传动员方式后，了解新农保的程度对农民参保行为的影响

宣传动员力度	了解新农保的程度	参保行为		N	显著性检验
		已参保（%）	未参保（%）		
基层干部上门宣讲	了解程度很低	20.0	80.0	80	$\chi^2=0.732$ df = 2 Sig = 0.693
	了解程度一般	20.7	79.3	184	
	了解程度很高	17.6	82.4	262	
集体组织宣传	了解程度很低	28.8	71.2	52	$\chi^2=0.849$ df = 2 Sig = 0.654
	了解程度一般	34.0	66.0	97	
	了解程度很高	28.4	71.6	109	
村里广播	了解程度很低	20.0	80.0	30	$\chi^2=0.729$ df = 2 Sig = 0.695
	了解程度一般	14.7	85.3	75	
	了解程度很高	20.8	79.2	24	
其他	了解程度很低	65.3	34.7	124	$\chi^2=9.233$ df = 2 Sig = 0.010
	了解程度一般	49.6	50.4	119	
	了解程度很高	46.5	53.5	86	

四　结论与讨论

了解农民参加新农保的行为及影响因素，对深入推进新农保，最终实现对农村适龄居民全覆盖目标具有重要的意义。本文基于对中国 5 省样本农民的问卷调查，考察了新农保推行过程中农民的参保行为，并通过建立 Logistic 回归模型分析了影响农民参保行为的因素。研究发现：①总体而言农民参加新农保的比例较高，但地区之间存在差异。②农民对新农保政策的认知及新农保推行过程中的外部动员均在一定程度上显著影响了农民的参保行为。③外部动员可以提高农民了解新农保的程度，从而有助于农民作出参保行为，不过农民是否作出参保行为很大程度上是基于其对新农保养老保障能力的认可，越认可新农保养老保障能力的农民越可能参保。④动员力度以及适当的动员方式都可以大幅度提高农民参保的可能性。可以发现，面对外部嵌入的新农保，农民的参保行为受经济理性与外部动员的双重影响，经济

理性为基础，而社会动员是关键的推动力。农民越了解新农保，认为新农保的养老保障能力越高，即对新农保的惠农特质了解越深入，预期的收益越高，则农民参保的可能性越高；来自外部的动员一方面可以向农民提供政策信息，从而有利于其作出理性选择，另一方面可以直接促动农民参保。

基于以上研究结论，本文提出以下政策建议：①农民对新农保养老保障能力的认可是影响其参保的基础性因素，提高农民对新农保养老保障能力认可度的根本途径是提高新农保的养老保障能力，但目前新农保养老保障能力尚处于较低层次。新农保养老保障能力的实现很大程度上依靠政府财政的投入，主要表现在支付基础养老金和缴费补贴两个方面，而目前各地基础养老金和缴费补贴水平均较低。所以要提高新农保的养老保障能力，政府应在保证新农保基金不出风险，并在保持健康的替代率基础上，逐步提高基础养老金标准，同时适度提高缴费政府补贴比例。②外部动员在农民参保过程中起到了关键作用，所以各地在推行新农保的过程中，应加大对农民的宣传动员力度，提高农民对新农保的政策认知，并通过动员直接促动农民参保。各级政府及相关部门应该积极拓展多种宣传渠道，充分利用电视、网络、广播、报纸、杂志等媒体开展政策宣传，并通过悬挂宣传横幅、召开村民代表会议、发放宣传材料、张贴公益广告等形式使农民对政策有更进一步的了解。另外，研究发现基层干部上门宣传动员产生的效果是最好的，所以应积极推动新农保专业经办人员进村入户，尤其要鼓励村干部及村民小组长在充分理解政策内涵的情况下，积极配合做好入户宣传动员工作。

第三节　动员效力与经济理性：对农户参与新农保行为逻辑的进一步研究[①]

总体而言，学界对农民/农户参保意愿和行为的研究主要侧重于

① 本节内容由钟涨宝与李飞合著，曾发表在《社会学研究》2012 年第 3 期，收录本报告时有改动。

经济理性视角的分析。但就现实看，农户的行为受众多因素共同约制，尤其是当面临新制度或新事物时，农户行为更易受一些非理性因素影响。有鉴于此，本节试图通过实证研究发现农户参与新农保的行为逻辑。由于农村中农户是农民最重要的重大事项的决策单位，单个农民的意愿往往受制于整个农户的意志，故本节选择农户作为分析单位。

一　研究设计

（一）研究假设

关于农户经济行为，学界一直存在经济理性（追求利润最大化）和非经济理性的争论，前者以美国经济学家 T. W. 舒尔茨的“理性小农”为代表，后者以美国经济学家 J. 斯科特的“生存小农”为代表。这些看似纷繁复杂的争论背后有着一个共同的目的：寻解农户经济行为的本质。从社会互构论的视角看，这种关于行为本体论的研究意义不大，农户经济行为的逻辑是个体与社会长期互动的产物，其本身并不存在本质上的规定性。农户经济行为究竟表现为理性还是非理性，与其社会发展水平和制度结构有关。结合中国社会转型的大背景，在农户的基本生存需要得以满足以及农户义利观发生变化的当下，“中国农户经济行为总体上呈现出由生存理性向经济理性转变的趋势”。[①] 现实中由于信息不充分、感性因素的影响，这种经济理性更多地以有限理性的方式表现出来，即人们“主观上追求完全理性，但客观上只能有限地做到这一点”。[②] 因此，我们认为，在这一时期，农户的行为兼具理性与非理性的双重逻辑。农户的参保行为不仅仅是经济理性的结果，而且是经济、政治、社会等众多因素综合作用的结果。

本节着重探讨社会动员对农户参保行为的影响。作为中国共产党长期使用的推动社会发展的有力方式之一，社会动员对农户行为仍然存在一定效力。在每次制度变革时，中国共产党通常采用先典型示范

① 翁贞林：《农户理论与应用研究进展与述评》，《农业经济问题》2008 年第 8 期。

② Simon, H. Administrative Behavior. New York: Macmillan, 1947.

后全国推广的方式进行，以确保制度的顺利嵌入。这当中，社会动员常常被用来引导民众自愿参与新的制度。在目前新农保的试点工作中，社会动员同样是政府实现制度嵌入的重要手段。当前农村信息传播的途径越来越趋于多样化，电视、广播、报纸等现代媒介开始发挥越来越多的信息传递功能，但这些现代媒介的信息传播有两个关键性缺陷：一是对社会事实的宣传往往比较概况，不够具体；二是受众对信息传播的信任度不够高。因此，在社会事实的具体信息传播方面，传统的人际传播不可替代。这里面尤其涉及村干部的宣传必不可少。而一般在制度嵌入阶段，政府往往将宣传作为社会动员的一部分，赋予村干部双重角色，既是信息传播者，又是情理说服者，进行动员以推动农民参与。动员的绩效常常立竿见影，但如果忽视现代化进程本身需要，不符合社会成员的利益需求（抑或社会成员本身并没有意识到符合自身利益需求），社会动员往往是无法持久的。[①] 因而农户如果不能确切看到参与的利益，其可能表现出消极的参与或者退出参与，尤其是在当前基层政治权威下降，村民自治效力减弱的情况下。

综合上述分析，这里认为，在新农保试点阶段，农户的参保行为受经济理性和社会动员的双重形塑，表现出以经济理性为主导，同时又在一定程度上受社会动员影响。据此提出以下两个假设：

假设 1　经济理性假设。农户参保行为是追求利润最大化的结果，参保的预期收益越大，农户参保越积极，这同时体现在参保的广度和深度两个方面。

本节的一个基本认识是：新农保政策是符合农户的长期利益需求的，参保几乎没有风险，在完全信息的情况下，农户的理性选择应是全部参保。因此，在新农保推广阶段，对新农保的了解程度是农户参保的重要影响因素。此外，农户的家庭人口禀赋和家庭经济能力也是影响农户参保的重要因素。

假设 2　社会动员假设。农户参保行为与社会动员相关，越是进行广泛社会动员的地区，农户参保越积极。从经济理性的角度看，这种积极主要体现在参保的广度而非深度上。

---

① 吴忠民：《重新发现社会动员》，《理论前沿》2003 年第 21 期。

（二）概念界定与变量测量

1. 社会动员

社会动员的含义有狭义和广义之分。“广义的观点是把社会动员看作一个社会的现代化过程，或是现代化的一种表现；狭义的观点则把社会动员集中理解为对社会中资源和人力及精神的动员，理解为社会发展的一种前提或手段。”① 本节主要是在狭义层面上使用社会动员，意指政府或相关组织有目的地引导社会成员积极参与重大社会事项以促进社会发展的过程。具体到本研究的对象，主要是指村干部通过宣传讲解和情理说服，促使农户参与新农保的行为过程。其中，我们将通过村干部宣传讲解促使农户更全面的认识并主动参保的动员称为宣传动员，将通过村干部的信任、面子、群体压力等在行为上促动农户参保的动员称为情理动员。这两者是社会动员这一行为同一过程的两个方面，二者密不可分，相互关联。我们认为，在中国社会中，典型示范的村落，其社会动员程度往往高于非典型示范村落，故测量时用“是否示范村”这一变量来指称社会动员程度的差异。

2. 经济理性

本节采用科尔曼对理性的定义，认为理性是广义上具有目的性的活动，“对于行动者而言，不同的行动有不同的‘效益’，而行动者的行动原则可以表述为最大限度地获取效益”。② 其中，经济理性与经济学中“经济人”的假设有关。“‘经济人’是指根据自己的理性来从事经济活动，选择经济行为的个人。较早的经济学家倾向于认为理性行为是指选择利润最大化的行为，而之后一些经济学家以效用最大化来取代利润最大化。”③ 由于新农保涉及的是投资和收益的利益问题，故本文的经济理性是指农户追求个体经济利益的最大化。在经济理性假设下，信息了解程度、家庭人口禀赋和家庭经济能力是影响农户参

① 杨龙：《经济发展中的社会动员及其特殊性》，《天津社会科学》2004年第4期。

② Coleman, J. S. Foundation of Social Theory. Cambridge: Belknap Press of Harvard University Press, 1990.

③ 吕耀怀：《经济理性与道德理性》，《学术论坛》1999年第3期。

表 8—12　　　　　　自变量和因变量的测量说明

概念	变量名称	定义或计算方法	均值	标准差
	因变量			
参保广度	农户参保人口比例	P =（单位农户中参保人数）÷（单位农户的总人数）[a]	0. 427[b]	0. 266
参保深度	农户参保人口缴费水平	Q =（单位农户中每个参保人缴费水平之和）÷（单位农户中参保人数）	469. 261 元[c]	352. 708
	自变量			
社会动员	是否示范村	是 =1，否 =0	0. 470	0. 500
信息了解程度	新农保了解程度（户主）	1 = 完全不了解　2 = 了解不多　3 = 大致了解　4 = 完全了解[d]	2. 773	0. 964
家庭人口禀赋	农户家庭老人比例	O =（单位农户 60 岁及以上人数）÷（单位农户的总人数）[e]	0. 222[f]	0. 194
	农户参保人身体健康水平	H =（单位农户中每个参保人身体健康水平[g]之和）÷（单位农户中参保人数）	3. 779[h]	0. 972
家庭经济能力	2010 年家庭总收入		3. 586 万元	2. 012

注：a. 计算时，没有参保的农户参保人数为 0，相应地其参保人口比例为 0；b. 计算方法为：$(P_1 + P_2 + P_3 + \cdots + P_n)/n$，n 为总户数，即样本量，为 317；c. 计算方法为：$(Q_1 + Q_2 + Q_3 + \cdots + Q_m)/m$，m 为参保农户总数，为 257；d. 调查中将新农保制度细化为新农保政策的本质、政策的稳定性、基金筹集方式、养老金构成及领取方式等方面。访问员针对每个方面对农户进行提问，根据农户的回答情况判断其对新农保政策的了解程度。农户全部描述正确为“完全了解”，大部分描述正确为“大致了解”，只有少部分描述正确为“了解不多”，不知道或者听说过新农保但完全不知道具体政策的为“完全不了解”；e. 计算时，没有老人的农户家庭老人比例为 0；f. 计算方法为：$(O_1 + O_2 + O_3 + \cdots + O_n)/n$，n 为总户数，即样本量，为 317；g. 单个参保人身体健康水平测量：1 = 很差，2 = 较差，3 = 一般，4 = 较好，5 = 很好；h. 计算方法为：$(H_1 + H_2 + H_3 + \cdots + H_m)/m$，m 为参保农户总数，为 257。

保的三个重要因素。结合新农保制度的特点，家庭人口禀赋操作化为家庭老人比例、参保人身体健康水平两个指标；家庭经济能力操作化为 2010 年家庭总收入指标。

3. 参保行为

本文以农户为分析单位，将参保行为分为广度和深度两个维度。参保行为的广度是指单位农户中参保人口占农户总人口的比例，下文简称“农户参保人口比例”，用“P”表示。参保行为的深度是指参保农户中，单位农户参保人的平均缴费水平，下文简称“农户参保人口缴费水平”，用“Q”表示。

（三）调查地点及资料收集

从 2009 年国务院开展新农保试点以来，湖北省武汉市新洲区一直是新农保试点的重要地区之一。该地区的新农保主要通过个人年缴费（调查时分为 200 元、400 元、600 元、800 元、1000 元和 1200 元 6 个档次）和集体补助相结合的方式，为农民提供养老保险。个人缴费和集体补助都存入个人缴费账户进行管理。个人缴费满 15 年且年满 60 周岁后可按月领取养老金，每月领取的养老金由基础养老金（每人每月 100 元，其中国家财政拨付 55 元，武汉市地方财政拨付 45 元）+（个人账户全部累积额 + 每年累计定期存款利息）/139 两部分构成。公式中的 139 指 139 个月，根据我国人均寿命 71.5 岁测算，从 60 周岁开始领取，共计 139 个月。

新洲区最早确定了辖内双柳、阳逻、仓埠三个街道作为新农保推广试点街道。本次调查选取双柳街道，从其辖内 41 个村中用简单随机抽样的方法抽取了殷店村、周孟村和刘镇村三个村。三个村中除刘镇村经商的相对较多，大部分村民以务农为主。其中，殷店村为新农保示范村，周孟村及刘镇村为非示范村。从我们收集的资料看，这些试点地区普遍运用社会动员推动农户参保，但相对而言示范村的社会动员力度要远远高于非示范村。示范村的村干部（包括村民小组干部）全部参与到新农保的社会动员工作中，深入农户进行新农保的政策讲解并情理动员农户参保。相反，在非示范村，由于在农户参保方面没有或只有较低的任务指标，其社会动员力度也就低得多。这里面有多种因素作用，但最主要的是，作为示范村基层政府有严格的工作要求。在当前压力型体制下，名义上村民自治组织与基层政府是指导与被指导的关系，但实践中表现出的更多是领导与被领导的关系。基层政府对村级组织有明确的工作指标，并根据业绩进行考核和奖惩。① 因此，对于基层政府下达的工作任务，村委会一般都要认真贯彻，村干部会动用各种正式与非正式的关系形成一种情理压力或群体压力最终促动农户参与。

在三个村中的问卷调查采用等距抽样方法，以户为抽样单位，首选户主填答，如果户主不在，则选择对家庭事务熟悉的成员回答。本次调查具体时间为 2011 年 4 月，问卷采用访问式填答法。共填答问卷 360 份，回收有效问卷 317 份，有效回收率为 88.1%。受访者中男性占 58.7%；平均年龄 44.77 岁；11.1% 的被访对象为小学及以下文化程度，57.7% 的人为初中，高中及以上占到 31.2%；51.7% 的人务农，48.3% 的人为非农职业。农户平均家庭人口 4.44 人，其中 60 岁以上人口为 1.01 人；2010 年农户家庭总收入平均为 3.586 万元。

二　结果与分析

本节将农户参保行为分为参保广度和深度两个维度，分别用“农户参保人口比例”和“农户参保人口缴费水平”表示，下文将分别探讨。经济学研究认为，现实中人们在看似追求利益最大化的过程中，由于对信息的不完全了解（意味着“不确定性”和“风险”），往往最终导致行为结果的不完全理性，即有限理性。从行为主体看，虽然都是经济理性主导行为，但会表现出在信息了解程度不同的情况下，人们最终行为的差异。为此，本文首先建立“农户参保人口比例的整体模型”和“农户参保人口缴费水平的整体模型”，以得到总体上农

① 在最近的政府文件中，明确表示要“落实责任追究制。村干部有治庸问责的要求……工作不规范、不到位、不按时间完成任务的，就是执行力不到位，要纳入治庸问责”。参见《60 天扩面卓有成效鼓足干劲再战 30 天——把普惠全区城乡居民的好事做得更好》，武汉市新洲区人力资源和社会保障局网站（http://www.xzldbz.com）。

户参保行为的影响因素。其次，将“农户新农保了解程度”作为条件变量（Conditional Variables），转换为二分变量：1 = 完全了解，0 = 部分了解或不了解，进行条件分析（Conditional Analysis），以分析不同信息了解程度下农户参保行为影响因素的差异，从而更深层次地把握农户决策时的行为逻辑。同时，将“新农保了解程度”进行分组条件分析，意味着控制社会动员（是否示范村）中宣传动员的效力，这样在后文分组模型的分析中，“是否示范村”这一变量就主要体现了情理动员的效力。所有线性回归模型的建立均采用逐步回归法。

（一）农户参保广度的影响因素分析

根据前文假设，将新农保了解程度、农户参保人身体健康水平、农户家庭老人比例、2010 年家庭总收入、是否示范村作为自变量，农户参保人口比例作为因变量引进多元线性回归模型，表 8—13 显示最终的结果。

在所有进入回归方程的变量中，影响农户参保广度的变量有：新农保了解程度、农户家庭老人比例、农户参保人身体健康水平。其中，新农保了解程度影响最大，农户参保人身体健康水平影响最弱。调整后的 R^2 为 0.295，说明模型的解释力较好，可以消减 29.5% 的误差。从模型中我们可以看出，农户的参保广度基于经济理性，只有对新农保制度越了解（意味着更能认清新农保惠农的本质）、家中老人比例越高（意味着可以在短期内获得收益）、参保人身体健康水平越好（意味着可以长期收益），才越倾向于参保。

为了更清晰地辨析社会动员过程中情理动员的效力，我们将“新农保了解程度”分组进行条件分析，再将其他自变量引进回归模型，我们发现，当信息充分时，调整后的 R^2 仅为 0.060，解释力很差，情理动员、参保人身体健康水平、家庭总收入对农户参保广度没有显著影响；当信息不充分时，调整后的 R^2 为 0.133，解释力有所提高，农户家庭老人比例、情理动员、参保人身体健康水平对农户参保广度有显著影响（详见表 8—13）。对比三个模型的分析结果，我们认为当信息充分时，模型几乎丧失解释力的原因在于，农户完全能够认识到新农保制度对自己的利益有促进作用，“即使投保人死亡，剩余的个人缴费资金全部返还”，从而使得家庭人口禀赋、家庭经济能力、情理动员的作用丧失或被掩盖，即农户认为“我们不管家庭经济怎样，有没有老人，健康状况如何，也不论村干部是否情理动员，反正参加不会错”。这一点我们也可以通过新农保了解程度与农户是否参与新农保的卡方检验进行验证。

表 8—13　　　农户参保广度的多元线性回归模型

模型	自变量和常数项	标准回归系数 Beta	检验值 t	显著度	容忍度	方差膨胀因子	回归方程检验
总体未分组情况下	(Constant)		−1.845	0.066			R^2 =0.302 调整后 R^2 =0.295 F =45.113 Sig =0.000
	新农保了解程度	0.465	9.190	0.000	0.872	1.147	
	农户家庭老人比例	0.243	5.112	0.000	0.984	1.016	
	农户参保人身体健康水平	0.101	1.988	0.048	0.860	1.163	
信息充分情况下	(Constant)		23.582	0.000			R^2 =0.070 调整后 R^2 =0.060 F =6.779 Sig =0.011
	农户家庭老人比例	0.265	2.604	0.011	1.000	1.000	
信息不充分情况下	(Constant)		1.150	0.251			R^2 =0.145 调整后 R^2 =0.133 F =12.481 Sig =0.000
	农户家庭老人比例	0.260	4.149	0.000	0.982	1.019	
	是否示范村	0.206	3.291	0.001	0.983	1.017	
	农户参保人身体健康水平	0.156	2.491	0.013	0.991	1.010	

表 8—14　　　信息了解程度与农户是否参保的交互分类表　　　单位:%

家人是否参保	完全了解	部分了解或不了解	合计
是	97.8	74.1	81.0
否	2.2	25.9	19.0
N	92	224	316

从表8—14中我们看出，在完全了解新农保的农户中，97.8%的农户参与了新农保，而在部分了解或不了解新农保的农户中，这一比率下降为74.1%，卡方检验表明这一结论在总体中也成立。在此意义上，通过宣传动员，增加农户的信息了解对农户参保具有重要意义。当信息不充分时，农户对新农保制度了解不全面，不能真正认识到新农保惠农的本质，从而在决策时更注重家庭老人的比例以及参保人身体健康水平，以确保能够尽快且尽可能多的获益。情理动员此时也对农户的参保行为起到了推动作用。当信息不充分时，意味着自己拿捏不准，村干部的情理动员及其造成的情感压力、周围邻居的群体压力都使农户自觉不自觉地参与到新农保中来。农户之所以顺从这种压力，有多重原因，一是传统文化中的人情事理观念；二是顺从群体压力，某种程度上也是基于参保行为的安全感——“大家不会错”，“即使错，也不是我一人”。

（二）农户参保深度的影响因素分析

根据前文假设，将新农保了解程度、农户参保人身体健康水平、农户家庭参保人数、2010年家庭总收入、是否示范村作为自变量，农户参保人口缴费水平作为因变量引进多元线性回归模型，结果详见表8—15。

在所有进入回归方程的变量中，影响农户参保深度的变量有：农户参保人身体健康水平、是否示范村、家庭总收入。调整后的R^2为0.157，说明模型的解释力一般，可以消减15.7%的误差。在农户参保深度方面，家庭总收入越高，农户参保人口缴费水平越高。这从表面看是与农户的经济水平相关，其实质是新农保中“多缴多补，多缴多得”的激励机制在发挥作用。参保人身体健康水平越好，农户参保人口缴费水平越高。因为参保人越健康受益周期越长，“多缴多得”，收益越大。新农保了解程度对农户参保深度没有影响，信息充分只能提升参保广度。“是否示范村”的影响较大，标准回归系数为-0.381。这说明示范村的农户参保人口缴费水平比非示范村要低。

表 8—15　　农户参保深度的多元线性回归模型

模型	自变量和常数项	标准回归系数 Beta	检验值 t	显著度	容忍度	方差膨胀因子	回归方程检验
总体未分组情况下	(Constant)		0.686	0.494			R^2 = 0.167 调整后 R^2 = 0.157 F = 16.891 Sig = 0.000
	农户参保人身体健康水平	0.231	3.668	0.000	0.830	1.204	
	是否示范村	-0.381	-5.459	0.000	0.677	1.478	
	2010 年家庭总收入	0.330	4.665	0.000	0.656	1.524	
信息充分情况下	(Constant)		2.730	0.008			R^2 = 0.271 调整后 R^2 = 0.254 F = 16.165 Sig = 0.000
	2010 年家庭总收入	0.405	4.354	0.000	0.970	1.031	
	农户家庭参保人数	-0.265	-2.848	0.005	0.970	1.031	
信息不充分情况下	(Constant)		1.293	0.198			R^2 = 0.169 调整后 R^2 = 0.154 F = 11.046 Sig = 0.000
	2010 年家庭总收入	0.182	2.307	0.022	0.816	1.226	
	是否示范村	-0.381	-4.949	0.000	0.860	1.163	
	农户参保人身体健康水平	0.201	2.727	0.007	0.938	1.066	

为了进一步弄清社会动员的效力，将“新农保了解程度”分组进行条件分析，再将其他自变量引进回归模型时我们发现，当信息充分时，只有家庭总收入、农户家庭参保人数对农户参保深度产生影响，调整后的 R^2 为 0.254，模型解释力比未引进条件变量时有明显上升；当信息不充分时，农户参保深度的影响因素仍然是农户参保人身体健康水平、是否示范村、家庭总收入三个变量。调整后的 R^2 为 0.154，模型解释力与未引进条件变量时基本一致（详见表8—15）。对比三个

模型我们发现，当信息充分时，参保人身体健康水平和情理动员的影响消失，家庭总收入的影响最大，标准回归系数达 0.405，农户家庭参保人数的影响也凸显，标准回归系数达 -0.265（详见表 8—15）。这种变化表明，信息充分时，真正制约参保深度的是家庭经济能力和家庭参保人数，经济条件好的农户会多缴纳一些，家中参保人数多，那么相应每个人的缴费水平就低一些。由此来看，这种参保行为是完全经济理性的。

表 8—16　信息不充分时农户参保人口缴费水平的独立样本 t 检验

变量	变量取值	频次	平均值	标准差
是否示范村	是	115	521.740	408.416
	否	52	288.462	195.693

注：显著性检验 t 值 =4.988，自由度 =164.4，$p<0.001$。

当信息不充分时，农户参保深度的影响因素与总体未分组时基本一致，其中是否示范村仍是重要的影响因素，标准回归系数仍为 -0.381。综合三个模型说明，总体未分组时社会动员的效力即为信息不充分时的社会动员效力，都由情理动员产生。进一步的统计显示，当信息充分时，示范村与非示范村的农户参保人口缴费水平没有显著差异；当信息不充分时，示范村的农户参保人口缴费水平的平均值为 288.5 元，而非示范村的平均值为 521.7 元，独立样本检验显示，这一差异在总体中也存在（详见表 8—16）。这是因为当信息不充分时，农户承受村干部情理动员的压力，遵从传统理性选择参保；同时又担心不能受益，怀疑政策的稳定性。这样，在不能确信参保的收益时，迫于村干部情理动员的压力，就"先少交一点，再看看"，"即使损失了，也不多"。相反，在情理动员比较弱的非示范村，农户则主要考虑家庭经济能力和参保人身体健康水平，最终造成非示范村农户参保深度要高于示范村。此外，当信息不充分时，农户参保人身体健康水平对参保深度的影响力略高于家庭经济能力。这反映此时农户参保的深度是有限理性下的抉择，在不能完全确保收益时行为更趋保守。

综合上述两个方面的分析，本文证实了前文提出的两个假设，农户的参保行为是追求经济理性的结果，但这其中也受社会动员的影响。

三　结论与讨论

本研究以湖北省武汉市新洲区双柳街为例，运用问卷调查法，对农户新农保的参与行为进行了分析。主要研究结论如下：

第一，总体而言，宣传动员有助于提升农户信息了解程度，从而提升农户参保广度，但对参保深度无显著影响。

第二，当信息充分时，农户参保行为是完全经济理性行为，情理动员对农户参保无显著影响。由于认识到新农保制度的惠农本质，无论家庭经济能力和家庭人口禀赋如何，无论村干部是否情理动员，绝大多数农户都积极参保。农户参保的深度主要受家庭经济能力的影响，家庭人口禀赋和情理动员影响不显著。

第三，当信息不充分时，农户参保行为是有限理性行为，情理动员可以提升农户参保的广度，但参保深度不足。在参保广度方面，由于农户不能完全认识新农保的惠农本质，对长期受益的预期不确定，为了在短期内稳定地获得收益，那些家庭有老人、身体健康状况良好的农户更倾向于参保；同时，村干部的情理动员产生的情感压力和群体压力也会促动农户参保。在参保深度方面，农户选择参保时，主要考虑参保人身体健康水平和家庭经济能力；同时，在情理动员之下，农户的缴费水平偏低。这反映出信息不充分时，农户面对情理动员的行为逻辑是参与但不深入。“参与”是为了符合社会情理规范和遵从群体规则，“不深入”则体现了经济理性，在不能确定收益的情况下，控制投入以规避风险。

综上，农户的参保行为归根结底是一个经济理性行为。社会动员的效力主要体现在农户的参保广度上，宣传动员和情理动员都具有提升农户参保广度的作用。社会动员对农户参保深度的影响甚微，在信息不充分时，情理动员还使农户参保体现出广而不深的特点。其实，村干部的社会动员目标也更多地是提升参保广度而非深度。参保深度主要取决于农户自身的经济能力和价值偏好。由此看出，在新农保的试点及推广过程中，社会动员十分必要。

第九章　新农保的养老保障能力及其可持续发展

新农保作为一种制度性的养老保障方式，其核心便是其养老保障的能力。目前新农保的养老保障能力到底如何，能否满足当前农村老人的养老需求？这些都是需要通过实地调研了解的，而不能凭空想象。新农保的养老保障能力又与农民对新农保的制度评价紧密相关。农民对新农保制度的评价很大程度上将决定新农保的有效推行，因此农民对新农保制度的评价这一话题也不容忽视。新农保作为有别于老农保的制度设计，必须要避免再走老农保的老路，因此，需要全方位考察新农保制度的可持续发展能力，同时，还需在更高层次考察新农保养老保障能力的可持续发展能力。本章将围绕以上问题进行论证。

第一节　养老观念与新农保养老保障能力认可度[①]

新农保对参保农民的养老保障能力是评价我国农村社会养老保障体系是否健全的重要方面。新农保自 2009 年开始试点实施以来，在缓解农民养老问题上发挥了积极的作用，目前新农保已在全国各地普遍推行，受到了广大农村群众的好评。[②] 农民作为新农保的保障对象，

---

① 本节内容由聂建亮与钟涨宝合著，曾发表在《学习与实践》2014 年第 9 期，收录本报告时有改动。

② 李放、黄阳涛：《农民对新农保满意度影响因素的实证研究——以江苏三县为例》，《晋阳学刊》，2011 年第 6 期；肖云、刘培森：《新型农村社会养老保险满意度影响因素分析》，《经济体制改革》2011 年第 5 期。

其对新农保养老保障能力的认可度可以视为新农保实施效果的真实反映，也是影响新农保可持续发展的重要方面，基于此，研究农民对新农保养老保障能力的认可度及其影响因素，对于政策的完善和发展具有重要的现实意义。

新农保的养老保障能力自其试点实施开始即受到了质疑，众多调研显示新农保的养老金不够用[①]，难以满足改善老年人生活的需要[②]，是低于适度保障水平的。[③] 薛惠元曾研究发现，现行新农保制度所提供的养老金不能满足“老人”、“中人”和大部分“新人”的基本生活需要。[④] 新农保的养老保障能力还可以通过替代率这一相对指标进行衡量，因此一些学者对新农保的替代率进行了研究。[⑤] 但是替代率毕竟是一个客观的评价标准，只有基于农民视角才能更准确把握新农保的养老保障能力。

具有不同群体特征的人对新农保养老保障能力的认可度具有差异性，区分群体的标准一般是物质性的，如性别、年龄、收入、文化程度等，不过非物质性的养老观念也是一种对群体进行区分的标准。持不同养老观念的人对新农保养老保障能力的认可度是否存在差异，这

---

① 鲁欢、王国辉：《经济欠发达地区提高“新农保”保障水平的路径选择——基于对辽宁省阜新市彰武县400家农户调查的研究》，《劳动保障世界》，2011年第11期；张思锋、张文学：《我国新农保试点的经验与问题——基于三省六县的调查》，《西安交通大学学报》（社会科学版）2012年第2期。

② 陈荣卓、颜慧娟：《农民眼中的“新农保”：认知、意愿与评价——基于湖北省4县763位农民的调查》，《华中农业大学学报》（社会科学版）2013年第2期。

③ 刘海宁：《辽宁农村基本养老保险适度保障水平分析——基于生存公平的思考》，《社会科学辑刊》2011年第5期。

④ 薛惠元：《新农保能否满足农民的基本生活需要》，《中国人口·资源与环境》2012年第12期。

⑤ 邓大松、薛惠元：《新型农村社会养老保险替代率精算模型及其实证分析》，《经济管理》，2010年第5期；贾宁、袁建华：《基于精算模型的“新农保”个人账户替代率研究》，《中国人口科学》，2010年第2期；李俊：《城镇化、老龄化背景下新型农村养老保险财务状况研究：2011—2050年》，《保险研究》2012年第5期。

些差异又是如何表现的？这些内容都应该受到研究者的关注，然而目前相关的研究却很少。基于此，本节深入讨论了自我养老观念、家庭养老观念以及社会养老观念对新农保养老保障能力认可度的影响，同时探讨了影响农民养老观念的因素。

一 研究设计

（一）研究假设

虽然养老包含的内容丰富，但是经济支持仍然是养老的核心。根据经济支持的来源可以把农村养老模式划分为自我养老、家庭养老和社会养老。[①] 自我养老主要指农村老年人依靠自我提供经济支持，自我养老一般发生在老年生活的早期阶段，主要依靠经营土地获得收入支持养老。自我养老虽然在历史上不曾成为一种主要的养老方式，但在历朝历代，自己对自己负责的思想依然深刻存在于社会文化之中。[②] 家庭养老主要是指老年人依靠家庭成员供养的养老方式。这里的家庭成员主要是指子女，尤其是儿子。费孝通认为中国人的亲子关系是典型的甲代抚育乙代，乙代赡养甲代，乙代抚育丙代，丙代赡养乙代的“反馈模式”，这种模式的文化基础是中国传统的“养儿防老”观念。[③] 可以说家庭养老是与“孝”这一观念和以“孝”为核心的传统的家庭伦理连在一起的。[④] 子女，尤其是儿子作为家庭养老主要责任主体，支持了中国几千年养老文化的传承。社会养老主要是指国家出面建立的养老保险制度，也包括基于社区的保障项目。在中国传统农村是没有社会养老保险的，因此农民对社会养老的期待较低，而对家庭养老的期待较高，农民家庭养老观念较重。

随着工业社会的发展，家庭养老功能开始弱化。工业社会发展带

---

① 韩芳：《农村土地养老保障功能研究》，知识产权出版社 2010 年版。

② 张怡恬：《社会养老保险制度效率伦》，北京大学出版社 2012 年版。

③ 费孝通：《家庭结构变动中的老年赡养问题——再论中国家庭结构的变动》，《北京大学学报》（哲学社会科学版）1983 年第 3 期。

④ 杨善华、贺常梅：《责任伦理与城市居民的家庭养老——以“北京市老年人需求调查”为例》，《北京大学学报》（哲学社会科学版）2004 年第 1 期。

来的劳动者与生产资料的分离和抗风险能力的降低，劳动者地区之间的流动以及人口从农村向城市迁移，妇女走出家庭进入社会就业降低了家庭稳定性，个人自由和独立意识发展带来的家庭小型化和少子化等，使得家庭养老功能不可避免地被弱化，同时也使得劳动者个人养老问题成为社会问题和养老社会风险，家庭养老功能的弱化和社会养老风险增强，导致社会逐渐树立起社会养老观念。①

基于以上判断，并参照张怡恬关于社会养老观念与社会养老保险制度效率关系的论述②，可以分析养老观念与新农保养老保障能力认可度的关系。如果在某个农村社会中家庭养老观念较重，或者自我养老的观念较重，那么农民对新农保的依赖就会减轻，相应地新农保的养老金待遇水平不必很高，就可以获得农民较高的认可度。而如果家庭养老观念淡薄，但自我养老的观念较重，那么农民对新农保的依赖也会减轻，在这种情况下，农民比较容易获得满足，也更容易认可新农保的养老保障能力。如果在某个农村社会中家庭养老观念淡薄，并且自我养老的观念也比较淡薄，而社会养老观念较重，那么农民对新农保的依赖就会加重，农民对社会养老保险需求不容易得到满足，面对目前保障层次处在“保基本”、“低水平起步”的新农保，农民更可能不认可其养老保障能力。基于以上分析，本文提出基本假说：社会养老观念较重的农民更可能不认可新农保的养老保障能力，而自我养老观念和家庭养老观念较重的农民更可能认可新农保的养老保障能力。

（二）数据来源

本文研究所用数据来源于课题组 2012 年 8 月至 2013 年 8 月间分别对江西省寻乌县、四川省宜宾市、湖北省广水市、浙江省温州市以及山东省武城县农村居民开展的问卷调查。在所选样本中，江西寻乌共 344 人，湖北广水共 295 人，四川宜宾共 319 人，浙江温州共 280 人，山东武城共 361 人。

① 张怡恬：《社会养老保险制度效率伦》，北京大学出版社 2012 年版。

② 同上。

（三）变量选择与测量

1. 新农保养老保障能力认可度

这里的新农保养老保障能力认可度变量来自问卷中的题目："在您看来，新农保待遇是否能够满足本地老年人的基本生活需要?"选项分别为"完全不能满足"、"很难满足"、"基本能满足"、"完全能满足"，因为选择"完全能满足"的人数较少，所以这里将"完全能满足"和"基本能满足"进行合并，形成"能满足"项。

2. 养老观念

根据研究假设部分的讨论，发现养老观念是一种主观的认知，是对养老责任主体选择的意愿，所以这里主要通过询问农民养老责任主体选择得到，即问题："您认为养老的责任应该由谁来承担?"选项包括"自己与配偶"、"儿子"、"女儿"、"村集体或企业"、"政府"、"社会"、"其他"，这里将选项进行了转化，将"自己与配偶"定义为"自我养老"，赋值为1；"儿子"、"女儿"合并定义为"家庭养老"，赋值为2；"村集体或企业"、"政府"、"社会"、"其他"合并定义为"社会养老"，赋值为3。这里的赋值并无顺序的意义，仅是为了标明类别。

3. 控制变量

本文参考已有研究，将农民个体特征、家庭特征、养老担心程度、了解新农保的程度以及所在地区设置为控制变量。模型中的控制变量分别是：①性别，分为男性和女性，分别赋值1和0；②年龄，为连续变量，按照周岁计算；③年龄平方，为连续变量；④文化程度，为定序变量，赋值分别为"小学及以下"=1，"初中"=2，"高中/中专/技校"=3，"大专及以上"=4；⑤身体健康状况，为定序变量，赋值分别为"非常差"=1，"较差"=2，"一般"=3，"比较好"=4，"很好"=5；⑥家庭规模，为连续变量；⑦家庭全年收入，指调查时被调查者所在家庭前一年的收入，为连续变量；⑧养老担心程度，为定序变量，赋值分别为"不担心"=1，"不太担心"=2，"一般"=3，"比较担心"=4，"非常担心"=5；⑨了解新农保的程度，为定序变量，赋值分别为"没听说过"=1，"了解很少"=2，"不太熟悉"=3，"一般"=4，"较熟悉"=5，"很熟悉”=6；⑩所在地区，为分类变量，赋值分别为“浙江温州”=1，“山东武城”=2，“湖北广水”=3，“江西寻乌”=4，“四川宜宾”=5。各变量的描述性统计分析结果见表9—1。

表9—1　　变量的描述性统计分析结果

变量名称	定义变量	均值	标准差
因变量			
新农保养老保障能力认可度	能满足=1；很难满足=2；完全不能满足=3	1.832	0.688
自变量			
养老观念	自我养老=1；家庭养老=2；社会养老=3	1.979	0.596
控制变量			
性别	男=1；女=0	0.604	0.489
年龄	连续变量	47.636	13.238
年龄平方	连续变量	2444.316	1300.037
文化程度	小学及以下=1；初中=2；高中/中专/技校=3；大专及以上=4	1.816	0.816
身体健康状况	非常差=1；较差=2；一般=3；比较好=4；很好=5	3.607	1.135
家庭规模	连续变量	4.635	1.960
家庭全年收入	连续变量	43002.568	59857.603
养老担心程度	不担心=1；不太担心=2；一般=3；比较担心=4；非常担心=5	2.629	1.449
了解新农保的程度	没听说过=1；了解很少=2；不太熟悉=3；一般=4；较熟悉=5；很熟悉=6	3.470	1.300
所在地区	浙江温州=1；山东武城=2；湖北广水=3；江西寻乌=4；四川宜宾=5	3.038	1.393

（四）模型选择

本文首先要探讨农民的养老观念对新农保养老保障能力认可度的影响，由于被解释变量新农保养老保障能力认可度为有序多分类变量，故拟建立有序 Logistic 回归模型进行分析。有序 Logistic 回归模型基本形式如下：[1]

$$p(y = y_i \mid X, \beta) = P(y = y_i \mid x_1, x_2, x_3, \cdots, x_k) \quad (1)$$

在（1）中，p_1 有 3 个选择。

在有序 Logistic 模型中，引入一个不可直接观测的潜在隐含变量 $\dot{y}$，在本研究中为农民对新农保养老保障能力认可度无法观测到的主观评价，y 为实际观测到的评价值，调研数据中分别赋值为 1、2、3。$\dot{y}$ 满足下式：

$$\dot{y} = X\beta + \varepsilon_i \quad (2)$$

其中，X 为解释变量向量；β 为待估参数向量；ε 为独立分布的误差项。设 γ 代表本研究中农民对新农保养老保障能力认可度结果未知的临界值分界点，即 γ_1、γ_2 共两个分界点，潜变量 $\dot{y}_i$ 与实际观测值 y_i 的关系可由如下的对应关系来定义：

如果 $\dot{y}_i < \gamma_1$，即 $y = 1$；

如果 $\gamma_1 \leqslant \dot{y}_i < \gamma_2$，即 $y = 2$；

如果 $\gamma_2 \leqslant \dot{y}_i$，即 $y = 3$。

对于评价结果 y 各个取值的概率为随机误差项 ε 的累计分布函数对应值，可以表示为

---

① 田秀娟、侯建林、董竹敏：《农民对新型农村合作医疗制度的综合评价——基于 13 省 916 个农户调查的分析》，《中国农村经济》，2010 年第 5 期；魏凤、金华旺：《农民视角下新农合保障能力及影响因素评估——基于宝鸡市 421 户参合农民的调研》，《人口与经济》2012 年第 4 期。

$$\begin{cases} \text{Prob}(y=1) = \text{Prob}(X\beta + \varepsilon < \gamma_1) = \dfrac{1}{1+e^{-\gamma_1 + X\beta}} \\ \text{Prob}(y=2) = \text{Prob}(\gamma_1 \leqslant X\beta + \varepsilon < \gamma_2) \\ \qquad\qquad = \dfrac{1}{1+e^{-\gamma_2 + X\beta}} - \dfrac{1}{1+e^{-\gamma_1 + X\beta}} \\ \text{Prob}(y=3) = \text{Prob}(\gamma_2 \leqslant X\beta + \varepsilon) = 1 - \dfrac{1}{1+e^{-\gamma_2 + X\beta}} \end{cases} \tag{3}$$

本文还进一步讨论了影响养老观念的因素。被解释变量为多分类变量，有3种观念，即“自我养老”、“家庭养老”和“社会养老”。将3种观念的选择视为3项事件，3项事件的概率之和为1。当分类反应变量的类别为3类及以上，且类别之间无序次关系时，宜采用多分类 Logistic 模型进行分析①，其表达式为

$$\begin{cases} \ln\left(\dfrac{p_1}{p_3}\right) = \alpha_1 + \beta_1 x_1 + \varepsilon_1 \\ \ln\left(\dfrac{p_2}{p_3}\right) = \alpha_2 + \beta_2 x_1 + \varepsilon_2 \end{cases} \tag{4}$$

（4）式中 p_1 为农民持“自我养老”观念的概率；p_2 为农民持“家庭养老”观念的概率；p_3 为农民持“社会养老”观念的概率；$p_1 + p_2 + p_3 = 1$；其中，以“社会养老”作为对照组；α_1、α_2 为截距项；β_1、β_2 为待估系数矩阵；x_1 为自变量矩阵；ε_1、ε_2 为残差项。$\alpha_1 + \beta_1 x_1$ 或 $\alpha_2 + \beta_2 x_1$ 的值越大，农民持“自我养老”或“家庭养老”观念的概率就越高；反之亦然。

二　结果与分析

（一）新农保养老保障能力与新农保的可持续发展

农民对新农保养老保障能力认可度将影响新农保的可持续发展。

---

① 王济川、郭志刚：《Logistic 回归模型——方法与应用》，高等教育出版社 2001 年版。

为讨论这一命题，这里从农民参保意愿、农民参保行为选择、参保农民提高参保缴费档次的意愿三个方面探讨新农保的可持续发展。农民的参保意愿和参保行为选择在较基本的层面决定新农保的可持续发展，农民是否愿意参保和农民是否选择参保是新农保可持续发展的决定因素，而参保农民提高新农保缴费档次的意愿在较高层面决定新农保的可持续发展，意味着农民对新农保的认知从试探期进入常规发展期，也意味着新农保养老金水平的提升和养老金替代率的上升。

在新农保推行初期，年满60周岁的农民可以不需缴费直接享受养老金待遇，所以这里选取了60周岁以下样本农民考察农民的参保意愿、参保行为选择，选择已参保的农民考察其提高缴费档次的意愿。表9—2显示，农民对新农保养老保障能力的认可度越高，那么农民越愿意参保，农民也越可能选择参保行为，已参保的农民也更愿意提高自己参保缴费的档次。总体来看，农民对新农保养老保障能力的认可度在很大程度上决定了新农保的可持续发展。

表9—2　新农保养老保障能力认可度与新农保可持续发展　单位：%

项　目	选　项	新农保养老保障能力认可度			合　计
		完全不能满足	很难满足	能满足	
参保意愿	愿意	83.6	87.9	91.6	87.0
	不愿意	16.4	12.1	8.4	13.0
参保行为选择	已参保	64.0	71.4	74.8	69.4
	未参保	36.0	28.6	25.2	30.6
提高缴费档次的意愿	愿意	43.4	45.2	53.5	46.1
	不愿意	56.6	54.8	46.5	53.9

（二）影响新农保养老保障能力认可度的因素分析

为了探讨农民的养老观念与新农保养老保障能力认可度的关系，本文采用有序Logistic回归模型进行估计。这里首先使用嵌套模型设计了两个回归模型，模型Ⅰ是放入了控制变量的模型，模型Ⅱ增加了养老观念变量。通过逐步放入变量的嵌套模型，以观察变量对模型解释力的贡献和净效应。回归分析的结果参见表 9—3。

模型Ⅰ显示，控制变量中年龄、年龄平方、文化程度、身体健康状况、了解新农保的程度和所在地区变量均通过了显著性检验。年龄变量在 10% 的统计水平上显著负向影响农民对新农保养老保障能力的认可度，也即从总体上来看，年龄越大的农民越不认可新农保的养老保障能力。同时，年龄平方变量也在 10% 的统计水平上显著负向影响农民对新农保养老保障能力的认可度，也即年龄对因变量的影响并非线性的，而是呈现倒 U 形，即年龄中等农民相对于年龄最小及年龄最大农民对新农保养老保障能力的认可度更高，但总体趋势是向右下倾斜。文化程度变量在 1% 的统计水平上显著负向影响农民对新农保养老保障能力的认可度，即文化程度越高的农民越不认可新农保的养老保障能力，而文化程度越低的农民越认可新农保的养老保障能力。身体健康状况变量在 5% 的统计水平上显著正向影响农民对新农保养老保障能力的认可度，即农民的身体健康状况越好对新农保养老保障能力的认可度越高。身体健康状况越好的农民，除去生活费外其他的消费越低，对新农保需求相对越低，因此认可度越高。了解新农保的程度变量在 5% 的统计水平上显著正向影响农民对新农保养老保障能力的评价，即农民越了解新农保，则对新农保的养老保障能力的认可度越高，可能因为对新农保了解程度越高，越了解新农保的惠农本质，所以越理解新农保“低水平起步”、“保基本”的特征，所以对新农保更大程度上表现出了赞许。所在地区变量也影响了农民对新农保养老保障能力的认可度，相对于四川宜宾，浙江温州、湖北广水的样本农民对新农保养老保障能力的认可度更低。

模型Ⅱ显示，在加入养老观念变量后，模型的对数似然值卡方有所提高，Nagelkerke R^2 也有所提高，意味着模型拟合得更好。在模型Ⅱ中，养老观念变量是显著的。自我养老观念变量和家庭养老观念变量均在 1% 的统计水平上显著正向影响农民对新农保养老保障能力的认可度，也就是说相对于社会养老观念较重的农民，自我养老观念以及家庭养老观念较重的农民，对新农保养老保障能力的认可度较高。相反，社会养老观念较重的农民，更容易寄期望于新农保，对新农保的需求越多，越希望新农保可以最大限度满足自身生活需要，所以相对自我养老观念和家庭养老观念较重的农民对当前新农保养老保障能力的认可度越低。因此，研究假说基本得到了证明。

表9—3 新农保养老保障能力认可度的有序 Logistic 回归模型估计结果

变 量	模型Ⅰ		模型Ⅱ	
	B	标准误	B	标准误
养老观念[a]				
自我养老			0.259***	0.098
家庭养老			0.243***	0.082
控制变量				
性别	0.003	0.063	0.016	0.063
年龄	-0.027*	0.014	-0.026*	0.014
年龄平方	0	0	0	0
文化程度	-0.111***	0.040	-0.098**	0.041
身体健康状况	0.068**	0.029	0.067**	0.029
家庭人口数	0.007	0.016	0.007	0.016
全年收入	4.604E-7	5.284E-7	4.634E-7	5.289E-7
养老担心程度	-0.021	0.020	-0.012	0.020
了解新农保的程度	0.050**	0.023	0.052**	0.023
所在地区[b]				
浙江温州	-0.506***	0.103	-0.485***	0.104
山东武城	-0.075	0.090	-0.062	0.091
湖北广水	-0.288***	0.092	-0.258***	0.093
江西寻乌	-0.145	0.091	-0.139	0.091
λ_1	-1.008***	0.386	-0.710*	0.398
λ_2	0.408	0.385	0.712*	0.398
N	1568		1568	
对数似然值卡方	51.954***		61.697***	
Nagelkerke R^2	0.038		0.044	

注***、**、*分别表示变量在0.01、0.05和0.1的统计水平上显著。

（三）农民养老观念的影响因素分析

哪些因素影响了农民的养老观念呢？虽然自古以来我国农村主要依靠家庭养老，但是当前农村无论社会结构、社会文化以及经济结构都发生了较大的变化，农民的养老观念也发生了一定的变化，这里将通过建立多分类 Logistic 回归模型探讨影响农民养老观念的因素，模型的自变量包括农民个体特征、家庭特征、养老担心程度、了解新农保的程度以及所在地区，自变量的描述统计见表 9—1。多分类 Logistic 回归结果见表 9—4。

模型Ⅲ显示，影响农民自我养老观念的变量除所在地区外仅文化程度 1 项。文化程度变量在 5% 的统计水平上显著负向影响农民的自我养老观念，也即文化程度越高的农民，持自我养老观念相对于持社会养老观念的发生比越低。所在地区变量中，山东武城和湖北广水变量均在 1% 的统计水平上显著负向影响农民的养老观念，意味着相对于四川宜宾的样本农民，山东武城和湖北广水的样本农民更可能持社会养老观念。

模型Ⅲ还显示，影响农民家庭养老观念的变量除所在地区变量外还有性别和文化程度变量，性别变量在 1% 的统计水平上显著负向影响农民的家庭养老观念，即女性更可能持家庭养老观念。文化程度变量在 1% 的统计水平上显著负向影响农民的家庭养老观念，即文化程度越低的农民越可能持家庭养老观念，相反文化程度越高的农民越可能持社会养老观念。所在地区变量中，浙江温州和湖北广水变量均在 1% 的统计水平上显著负向影响农民的养老观念，山东武城则在 10% 的统计水平上显著负向影响农民对新农保养老保障能力的认可度，意味着相对于四川宜宾，浙江温州、山东武城、湖北广水的样本农民更可能持社会养老观念。

从模型Ⅲ可以看出，除了所在地区变量外，应该说文化程度变量是影响农民养老观念的核心变量，也可以说是决定性变量，文化程度越高的农民更可能持社会养老观念，而相反文化程度越低的农民则更可能持比较传统的家庭养老观念和自我养老观念。文化程度源于教育，所以教育是改变农民社会观念的关键，也是改变农民养老观念的关键。可以预见随着农村教育水平的发展，农民的文化水平会越来越高，相应地农民的社会养老观念也将会加强，而家庭养老观念相应地弱化。

表 9—4　农民养老观念的多分类 Logistic 回归模型估计结果（模型Ⅲ）

养老观念[a]	变　量	B	标准误	Wald	显著水平	Exp（B）
自我养老	截距	2.738**	1.132	5.853	0.016	
	性别	-0.181	0.197	0.849	0.357	0.834
	年龄	-0.041	0.041	0.975	0.324	0.960
	年龄平方	0.000	0.000	0.114	0.736	1.000
	文化程度	-0.228**	0.114	3.978	0.046	0.796
	身体健康状况	0.120	0.087	1.885	0.170	1.128
	家庭人口数	-0.045	0.049	0.851	0.356	0.956
	全年收入	0	0	0.078	0.779	1.000
	了解新农保的程度	-0.061	0.069	0.780	0.377	0.941
	所在地区[b]					
	浙江温州	-0.353	0.309	1.304	0.254	0.703
	山东武城	-0.940***	0.317	8.778	0.003	0.390
	湖北广水	-0.886***	0.293	9.166	0.002	0.412
	江西寻乌	-0.384	0.302	1.619	0.203	0.681
家庭养老	截距	3.026***	0.971	9.722	0.002	
	性别	-0.429***	0.164	6.877	0.009	0.651
	年龄	0	0.035	0	0.998	1.000
	年龄平方	0	0	0.018	0.892	1.000
	文化程度	-0.479***	0.097	24.532	0.000	0.620
	身体健康状况	0.086	0.071	1.446	0.229	1.090
	家庭人口数	0.031	0.038	0.654	0.419	1.032
	全年收入	0.000	0.000	0.065	0.799	1.000
	了解新农保的程度	-0.068	0.057	1.425	0.233	0.934
	所在地区[b]					
	浙江温州	-1.174***	0.272	18.639	0.000	0.309
	山东武城	-0.432*	0.255	2.865	0.091	0.649
	湖北广水	-1.107***	0.242	20.873	0.000	0.331
	江西寻乌	-0.345	0.256	1.811	0.178	0.708
-2 倍对数似然值			2.661E3			
Nagelkerke R^2			0.115			

注：a 表示以社会养老为基准组；b 表示以浙江温州为参照；***、**、* 分别表示在1%、5%、10%的统计水平上显著。

三　结论与讨论

本节基于对中国5省样本农民的问卷调查，首先运用有序Logistic回归模型，探讨了农民的养老观念对新农保养老保障能力认可度的影响，并进一步运用多分类Logistic回归模型探讨了影响农民养老观念的因素。研究结论如下：第一，农民对新农保养老保障能力的认可度将影响新农保的可持续发展。第二，多数农民并不认可新农保的养老保障能力，绝大多数农民认为新农保待遇不能满足当地老年人的基本生活需要。第三，农民的养老观念显著影响了其对新农保养老保障能力的认可度。自我养老观念较重和家庭养老观念较重的农民，对新农保的期待较低，也越可能认可当前新农保的养老保障能力；相反，社会养老观念较重的农民，对新农保有较高的期待，其也越可能不认可当前新农保的养老保障能力。第四，文化程度是影响农民养老观念的核心变量，文化程度越高的农民越可能持社会养老观念，而相反文化程度越低的农民则越可能持比较传统的家庭养老观念和自我养老观念。

从研究中可以看出，新农保的养老保障能力并非仅是以待遇水平这一客观的标准进行呈现，很大程度上是一种主观的判断。目前新农保实施的基本原则之一是“保基本”，这就决定了新农保待遇水平会很低，但是作为一种外部嵌入农村的惠民政策，其养老保障能力仍然得到了一部分农民的认可，这与学者们普遍认为新农保养老保障能力较差的质疑有较明显的差异。应该说作为一种文化因素，农民的养老观念对新农保养老保障能力认可度具有重要的影响。农民的养老观念并非一成不变的，而是在逐渐发展的。随着新农保的进一步运行，尤其是与城居保并轨形成新的城乡居民养老保险，会逐渐加重农民对社会养老保险制度的依赖，农民的社会养老观念会逐渐加强，农民对社会养老保险的要求也会逐渐提高。如果社会养老保险的保障水平不能契合农民的预期，农民对其养老保障能力的认可度就会下降，这将对制度的可持续发展产生不利影响。这应该说便是社会养老保险待遇的刚性特征，而其实所谓的社会养老保险待遇刚性实质上是人们的心理预期问题，是制度本身要固化本身的一种逻辑。[①] 当然，不仅仅是制度本身固化本身的问题，本研究也显示出不同地区农民养老观念对新农保养老保障能力认可度的影响存在差异，但核心的影响变量是文化程度。文化程度的提升有赖于教育水平的提高，因此，可以预见随着农村教育水平的进一步提升，农民文化程度的不断提高，农民的社会养老观念也将更加凸显，农民对社会养老保险的期待也将逐渐提高，这就要求政府可以适时适度提高已并轨的城乡居民养老保险的待遇。

第二节　农民群体分异与新农保制度评价[②]

作为新农保制度的保障对象，农民对该制度的评价可以反映新农保实施的整体效果，同时，农民对新农保制度评价的高低也是影响该项制度是否具有可持续性的重要因素。基于此，研究农民对新农保制度的评价及其影响因素，对于进一步完善该项制度、保证其可持续发展具有积极的启示意义。目前，对新农保制度农民/农户满意度或评价的研究很少，肖云、刘培森以及柳清瑞、闫琳琳曾对新农保满意度进行研究[③]，李放、黄阳涛对新农保实施的满意度进行了研究[④]，但是，仅有的这些研究并没有区分已享受养老金的群体与适龄参保群体对新农保制度满意度或评价的差异。已享受养老金的群体与适龄参保群体之间，无论是群体特征还是受益状况都存在较大的差异，其对新农保制度的评价也应该存在

---

① 张怡恬：《社会养老保险制度效率伦》，北京大学出版社 2012 年版。

② 本节内容由聂建亮与钟涨宝合著，曾发表在《人口与经济》2014 年第 5 期，收录本报告时有改动。

③ 肖云、刘培森：《新型农村社会养老保险满意度影响因素分析》，《经济体制改革》2011 年第 5 期；柳清瑞、闫琳琳：《新农保的政策满意度及其影响因素分析——基于 20 省市农户的问卷调查》，《辽宁大学学报》（哲学社会科学版）2012 年第 3 期。

④ 李放、黄阳涛：《农民对新农保满意度影响因素的实证研究——以江苏三县为例》，《晋阳学刊》2011 年第 6 期。

差异。因此，现有研究的缺憾为我们提供了进一步研究的空间和必要性。

一 数据来源与变量测定

（一）数据来源

本节研究所用数据来源于课题组 2011 年 12 月对湖北省孔镇农村居民开展的问卷调查。孔镇位于湖北省黄梅县中部[①]，辖 35 个行政村和 2 个社区，全镇现有人口 12.8 万人，版图面积 126.5 平方公里，耕地面积 9 万余亩，水面积 21300 亩。研究之所以选择孔镇，一是因为孔镇地处中部地区，是比较典型的内陆农村；二是因为孔镇所在的黄梅县是我国第二批新农保试点县，早在 2010 年 10 月便开始推行新农保试点，课题组进行问卷调查之时，当地新农保基础养老金已发放一年多，农民也已经较好地感受到了新农保的作用，因此可以较客观地评价新农保制度。本次调查从孔镇抽取了 4 个行政村进行问卷调查。

2011 年 12 月中旬，由华中农业大学社会学系研究生组成的调查团队赴孔镇进行了为期 3 天的集中调查。调查共发放调查问卷 380 份，收回有效问卷 373 份，有效收回率 98.2%。根据研究设计，剔除具有缺失变量的问卷，剩余问卷 343 份。调查样本体现了青壮年男性劳动力大量转移后的村庄人口特征：从性别构成方面看，男性占 39.4%，女性占 60.6%；从年龄构成方面看，平均年龄 55.271 岁，标准差为 13.199 岁；从文化程度方面看，未受过正式教育的占 36.2%，小学的占 31.8%，初中的占 24.8%，高中/中专及以上的占 7.3%；从身体健康状况方面看，非常好的占 42.3%，比较好的占 27.4%，一般的占 17.5%，比较差的占 11.1%，非常差的占 1.7%；从政治身份来看，党员的占 9.3%，群众的占 90.7%。

（二）模型建构

这里要探讨农民对新农保制度的评价，由于被解释变量农民对新

---

① 基于学术规范，本节对所涉及的乡镇名进行了技术处理。

农保制度的评价为有序多分类变量，故拟建立有序 Logistic 回归模型进行分析。有序 Logistic 回归模型基本形式如下：①

$$P\ (y = y_i \mid X,\ \beta)\ = P\ (y = y_i \mid x_1,\ x_2,\ x_3,\ \cdots,\ x_k) \tag{1}$$

在（1）中，y_i 有 4 个选择。

在有序 Logistic 模型中，引入一个不可直接观测的潜在隐含变量 $\dot{y}$，在本研究中为农民对新农保制度的评价无法观测到的主观评价，y 为实际观测到的评价值，调研数据中分别赋值为 1、2、3、4。$\dot{y}$ 满足下式：

$$\dot{y} = X\beta + \varepsilon_i \tag{2}$$

其中，X 为解释变量向量；β 为待估参数向量；ε 为独立分布的误差项。设 λ 代表本研究中农民对新农保制度的评价结果未知的临界值分界点，即 γ_1、γ_2、γ_3 共 3 个分界点，潜变量 $\dot{y}_i$ 与实际观测值 y_i 的关系可由如下的对应关系来定义：

如果 $y_i < \gamma_1$，即 $y = 1$；

如果 $\gamma_1 \leqslant \dot{y}_i < \gamma_2$，即 $y = 2$；

如果 $\gamma_2 \leqslant \dot{y}_i < \gamma_3$，即 $y = 3$；

如果 $\gamma_3 \leqslant \dot{y}_i$，即 $y = 4$。

对于评价结果 y 各个取值的概率为随机误差项 ε 的累计分布函数对应值，可以表示为

① 田秀娟、侯建林、董竹敏：《农民对新型农村合作医疗制度的综合评价——基于 13 省 916 个农户调查的分析》，《中国农村经济》，2010 年第 5 期；魏凤、金华旺：《农民视角下新农合保障能力及影响因素评估——基于宝鸡市 421 户参合农民的调研》，《人口与经济》2012 年第 4 期。

$$
\begin{cases}
\text{Prob}(y=1)=\text{Prob}(X\beta+\varepsilon<\gamma_1)=\dfrac{1}{1+e^{-\gamma_1+X\beta}} \\
\text{Prob}(y=2)=\text{Prob}(\gamma_1\leqslant X\beta+\varepsilon<\gamma_2)=\dfrac{1}{1+e^{-\gamma_2+X\beta}}-\dfrac{1}{1+e^{-\gamma_1+X\beta}} \\
\text{Prob}(y=3)=\text{Prob}(\gamma_2\leqslant X\beta+\varepsilon<\gamma_3)=\dfrac{1}{1+e^{-\gamma_3+X\beta}}-\dfrac{1}{1+e^{-\gamma_2+X\beta}} \\
\text{Prob}(y=4)=\text{Prob}(\gamma_3\leqslant X\beta+\varepsilon)=1-\dfrac{1}{1+e^{-\gamma_3+X\beta}}
\end{cases}
\quad (3)
$$

（三）变量测定

1. 因变量

本文的自评因变量以“总体而言，您对本地新农保制度有何评价?”这个问题来度量，农民的回答共有5个不同的选择，即：“非常好”、“比较好”、“一般”、“不太好”、“很不好”，因为选择“很不好”的仅1人，所以这里将“不太好”和“很不好”进行合并，形成“不太好”项。

2. 自变量

考虑到农民的个体特征、收入状况、亲子关系、政策认知及参保情况均可能会影响农民对新农保制度的评价，因此，本文选取了5个层次的13个自变量。所有变量的具体含义、描述性统计分析结果见表9—5。

表9—5　　　　计量模型变量的解释说明

变量名称	定义变量	均值	标准差
因变量			
对新农保制度的评价	不太好 =1；一般 =2；比较好 =3；非常好 =4	2.750	0.863
个体特征			
性别	男 =1；女 =0	0.390	0.489
年龄	实际观测值（周岁）	55.271	13.199
文化程度	未受过正式教育 =1；小学 =2；初中 =3；高中/中专及以上 =4	2.030	0.950

续表

变量名称	定义变量	均值	标准差
健康状况	非常差=1；比较差=2；一般=3；比较好=4；非常好=5	3.970	1.096
政治身份	党员=1；非党员=0	0.093	0.291
收入状况			
收入来源[a]	务农=1；打工=2；个体经营=3；子女供养=4；其他=5	1.920	1.307
收入水平	0—10000元=1；10001—20000元=2；20001—30000=3；30001—40000=4；40000元以上=5	2.916	1.241
亲子关系			
居住方式	与子女住一起=1；未与子女住一起=0	0.706	0.456
子女孝顺与否	孝顺=1；不孝顺=0	0.927	0.260
政策认知			
对新农保的了解程度	完全不知道=1；了解很少=2；一般=3；比较熟悉=4；非常熟悉=5	2.570	0.940
新农保待遇与本地老年人基本生活需要差距的认知	没有差距=1；差距很小=2；差距较小=3；差距较大=4；差距很大=5	3.970	0.725
新农保在改善贫困老年人生活方面作用的认知	几乎没什么作用=1；作用较小=2；作用一般=3；作用较大=4；作用很大=5	2.690	0.827
参保情况			
是否参加了新农保	已参保=1；未参保=0	0.750	0.432

注：a. 这里的“收入来源”为定类变量，不同的收入来源赋值不同，仅是表示类别不同，目的是便于识别；在模型中，将“收入来源”变量按照定类变量进行计算，即“务农”、“打工”、“个体经营”、“子女供养”均分别以“其他（养老保险金、社会救济、低保金等）”作为参照进行计算。

二　结果与分析

问卷调查发现，认为本地新农保制度非常好的样本占 21.9%，认为比较好的占 36.7%，两者共占 58.6%，也即近六成的样本对本地新农保制度有正向的评价。认为本地新农保制度一般的样本占 35.6%，而认为不太好的仅占 5.8%。应该说农民对本地新农保制度倾向于作出正向的评价。为进一步探讨影响农民对新农保制度评价的因素，本文利用 SPSS 17.0 统计软件，运用有序 Logistic 回归模型进行估计，结果见表 9—6。

表 9—6　　农民对新农保制度评价的有序 Logistic 回归模型

变量	模型 1：总体未分组		模型 2：适龄参保群体		模型 3：已受益群体	
	估计	标准误	估计	标准误	估计	标准误
性别	-0.190	0.243	-0.365	0.317	0.294	0.417
年龄	0.061***	0.011	0.066***	0.018	0.039	0.031
文化程度	0.271*	0.142	0.192	0.180	0.329	0.251
身体健康状况	0.044	0.100	0.269*	0.141	-0.301*	0.159
政治身份	0.657*	0.380	1.806***	0.581	-0.402	0.545
收入来源[a]						
务农	1.009**	0.397	1.421**	0.680	0.608	0.531
打工	1.012**	0.442	1.332*	0.694	0.746	0.725
个体经营	0.727	0.562	1.405*	0.804	0.402	1.070
子女供养	0.324	0.525	1.837	1.308	-0.212	0.626
收入水平	0.124	0.077	0.206*	0.114	0.012	0.111
居住方式	0.441*	0.242	-0.077	0.340	0.954**	0.383
子女孝顺与否	1.013**	0.410	0.871	0.606	1.672***	0.600
对新农保的了解程度	0.227*	0.117	0.037	0.155	0.502**	0.199
新农保待遇与本地老年人基本生活需要差距的认知	-0.113	0.153	0.227	0.189	-0.904***	0.310

续表

变量	模型 1：总体未分组		模型 2：适龄参保群体		模型 3：已受益群体	
	估计	标准误	估计	标准误	估计	标准误
新农保在改善贫困老年人生活方面作用的认知	0.596***	0.138	0.686***	0.175	0.535**	0.256
是否参加了新农保[b]	-0.462	0.321	-0.549	0.351		
阈值 1	4.861***	1.328	6.754***	1.773	0.413	2.948
阈值 2	7.576***	1.354	9.812***	1.830	2.896	2.944
阈值 3	9.529***	1.390	11.962***	1.888	4.898*	2.967
样本量（N）	343		215		128	
Nagelkerke R^2	0.235		0.255		0.349	

注：a. 参照为：其他（养老保险金、社会救济、低保金等）；b. 年满 60 周岁的老人，在新农保推行之时不需缴费，直接领取基础养老金，可以说是自动参保，所以在模型 3 中，是否参加了新农保变量不进入模型；c. ***、** 和 * 分别表示变量在 1%、5% 和 10% 的统计水平上显著。

（一）影响农民对新农保制度评价的因素分析

模型 1 为总体样本的回归结果，描述的是总体未分组情况下影响农民对新农保制度评价的因素。模型 1 显示，反映个体特征的 5 个变量中，除性别和身体健康状况变量没有通过显著性检验外，年龄、文化程度、政治身份 3 个变量均通过了显著性检验。年龄变量在 1% 的统计水平上对新农保制度评价呈显著的正向影响，即年龄越大的农民对新农保制度的评价越高。文化程度、政治身份变量均在 10% 的统计水平上对新农保制度评价呈显著的正向影响。文化程度越高，农民对新农保制度的评价越高。政治身份对新农保制度评价的影响表现在：相对于非党员，党员对新农保制度的评价更高。

反映收入状况的 2 个变量中，收入来源变量通过了显著性检验，而收入水平则未通过显著性检验。回归结果显示，相对于社会救济、低保金、养老保险金等其他收入来源，以务农以及以打工为主要收入来源的农民对新农保制度的评价更高。

反映亲子关系的 2 个变量均通过了显著性检验，其中居住方式变量在 10% 的统计水平上对新农保制度评价呈显著的正向影响，子女孝顺与否变量在 5% 的统计水平上对新农保制度评价呈显著的正向影响，即相对于未与子女住一起的农民，与子女住一起的农民对新农保制度的评价更高，相对于子女不孝顺的农民，子女孝顺的农民对新农保制度的评价更高。

反映政策认知的 3 个变量除新农保待遇与本地老年人基本生活需要差距的认知外，其他 2 个变量均通过了显著性检验。其中，对新农保的了解程度变量在 10% 的统计水平上对新农保制度评价呈显著的正向影响，即农民越了解新农保，对新农保制度的评价越高；新农保在改善贫困老年人生活方面作用的认知变量在 1% 的统计水平上对制度评价呈显著的正向影响，即农民认为新农保在改善贫困老年人生活方面的作用越大，农民对新农保制度的评价越高。

反映农民参保情况的变量未通过显著性检验，即农民是否参保并不影响其对新农保制度的评价。

（二）群体分异下影响农民对新农保制度评价的因素分析

上文是对总体未分组样本的分析，只能反映总体的情况。在新农保推行时，处于 16—59 周岁的农民为适龄参保群体，可以在户籍地自愿参加新农保，而年满 60 周岁的老人则无须缴费，可直接领取养老金，也即这一群体是直接受益群体。统计结果显示，处于适龄参保年龄（16—59 周岁）阶段的样本与已享受新农保养老金（60 周岁及以上）的样本对新农保制度的评价存在显著差异，已享受新农保养老金的样本更倾向于正向评价新农保，60 周岁及以上样本中认为新农保制度非常好的达 31.3%，远高于 16—59 周岁样本的 16.3%。为了更清晰地辨析适龄参保群体和已受益群体对新农保制度评价的差异，本文将依据样本年龄分组进行条件分析，再将其他自变量引入模型，得到模型 2 和模型 3。

1. 影响适龄参保群体对新农保制度评价的因素分析

模型 2 显示，当农民尚处于未受益状况时，也即处于适龄参保阶段时，在所有进入方程的变量中，显著影响对新农保制度评价的变量有年龄、身体健康状况、政治身份、收入来源、收入水平和新农保在改善贫困老年人生活方面作用的认知。在模型1中显著的变量，在模型2中仍然显著的有年龄、政治身份、收入来源和新农保在改善贫困老年人生活方面作用的认知4项，而文化程度、居住方式、子女孝顺与否、对新农保的了解程度4个变量则均未通过显著性检验，即这4个变量的显著性在适龄参保群体中消失了。不过，在模型1中不显著的变量身体健康状况和收入水平却在模型2中显著起来。

这些变化与适龄参保群体的群体特征相关。这一群体年龄相对较轻，并未开始享受新农保养老金，而需要每年缴纳一定数量的养老保险费。因此，这一群体对新农保制度的评价便会随年龄的变化而发生变化，相对年轻的农民对养老问题的考虑较少，距离享受养老金的时间较长，所以对新农保制度的切身体会不深，对政策的持续性往往也比较怀疑；同时新农保本身的保障水平偏低，可以说是完全达不到年轻人预期的，所以年龄较小的农民对新农保制度的评价会相对较低。而相反年龄较大的群体，距离享受养老金的时间较短，缴费的年限也并不长，受益预期的不确定性较低，因此对新农保有相对较高的评价。在适龄参保群体中，身体健康状况越好的农民，对自己生命的延续更有信心，从而可以在有生之年获益，所以对新农保评价越高。另外，农村中新政策的推行往往采用以点带面的方式进行，党员干部往往首选成为执行政策的带头人，在新农保政策的推行中也仍然是这样。处于适龄参保阶段的党员群体对新农保政策了解相对较多，对新农保的惠农特性认识比较清晰，又因为特殊的政治身份，所以对新农保制度的评价相对一般群众要高。

适龄参保群体中，相对于社会救济、低保金、养老保险金等其他收入来源，以务农、打工以及个体经营为主要收入来源的农民对新农保的评价更高。处于适龄参保阶段的农民欲将来享受养老金，需要交纳养老保险费，以务农、打工以及个体经营为主要来源的农民收入来源比较稳定，支付新农保保险费的能力相对较高，对新农保期望相对较低，所以相对于以社会救济、低保金、养老保险金及子女供养为主要收入来源的农民对新农保评价要高。同时，在适龄参保群体中，家庭收入越高，承担新农保保险费的能力越强，保险费支出占家庭收入的比例越低，对自己家庭生活质量的影响越小，因此对新农保制度的评价越高。

新农保在改善贫困老年人生活方面作用的认知变量属于对新农保保障能力的评价，新农保的保障能力有两个层次，第一个层次为较低层次的保障能力，即新农保仅仅是对当地贫困老年人口有一定的作用，第二个层次为较高层次的保障能力，即新农保的保险待遇可以满足当地老年人的基本生活需要。[①] 虽然适龄参保群体尚未到领取养老金的年龄，但是基于个人生活预期，一般并不认同新农保的较高层次保障能力，但是却承认新农保较低层次保障能力。因此，如果适龄参保群体认为新农保在改善贫困老年人生活方面的作用较大，则其对新农保制度的评价也较高。

2. 影响已受益群体对新农保制度评价的因素分析

当农民处于已受益状况时，也即农民已年满 60 周岁，开始享受养老金的时候，在所有进入方程的变量中，显著影响其对新农保制度评价的变量有：身体健康状况、居住方式、子女孝顺与否、对新农保的了解程度、新农保养老待遇与本地老年人基本生活需要差距的认知、新农保在改善贫困老年人生活方面作用的认知。影响已受益群体对新农保制度评价的因素与影响适龄参保群体对新农保制度评价的因素存在显著差异。在模型 2 中显著的年龄、政治身份、收入来源、收入水平变量，在模型 3 中不再显著，这与已受益群体的群体特征关系紧密：已受益群体无论年龄大小、何种政治身份、收入来源是什么、收入水平如何都不需缴纳养老保险费，享受同等的基础养老金待遇，因此对新农保制度的评价差异不明显。

已受益群体与适龄参保群体对新农保制度评价共同的影响因素仅身体健康状况和新农保在改善贫困老年人生活方面作用的认知 2 个变量，但是身体健康状况影响的方向却是相反的，身体健康状况越差的

① 钟涨宝、聂建亮：《农民的养老保障观念与新农保养老保障能力评价》，《中南民族大学学报》（人文社会科学版）2014 年第 1 期。

农民对新农保制度的评价反而越高。可能因为身体健康状况越差的老人对新农保的需求越急切，新农保对其的作用更像是“雪中送炭”，而身体健康状况较好的老人可能对新农保有更高的期待。同时，已受益群体对新农保低层次保障能力的认可，同样影响了其对新农保制度的评价。

对于已受益群体，显然亲子关系方面的变量与其关系更加紧密，年满60周岁的农村老人劳动能力急剧下降，其养老已基本依靠家庭，最主要的是依靠子女的供养，因此亲子关系对其养老质量影响巨大；而处于16—59周岁的农民一方面可能子女尚未成年，另一方面可能因为自己劳动能力尚强，需要子女供养的可能性相对较低，亲子关系对其养老的影响相对较小。模型3显示，相对于未与子女住一起的老年人，与子女住一起的老年人对新农保制度的评价更高，相对于子女不孝顺的老年人，子女孝顺的老年人对新农保制度的评价更高。可能因为，在新农保起步阶段，新农保的基础养老金较少，仅能在较低程度上提高老年人的福利，老年人的生活很大程度上还是依靠子女的供养。在这种情况下，较低的养老金待遇对于亲子关系良好的老年人说是“锦上添花”，然而对于亲子关系较差的老年人，子女供养的难度较大，所以更期待较多的外部供养，显然新农保的养老金并不能满足这一需求，因此亲子关系较差的老年人对当前新农保制度的评价相对亲子关系较好的老年人要低。

在已受益群体中，政策认知变量均通过了显著性检验。越了解新农保，老年人对新农保的惠农特性有越清晰的认识，因此对新农保制度的评价也越高。与适龄参保群体不同的是，老年人不仅关注新农保较低层次的保障能力，更关注新农保较高层次的保障能力。新农保待遇与本地老年人基本生活需要的差距变量显著负向影响了老年人对新农保制度的评价，即认为新农保待遇与本地老年人基本生活需要的差距越小的老年人，其对新农保制度的评价也越高。这与60周岁及以上群体已处于养老阶段不无关系，新农保待遇水平关系到了其切身利益。与适龄参保群体大多尚没有对养老有切实感受不同，60周岁及以上的老年人更关心新农保满足其基本生活需要的程度，他们对新农保有更高的利益诉求。

三　结论与讨论

基于对湖北省孔镇 343 个有效样本农民的问卷调查，本文运用多项有序 Logistic 回归模型，考察了农民对新农保制度的评价，得出了以下几点结论：

第一，农民对新农保制度倾向于正向评价，这说明他们在很大程度上对新农保是认可和欢迎的，这是新农保能够进一步实现可持续发展的基础。而已受益群体相对于适龄参保群体更倾向正向评价新农保，这一现象应该引起政策制定者和相关部门的重视，因为适龄参保群体是新农保参保缴费的主体，只有提高他们对新农保制度的评价才有利于保证新农保的参保率和基金筹集的可持续。

第二，总体来看，农民的个体特征、收入状况、亲子关系、政策认知均在一定程度上影响了农民对新农保制度的评价：农民的年龄越大，对新农保制度的评价越高；农民的文化程度越高，对新农保制度的评价也越高；相对于非党员，党员对新农保制度的评价更高；相对于社会救济、低保金、养老保险金等其他收入来源，以务农以及以打工为主要收入来源的农民对新农保制度的评价更高；相对于未与子女住一起的农民，与子女住一起的农民对新农保制度的评价更高；相对于子女不孝顺的农民，子女孝顺的农民对新农保制度的评价更高；农民越了解新农保，对新农保制度的评价越高；农民认为新农保在改善贫困老年人生活方面的作用越大，农民对新农保制度的评价越高。

第三，影响 16—59 周岁适龄参保群体对新农保制度评价的因素与影响年满 60 周岁已开始享受养老金群体对新农保制度评价的因素存在显著差异，这深刻体现了不同受益状况群体的特征。影响适龄参保群体对新农保制度评价的因素主要为个体特征和收入状况，政策认知中新农保在改善贫困老年人生活方面作用的认知变量的影响也显著。也即在适龄参保群体中，农民的年龄越大、身体健康状况越好、是中共党员、收入来源主要为务农、打工和个体经营、收入水平越高以及认为新农保在改善贫困老年人生活方面的作用越大，其对新农保制度的评价越高。影响已受益群体对新农保制度评价的因素主要为亲子关系和政策认知，另外个体特征中身体健康状况变量的影响也显著，但是方向与对适龄参保群体的影响相反。也即在已受益群体中，农民的身体健康状况越差、与子女一起居住、子女越孝顺、对新农保的了解程度越高、认为新农保待遇与本地老年人基本生活需要差距越小、认为新农保在改善贫困老年人生活方面的作用越大，其对新农保制度的评价越高。

基于研究结论，这里认为要提升农民对新农保制度的评价，从而有利于新农保制度的可持续发展，应重视不同受益状况群体的特征。适龄参保群体是新农保参保缴费的主体，其对新农保制度较高的评价将对新农保制度的可持续发展起到决定性作用，因此应积极拓展这一群体的就业渠道，提高收入水平。已受益群体虽然已不再缴费，但是其对新农保制度的评价会影响其子女及其他农民群体对新农保的判断，所以不能忽视这一群体。应该建设乡风文明的社会主义新农村，积极倡导孝文化，促进亲子关系的良性发展，同时，加大对新农保制度的宣传力度，提升新农保制度在这一群体中的知晓度。最后，无论适龄参保群体还是已受益群体对新农保制度的评价都受到新农保保障能力的影响，新农保不仅要具备较低层次的保障能力，还应该具有较高层次的保障能力，这就需要政府逐步提高新农保的保障能力，适时提高基础养老金及政府缴费补贴标准，鼓励农民尽早参保并选择较高档次缴费。

第三节　新农保制度的可持续性探讨：农民参保行为选择的视角[①]

随着新农保试点工作的逐步推进，新农保制度也逐步得到了完善，其在农村养老保障方面也将发挥越来越重要的作用。在新农保工作开展至今的四年时间中，学者们作了大量的相关研究。而随着新农保的进一步推广，截至 2012 年 9 月，中国已基本实现了新农保制度在所有县级行政区的全覆盖。这时候，研究新农保可持续性问题的重

① 本节内容由钟涨宝与聂建亮合著，曾发表在《中国农村观察》2013 年第 6 期，收录本报告时有改动。

要性更加凸显出来。薛惠元对新农保个人筹资能力可持续性展开了分析。[1] 他认为，从全国来看，农民个人具备新农保的筹资能力，只要农民的收入能实现持续增长，未来农民完全有能力承担新农保缴费。同时，他还基于政策仿真学评估了新农保财政保障能力的可持续性。他发现，在 2010—2053 年，只要中国经济能够实现持续稳定增长，中央和地方财政就可以负担得起新农保的财政补助。[2] 曹信邦、刘晴晴和杨翠迎等对中国农村社会养老保险制度的财政支持能力进行研究后指出，政府财政有能力支持新农保制度的发展。[3] 然而，钱振伟等研究发现，未来 30 年左右养老金将会收不抵支，且通过调整基金收支约束变量以缓解基金缺口会与养老金的福利刚性发生冲突。[4] 与这些实证研究不同的是对新农保可持续性进行的经验探讨。例如，马杰、陈玉照通过梳理近年来学者们的相关研究成果发现，新农保基本生活保障难、广覆盖重“普”轻“惠”、政策弹性激励力度低，与现实需要和可持续原则要求不相符合，新农保的生命力仍面临严峻考验。[5] 陈晓安、张彦则在分析新农保制度问题的基础上提出，应在法律保障、财政资金保障、经办机构与人员保障、监督体系保障、投资渠道保障、信息化经办条件保障以及尊老敬老的孝文化保障七个方面

---

① 薛惠元：《新型农村社会养老保险财政保障能力可持续性评估——基于政策仿真学的视角》，《中国软科学》2012 年第 5 期。

② 薛惠元：《新农保个人筹资能力可持续性分析》，《西南民族大学学报》（人文社会科学版）2012 年第 2 期。

③ 曹信邦、刘晴晴：《农村社会养老保险的政府财政支持能力分析》，《中国人口·资源与环境》2011 年第 10 期；杨翠迎、郭光芝、冯广刚：《新型农村社会养老保险的财政责任及其可持续性研究——基于养老金支出视角的分析》，《社会保障研究（北京）》2013 年第 1 期。

④ 钱振伟、卜一、张艳：《新型农村社会养老保险可持续发展的仿真评估：基于人口老龄化视角》，《经济学家》2012 年第 8 期。

⑤ 马杰、陈玉照：《可持续：新农保生命力的实证考察》，《当代经济管理》2013 年第 5 期。

构建起新农保制度可持续发展的制度保障体系。①

通过以上分析可以发现，国内学者对新农保的研究不仅范围广，而且深度也在不断加强。对新农保可持续性的研究虽然仅是初期的探索性研究，但也不乏一些高质量的研究成果。这些研究或者着眼于分析农民和财政的承受能力，或者归纳政策实施中的问题，但都忽视了农民参保行为选择的变化趋势。尽管有很多学者对农民的参保行为及影响因素作出了比较详尽的研究，但是，农民参保行为选择的趋势如何变动这一涉及新农保制度可持续发展的基本问题，在以往研究中较少得到分析和讨论。自新农保开始正式试点推行到目前已有四年之久，农民参保行为选择有了怎样的变化？从农民参保行为选择视角来看，新农保是否可以长期保持较高的参保率，从而实现可持续发展？这些都是继续全面推进新农保过程中必须回答的问题。因此，本节以新农保可持续发展为背景，根据对中国江西省赣州市、四川省宜宾市、湖北省随州市和山东省德州市样本农民的问卷调查结果，考察随着新农保推行时间的不同，农民参保行为选择的变化趋势及影响因素。

一　研究设计

（一）研究假说

自2009年开始，新农保在全国分地区、分步骤试点推行，不同地区新农保启动的时间并不相同。到目前，新农保试点启动较早的地区已经实施这一制度有四年，农民接触新农保的时间较长；而有的地区才刚刚开始实施这一制度，农民接触新农保的时间较短。一项新政策无论怎样大力宣传，群众在启动阶段对政策的理解与实施了一段时间以后的理解必然不同。根据哈耶克的“理性反应不及”假说，经济行为人具有向以往经验学习的能力，因而，在没有引入新的经济因素的前提下，不同经济行为人的预期会不断趋近于真实情况。所以，随着时间的推移，农民将根据以往的经验进行合理预期，逐步改变行

① 陈晓安、张彦：《我国新型农村养老保险制度可持续发展的保障体系研究》，《青海社会科学》2012年第2期。

为，并最终稳定下来。[①] 也就是说，新农保启动越早地区的农民对该政策的了解越透彻，经验也越多，农民参保行为选择也越趋近于最优选择。如果政策具有一定的合理性，那么，随着时间的推移，农民将逐渐发现参保有利于提高其福利。因此，新农保推行时间越久的地区，农民应该越可能参保；反之亦然。基于此，本文提出以下基本假说：新农保的推行时间影响农民的参保行为选择，随着新农保推行时间的推进，农民参保行为选择会发生变化，新农保推行时间越久的地区，农民参保行为的发生比越高。

（二）变量的引入及说明

1. 因变量

根据研究目的，本文的因变量为农民的参保行为选择，是二分变量，包括“已参保”和“未参保”两个选项。

2. 自变量

新农保推行时间是本文的核心自变量。结合被调查地区情况，本文以年作为单位，用新农保在被调查地区启动时间到此次问卷调查时间点之间的年数取整来测量这一变量，分别为 2 年、1 年和 0 年，为连续变量。0 年表示当地当年启动新农保，1 年表示新农保在当地已经推行 1 年，2 年表示新农保在当地已经推行 2 年。

3. 控制变量

为更准确地确定因变量与自变量的关系，需剔除其他因素对因变量的影响。除了所要研究的自变量以外，其他可能影响因变量的因素都被设定为控制变量。在已有研究中曾被证明显著影响农民参保行为选择的变量包括性别、文化程度、身体健康状况、主要收入来源、家庭规模、是否需赡养老人、家庭全年收入、农民对新农保养老保障能力认可、农民对新农保净收益状况判断等。在本文研究中，这些变量按照控制变量处理。其中，年龄按照周岁计算，并在样本选择时控制年龄的范围为 16—59 岁；家庭全年收入包括农业生产纯收入、非农工作纯收入、土地（股份、出租）收入及其他收入。这里需要特别说明的是，农民对

① 宁满秀、谭晓婷、谢青青：《我国新型农村合作医疗制度的可持续性发展研究——基于农户参合行为的实证分析》，《农业技术经济》2010 年第 8 期。

新农保净收益状况判断的测量来自问卷中对“缴纳农村社会养老保险费，还不如把钱存到银行”这一看法的调查。其选项是“完全同意”、“比较同意”、“说不清”、“比较反对”和“完全反对”，将其分别赋值为1、2、3、4、5。之所以将缴纳农村社会养老保险费与将钱存到银行进行比较来考察农民对新农保净收益状况判断，是因为农民在对投资行为进行成本—收益核算时，很少参照机会成本，而往往是将可能收益与银行利息进行比较，也即与可能的最稳定收益进行比较，如果投资行为的收益低于银行利息，那么该项投资行为并不经济。

表9—7列出了本文研究所用变量的描述性统计分析结果。

表9—7　　变量的含义及描述性统计分析结果

变量名称	变量赋值与取值情况	均值	标准差
控制变量			
性别	男=1；女=0	0.577	0.494
年龄	连续变量	43.083	9.953
文化程度	小学及以下=1；初中=2；高中/中专/技校=3；大专及以上=4	1.902	0.799
身体健康状况	非常差=1；较差=2；一般=3；比较好=4；很好=5	3.633	1.098
主要收入来源	务农=1；非农=0	0.645	0.479
家庭规模	连续变量	4.633	1.689
是否需赡养老人	是=1；否=0	0.717	0.451
家庭全年收入	调查时样本家庭前一年的纯收入（元）	38298.309	46249.259
农民对新农保养老保障能力认可度	连续变量	4.858	1.441
农民对新农保净收益状况判断	连续变量	0.676	0.468
自变量			
新农保推行时间	连续变量	1.367	0.777
因变量			
参保行为选择	已参保=1；未参保=0	0.760	0.427

（三）理论模型

本文的因变量为农民参保行为选择，有“已参保”和“未参保”两种情况，为二分类选择变量，因此，本文拟建立二元 Logistic 回归模型来分析影响农民参保行为选择的因素。其模型形式为

$$p_i = F(y) = F\left(\alpha + \sum_{j=1}^{n}\beta_j x_j\right) = \frac{1}{1 + e^{-(\alpha + \sum_{j=1}^{n}\beta_j x_j)}} \tag{1}$$

式（1）中，p_i 为农民 i 参保的概率，α 为常数项，x_j 表示第 j 个影响农民参保行为选择的自变量，n 为自变量的个数，β_j 是自变量回归系数。农民参保的概率与未参保的概率的比值 $\left(\frac{p_i}{1-p_i}\right)$ 为事件发生比，对其进行对数变换，得到 Logistic 回归模型的线性表达式为

$$\ln\left(\frac{p_i}{1-p_i}\right) = \alpha + \sum_{j=1}^{n}\beta_j x_j \tag{2}$$

二　数据来源及样本特征

（一）数据来源

本文研究所用数据来源于课题组 2012 年 8 月至 2013 年 8 月间在江西省赣州市、四川省宜宾市、湖北省随州市及山东省德州市开展的问卷调查。因为 60 岁及以上的老人，在新农保推行时并不需要缴费，便可以按月领取基础养老金，对其测量参保行为并无实际意义，因此，根据研究主题，本文选取 16—59 岁适龄参保的样本进行分析。在剔除变量数据缺失的样本后，获得有效样本 1026 人。

（二）样本基本特征

表 9—8　　样本基本特征的描述

类型	选项	频数	百分比
性别	男	592	57.7
	女	434	42.3

续表

类型	选项	频数	百分比
年龄	30 岁以下	119	11.6
	30—39 岁	241	23.5
	40—49 岁	377	36.7
	50—59 岁	289	28.2
文化程度	小学及以下	344	33.5
	初中	478	46.6
	高中/中专/技校	165	16.1
	大专及以上	39	3.8
身体健康状况	非常差	27	2.6
	比较差	139	13.6
	一般	297	28.9
	比较好	284	27.7
	非常好	279	27.2
主要收入来源	务农	662	64.5
	非农	364	35.5

从样本基本特征看（见表 9—8），大多数受访者为男性，年龄为 30—49 岁，文化程度主要为初中及以下，身体健康状况良好，收入主要来源于务农。总体来看，样本基本符合被调查地区农村人口的主要特征，样本具有一定的代表性。

三　结果与分析

根据研究需要并结合使用逐步回归法，本文设计了 2 个模型。模型Ⅰ是放入了控制变量的基本模型，模型Ⅱ在模型Ⅰ的基础上增加了新农保推行时间变量。回归分析的结果见表 9—9。

表 9—9　　农民参保行为选择的 Logistic 回归模型估计结果

变　量	模型Ⅰ		模型Ⅱ	
	系数	标准误	系数	标准误
控制变量				
性别	-0.145	0.165	-0.248	0.174
年龄	0.055***	0.009	0.061***	0.009
文化程度	0.047	0.105	0.003	0.109
身体健康状况	0.082	0.076	0.010	0.081
主要收入来源	0.773***	0.163	0.472***	0.173
家庭规模	-0.070	0.046	-0.006	0.050
是否有需赡养老人	0.358**	0.171	0.354**	0.178
家庭全年收入	0.000***	0.000	0.000	0.000
农民对新农保养老保障能力认可度	0.182***	0.055	0.207***	0.058
农民对新农保净收益状况判断	0.182***	0.069	0.147**	0.072
自变量				
新农保推行时间			0.939***	0.110
常数项	-3.666***	0.730	-4.532***	0.787
负 2 倍对数似然值	1015.866		938.261	
Nagelkerke R^2	0.158		0.256	

注：***、**和*分别表示在1%、5%和10%的统计水平上显著。

模型Ⅱ的结果显示，新农保推行时间对农民参保行为选择有非常重要的影响。加入了新农保推行时间变量的模型Ⅱ与模型Ⅰ相比，负 2 倍对数似然值下降到了 938.261，Nagelkerke R^2 增加到了 0.256，意味着模型Ⅱ的拟合优度比模型Ⅰ有了大幅度的提高，模型的解释力增加了 9.8%，可见，新农保推行时间变量可以大幅度提高模型的解释力。在模型Ⅱ中，新农保推行时间这一变量在 1% 的统计水平上显著正向影响农民的参保行为选择，其 EXP 值为 2.557（$e^{0.939}$），这意味着，在控制其他变量的情况下，新农保推行时间每增加 1 年，农民的参保行为发生比将提高 1.557 倍。当然，这只是模型估计的结果，并未考虑农民参保行为发生比的边际增长率。调查统计结果显示，在刚刚开始启动新农保的地区，样本中已参保的农民仅占49.7%；在启动新农保已经满1年的地区，样本中已参保的农民所占比例增加到73.5%；而在启动新农保已经满2年的地区，样本中已参保的农民所占比例高达86.0%。总体来看，农民参保行为发生比随着时间的推移呈上升趋势。因此，这一结果证实了基本假说。

四　结论与讨论

通过对影响农民参保行为选择的因素进行实证分析，本文探讨了中国新农保制度的可持续性问题，研究结果表明，随着新农保推行时间的增长，农民参保行为的发生比也显著提高，这说明新农保对农民的养老确实发挥了一定的保障作用，在一定程度上降低了农民的养老风险，提高了农民的福利。因此，要实现新农保的可持续性，使之成为一项长期的惠民政策，最关键的是要提高其养老保障能力，让农民充分认识到新农保的净收益状况。这就要求在保证新农保基金不出风险并保持健康的替代率基础上，尽量提高基础养老金标准，提高政府补贴比例，鼓励农民提早参保并选择较高档次缴费。

第四节　新农保养老保障能力的可持续研究：农民参保缴费档次选择的视角[①]

上一节是基于农民参保行为的视角对新农保制度的可持续性进行的研究，本节将基于农民参保缴费档次选择的视角探讨新农保养老保障能力的可持续性。虽然已有研究对农民是否参保及个人缴费能力关注较多，但是对农民参保缴费档次的实际选择情况关注较少。在现行制度设计下，我国新农保基础养老金替代率仅为11.15%，考虑到个

① 本节内容由聂建亮与钟涨宝合著，曾发表在《公共管理学报》2014年第3期，收录本报告时有改动。

人账户缴费补贴，即使按照最高缴费档次、最长缴费年限参保，新农保个人账户替代率也仅为 10.87%。[①] 我国新农保替代率水平较低，其主要原因在于新农保个人账户养老金替代率较低，提高个人账户养老金替代率包括提高个人的缴费档次等三种方法。[②] 可见，农民参保缴费档次选择将影响新农保养老金替代率，农民缴费档次越高，养老金替代率越高[③]，像大龄参保农民如果选择较低档次缴费，个人账户养老金甚至基本起不到保障作用。[④] 所以，提高个人缴费档次才有利于提升新农保的保障水平[⑤]，实现新农保养老保障能力的可持续。然而，各地的实践显示，农民往往更倾向于选择最低档次缴费。[⑥] 赵光等基于江苏省的调查数据研究显示，年龄、家庭人均年收入与农民参保缴费呈现正相关关系。[⑦] 邓大松、董明媛通过运用 OLS 回归分析得出湖北省试点地区农民的缴费档次选择受到年龄、家庭支出状况和自

---

① 张华初、吴钟健：《新型农村社会养老保障财政投入分析》，《经济评论》2013 年第 2 期。

② 邓大松、薛惠元：《新型农村社会养老保险替代率的测算与分析》，《山西财经大学学报》2010 年第 4 期。

③ 邓大松、薛惠元：《新型农村社会养老保险替代率精算模型及其实证分析》，《经济管理》2010 年第 5 期。

④ 丁煜：《新农保个人账户设计的改进：基于精算模型的分析》，《社会保障研究》2011 年第 5 期。

⑤ 钱振伟、卜一、张艳：《新型农村社会养老保险可持续发展的仿真评估：基于人口老龄化视角》，《经济学家》2012 年第 8 期。

⑥ 金刚、柳清瑞：《新农保补贴激励、政策认知与个人账户缴费档次选择——基于东北三省数据的有序 Probit 模型估计》，《人口与发展》2012 年第 4 期；王国辉、陈洋、魏红梅：《新农保最低档缴费困境研究——基于辽宁省彰武县新农保的调查》，《经济经纬》2013 年第 2 期；谢冰、黄瑞芹：《民族地区新农保参保者缴费水平问题研究——基于湖南、贵州部分民族地区的调查》，《中南民族大学学报》（人文社会科学版）2013 年第 6 期。

⑦ 赵光、李放、黄俊辉：《新农保农民参与行为、缴费选择及其影响因素——基于江苏省的调查数据》，《中国农业大学学报》（社会科学版）2013 年第 1 期。

身经济状况等因素的影响。[①] 而金刚、柳清瑞则发现，多缴多补的“差别化”财政补贴方式具有引导参保农民自发选择较高缴费档次的效应，但这种效应的实现以参保农民政策认知程度的改善为条件。[②]

可以看出，已有对新农保的研究多集中在政策设计、筹资机制、国家财政承受能力及新农保替代率方面，基于农民视角的研究也主要是探讨农民是否参保，而从农民参保缴费档次选择视角对新农保养老保障能力可持续发展的研究更少。现有对农民缴费档次的探讨多基于特定地区的调研数据，对农民缴费档次选择的解释也主要集中在农民个体、家庭特征以及政策设置方面，对外部因素，尤其是社会结构因素的探讨欠缺。而且研究也多是静态讨论当前农民选择的缴费档次，一项新政策无论怎样大力宣传，群众在启动阶段对该项政策的理解与实施了一段时间以后的理解必然不同[③]，所以，很有必要探讨农民今后提高自己参保缴费档次的意愿。遗憾的是目前尚无研究注意到了这一点。农民参保缴费档次的选择以及今后提高缴费档次的意愿将影响新农保养老保障能力的充分发挥，决定新农保养老保障能力的可持续，因此本文基于对中国 4 地样本农民的问卷调查，从农民参保缴费档次选择视角出发探讨新农保养老保障能力的可持续发展。

一　数据来源与样本特征描述

（一）数据来源

本节研究所选取的数据是课题组 2012 年 8 月至 2013 年 8 月间分

---

① 邓大松、董明媛：《“新农保”中农民缴费能力评估与影响因素分析——基于湖北省试点地区的调研数据》，《西北大学学报》（哲学社会科学版）2013 年第 4 期。

② 金刚、柳清瑞：《新农保补贴激励、政策认知与个人账户缴费档次选择——基于东北三省数据的有序 Probit 模型估计》，《人口与发展》2012 年第 4 期。

③ 宁满秀、谭晓婷、谢青青：《我国新型农村合作医疗制度的可持续性发展研究——基于农户参合行为的实证分析》，《农业技术经济》2010 年第 8 期。

别对江西省寻乌县、湖北省广水市、浙江省温州市及山东省武城县 4 个地区农村居民开展的问卷调查。调查共发放问卷约 1400 份，收回有效问卷 1342 份，剔除非农户口问卷，剩余农业户口居民问卷 1280 份。因为 60 周岁及以上的老人，在新农保推行之时不需缴费，便可以按月领取基础养老金，对其参保缴费进行研究并无实际意义，因此根据研究主题，本文选取了 16—59 周岁适龄参保的样本进行分析，有效样本数量共 1017 人。在所选样本中，浙江温州共 214 人，山东武城共 266 人，江西寻乌共 309 人，湖北广水共 228 人。

（二）样本特征描述

从样本基本特征看（见表 9—10），男性占多数，年龄集中在 30—59 周岁，其中 40—49 周岁区间人数最多，文化程度主要为初中及以下，身体健康状况以良好为主。总体来看，样本基本符合被调查地区农村人口的主要特征，样本具有一定的代表性。

表 9—10　　　　样本基本特征描述

类型	选项	频数（N）	百分比（%）
性别	男	599	58.9
	女	418	41.1
年龄	30 岁以下	123	12.1
	30—39 岁	243	23.9
	40—49 岁	371	36.5
	50—59 岁	280	27.5
文化程度	小学及以下	300	29.5
	初中	479	47.1
	高中/中专/技校	198	19.5
	大专及以上	40	3.9
身体健康状况	较差	145	14.3
	良好	872	85.7

二　农民参保缴费档次选择及其解释

（一）各地新农保个人缴费档次设置

新农保基金由个人缴费、集体补助、政府补贴构成，个人缴费是新农保基金的主体。根据《国务院关于开展新型农村社会养老保险试点的指导意见》（以下简称《指导意见》），新农保缴费标准设为每年100元、200元、300元、400元、500元5个档次，地方可以根据实际情况增设缴费档次。参保农民自主选择缴费档次，多缴多得。实际上地方一般不会完全照搬《指导意见》中的5个档次，而是根据本地的实际情况，设置不同的缴费档次。本文所调查地区体现了三种不同的缴费档次设计方案（见表9—11），第一种以江西寻乌为代表，缴费档次设置与国家《指导意见》设置相似，只增加了1个档次；第二种以湖北广水和山东武城为代表，缴费档次设置偏多，但档次间距较小且均为100元；第三种以浙江温州为代表，缴费档次设置多于5档，但少于10档，档次间距较大且不均等。

表9—11　　各地新农保缴费档次设置情况　　单位：元

地区	档次	一档	二档	三档	四档	五档	六档	七档	八档	九档	十档
国家标准	5	100	200	300	400	500					
江西寻乌	6	100	200	300	400	500	800				
湖北广水	10	100	200	300	400	500	600	700	800	900	1000
山东武城	10	100	200	300	400	500	600	700	800	900	1000
浙江温州	7	100	300	500	800	1000	1500	2000			

《指导意见》规定，有条件的村集体应对参保人缴费给予补助，补助标准由村民委员会召开村民会议民主确定。并鼓励其他经济组织、社会公益组织、个人为参保人缴费提供资助。但是从目前的情况来看，中国大部分农村新农保资金筹集中集体补助处于缺位状态，农村集体很难有足够的财力进行持续性补贴，尤其是中西部地区，补贴基本全部来自政府。政府补贴包括基础养老金部分和缴费补贴部分。

政府对符合领取条件的参保人全额支付新农保基础养老金，其中中央财政对中西部地区按中央确定的基础养老金标准给予全额补助，对东部地区给予50%的补助。调查地区中，温州地区基础养老金标准为60元，其余地区均为55元（见表9—12）。

表9—12　　各地政府补贴标准　　单位：元

地区	基础养老金	一档	二档	三档	四档	五档	六档	七档	八档	九档	十档
国家标准	55	30	30	30	30	30					
江西寻乌	55	30	30	30	30	30	30				
湖北广水	55	30	30	30	30	30	30	30	30	30	30
山东武城	55	30	30	30	30	30	30	30	30	30	30
浙江温州	60	30	35	40	50	60	80	100			

（二）农民参保缴费档次选择

调查发现，已参保的样本中，一次性缴纳养老保险费的占2.5%，而绝大数样本选择按年缴费，占95.8%，选择其他方式缴费的占1.8%。在选择按年缴费的样本中，绝大多数选择的缴费档次为每年100元，占93.1%，其余缴费档次除每年200元占2.2%外比例均不足1%。农民缴费档次选择存在一定的区域分异，除浙江温州外，其他地区样本选择每年100元缴费档次的比例均在95%左右，分别为江西寻乌96.3%，湖北广水93%，山东武城95.9%，也即这些地区绝大多数参保农民选择按照最低档次缴费。浙江温州地区样本农民选择最低档次缴费的比例相对较低，但也有74.5%，因其总人数较少，选择其他档次缴费人数也较少。总体来看，农民选择的缴费档次以最低档次为主，这将严重制约新农保养老保障能力的发挥。

表 9—13　　农民选择最低档次缴费的原因

选项	频数（N）	百分比（%）
自己家的经济水平决定	410	60.4
担心以后政策落实情况	79	11.6
别人都交这么多，我也交这么多	158	23.3
村里只收了这个标准	132	19.4
其他	29	4.3
合计	808	119.0

注：本题为多选题，所以百分比合计大于 100%。

农民为何选择最低档次缴费呢？这里认为，选择最低档次缴费是农民受内部和外部双重约束作出的象征性缴费策略。首先，内部约束表现为经济约束与信任约束。经济约束意味着农民参保缴费档次选择是基于其自身经济支付能力作出的决定，如 60.4% 的样本选择最低档次缴费是“自己家的经济水平决定”（见表 9—13）。已有研究发现，绝大多数农民是有能力承担新农保的个人缴费的，但是这里却有六成的样本选择最低档次缴费是因为家庭经济状况约束。应该说这种约束是软约束，也即根据实际情况，绝大多数农民不是仅能承担最低档次缴费，而可能因为其他原因象征性地选择最低档次缴费。信任约束体现的是农民对政策的信任，很多农民之所以选择最低档次缴费，很大程度上是因为担心政策的可持续性，有 11.6% 的样本选择最低档次缴费是因为“担心以后政策落实情况”。其次，外部约束表现为软外部约束和硬外部约束。软外部约束主要指农民的从众行为，或者说是内生互动。Manski 把社会互动分为内生互动、外生互动和交互效应。[①] 具体到农民参与新农保，内生互动实际上是农民和参照群体成员之间的相互影响，是一种“伙伴效应”，表现为“别人参与了，我也要参

① Manski, C. F. Economic Analysis of Social Interactions. Journal of Economic Perspectives, 2000, 14 (3): 115 - 136.

与；别人缴费多，我也缴费多”。[①] 一大部分农民参保缴费档次的选择会受到软外部约束，如占23.3%的样本选择最低档次缴费是因为“别人都交这么多，我也交这么多”。硬外部约束更大程度上不受农民个体行为控制，在这里表现为基层干部进行新农保保费征缴时，对新农保政策进行了权宜的解读。因为各地在进行新农保工作绩效考核时更多关心的是农民参保的比例，而缴费的金额则不在考评范围之内，所以一些基层干部为了减轻新农保宣传动员负担，提高农民的参保率，只按照每年100元的标准进行征缴。在调查中显示，有19.4%的样本选择最低档次缴费是因为“村里只收了这个标准”。

另外，无论农民选择那种档次缴费，多数农民并不了解自己60岁以后可以领取多少养老金。调查显示，参保缴费的样本中，按照当前的缴费标准，知道自己60岁以后大概可以领取多少养老金的只占37.1%，而大部分的样本（62.9%）并不知道自己将来大概可以领取多少养老金。可见，农民即使缴费却并不知道将来能领取多少养老金，而且还受到内部和外部双重约束，因此可以说，绝大多数农民选择最低档次缴费是一种象征性缴费策略，据此可以推断农民在今后有提高自己缴费档次的可能。

三　农民提高自己缴费档次的意愿及其影响因素分析

（一）农民提高自己缴费档次的意愿

虽然绝大多数农民会选择最低档次缴费，但是很多农民却有提高自己缴费档次的意愿。计划行为理论认为行为意向是影响行为最直接的因素[②]，农民提高自己缴费档次的意愿也将在一定程度上影响其提高自己缴费档次的行为，这就决定了新农保养老保障能力有提高的可能性，有利于新农保养老保障能力的可持续。农民下一年度提高自己

① 吴玉锋：《新型农村社会养老保险参与行为实证分析——以村域社会资本为视角》，《中国农村经济》2011年第10期。

② Ajzen I. The Theory of Planned Behavior. Organizational Behavior and Human Decision Processes, 1991, 50 (2): 179 - 211.

缴费档次意愿的描述分析结果显示（见表9—14），已参保的样本中[①]，有46.3%的愿意提高自己的缴费档次，而不愿意提高自己缴费档次的有53.7%。由此可见，参保农民中有提高自己缴费档次意愿的比例较高。表9—14还显示，不同地区参保农民提高自己缴费档次的意愿存在一定差异，浙江温州参保样本农民愿意提高自己缴费档次的比例最高，为61.3%，其次为江西寻乌，为54.4%，再次是湖北广水，为44.3%，而山东武城比例最低，为32.7%。各地区参保农民提高自己缴费档次意愿的差异可能与当地推行新农保的时间相关，随着新农保的推行，农民经验积累越多，对新农保的认知越清晰，尤其对新农保的养老保障能力以及净收益状况的认知越清晰，所以，2010年即开始推行新农保的浙江温州和江西寻乌样本农民愿意提高自己缴费档次意愿的比例均在50%以上，而2011年开始推行新农保的湖北广水和山东武城样本农民愿意提高自己缴费档次意愿的比例则均在50%以下。

表9—14　　农民提高自己缴费档次意愿的描述统计

地区	愿意（%）	不愿意（%）	N
江西寻乌	53.7	46.3	259
湖北广水	43.4	56.6	173
山东武城	33.5	66.5	209
浙江温州	61.6	38.4	73
合计	46.1	53.9	714

（二）农民提高自己缴费档次意愿的影响因素分析

1. 变量选择

（1）农民提高自己缴费档次的意愿。这里的因变量是农民提高自

① 因农民年满60岁便不需缴纳养老保险费，而此问题测量的是已参保缴费农民下一年度提高自己缴费的档次，因此选择已参保且年龄在59周岁以下的农民。

己缴费档次的意愿，根据研究目的，本研究直接询问农民下一年度缴纳养老保险费时是否愿意提高自己的缴费档次，为二分变量，包括“愿意”和“不愿意”两个选项，分别赋值1和0。

（2）农民个体及其所在家庭禀赋特征。这里借鉴已有对新农保的研究，农民个体及其所在家庭禀赋特征主要有性别、年龄、文化程度、身体健康状况、家庭规模、需赡养老人数量及家庭全年收入。①性别，分为男性和女性，分别赋值1和0。②年龄，为连续变量，按照周岁计算，并在样本选择时控制年龄的范围在16—58周岁。③文化程度，为定序变量，赋值分别为：“小学及以下”=1，“初中”=2，“高中/中专/技校”=3，“大专及以上”=4。④身体健康状况，分为良好和较差，分别赋值为1和0。⑤家庭规模，为连续变量。⑥需赡养老人数量，指农民所在家庭需要赡养老人的数量，为连续变量。⑦家庭全年收入，指调查时农民所在家庭前一年的收入，包括农业生产纯收入、非农业工作纯收入、土地（股份、出租）收入及其他收入，为连续变量。

（3）农民对新农保政策的认知。这里从农民了解新农保的程度、农民对新农保养老保障能力认可度和农民对新农保净收益状况判断3个方面测量农民对新农保政策的认知。①农民了解新农保的程度，为定序变量，分别赋值为：“没听说过”=1；“了解很少”=2；“不太熟悉”=3；“一般”=4；“较熟悉”=5；“很熟悉”=6。②农民对新农保养老保障能力认可度来自问卷以下两题：“在您看来，新型农村社会养老保险待遇是否能够满足本地老年人的基本生活需要?”“在您看来，新型农村社会养老保险在改善老年贫困人口的生活方面，有多大作用?”前一道题的选项分别是“完全不能满足”、“很难满足”、“基本能满足”、“完全能满足”，分别赋值1、2、3、4；后一道题的选项分别为“几乎没有什么作用”、“作用较小”、“作用一般”、“作用较大”、“作用很大”，分别赋值1、2、3、4、5。将以上两题相加，得到一个新的连续变量，取值范围为2—9。调查对象的分值越高，意味着农民越认可新农保的养老保障能力。③农民对新农保净收益状况判断来自问卷中对以下说法的看法：“缴纳农村社会养老保险费，还不如把钱存到银行”。选项是“完全同意”、“比较同意”、“说不清”、

"比较反对"和"完全反对"，赋值分别为1、2、3、4、5。调查对象的分值越高，则认为新农保的收益状况越好；反之亦然。之所以将缴纳保险费与将钱存银行进行比较来考察新农保的收益状况，是因为农民在对投资行为进行成本—收益计算时，很少参照机会成本，而往往是将可能收益与银行利息比较，也即与可能的最低收益比较，如果投资行为的收益低于银行利息，那么该项投资行为并不经济。

（4）新农保基金筹集机制。这里不仅仅包括新农保基金筹资机制，还包括农民已参保缴费的档次选择。①新农保缴费档次设置，根据前文分析，不同地区缴费档次设置不同，这里研究的地区共有3种缴费档次，分别为6档、7档和10档，为连续变量。②政府是否固定补贴，为二分变量，包括"是"和"否"两个选项，分别赋值1和0。③农民缴费档次选择，前文分析发现，绝大多数参保缴费的农民选择的缴费档次为每年100元的最低档次，因此如果已缴费的档次为每年100元则赋值为1，其他赋值为0。

各变量的描述性统计分析结果见表9—15。

表9—15　　变量的描述性统计分析结果

变量名称	定义变量	均值	标准差
自变量			
性别	男=1；女=0	0.597	0.491
年龄	连续变量	44.05	8.791
文化程度	小学及以下=1；初中=2；高中/中专/技校=3；大专及以上=4	1.935	0.747
身体健康状况	良好=1；较差=0	0.853	0.354
家庭规模	连续变量	4.604	1.710
需赡养老人数量	连续变量	1.273	1.075
家庭全年收入	连续变量	48965.634	71063.004
农民了解新农保的程度	没听说过=1；了解很少=2；不太熟悉=3；一般=4；较熟悉=5；很熟悉=6	3.712	1.253

续表

变量名称	定义变量	均值	标准差
农民对新农保养老保障能力认可度	连续变量	4.888	1.434
农民对新农保净收益状况判断	连续变量	3.808	1.160
新农保缴费档次设置	连续变量	8.247	1.907
政府是否固定补贴	是 =1；否 =0	0.898	0.304
农民缴费档次选择	每年 100 元 =1；其他 =0	0.898	0.304
因变量			
农民提高自己缴费档次的意愿	愿意 =1；不愿意 =0	0.461	0.499

2. 模型及解释

这里的被解释变量为农民提高自己缴费档次的意愿，有“愿意”与“不愿意”两种情况，为二分类选择变量，因此，本节拟建立二元 Logistic 模型。其模型形式为：

$$p_i = F(y) = F\left(\alpha + \sum_{j=1}^{n} \beta_j x_j\right) = \frac{1}{1 + e^{-(\alpha + \sum_{j=1}^{n} \beta_j x_j)}} \tag{1}$$

式（1）中，p_i 为农民 i 愿意提高新农保缴费档次的概率，α 为常数项，x_j 表示第 j 个影响农民提高自己缴费档次意愿的自变量，n 为自变量的个数，β_j 是自变量回归系数。农民愿意提高自己缴费档次与不愿意提高自己缴费档次意愿的概率的比值 $\frac{p_i}{1 - p_i}$ 为事件发生比，对其进行对数变换，得到 Logistic 回归模型的线性表达式为

$$\ln\left(\frac{p_i}{1 - p_i}\right) = \alpha + \sum_{j=1}^{n} \beta_j x_j \tag{2}$$

3. 回归结果分析

本节利用 SPSS 17.0 软件，对影响农民提高自己缴费档次意愿的因素进行了 Logistic 回归分析。根据研究需要并结合使用逐步回归法，本节得到了 3 个回归模型。模型Ⅰ放入了农民个体及其家庭禀赋特征变量，模型Ⅱ在模型Ⅰ的基础上增加了农民对新农保政策的认知变量，模型Ⅲ进一步增加了新农保基金筹集机制变量。回归的结果见表 9—16。

表 9—16　农民提高自己缴费档次意愿的 Logistic 回归模型估计结果

变量	模型Ⅰ		模型Ⅱ		模型Ⅲ	
	B	S. E	B	S. E	B	S. E
常数项	-0.743	0.580	-2.959***	0.719	-1.630*	0.872
性别	0.451***	0.167	0.344**	0.173	0.251	0.183
年龄	-0.009	0.009	-0.007	0.009	-0.007	0.010
文化程度	0.219**	0.110	0.118	0.116	0.141	0.117
身体健康状况	0.202	0.226	0.160	0.233	0.080	0.236
家庭规模	0.010	0.046	0.006	0.047	-0.007	0.047
需赡养老人数量	-0.049	0.073	-0.015	0.076	0.009	0.077
家庭全年收入	0*	0	0	0	0	0
农民了解新农保的程度			0.254***	0.069	0.239***	0.069
农民对新农保养老保障能力认可度			0.196***	0.057	0.199***	0.059
农民对新农保净收益状况判断			0.136*	0.070	0.158**	0.072
新农保缴费档次设置					-0.067	0.047
政府是否固定补贴					-0.550*	0.314
农民缴费档次选择					-0.201	0.299
负 2 倍对数似然值	952.504		916.149		907.564	
Nagelkerkr R^2	0.050		0.115		0.129	

注：***、**、和*分别表示在 1%、5% 和 10% 的统计水平上显著。

（1）农民个人及其家庭禀赋特征的影响。在不考虑其他因素的情况下，农民个人及其家庭禀赋特征对农民提高缴费档次意愿有一定的影响。模型Ⅰ显示，性别变量在1%的统计水平上显著正向影响农民提高缴费档次的意愿，即相对于女性而言，男性提高自己缴费档次的意愿更高。可能因为在农村家庭中，男性往往具有更高的决策权力，而女性更大程度上处于依附状态，所以男性更容易作出突破性的决策，而女性更可能倾向维持现状。文化程度变量在5%的统计水平上显著正向影响农民提高缴费档次的意愿，即农民的文化程度越高，其提高自己缴费档次的意愿越高。一般来说，农民文化程度越高，对养老的风险防范意识越强，对养老保险的选择水平也相对越高。[①] 同时，农民所在家庭全年收入变量在10%的统计水平上显著正向影响农民提高缴费档次的意愿，即农民所在家庭收入越高，其越愿意提高自己的参保缴费档次。这一结果与前文农民选择最低缴费档次参保缴费的原因基本一致。

不过，性别、文化程度、家庭全年收入等在模型Ⅰ中显著的变量，随着农民对新农保政策的认知、新农保基金筹集机制变量逐步放入模型，其显著性消失了。文化程度变量与家庭全年收入变量的显著性在模型Ⅱ中消失了，这就意味着文化程度变量与家庭全年收入变量的影响被农民对新农保政策认知变量削减了。文化程度变量对农民提高缴费档次意愿的影响实质上是农民对新农保政策认知的差异，因为文化程度高的农民可能对新农保政策有更清晰的认知。而家庭全年收入变量与农民对政策的认知也存在一定关系，首先家庭全年收入较高的农民文化程度也可能较高，进而对新农保政策的认知越清晰；其次，全年收入较高的家庭可能有更多的渠道了解政策，比如条件较好家庭的农民可能更容易当选村组干部，或者跟村组干部的关系更密切，而村组干部即是新农保政策宣传的主体。性别变量影响的显著度在模型Ⅱ中降低，在模型Ⅲ中消失，也就意味着性别变量与农民对新农保政策的认知以及新农保基金筹集机制等变量具有一定的关联性，

---

① 贺书霞：《农民社会养老意愿和缴费能力分析——基于陕西省关中地区的调查》，《西北人口》2012年第2期。

性别变量的影响被农民对新农保政策的认知以及新农保基金筹集机制等变量的影响削减了。

（2）农民对新农保政策认知的影响。由模型Ⅱ与模型Ⅰ的比较可以看出，当加入农民对新农保政策的认知变量后，模型Ⅱ的 -2 倍对数似然值有较大幅度下降，而 Nagelkerke R^2 有较大幅度的提高，由 0.050 提高到了 0.115，这就意味着反映农民对新农保政策认知的变量对农民提高参保缴费档次的意愿有强烈的影响。在模型Ⅱ中，反映农民对新农保政策认知的变量对农民提高自己缴费档次意愿的影响均通过了显著性检验。农民了解新农保的程度变量在 1% 的统计水平上显著正向影响农民提高自己缴费档次的意愿，也即农民对新农保了解的程度越深，其越可能愿意提高自己的缴费档次。调查统计结果显示，对新农保了解很少的农民，愿意提高自己缴费档次的比例为 34.3%，对新农保了解程度一般的农民，愿意提高自己缴费档次的比例为 44.7%，而对新农保很熟悉的农民，愿意提高自己缴费档次意愿的比例高达 80.3%。农民对新农保的了解程度是农民认知的基础，农民越了解新农保，则对新农保的惠农本质有越深刻的体会，也更容易信任这一重大惠农政策并产生认同感，从而改变象征性参保缴费的策略，更愿意提高自己的缴费档次。

农民对新农保养老保障能力认可度变量在 1% 的统计水平上显著正向影响农民提高自己缴费档次的意愿，也即农民越认可新农保的养老保障能力，其越可能愿意提高自己的参保缴费档次。统计结果显示，对新农保的养老保障能力低度认可的农民（得分在 2—4），愿意提高自己参保缴费档次的比例为 37.5%，对新农保养老保障能力中度认可的农民（得分在 5—7），愿意提高自己参保缴费档次的比例为 50.7%，而对新农保参养老保障能力高度认可的农民（得分在 8—9），愿意提高自己缴费档次的比例为 73.7%。养老保障的目的在于抵御风险，因此，一种养老保障模式是否有效，取决于它是否具有一定的养老保障能力。[①] 如果农民认可新农保的养老保障能力，也就是说

① 钟涨宝、聂建亮：《新农保制度的可持续性探讨——基于农民参保行为选择视角》，《中国农村观察》2013 年第 6 期。

新农保能够达到农民的养老保障预期，可以有效抵御养老风险，其提高自己缴费档次的意愿就高；相反，如果农民不认可新农保的养老保障能力，也就是说新农保不能达到其养老保障预期，不能有效抵御养老风险，那么，农民提高缴费档次的意愿就不会很高。但是需要注意的是，农民对新农保养老保障能力认可度普遍较低，持低度认可的农民占40.2%，持中度认可的占57.2%，而持高度认可的仅占2.6%。

农民对新农保净收益状况判断变量在5%的统计水平上显著正向影响农民提高自己缴费档次的意愿，即农民越认为参保存在净收益，那么其越可能提高自己的缴费档次。统计分析结果也显示，认为参保不存在净收益的农民，愿意提高自己参保缴费档次的比例为39.3%，而认为参保存在净收益的农民，愿意提高自己参保缴费档次的比例为49.0%。从“成本—收益”角度来看，农民参保的目的是追求预算约束条件下的净收益最大化。当农民认为参保存在净收益时，其更大程度上会选择追加投资，也即提高参保缴费的档次。与农民对新农保养老保障能力认可度普遍较低不同，绝大多数农民认为参保存在净收益，比例达69.5%，认为不存在净收益的比例仅为15.0%，而不清楚的占15.5%。

（3）新农保基金筹集机制的影响。分析显示，新农保基金筹集机制变量与农民提高自己缴费档次意愿的关系显著，增加了新农保基金筹集机制变量的模型Ⅲ与模型Ⅱ相比，-2倍对数似然值有所下降，Nagelkerke R^2有所增加，可以说模型Ⅲ的解释力相较模型Ⅱ有所增加。模型Ⅲ显示，除政府是否固定补贴变量外，其他两个变量均未通过显著性检验。政府是否固定补贴变量在10%的统计水平上显著负向影响农民提高自己缴费档次的意愿，也即采用非固定补贴，更具体地说是采用递进式补贴模式的新农保政策更有利于激励农民提高自己的缴费档次。统计分析结果也显示，政府是固定补贴地区的农民，愿意提高自己参保缴费档次的比例为44.3%，而政府是非固定补贴地区的农民，愿意提高自己参保缴费档次的比例为61.6%。采用30元标准的固定补贴模式，意味着农民的缴费档次无论是每年100元，还是每年500元，甚至是1000元，政府财政补贴均是30元，如果缴费15年，则补贴为450元。在不考虑个人账户利息的情况下，按照目前个人账户养老金的计算方式，个人账户全部储蓄额除以139，也就是说政府财政补贴对个人账户养老金的贡献每月仅3.24元。Smwick认为养老金通常要求在个人达到法定退休年龄后才能领取造成养老保险强制性储蓄流动性比较低，因此，在强制养老保险和私人储蓄收益率相同的情况下个人往往偏好于流动性较强的私人储蓄。[①] 既然选择不同档次缴费政府财政补贴都一样，那么农民选择较高档次缴费与选择最低档次缴费相比获益仅是利息，所以农民更愿意选择流动性较强的私人储蓄。而非固定补贴的模式，更具体地说是递进式补贴的模式，对农民选择较高档次缴费可以起到比较好的激励效果。

四　结论与讨论

农民个人缴费选择的档次决定了其今后享受养老金的水平，提高农民个人缴费档次可以提高新农保养老金替代率，进而有利于提高新农保的养老保障能力，实现新农保养老保障能力的可持续。本节基于对中国4省样本农民的问卷调查，综合运用频次分析及Logistic回归模型，考察了农民参保缴费的档次选择以及农民提高自己缴费档次的意愿，从农民参保缴费档次选择视角出发探讨了新农保养老保障能力的可持续状况。研究发现：第一，农民参加新农保的比例较高，且存在地区差异，但农民受内部经济约束、信任约束以及外部软约束、硬约束的多重约束，采取象征性参保缴费的策略，绝大多数农民选择了最低档次，也即100元/年的档次缴纳养老保险费，这将严重制约新农保养老保障能力的发挥。第二，在已参保的农民中，有近半数愿意在下一年度提高自己的缴费档次，这将有利于新农保养老保障能力的提高，实现新农保养老保障能力的可持续。第三，Logistic回归结果显示，影响农民提高自己缴费档次的因素主要有农民对新农保政策的认知及新农保基金筹资机制，农民对新农保政策越了解，越认可新农保的养老保障能力，越认可新农保存在净收益，那么农民越愿意提高自己的缴费档次，而在个人账户的财政补贴方面选择递进式的补贴模

---

① Samwick, A. A. The Limited Offset between Pension Wealth and Other Private Wealth: Implications of Buffer-stock Saving. S. N. Mimeo, 1995.

式可以对农民提高自己缴费档次起到比较好的激励作用。

因此，要保证新农保的养老保障能力，实现新农保养老保障能力的可持续发展，从提高农民参保缴费档次视角来看，提出以下建议：

（1）因为农民越了解新农保政策，越认可新农保的养老保障能力，越认可新农保存在净收益，其越愿意提高自己的缴费档次，所以应继续做好对新农保政策的宣传工作，加强关于账户结构、补贴政策和未来收益等具体内容的解释工作，使农民充分认识到新农保的养老保障作用及其收益状况，改善与提高农民对新农保的预期。这就要求各级政府及相关部门积极拓展多种宣传渠道，充分利用电视、广播、报纸、杂志等媒体开展政策宣传，并通过积极悬挂宣传横幅、召开村民代表会议、发放宣传材料、张贴公益广告等形式使农民对政策有更进一步的了解。

（2）相对于政府财政对农民个人账户的补贴，基础养老金在提升新农保养老保障能力及新农保净收益状况方面的效果更明显，所以中央及地方政府在保持政府财政可负担水平的范围内，应适度提高基础养老金的水平。基础养老金与个人账户的财政补贴不同，前者按月支付，而后者按年补贴，前者较小的提升幅度就会引起较大的财政压力，因此目前尚不宜采用递进式的基础养老金发放模式，即缴费的档次越高，领取的基础养老金越高。而随着经济发展水平的提高，今后可逐渐过渡到递进式的基础养老金发放模式，进一步提高对农民选择较高档次缴费的激励效果。

（3）研究结果显示非固定补贴模式可以对农民提高自己缴费档次起到激励作用，所以新农保个人账户缴费的财政补贴模式不宜采用固定 30 元，而宜采用递进式补贴模式或者比率式补贴模式。递进式补贴模式还包括固定递进补贴模式与非固定递进补贴模式，前者要求在各缴费档次的财政补贴标准之间设置相同的间距，例如，以 10 元作为间距，那么参保缴费选择 100 至 500 元档次，财政补贴分别为 30 元、40 元、50 元、60 元、70 元；而后者要求在各缴费档次的财政补贴标准之间设置合理且递进的间距，例如，以 10 元递增，则参保缴费选择 100—500 元档次，财政补贴分别为 30 元、40 元、60 元、90 元、130 元。比例式补贴模式包括固定比率补贴模式和递进比率补贴模式，前者要求按照固定的比率进行补贴，比如设定补贴比率为20%，那么参保缴费选择100至500元档次，财政补贴分别为20元、40元、60元、80元、100元；后者则要求在各缴费档次的财政补贴标准之间设置合理且递进的比率间距，比如设定补贴比率为20%，递增比率为5%，那么参保缴费选择100至500元档次，财政补贴分别为20元、50元、90元、140元、200元。从四种补贴模式来看，非固定递进补贴模式、固定比率补贴模式与递进比率补贴模式相对固定递进补贴模式的激励效果要好，但是对地方财政的压力也更大。这几种财政补贴模式补贴标准之间的间距以及补贴的比率都可以进行调整，从而形成不同的激励效果，对地方财政也会形成不同的压力。所以，各地区选择何种补贴模式，要充分考虑当地经济和社会发展的现实情况，不过，应该注意的是，财政补贴模式的设定应以“高档次、高回报”为落脚点。

新农保的实施实现了城乡居民在社会养老保险方面的制度平等，对于改变城乡二元结构、逐步做到基本公共服务均等化，无疑是一项重要的基础性工程。[①] 新农保仅仅是实现城乡养老保障均等化以及最终实现城乡社会养老保险一体化的第一步。根据中国共产党的十七大精神和《中华人民共和国国民经济和社会发展第十二个五年规划纲要》、《中华人民共和国社会保险法》的规定，国务院决定从2011年7月1日起开展城镇居民社会养老保险（以下简称“城居保”）试点，城居保政策内容与新农保相似。在总结新农保和城居保试点经验的基础上，2014年国务院决定将新农保和城居保两项制度合并实施，在全国范围内建立统一的城乡居民基本养老保险（以下简称“城乡居民养老保险”）制度。2014年4月国务院发布《国务院关于建立统一的城乡居民基本养老保险制度的意见》，计划“十二五”末，在全国基本实现新农保和城居保制度合并实施，并与职工基本养老保险制度相衔接。至此，至少在形式上实现了城乡居民社会养老保险的一体化。但

① 温家宝：《开展新型农村社会养老保险试点　逐步推进基本公共服务均等化——温家宝总理在全国新型农村社会养老保险工作会议上的讲话》，2009年8月18日。

是，因为新农保与城居保的基本规定比较一致，而城乡居民养老保险又是脱胎于新农保和城居保，所以城乡居民养老保险的保障水平仍然很低。因为城乡居民养老保险金水平取决于基础养老金与个人账户养老金，目前绝大多数农民选择100元每月的最低档次缴费，所以导致个人账户养老金极低，这时候基础养老金成为决定养老保障水平的因素，但城乡居民养老保险的基础养老金仍然是55元，所以从国家制度规定角度来看，新农保、城居保和城乡居民养老保险的待遇水平基本没有差异。欣喜的是，2015年1月15日，经国务院批准，从2014年7月1日起，全国城乡居民基本养老保险基础养老金最低标准将在每人每月55元的基础上增加15元，提高至每人每月70元。这是我国首次统一提高这一群体基础养老金标准，预计将惠及超过1.4亿城乡老年居民。[①] 这也意味着，城乡居民养老保险待遇调整机制开始发挥作用，城乡居民养老保险的养老保障水平有望继续提高。

城乡居民养老保险保障的对象是非国家机关和事业单位工作人员及不属于职工基本养老保险制度覆盖范围的城乡居民，但是，中国仍然存在着机关事业单位工作人员养老保险和职工基本养老保险。2015年1月，国务院发布《机关事业单位工作人员养老保险制度改革的决定》，决定从2014年10月1日起对机关事业单位工作人员养老保险制度进行改革，终结了养老保险机关事业单位工作人员与职工的“双轨制”。即使如此，城乡居民养老保险的保障水平与机关事业单位工作人员养老保险及职工基本养老保险存在较大的差距，根本原因在于城乡居民养老保险筹资机制中缺少单位或企业相似的出资主体，在绝大多数集体补助缺位的情况下，城乡居民自身缴费少，政府补贴低，所以城乡居民养老保险只能是低水平的保障。因此，《国务院关于建立统一的城乡居民基本养老保险制度的意见》规定在2020年前，全面建成公平、统一、规范的城乡居民养老保险制度，与社会救助、社会福利等其他社会保障政策相配套，充分发挥家庭养老等传统保障方式的积极作用，更好保障参保城乡居民的老年基本生活。也即，国家

① 资料来源：《城乡居民基础养老金最低标准增至70元系5年来首次上涨》，http://news.xinhuanet.com/local/2015-01/16/c_127391098.htm。

意识到城乡居民养老保险的养老保障水平不足，所以仍然强调要发挥家庭养老等传统保障方式的作用。

在城乡养老保险一体化过程中，应充分考虑城乡差异，以及城乡居民与机关事业单位工作人员和企业职工的差异，发挥家庭养老等传统保障方式的作用。但是，仍然要明确这一进程的目标是城乡养老保障均等化和城乡养老保险一体化，所以仍需进一步提高城乡居民养老保险的养老保障水平，从而实现不同养老保险制度的有效衔接，最终实现一体化。而提高城乡居民养老保险的养老保障水平，对于农民来说，一方面是提高参保缴费水平；另一方面是寻找“单位”、“企业”的替代主体，充分发挥村集体经济的作用，同时积极拓展其他参保缴费的“补助”主体。当然，这一过程将任重而道远。

主要参考文献

英文

[1] Ajzen I. The theory of planned behavior. Organizational behavior and human decision processes, 1991.

[2] Andreea Mitrut, Francois Charles Wolff. A Causal Test of the Demonstration Effect Theory [J]. Economics Letters, 2009, 103 (1): 52 – 54.

[3] Becker JS. A theory of social interactions. Journal of Political Economy, 1974, 82: 1063 – 1093.

[4] Caldwell JC. Toward a restatement of demographic transition theory. Population and Development Review, 1976, 2: 321 – 366.

[5] Charles F Manski. Economic Analysis of Social Interactions. Journal of Economic Perspectives, 2000(3).

[6] Cox Donald. Motives for private income transfers. Journal of Political Economy, 1987, 95: 508 – 546.

[7] Derne, S. , 1994, "Cultural Conceptions of Human Motivation and Their Significance for Culture Theory" . In Diana Crane (eds.) The Sociology of Culture: Blackwell.

[8] Hargreaves, J. , M. A. Collinson, K. Kahn, S. J. Clark & S. M. Tollman. "Childhood Mortality Among Former Mozambican Refugees and Their Hosts in Rural South Africa." International Journal of Epidemiology, 2004, 33 (1).

[9] Hermalin AI, Ofstedal MB, and Change M. types of support for the

aged and their provides in Taiwan. In Tamara K, Hareven eds. Aging and generational relations over the life course: A historical and cross-cultural perspective. New York: Gruyter, 1996: 400 –437.

[10] Kobrin F E. The Fall in Household Size and the Rise of the Prima-ry Individual in the United States [J]. Demography, 1976 (13): 1.

[11] Lawton, Leora & Silverstein, Merril & Bengtson, Vern. Affection, Social Contact, and Geographic Distance between Adult Children and Their Parents [J]. Journal of Marriage and Family, 1994, 56 (1): 57 –68.

[12] Litwak, E. & Meyer, H. (1966) . A balance theory of coordination between bureacratic organizations and community primary groups. A dministrative Science Quarterly, 11 (June): 31 –58.

[13] Litwark, E. & Kulis, S. , Technology, proximity and measurement of kin support [J]. Journal of Marriage & Family, 1987, 49: 649 –661.

[14] Logan, John R. et al, Tradition and change in the urban Chinese family: The case of living arrangements, Social Forces, 1998, 41: 1175 –1184.

[15] Logan, John R. and Fuqin Bian. Parents'Needs, Family Structure, and Regular IntergenerationalFinancial Exchange in Chinese Cities [J]. Sociological Forum. 2003, 18: 85 –101.

[16] Luc Arrondel, Andre Masson. Family Transfers Involving Three Generations [J]. Scand. J. of Economics, 2001, 103 (3): 415 –443.

[17] Madge, Charles. The Relevance of Family Patterns in the Process of Modernization in East Asia. In Robert J. Smith (eds.) Social Organization and the applications of Anthropology. Ithaca. NY: Cornell University Press, 1974.

[18] Manski, C. F. Economic Analysis of Social Interactions. Journal of Economic Perspectives, 2000, 14(3).

[19] Rogers RG. . The effects of family composition, health, and social support linkages on mortality. Journal of Health and Social Behavior,

1996: 326 - 338.

[20] Rossi, Alice S. and Peter H. Rossi. , Of Human Bounding: Parent-Child Relations Across the Life Course (New York: Aldine de Gruyter, 1990).

[21] Samwick, A. A. The Limited Offset between Pension Wealth and Other Private Wealth: Implications of Buffer-stock Saving. S. N. Mimeo, 1995.

[22] Shi, Shih-Jiunn, Left to Market and Family-Again? Ideals and the Development of the Rural Pension Policy in China [J]. Social Policy & Adiministration, No. 7.

[23] Silverstein, Merril & Bengton, Vern L. Intergenerational Solidarity and the Structure of Adult Child-Parent Relationships in American Families [J]. The American Journal of Sociology, 1997, 103 (2): 429 - 460.

[24] Silverstein, Merril & Conroy, Stephen J. & Wang, Haitao & Giarrusso, Roseann & Bengtson, Vern L. Reciprocity in parent-child relations over the adult life course [J]. Journal of Gerontology: SOCIAL SCIENCE, 2002, 578 (1): S3 - S13.

[25] Simon, H. Administrative Behavior. New York: Macmillan, 1947.

[26] Yean-Ju Lee, William L. Parish and Robert J. Willis. Sons, Daughters, and Intergenerational Support in Taiwan. American Journal of Sociology Volume 99, No. 4 (Jan, 1994): 1010 - 1041.

[27] Yeh, K. H. & O. Bedford 2003, A Test of the Dual Filial Piety Model. Asian Joumad of Social Psychology 6(3).

[28] Yi. Chin-Ghun, En-Ling Pan, Ying-Hwa hang & Chao-Wen Chan. Grandparents, Adolescents, and Parents: Intergenerational Relations of Taiwanese Youth [J]. Journal of Family Issues. 2006, 27 (8): 1042 - 1067.

[29] Zhan H. J. & Montgomery R. J. V. , Gender and elder care in China: The influence of fillialpiety and structural, Gender & Society, 2003, 17 (2): 209 - 229.

[30] Zimmer Z. & Kwong J. Family Size and Support of Older Adults in Urban

and Rural China：Current Effects and Future Implications. Demography，2003，40（1）：23－44.

中文

［31］S. 鲍尔斯、H. 金蒂斯：《美国：经济生活与教育改革》，上海教育出版社 1990 年版。
［32］白坤编注：《礼记选读》，浙江古籍出版社 2013 年版。
［33］财政部门户：《关于老年服务机构有关税收政策问题的通知》（财税〔2000〕97 号）［EB/OL］.［2008－05－17］. http：//www. mof. gov. cn/zhuantihuigu/knqzshap/zcwj/200805/t20080519_22542. html。
［34］曹惟纯、叶光辉：《高龄化下的代间关系》，《社会学研究》2014 年第 2 期。
［35］曹信邦、刘晴晴：《农村社会养老保险的政府财政支持能力分析》，《中国人口·资源与环境》2011 年第 10 期。
［36］曹艳春、吴蓓、戴建兵：《中国农村老年人长期照护意愿及其影响因素——基于上海、湖北两地的对比分析》，《大连理工大学学报》（社会科学版）2014 年第 1 期。
［37］车茂娟：《中国家庭养育关系中的“逆反哺模式”》，《人口学刊》1990 年第 4 期。
［38］陈柏峰：《代际关系变动与老年人自杀——对湖北京山农村的实证研究》，《社会学研究》2009 年第 4 期。
［39］陈柏峰：《农民价值观的变迁对家庭关系的影响——皖北李圩村调查》，《中国农业大学学报》（社会科学版）2007 年第 3 期。
［40］陈彩霞：《经济独立才是农村老年人晚年幸福的首要条件——应用霍曼斯交换理论对农村老年人供养方式的分析和建议》，《人口研究》2000 年第 2 期。
［41］陈芳、方长春：《家庭养老功能的弱化与出路：欠发达地区农村养老模式研究》，《人口与发展》2014 年第 4 期。
［42］陈功、郭志刚：《老年人家庭代际经济流动类型的分析》，《南京人口管理干部学院学报》1998 年第 1 期。

[43] 陈功：《社会变迁中的养老和孝观念研究》，中国社会出版社 2009 年版。
[44] 陈皆明：《投资与赡养——关于城市居民代际交换的因果分析》，《中国社会科学》1998 年第 6 期。
[45] 陈洁、罗丹：《中国村级债务调查》，上海远东出版社 2009 年版。
[46] 陈荣卓、颜慧娟：《农民眼中的“新农保”：认知、意愿与评价——基于湖北省 4 县 763 位农民的调查》，《华中农业大学学报》（社会科学版）2013 年第 2 期。
[47] 陈赛权：《养老资源自我积累制初探》，《人口学刊》1999 年第 5 期。
[48] 陈卫、杜夏：《中国高龄老人养老与生活状况的影响因素——对子女数量和性别作用的检验》，《中国人口科学》2002 年第 6 期。
[49] 陈晓安、张彦：《我国新型农村养老保险制度可持续发展的保障体系研究》，《青海社会科学》2012 年第 2 期。
[50] 陈颐：《论“以土地换保障”》，《学海》2000 年第 3 期。
[51] 程树德：《九朝律考》，商务印书馆 2010 年版。
[52] 戴楠、任仲才编著：《论语》，西苑出版社 2011 年版。
[53] 戴素芳：《传统家训伦理之维》，湖南人民出版社 2008 年版。
[54] ［德］哈贝马斯：《后形而上学思想》，译林出版社 2001 年版。
[55] 邓大松、董明媛：《“新农保”中农民缴费能力评估与影响因素分析——基于湖北省试点地区的调研数据》，《西北大学学报》（哲学社会科学版）2013 年第 4 期。
[56] 邓大松、薛惠元：《新型农村社会养老保险替代率的测算与分析》，《山西财经大学学报》2010 年第 4 期。
[57] 邓大松、薛惠元：《新型农村社会养老保险替代率精算模型及其实证分析》，《经济管理》2010 年第 5 期。
[58] 邓大松、薛惠元：《新型农村社会养老保险制度推行中的难点分析——兼析个人、集体和政府的筹资能力》，《经济体制改革》2010 年第 1 期。

[59] 邓凌：《大学生孝道观的调查研究》，《青年研究》2004 年第 11 期。
[60]《邓小平文选》第 3 卷，人民出版社 1993 年版。
[61] 邓奕琦：《北朝法制研究》，中华书局 2005 年版，第 44 页。
[62] 狄金华、尤鑫、钟涨宝：《家庭权力、代际交换与养老资源供给》，《青年研究》2013 年第 4 期。
[63] 狄金华、钟涨宝：《社区情理与农村养老秩序的生产——基于鄂东黄村的调查》，《中国农业大学学报》（社会科学版）2013 年第 1 期。
[64] 丁煜：《新农保个人账户设计的改进：基于精算模型的分析》，《社会保障研究》2011 年第 5 期。
[65] 董亚红：《优化住宅结构，推动自我养老服务发展》，《中国社会报》2009 年 9 月 7 日。
[66] 杜鹏、丁志宏、李全棉、桂江丰：《农村子女外出务工对留守老人的影响》，《人口研究》2004 年第 6 期。
[67] 杜亚军：《代际交换——对老龄化经济学基础理论的研究》，《中国人口科学》1990 年第 3 期。
[68] 段江丽：《礼法与人情：明清家庭小说的家庭主题研究》，中华书局 2006 年版，第 8 页。
[69] 方菲：《劳动力迁移过程中农村留守老人的精神慰藉问题探讨》，《农村经济与》2009 年第 6 期。
[70] 方新：《农村养老方式对家庭生活的影响——湖南省同仁村调查》，《中国人口科学》1992 年第 2 期。
[71] 费孝通：《家庭结构变动中的老年赡养问题——再论中国家庭结构的变动》，《北京大学学报》（哲学社会科学版）1983 年第 6 期。
[72] 费孝通：《乡土中国 生育制度》，北京大学出版社 1998 年版。
[73] 费孝通：《费孝通文集第四卷》，群言出版社 1999 年版。
[74] 费孝通：《家庭结构变动中的老年赡养问题——再论中国家庭结构的变动》，《北京大学学报》（哲学社会科学版）1983 年第 3 期。

[75] 冯卓慧：《汉代民事经济法律制度研究：汉简及文献所见》，商务印书馆 2014 年版。

[76] 高和荣：《文化变迁下的中国老年人口赡养问题研究》，《学术论坛》2003 年第 1 期。

[77] 高华：《农村多子女家庭代际交换中的新性别差异研究》，《南方人口》2011 年第 2 期。

[78] 高建新、李树茁：《农村家庭子女养老行为的示范作用研究》，《人口学刊》2012 年第 1 期。

[79] 高文书：《新型农村社会养老保险参保影响因素分析——对成都市的实地调查研究》，《华中师范大学学报》（人文社会科学版）2012 年第 4 期。

[80] 葛荃主编、李宪堂、王成副主编：《中国政治思想通史》（明清卷），中国人民大学出版社 2014 年版。

[81] 葛荣晋：《葛荣晋文集》（第十卷），社会科学文献出版社 2014 年版。

[82] 葛荣晋：《儒学精蕴与现代文明》，中国人民大学出版社 2014 年版。

[83] 龚贤：《时代管理思想：基于政策工具视角的研究》，经济管理出版社 2014 年版。

[84] 顾晓鸣主编：《史记鉴赏辞典》，上海辞书出版社 2013 年版。

[85] 郭成伟主编：《中国证据制度的传统与近代化》，中国检察出版社 2013 年版。

[86] 郭继：《农村发达地区中青年女性的养老意愿与养老方式——以浙江省为例》，《人口与经济》2002 年第 135 卷第 6 期。

[87] 国家卫生计生委门户：《关于加快推进新型农村合作医疗试点工作的通知》（卫农卫发〔2006〕13 号）[EB/OL].[2007-02-13]. http://www.moh.gov.cn/jws/s6476/200804/79f0afe92d 7f4c298e531ecfdc270102.shtml。

[88] 郭秋菊、靳小怡：《婚姻状况对农村男性养老意愿的影响研究——基于安徽乙县的调查分析》，《人口与发展》2011 年第 17 卷第 1 期。

[89] 郭于华:《代际关系中的公平逻辑及其变迁:对河北农村养老事件的分析》,《中国学术》2001 年第 4 期。

[90] 郭于华:《“道义经济”还是“理性小农”》,《读书》2002 年第 5 期。

[91] 郭志刚:《老年人家庭的代际经济流动分析》,《中国老年学杂志》1996 年第 5 期。

[92] 国家统计局:《2010 年第六次全国人口普查主要数据公报》。

[93] 国家统计局:《2013 年全国农民工监测调查报告》。

[94] 国家统计局:《2014 年国民经济和社会发展统计公报》。

[95] 国家统计局浙江调查总队课题组:《浙江农村居民养老保障调查》,《浙江经济》2011 年第 23 期。

[96] 国家卫生和计划生育委员会编:《中国家庭发展报告 2014》,中国人口出版社 2014 年版,第 130 页。

[97] 韩芳、朱启臻:《农村养老与土地支持——关于农村土地养老保障功能弱化的调查与思考》,《探索》2008 年第 5 期。

[98] 韩芳:《农村土地养老保障功能研究》,知识产权出版社 2010 年版。

[99] 郝金磊、贾金荣:《西部地区农民新农保参与意愿研究》,《西北人口》2011 年第 2 期。

[100] 贺聪志、叶敬忠:《农村劳动力外出务工对留守老人生活照料的影响研究》,《农业经济问题》2010 年第 3 期。

[101] 贺书霞:《农民社会养老意愿和缴费能力分析——基于陕西省关中地区的调查》,《西北人口》2012 年第 2 期。

[102] 贺雪峰:《农村代际关系论:兼论代际关系的价值基础》,《社会科学研究》2009 年第 5 期。

[103] 贺雪峰:《农村家庭代际关系的变动及其影响》,《江海学刊》2008 年第 4 期。

[104] 贺寨平:《农村老年人社会支持网:何种人提供何种支持》,《河海大学学报》(哲学社会科学版)2006 年第 3 期。

[105] 洪国栋:《关于家庭养老与居家养老》,载《中国养老之路》,中国劳动出版社 2001 年版。

[106] 洪国栋等：《论家庭养老》，载《石涛：家庭与老人》，中国文联出版公司 1996 年版。

[107] 胡宏伟、蔡霞、石静：《农村社会养老保险有效需求研究——基于农民参保意愿和缴费承受能力的综合考察》，《经济经纬》2009 年第 6 期。

[108] 怀默霆：《中国家庭中的赡养义务：现代化的悖论》，《中国学术》2001 年第 4 期。

[109] 黄娟：《社区孝道的再生产：话语与实践》，社会科学文献出版社 2011 年版。

[110] 黄长久：《我国农业集体化时期自留地经营的演变及其特点》，《广西师范大学学报》（哲学社会科学版）2005 年第 2 期。

[111] 贾宁、袁建华：《基于精算模型的"新农保"个人账户替代率研究》，《中国人口科学》2010 年第 2 期。

[112] 贾云竹：《老年人日常生活照料资源与社区助老服务的发展》，《社会学研究》2002 年第 5 期。

[113] 姜向群：《家庭养老在人口老龄化过程中的重要作用及其面临的挑战》，《人口学刊》1997 年第 2 期。

[114] 姜向群：《养老转变论：建立以个人为责任主体的政府帮助的社会化养老方式》，《人口研究》2007 年第 7 期。

[115] 姜长云：《农村土地与农民的社会保障》，《经济社会体制比较》2002 年第 1 期。

[116] 蒋岳祥、斯雯：《老年人对社会照顾方式偏好的影响因素分析——以浙江省为例》，《人口与经济》2006 年第 156 卷第 3 期。

[117] 蒋云赟：《我国新型农村养老保险对财政体系可持续性的影响研究——基于代际核算方法的模拟分析》，《财经研究》2011 年第 12 期。

[118] 金刚、柳清瑞：《新农保补贴激励、政策认知与个人账户缴费档次选择——基于东北三省数据的有序 Probit 模型估计》，《人口与发展》2012 年第 4 期。

[119] 金一虹：《父权的式微：江南农村现代化进程中的性别研究》，

四川人民出版社 2000 年版。

[120] 景天魁:《底线公平与社会保障的柔性调节》,《社会学研究》2004 年第 6 期。

[121] 孔祥智、涂圣伟:《我国现阶段农民养老意愿探讨——基于福建省永安、邵武、光泽三县(市)抽样调查的实证研究》,《中国人民大学学报》2007 年第 3 期。

[122] 劳动和社会保障部、国家统计局:《2005 年劳动和社会保障事业发展统计公报》. [EB/OL]. [2006 - 06 - 12]. http://www. stats. gov. cn/tjgb/qttjgb/qgqttjgb/t20060609_ 402329458. htm。

[123] 李放、黄阳涛: 《农民对新农保满意度影响因素的实证研究——以江苏三县为例》,《晋阳学刊》2011 年第 6 期。

[124] 李华:《我国农村合作医疗变迁的制度分析》,《长白学刊》2006 年第 3 期。

[125] 李建新、于学军、王广州、刘鸿雁:《中国农村养老意愿和养老方式的研究》,《人口与经济》2004 年第 5 期。

[126] 李建新等:《中国农村养老意愿和养老方式的研究》,《人口与经济》2004 年第 146 卷第 5 期。

[127] 李俊:《城镇化、老龄化背景下新型农村养老保险财务状况研究:2011—2050 年》,《保险研究》2012 年第 5 期。

[128] 李培林、李强、马戎主编:《社会学与中国社会》,社会科学文献出版社 2008 年版。

[129] 李沛良:《论中国式社会学研究的关联概念与命题》,载北京大学社会学所:《东亚社会研究》,北京大学出版社 1993 年版。

[130] 李启明、陈志霞:《父母教养方式与双元孝道、普遍尊老的关系》,《心理科学》2013 年第 1 期。

[131] 李树茁、费尔德曼、勒小怡:《儿子与女儿:中国农村的婚姻形式和老年支持》,《人口研究》2003 年第 27 卷第 1 期。

[132] 李琬予、寇彧、李贞:《城市中年子女赡养的孝道行为标准与观念》,《社会学研究》2014 年第 3 期。

[133] 李文治、江太新:《中国宗法宗族制和族田义庄》,社会科学

文献出版社 2000 年版。

[134] 李晓霞、郝国喜：《中国老年人自我供养率：影响因素的实证分析》，《西北人口》2010 年第 4 期。

[135] 李轩红：《中国农村养老保险制度变迁的原因分析》，《山东社会科学》2011 年第 3 期。

[136] 李银河：《生育与村落文化 · 一爷之孙》，文化艺术出版社 2003 年版。

[137] 李迎生：《为了亿万农民的生存安全：中国农村社会保障体系研究》，安徽人民出版社 2006 年版。

[138] 梁鸿：《苏南农村家庭土地保障作用研究》，《中国人口科学》2002 年第 5 期。

[139] 梁盼：《以孝侍亲：孝与古代养老》，中国国际广播出版社 2014 年版。

[140] 梁漱溟：《中国文化要义》，学林出版社 1987 年版。

[141]《列宁全集》（第 37 卷），人民出版社 1986 年版。

[142] 林闽钢：《中国社会救助体系的整合》，《学海》2010 年第 4 期。

[143] 林淑周：《农民参与新型农村社会养老保险意愿研究——基于福州市大洋镇的调查》，《东南学术》2010 年第 4 期。

[144] 林耀华：《义序的宗族研究》，生活 · 读书 · 新知三联书店 2000 年版。

[145] 刘爱玉、杨善华：《社会变迁过程中的老年人家庭支持研究》，《北京大学学报》（哲学社会科学版）2000 年第 3 期。

[146] 刘庚长：《我国农村家庭养老存在的基础与转变的条件》，《人口研究》1999 年第 3 期。

[147] 刘观海：《家庭养老仍是我国养老的主要方式》，《福建省老年学学会——老年学论文集》（二），1998 年。

[148] 刘桂莉：《养老支持力中的"精神赡养"问题》，《南昌大学学报》（人文社会科学版）2003 年第 1 期。

[149] 刘桂莉：《眼泪为什么往下流？——转型期家庭代际关系倾斜问题探析》，《南昌大学学报》（人文社会科学版）2005 年第

6 期。

[150] 刘海宁：《辽宁农村基本养老保险适度保障水平分析——基于生存公平的思考》，《社会科学辑刊》2011 年第 5 期。

[151] 刘霓：《社会性别——西方女性主义理论的中心概念》，《国外社会科学》2001 年第 6 期。

[152] 刘书鹤、杨继伟、张月君：《建立有中国特色的老年保障体系——论我国人口老龄化的基本对策》，《人口研究》1999 年第 1 期。

[153] 刘汶蓉：《反馈模式的延续与变迁：一项关于当代中国家庭代际支持失衡的再研究》，上海大学博士学位论文，2012 年。

[154] 刘汶蓉：《家庭价值的变迁和延续——来自四个维度的经验证据》，《社会科学》2011 年第 10 期。

[155] 刘汶蓉：《孝道衰落？成年子女支持父母的观念、行为及其影响因素》，《青年研究》2012 年第 2 期。

[156] 刘新玲：《对传统“孝道”的继承和超越——大学生“孝”观念调查》，《河北科技大学学报》（社会科学版）2005 年第 5 卷第 2 期。

[157] 刘英杰：《中国教育大事典》，浙江教育出版社 2004 年版。

[158] 流动背景下的农村家庭代际关系与养老问题课题组：《农村养老中的家庭代际关系和妇女角色的变化》[EB/OL].[2007－02－15]. http://theory.people.com.cn/GB/40557/49139/49143/5401576。

[159] 柳立言：《宋代的家庭和法律》，上海古籍出版社 2008 年版。

[160] 柳清瑞、闫琳琳：《新农保的政策满意度及其影响因素分析——基于 20 省市农户的问卷调查》，《辽宁大学学报》（哲学社会科学版）2012 年第 3 期。

[161] 鲁欢、王国辉：《经济欠发达地区提高“新农保”保障水平的路径选择——基于对辽宁省阜新市彰武县 400 家农户调查的研究》，《劳动保障世界》2011 年第 11 期。

[162] 罗遐：《政府行为对农民参保选择影响的实证分析——基于新农保试点的调查》，《山东大学学报》（哲学社会科学版）2012 年第 2 期。

[163] 骆明、王淑臣：《中华孝文化研究集成 3——历代孝亲敬老诏令律例（先秦至隋唐卷）》，光明日报出版社 2013 年版。

[164] 吕洪业：《中国古代慈善简史》，中国社会出版社 2014 年版。

[165] 吕耀怀：《经济理性与道德理性》，《学术论坛》1999 年第 3 期。

[166] 麻学锋、郭文娟、马红鸽：《基于利益视角的“新农保”政策过程分析——以民族地区为例》，《人口与经济》2011 年第 1 期。

[167] 马杰、陈玉照：《可持续：新农保生命力的实证考察》，《当代经济管理》2013 年第 5 期。

[168] ［美］马克·赫特尔：《变动中的家庭——跨文化的透视》，宋践等译，浙江人民出版社 1988 年版。

[169] 马小红、庞朝骥等：《守望和谐的法文明》，北京大学出版社 2009 年版。

[170] ［美］玛格丽特·米德：《代沟》，曾胡译，光明日报出版社 1988 年版。

[171] ［德］玛丽安妮·韦伯：《韦伯传》，阎克文、王立平、姚中秋译，江苏人民出版社 2002 年版。

[172] ［美］杜赞奇：《文化、权力与国家：1900—1942 年的华北农村》，王福明译，江苏人民出版社 2010 年版。

[173] ［美］吉尔茨：《地方性知识——阐释人类学论文集》，王海龙、张家瑄译，中央编译出版社 2000 年版。

[174] 孟宪范：《家庭：百年来的三次冲击及我们的选择》，《清华大学学报》（哲学社会科学版）2008 年第 23 卷第 3 期。

[175]《民政部、财政部、国家发展和改革委员会关于进一步做好农村五保供养工作的通知》，转引自汪时东、叶宜德：《农村合作医疗制度的回顾与发展研究》，《中国初级卫生保健》2004 年第 4 期。

[176] 民政部门户网站：《民政部办公厅关于转发宁夏建立高龄老人津贴制度有关政策的通知》（民办函〔2009〕151 号）［EB/OL］.［2009 - 06 - 12］. http：//www. mca. gov. cn/article/

zwgk/fvfg/shflhshsw/200906/20090610031777. shtml。

[177] 民政部门户网站：《1998 年民政事业发展统计报告》[EB/OL]. [1999 - 04 - 04]. http：//www. mca. gov. cn/article/sj/tjgb/200801/200801000094199. shtml。

[178] 民政部门户网站：《2013 年社会服务发展统计公报》[EB/OL]. [2014 - 06 - 17]. http：//www. mca. gov. cn/article/zwgk/mzyw/201406/20140600654488. shtml。

[179] 明仁孝文皇后：《内训》，转引自刘英杰：《中国教育大事典》，浙江教育出版社 2004 年版。

[180] 穆光宗：《老龄人口的精神赡养问题》，《中国人民大学学报》2004 年第 4 期。

[181] 穆光宗：《人口少子化是最大战略危机》，《中国经济报告》2014 年第 11 期。

[182] 穆光宗：《中国传统养老方式的变革和展望》，《中国人民大学学报》2000 年第 5 期。

[183] 穆怀中、闫琳琳：《新型农村养老保险参保决策影响因素研究》，《人口研究》2012 年第 1 期。

[184] 聂建亮、钟涨宝：《新型农村社会养老保险推进的基层路径——基于嵌入性视角》，《华中农业大学学报》（社会科学版）2014 年第 1 期。

[185] 聂建亮、钟涨宝：《家庭保障、社会保障与农民的养老担心——基于对湖北省孔镇的实证调查》，《农村经济》2014 年第 6 期。

[186] 聂建亮、钟涨宝：《农民群体分异与新农保制度评价——基于对湖北省孔镇的问卷调查》，《人口与经济》2014 年第 5 期。

[187] 聂建亮、钟涨宝：《新农保养老保障能力的可持续研究——基于农民参保缴费档次选择的视角》，《公共管理学报》2014 年第 3 期。

[188] 聂建亮、钟涨宝：《养老观念与新农保养老保障能力认可度关系的再探讨》，《学习与实践》2014 年第 9 期。

[189] 宁满秀、谭晓婷、谢青青：《我国新型农村合作医疗制度的可

持续性发展研究——基于农户参合行为的实证分析》，《农业技术经济》2010 年第 8 期。

[190] 潘光旦：《潘光旦文集》（第一卷），北京大学出版社 2000 年版。

[191] 潘鸿雁：《国家与家庭的互构：河北翟城村调查》，上海人民出版社 2008 年版。

[192] 潘允康、约翰·罗根、边馥琴、边燕杰、关颖、卢汉龙：《住房与中国城市的家庭结构——区位学理论思考》，《社会学研究》1997 年第 6 期。

[193] 祁志祥：《国学人文导论》，商务印书馆 2013 年版。

[194] 钱玄、钱兴奇、徐克谦等：《注译·礼记·下》，岳麓书社 2001 年版。

[195] 钱振伟、卜一、张艳：《新型农村社会养老保险可持续发展的仿真评估：基于人口老龄化视角》，《经济学家》2012 年第 8 期。

[196] 乾隆边氏《笃叙堂家训》，转引自李文治、江太新：《中国宗法宗族制和族田义庄》，社会科学文献出版社 2000 年版。

[197] 乔纳森·特纳：《社会学理论的结构》（第 6 版上），邱泽奇等译，华夏出版社 2001 年版。

[198] 秦永洲、吴伟伟：《以孝齐家：孝与社会风俗》，中国国际广播出版社 2014 年版。

[199] 瞿同祖：《中国法律与中国社会》，中华书局 2003 年版。

[200] 人力资源和社会保障部社会保险事业管理中心编：《新型农村社会养老保险经办实务手册》，中国劳动社会保障出版社 2011 年版。

[201] 人民网：《中共中央关于卫生工作的指示》，《建国以来重要文献选编》第十三册。

[202] 任德新、楚永生：《伦理文化变迁与传统家庭养老模式的嬗变创新》，《江苏社会科学》2014 年第 5 期。

[203] 上海辞书出版社编：《国学名篇鉴赏辞典》，上海辞书出版社 2009 年版。

[204] 邵正坤：《北朝家庭形态研究》，科学出版社 2008 年版。
[205] 沈崇麟：《人口要素对中国城市家庭结构的影响》，《社会学研究》1990 年第 4 期；刘宝驹：《现代中国城市家庭结构变化研究》，《社会学研究》2000 年第 6 期。
[206] 舒大刚：《中国孝经学史》，福建人民出版社 2013 年版。
[207] 斯梅尔塞、斯威德伯格主编：《经济社会学手册》，华夏出版社 2009 年版。
[208] 宋宝安：《老年人口养老意愿的社会学分析》，《吉林大学社会科学学报》2006 年第 46 卷第 4 期。
[209] 宋璐、李树茁：《当代农村家庭养老性别分工》，社会科学文献出版社 2011 年版。
[210] 宋璐、李树茁：《劳动力外流下农村家庭代际支持性别分工研究》，《人口学刊》2008 年第 3 期。
[211] 宋士云：《新中国农村五保供养制度的变迁》，《当代中国史研究》2007 年第 1 期。
[212] 苏保忠：《中国农村养老问题研究》，清华大学出版社 2009 年版。
[213] 孙立平：《"过程—事件分析"与对当代中国农村社会生活的洞察》，谢立中主编：《结构—制度分析，还是过程—事件分析?》，中国社会科学出版社 2010 年版。
[214] 谭克俭：《农村养老保障机制研究》，《人口与经济》2002 年第 2 期。
[215] 汤一介、张耀南、方铭：《中国儒学文化大观》，北京大学出版社 2001 年版。
[216] 唐灿、马春华、石金群：《女儿赡养的伦理与公平——浙东农村家庭代际关系的性别考察》，《社会学研究》2009 年第 6 期。
[217] 唐灿：《家庭现代化理论及其发展的回顾与评述》，《社会学研究》2010 年第 3 期。
[218] 唐岚：《反馈模式的变迁：代差视野下的城市代际关系研究》，2009 年。
[219] 唐力行：《徽州宗族社会》，安徽人民出版社 2005 年版。

[220] 唐利平、风笑天：《第一代农村独生子女父母养老意愿实证分析——兼论农村养老保险的效用》，《人口学刊》2010 年第 179 卷第 1 期。

[221] 田北海、雷华、钟涨宝：《生活境遇与养老意愿——农村老年人家庭养老偏好影响因素的实证分析》，《中国农村观察》2012 年第 2 期。

[222] 田北海、丁镇：《农民参与新型农村社会养老保险的意愿研究》，《甘肃行政学院学报》2011 年第 3 期。

[223] 田北海、雷华、钟涨宝：《生活境遇与养老意愿——农村老年人家庭养老偏好影响因素的实证分析》，《中国农村观察》2012 年第 2 期。

[224] 田秀娟、侯建林、董竹敏：《农民对新型农村合作医疗制度的综合评价——基于 13 省 916 个农户调查的分析》，《中国农村经济》2010 年第 5 期。

[225] 汪良发主编：《徽州文化十二讲》，合肥工业大学出版社 2008 年版。

[226] 汪正鸣：《迎接“银色浪潮”的挑战——“中国人口老龄化国际学术讨论会”综述》，《中国人口科学》1990 年第 1 期。

[227] 王爱珠：《从经济看代际矛盾的转移和化解》，载《家庭与老人》，中国文联出版公司 1996 年版。

[228] 王耕今等编：《乡村三十年（下）——凤阳农村社会经济发展实录（1949—1983）》，农村读物出版社 1989 年版。

[229] 王国辉、陈洋、魏红梅：《新农保最低档缴费困境研究——基于辽宁省彰武县新农保的调查》，《经济经纬》2013 年第 2 期。

[230] 王海江：《我国农村养老保险面临的挑战和农村社会养老保险制度的建立》，《人口学刊》1998 年第 6 期。

[231] 王济川、郭志刚：《Logistic 回归模型——方法与应用》，高等教育出版社 2001 年版。

[232] 王建民：《“逆家长制”是如何产生的——一个历时性的社会学分析》2012 年第 2 期。

[233] 王俊良：《中国历代国家管理辞典》，吉林人民出版社 2002

年版。

[234] 王来华、瑟夫·施耐德约：《论老年人家庭照顾的类型和照顾中的家庭关系——一项对老年人家庭照顾的“实地调查”》，《社会学研究》2000年第4期。

[235] 王立民：《唐律新探》，北京大学出版社2007年版。

[236] 王萍、李树茁：《农村家庭养老的变迁和老年人的健康》，社会科学文献出版社2011年版。

[237] 王树新：《社会变革与代际关系研究》，首都经济贸易大学出版社2004年版。

[238] 王思斌：《中国社会工作的嵌入性发展》，《社会科学战线》2011年第2期。

[239] 王卫平、黄鸿山、曾桂林：《中国慈善史纲》，中国劳动社会保障出版社2011年版。

[240] 王卫平、黄鸿山：《中国古代传统社会保障与慈善事业：以明清时期为重点的考察》，群言出版社2004年版。

[241] 王习明：《乡村治理中的老人福利》，华中师范大学博士学位论文，2006年。

[242] 王永礼、林本喜、郑传芳：《新农保制度下农民参保行为影响因素分析——对福建656户农民的实证研究》，《福建论坛》（人文社会科学版）2012年第6期。

[243] 王育忠：《论家庭养老应从伦理型向法制型转变》，转引自姚远：《中国家庭养老研究》，中国人口出版社2001年版。

[244] 王跃生：《中国家庭代际关系的理论分析》，《人口研究》2008年第4期。

[245] 王跃生：《中国家庭代际关系的维系、变动和趋向》，《江海学刊》2011年第2期。

[246] 卫敏丽、朱薇：《中国农村人口老龄化程度高于城市达到15.4%》，新华网，2011年9月19日。

[247] 魏凤、金华旺：《农民视角下新农合保障能力及影响因素评估——基于宝鸡市421户参合农民的调研》，《人口与经济》2012年第4期。

[248] 温铁军：《农民社会保障与土地制度改革》，《学习月刊》2006年第10期。
[249] 翁腾环：《世界刑法保安处分比较学》，商务印书馆2014年版。
[250] 翁贞林：《农户理论与应用研究进展与述评》，《农业经济问题》2008年第8期。
[251] 吴翠萍：《城市居民的居住期望及其对养老方式选择的影响》，《人口与发展》2012年第18卷第1期。
[252] 吴海盛、邓明：《基于村庄内部差异视角的农村居民养老模式选择意愿及其影响因素分析》，《中国农村经济》2010年第11期。
[253] 吴海盛、江巍：《中青年农民养老模式选择意愿的实证分析——以江苏省为例》，《中国农村经济》2008年第11期。
[254] 吴罗发：《中部地区农民社会养老保险参与意愿分析——以江西省为例》，《农业经济问题》2008年第4期。
[255] 吴小英：《第九章　代际关系》，见：李培林主编：《社会学与中国社会》，社会科学文献出版社2009年版。
[256] 吴晓东：《中国农村养老供给的困境与出路》，《社会科学研究》2004年第1期。
[257]《吴仪同志2003年12月4日在全国新型农村合作医疗试点工作会议上的讲话》，《中国乡村医药》2004年第7期。
[258] 吴玉锋、吴中宇：《村域社会资本、互动与新农保参保行为研究》，《人口与经济》2011年第2期。
[259] 吴玉锋：《新型农村社会养老保险参保行为主观影响因素实证研究》，《保险研究》2011年第10期。
[260] 吴玉锋：《新型农村社会养老保险参与行为实证分析——以村域社会资本为视角》，《中国农村经济》2011年第10期。
[261] 吴玉宗：《服务型政府：概念、内涵与特点》，《西南民族大学学报》（人文社科版）2004年第2期。
[262] 吴忠民：《重新发现社会动员》，《理论前沿》2003年第21期。
[263] 伍海霞：《家庭子女的教育投入与亲代的养老回报——来自河北农村的调查发现》，《人口与发展》2011年第1期。

[264] 夏传玲：《老年人日常照料的角色介入模型》，《社会》2007年第3期。

[265] 夏海勇：《太仓农村老人养老状况及意愿的调查分析》，《市场与人口分析》2003年第9卷第1期。

[266] 夏少琼：《建国以来社会动员制度的变迁》，《唯实》2006年第2期。

[267] 2013年《中共中央关于全面深化改革若干重大问题的决定》。

[268] 肖云、刘培森：《新型农村社会养老保险满意度影响因素分析》，《经济体制改革》2011年第5期。

[269] 谢冰、黄瑞芹：《民族地区新农保参保者缴费水平问题研究——基于湖南、贵州部分民族地区的调查》，《中南民族大学学报》（人文社会科学版）2013年第6期。

[270] 谢桂华：《老人的居住模式与子女的赡养行为》，《社会》2009年第5期。

[271] 谢立中：《结构—制度分析，还是过程—事件分析？——从多元话语分析的视角看》，《中国农业大学学报》（社会科学版）2007年第4期。

[272] 谢楠：《生命来源观：中国家庭养老内在机制新探讨》，《中州学刊》2011年第1期。

[273] 谢宇：《回归分析》（修订版），社会科学文献出版社2013年版。

[274] 谢志强选注：《弟子规》，教育科学出版社2012年版。

[275] 新华网：《农村人民公社修改条例修正草案》2005年1月24日。

[276] 新华网：《中共中央关于社员私养家禽、家畜和自留地等四个问题的指示》2005年1月10日。

[277] 熊波、林丛：《农村居民养老意愿的影响因素分析——基于武汉市江夏区的实证研究》，《西北人口》2009年第30卷第3期。

[278] 熊跃：《需要理论及其在老人照顾领域中的应用》，《人口学刊》1998年第5期。

[279] 熊跃根：《中国城市家庭的代际关系与老人照顾》，《中国人口科学》1998 年第 69 卷第 6 期。

[280] 徐建设、张文科主编：《儒家文化慈善思想研究》，中国社会出版社 2013 年版。

[281] 徐勤：《儿子与女儿对父母支持的比较研究》，《人口研究》1996 年第 5 期。

[282] 徐少锦、温克勤主编：《伦理百科辞典》，中国广播电视出版社 1999 年版。

[283] 许烺光：《宗族 · 种姓 · 俱乐部》，华夏出版社 1990 年版。

[284] 许烺光：《祖荫下：中国乡村的亲属，人格与社会流动》，南天书局 2001 年版。

[285] 薛惠元：《新农保个人筹资能力可持续性分析》，《西南民族大学学报》（人文社会科学版）2012 年第 2 期。

[286] 薛惠元：《新农保能否满足农民的基本生活需要》，《中国人口 · 资源与环境》2012 年第 12 期。

[287] 薛惠元：《新型农村社会养老保险财政保障能力可持续性评估——基于政策仿真学的视角》，《中国软科学》2012 年第 5 期。

[288] 鄢盛明、陈皆明、杨善华：《居住安排对子女赡养行为的影响》，《中国社会科学》2001 年第 1 期。

[289] 阎卡林：《关于我国一些地区新生儿性比例失调的原因及对策》，《人口学刊》1983 年第 4 期。

[290] 阎云翔：《私人生活的变革：一个中国村庄里的爱情、家庭与亲密关系：1949—1999》，龚小夏译，上海书店出版社 2009 年版。

[291] 阳义南、詹玉平：《农村养老谁是主体》，《经济论坛》2003 年第 20 期。

[292] 杨翠迎、郭光芝、冯广刚：《新型农村社会养老保险的财政责任及其可持续性研究——基于养老金支出视角的分析》，《社会保障研究（北京）》2013 年第 1 期。

[293] 杨翠迎：《中国农村社会保障制度研究》，中国农业出版社

2003 年版。

[294] 杨福忠:《从社会动员能力看当前国家同农民的关系》,《黑龙江社会科学》2001 年第 3 期。

[295] 杨复兴:《中国农村家庭养老保障的历史分期及前景探析》,《经济问题探索》2007 年第 9 期。

[296] 杨国枢:《现代社会的新孝道》,载叶光辉、杨国枢:《中国人的孝道:心理学的分析》,重庆大学出版社 2009 年版。

[297] 杨国枢:《中国人孝道的概念分析》,载杨国枢主编:《中国人的心理》,桂冠图书公司 1989 年版。

[298] 杨菊华、李路路:《代际互动与家庭凝聚力——东亚国家和地区比较研究》,《社会学研究》2009 年第 3 期。

[299] 杨立雄、李星瑶:《性别偏好的弱化与家庭养老的自适应——基于常州市农村的调查》,《江海学刊》2008 年第 1 期。

[300] 杨龙:《经济发展中的社会动员及其特殊性》,《天津社会科学》2004 年第 4 期。

[301] 杨善华、吴愈晓:《我国农村的“社区情理”与家庭养老现状》,《探索与争鸣》2003 年第 2 期。

[302] 杨善华等:《责任伦理与城市居民的家庭养老——以“北京市老年人需求调查”为例》,《北京大学学报》(哲学社会科学版)2004 年第 1 期。

[303] 杨子慧主编:《中国历代人口统计资料研究》,改革出版社 1996 年版。

[304] 姚玉英:《农村家庭养老:历史变迁与现实选择》,华中师范大学硕士学位论文,2007 年。

[305] 姚远:《对中国家庭养老弱化的文化诠释》,《人口研究》1998 年第 5 期。

[306] 姚远:《血亲价值论:对中国家庭养老机制的理论探讨》,《中国人口科学》2000 年第 6 期。

[307] 姚远:《中国家庭养老研究》,中国人口出版社 2001 年版。

[308] 姚远:《中国家庭养老研究述评》,《人口与经济》2001 年第 1 期。

[309] 姚远:《养老:一种特定的传统文化》,《人口研究》1996 年第 6 期。

[310] 叶光辉、杨国枢:《孝道之心理学研究的回顾与前瞻》,载于叶光辉、杨国枢:《中国人的孝道:心理学的分析》,重庆大学出版社 2009 年版。

[311] 叶华、吴晓刚:《生育率下降与中国男女教育的平等化趋势》,《社会学研究》2011 年第 5 期。

[312] 叶文振、林擎国:《中国家庭关系模式演变及其现代化的研究》,《厦门大学学报》(哲学社会科学版)1995 年第 3 期。

[313] 伊庆春:《台湾地区家庭代间关系的持续与改变——资源与规范的交互作用》,《社会学研究》2014 年第 3 期。

[314] 应星:《大河移民上访的故事》,生活·读书·新知三联书店 2001 年版。

[315] 于建嵘:《岳村政治——转型期中国乡村政治结构的变迁》,商务印书馆 2001 年版。

[316] 于景元、袁建华、何林:《中国农村养老模式研究》,《中国人口科学》1992 年第 1 期。

[317] 袁松:《消费文化、面子竞争与农村的孝道衰落——以打工经济中的顾村为例》,《西北人口》2009 年第 4 期。

[318] 张朝华:《农户参加新农保的意愿及其影响因素——基于广东珠海斗门、茂名茂南的调查》,《农业技术经济》2010 年第 6 期。

[319] 张翠娥、杨政怡:《现代性、子女资源与农村居民对女儿养老的态度》,《软科学》2014 年第 1 期。

[320] 张华初、吴钟健:《新型农村社会养老保障财政投入分析》,《经济评论》2013 年第 2 期。

[321] 张晖:《建立我国农村社会养老机制的迫切性及可行性》,《人口学刊》1996 年第 4 期。

[322] 张晖:《居家养老服务输送机制研究:基于杭州的经验》,浙江大学出版社 2014 年版。

[323] 张敬一、赵新亚:《农村养老保障政策研究》,上海交通大学

出版社 2007 年版。
[324] 张敏杰：《中外家庭养老方式比较和中国养老方式的完善》，《社会学研究》1994 年第 4 期。
[325] 张仕平、刘丽华：《建国以来农村老年保障的历史沿革、特点及成因》，《人口学刊》2000 年第 5 期。
[326] 张思锋、张文学：《我国新农保试点的经验与问题——基于三省六县的调查》，《西安交通大学学报》（社会科学版）2012 年第 2 期。
[327] 张婷婷：《新国家与旧家庭：集体化时期中国乡村家庭的改造》，《华东理工大学学报》（社会科学版）2014 年第 3 期。
[328] 张文娟、李树茁：《劳动力外流对农村家庭养老的影响分析》，《中国软科学》2004 年第 8 期。
[329] 张文娟：《劳动力外流背景下的中国农村老年人家庭代际支持研究》，中国人口出版社 2008 年版。
[330] 张文娟、李树茁：《代际支持对高龄老人身心健康状况的影响研究》，《中国人口科学》2004 年增刊。
[331] 张文娟、李树茁：《农村老年人家庭代际支持研究——运用指数混合模型验证合作群体理论》，《统计研究》2004 年第 5 期。
[332] 张新梅：《家庭养老研究的理论背景和假设推导》，《人口学刊》1991 年第 1 期。
[333] 张怡恬：《社会养老保险制度效率论》，北京大学出版社 2012 年版。
[334] 张友琴：《老年人社会支持网的城乡比较研究——厦门市个案研究》，《社会学研究》2001 年第 4 期。
[335] 张云风：《漫说中华孝文化》，四川人民出版社 2012 年版。
[336] 张志强编注：《大学·中庸》，浙江古籍出版社 2013 年版。
[337] 赵德余、梁鸿：《农民参与社会养老保险行为选择及其保障水平的因素分析——来自上海郊区村庄层面的经验》，《中国人口科学》2009 年第 1 期。
[338] 赵光、李放、黄俊辉：《新农保农民参与行为、缴费选择及其影响因素——基于江苏省的调查数据》，《中国农业大学学报》

（社会科学版）2013 年第 1 期。

[339] 赵爽：《农村家庭代际关系的变化：文化与结构结合的路径》，《青年研究》2010 年第 1 期。

[340] 郑功成：《加入 WTO 与中国的社会保障改革》，《管理世界》2002 年第 4 期。

[341] 郑功成：《中国社会保障改革与发展战略——养老保险卷》，人民出版社 2011 年版。

[342] 郑功成：《中国社会保障制度变迁与评估》，中国人民大学出版社 2002 年版。

[343] 郑功成：《中国社会保障制度改革的新思考》，《山东社会科学》2007 年第 6 期。

[344] 郑功成：《中国养老保险制度的未来发展》，《劳动保障》2003 年第 3 期。

[345] 郑杭生：《改革开放 30 年：快速转型中的中国社会——从社会学视角看中国社会的几个显著特点》，《社会科学研究》2008 年第 4 期。

[346] 郑杭生：《社会学概论新修》（第三版），中国人民大学出版社 2003 年版。

[347] 郑石明：《嵌入式政策执行研究——政策工具与政策共同体》，《南京社会科学》2009 年第 7 期。

[348] 中国人大网：《高级农业生产合作社示范章程》[EB/OL]. [2000 - 12 - 10]. http://www.npc.gov.cn/wxzl/wxzl/2000-12/10/content_4304.htm。

[349] 中华人民共和国人力资源和社会保障部：《关于提高全国城乡居民基本养老保险基础养老金最低标准的通知》（人社部发〔2015〕5 号）[EB/OL]. [2015 - 01 - 14]. http://www.mohrss.gov.cn/SYrlzyhshbzb/ldbk/shehuibaozhang/yanglao/201501/t20150114_148917.htm。

[350] 中华人民共和国中央人民政府：《温家宝在新型农村和城镇居民社保工作表彰大会讲话》[EB/OL]. [2012 - 10 - 12]. http://www.gov.cn/ldhd/2012-10/12/content_2242273.htm.

[351] 中国政府网：《关于加快发展养老服务业的意见》（国办发〔2006〕6号）[EB/OL].[2006-02-17].http://www.gov.cn/zwgk/2006-02/17/content_202553.htm。

[352] 中国政府网：《关于加快实现社会福利社会化的意见》（国办发〔2000〕19号）[EB/OL].[2000-02-27].http://www.gov.cn/gongbao/content/2000/content_60033.htm。

[353] 中国政府网：《关于进一步加强农村卫生工作的决定》（中发〔2002〕13号）[EB/OL].[2006-09-23].http://www.gov.cn/ztzl/fupin/content_396736.htm。

[354] 中国政府网：《国务院办公厅关于印发社会养老服务体系建设规划（2011—2015年）的通知》（国办发〔2011〕60号）[EB/OL].[2011-12-27].http://www.gov.cn/zwgk/2011-12/27/content_2030503.htm。

[355] 中国政府网：《国务院办公厅转发卫生部等部门关于建立新型农村合作医疗制度意见的通知》（国办发〔2003〕13号）[EB/OL].[2005-08-12].http://www.gov.cn/zwgk/2005-08/12/content_21850.htm。

[356] 中国政府网：《国务院关于印发医药卫生体制改革近期重点实施方案（2009—2011年）的通知》（国发〔2009〕12号）[EB/OL].[2009-04-07].http://www.gov.cn/zwgk/2009-04/07/content_1279256.htm。

[357] 中国政府网：《中华人民共和国老年人权益保障法》[EB/OL].[2012-12-28].http://www.gov.cn/flfg/2012-12/28/content_2305570.htm。

[358] 中国互联网新闻中心：《国务院政策吹风会：2014新农合医疗进展及近期国务院常务会议相关政策文字实录（节选）》[EB/OL].[2015-02-06].http://www.china.com.cn/zhibo/2015-02/06/content_34744587.htm。

[359] 钟涨宝、冯华超：《论人口老龄化与代际关系变动》，《北京社会科学》2014年第1期。

[360] 钟涨宝、李飞：《动员效力与经济理性：农户参与新农保的行

为逻辑研究——基于武汉市新洲区双柳街的调查》，《社会学研究》2012 年第 3 期。

[361] 钟涨宝、聂建亮：《农民的养老保障观念与新农保养老保障能力评价》，《中南民族大学学报》（人文社会科学版）2014 年第 1 期。

[362] 钟涨宝、聂建亮：《新农保制度的可持续性探讨——基于农民参保行为选择视角》，《中国农村观察》2013 年第 6 期。

[363] 周飞舟：《从汲取型政权到“悬浮型”政权——税费改革对国家与农民关系之影响》，《社会学研究》2006 年第 3 期。

[364] 周伟文：《农村家庭养老方式的危机与变革——基于冀南前屯村养老方式的思考》，《社会科学论坛》2013 年第 3 期。

[365] 周晓虹：《文化反哺：变迁社会中的亲子传承》，《社会学研究》2000 年第 2 期。

[366] 周莹、梁鸿：《中国农村传统家庭养老保障模式不可持续性研究》，《经济体制改革》2006 年第 5 期。

[367] 周兆安：《家庭养老需求与家庭养老功能弱化的张力及其弥合》，《西北人口》2014 年第 2 期。

[368] 周祝平：《农村留守老人的收入状况研究》，《人口学刊》2009 年第 5 期。

[369] 朱勇：《清代宗族法研究》，湖南教育出版社 1987 年版。

[370] 左冬梅、李树茁、吴正：《农村老年人家庭代际经济交换的年龄发展轨迹——成年子女角度的研究》，《当代经济科学》2012 年第 34 卷第 4 期。

农村养老保障调查问卷

★问卷填答说明：以下问题如果没有特殊说明，请只选一项，并在合适的选项上打“√”；如遇“________”，请直接填写；如遇到多选题并且需要您对其排序，请在“(　　)”内依次填答。非常感谢您的合作！

A 部分：个人与家庭基本情况

A1. 您的性别：

1. 男　　2. 女

A2. 您的年龄：________岁

A3. 您的民族：

1. 汉族　　2. 少数民族（请注明）________

A3. 您的婚姻状况：

1. 未婚（跳答 A4）　　2. 已婚　　3. 离婚　　4. 丧偶

A3. 1 您有子女吗？

1. 有，有______个，其中儿子______个　　2. 没有

A4. 您的最高学历是：

1. 小学及以下　2. 初中　3. 高中/中专/技校　4. 大专及以上

A5. 您的政治面貌：

1. 中共党员　　2. 民主党派人士　　3. 群众

A6. 您是否曾经担任或正在担任某种乡村管理职务？（按最高职务计）

1. 未担任任何职务　　2. 组长（生产队长）　　3. 村委会（支部）一般成员/大队一般干部

4. 村委会主任/村支书记　5. 乡镇干部、领导/公社干部、领导

6. 其他（请注明）________

A7. 您目前的主要职业身份是：

1. 基层干部　2. 企业主　3. 技术人员（医生、教师等）
4. 个体经商户　5. 企业管理者　6. 务工人员　7. 农业劳动者
8. 家务劳动者　9. 失业、无业人员　10. 其他（请注明）________

A8. 当前，您个人收入的主要来源是：

1. 务农　2. 工资　3. 个体经营　4. 公司经营　5. 投资
6. 离退休金　7. 亲友馈赠　8. 社会救济　9. 低保金
10. 养老保险金　11. 子女供养　12. 其他（请注明）________

A9. 您家现有________口人（我的意思是：最近一个月，与您家居住在一起的人），________代人，其中18周岁以下的____人，18—59岁的有____人，60岁以上的____人。

A10. 您家中有________个劳动力，在家以务农为主的劳动力____人，以非农为主的劳动力____人，在上学的____人，每年学历教育支出（含学杂费、书本费、住宿费、在校期间生活费）是________元。

A11. 过去一年，你个人的全年收入是________元；您家的家庭年收入是________元，其中，

收入类别	金额	备注
农业生产纯收入（总产量×市价－成本）	________元	
非农工作纯收入	________元	
土地（股份、出租）收入	________元	
其他收入	________元	
总计	________元	

A12. 以您家目前的经济状况，您认为自家属于以下哪种情况？

1. 经济上很宽裕　2. 经济上较宽裕　3. 钱基本够用　4. 经济上比较紧张　5. 经济上非常紧张

A13. 就家庭经济社会地位而言，您家在当地处于何种位置？

1. 上层　2. 中上层　3. 中层　4. 中下层　5. 下层

A14. 您的身体健康状况如何？

1. 很好　　2. 比较好　　3. 一般　　4. 较差　　5. 非常差

C 部分：养老保障现状与观念

C1. 您了解新型农村社会养老保险吗？1. 很熟悉　2. 较熟悉　3. 一般　4. 不太熟悉　5. 了解很少　6. 没听说过（跳答 C2）

C1.1 您是从哪里听说新型农村社会养老保险的？(可多选)

1. 电视、收音机　　2. 村里广播　　3. 报纸　　4. 杂志　　5. 互联网　　6. 相关部门群发短信　7. 基层干部上门宣讲　　8. 村里集体组织宣讲　　9. 亲友告知　　10. 其他（请注明）________

C1.2 对当地的新型农村社会养老保险宣传工作，您如何评价？1. 力度很大　2. 力度一般　3. 宣传很少

C1.3 您是否知道下列各项有关新农保的规定？

C1.3a 引导农民参保应遵循自愿原则，不能强迫农民参保	1. 是	2. 否
C1.3b 政府会对参加新农保的农民给予参保补贴	1. 是	2. 否
C1.3c 农村居民年满 16 周岁（不含在校学生）且未在城镇参保，便在户籍地参加新农保	1. 是	2. 否
C1.3d 参保人外迁时，若迁入地尚未建立新农保制度，其个人交纳全部本息可退还本人	1. 是	2. 否
C1.3e 如果参保人死亡，其个人账户中的资金余额，除政府补贴外，可以依法继承	1. 是	2. 否
C1.3f 新型农村社会养老保险有不同的缴费档次	1. 是	2. 否
C1.3g 当个人缴费标准达到一定缴费档次后政府会相应提高补贴额度	1. 是	2. 否
C1.3h 新农保基金纳入社保基金财政账户，实行收支两条线管理	1. 是	2. 否

C2. 您是否愿意参加新型农村社会养老保险？

1. 愿意（跳答第 C3 题）　　2. 不愿意

C2.1 您为什么不愿意参加新型农村社会养老保险？(可多选)

1. 家里没有闲钱　2. 不了解政策　3. 怕政策有变　4. 怕兑现不了保险待遇　5. 怕不合算　6. 怕保费被挪用　7. 已参加了其他保险　8. 周围人都没有参加　9. 还年轻，以后再说　10. 自己可以养老　11. 有子女在，没必要参加　12. 其他（请注明）________

C3. 您是否参加了新型农村社会养老保险？

1. 是（不答 C3.4 题）　2. 否（跳答 C3.4 题）　3. 不知道（跳答 C3.5 题）

C3.1 您为什么参加新型农村社会养老保险？（可多选）

1. 参加后养老有保障，自愿参加　2. 村（组）干部做了大量工作，拗不过去　3. 看别人参加了，自己跟着参加　4. 自己不参加，父母不能享受保险金　5. 村（组）里强制参加的　6. 年满 60 周岁，可直接领养老金　7. 其他（请注明）________

C3.2 您是按什么标准缴纳的养老保险费？

1. 一次性缴纳，缴纳________元/人　2. 按年缴纳，合计________元/年　3. 子女参加新农保，父母直接领取养老金（跳答 C3.3）　4. 其他（请注明）________

C3.2a 您为什么选择参加这个标准？（可多选）

1. 根据自家经济水平决定　2. 担心以后政策落实情况

3. 村里只收了这个标准

4. 别人都交这么多，我也交这么多　5. 多缴多得　6. 其他（请注明）________

C3.2b 按目前的缴费标准，您知道 60 岁以后每月大概可以领取多少养老金吗？

1. 知道　2. 不知道

C3.2c 下一年度缴纳养老保险费时，您是否愿意提高自己的缴费档次？

1. 愿意　2. 不愿意

C3.3 参加新农保以来，您有没有领取过养老金？

1. 有　2. 没有（跳答第 C5）

C3.3a 您是否领取到足额养老金？

1. 是　　2. 否

C3. 3b 您的养老金发放是否及时？

1. 及时　　2. 不及时

C3. 4 您为什么没有参加新型农村社会养老保险？

1. 家里没有闲钱　　2. 不了解政策　3. 怕政策有变　4. 怕兑现不了保险待遇　5. 怕不合算　　6. 怕保费被挪用　　7. 已参加了其他保险　　8. 周围人都没有参加　　9. 还年轻，以后再说　　10. 自己可以养老　　11. 有子女在，没必要参加　　12. 其他（请注明）________

C4 您如何看待"年满 60 周岁的农村户籍老人，不用缴费就可按月领取 55 元基础养老金，但其符合参保条件的子女应当参保"这项政策？

1. 合理　　2. 不合理　3. 无所谓

C5. 在您看来，新型农村社会养老保险待遇是否能够满足本地老年人的基本生活需要？

1. 完全能满足　　2. 基本能满足　　3. 很难满足　　4. 完全不能满足

C6. 在您看来，新型农村社会养老保险在改善老年贫困人口的生活方面，有多大作用？

1. 作用很大　　2. 作用较大　　3. 作用一般　　4. 作用较小　5. 几乎没有什么作用

C7. 在过去一年中，您是否经常为自己的父母提供以下帮助？(每行单选)

您对自己父母	很经常	经常	有时	很少	完全没有	不适用	
1. 给钱							金额_____元
2. 帮助料理家务							
3. 帮助做农活							
4. 听他们的心事或想法							

C8. 在过去的一年中，您的父母是否经常为您提供以下帮助？（每行单选）

自己父母对您	很经常	经常	有时	很少	完全没有	不适用	
1. 给钱							金额______元
2. 帮助料理家务							
3. 帮助做农活							
4. 听他们的心事或想法							

C9. 在过去一年中，您是否经常为自己的已成家子女提供以下帮助？（每行单选）

您对自己的已成家子女	很经常	经常	有时	很少	完全没有	不适用	
1. 给钱							金额______元
2. 帮助料理家务							
3. 帮助做农活							
4. 听他们的心事或想法							

C10. 在过去一年中，您的已成家子女是否经常为自己提供以下帮助？（每行单选）

已成家子女对您	很经常	经常	有时	很少	完全没有	不适用	
1. 给钱							金额______元
2. 帮助料理家务							
3. 帮助做农活							
4. 听他们的心事或想法							

C11. 请分别谈谈您对下列说法的看法。

	完全同意	比较同意	说不清	比较反对	完全反对
我更希望在自己家里和子孙一起安度晚年					
让老人住在养老院，对子女来说是没面子的事					
为了减轻子女经济负担，我会在家里养老					
无论如何，我更愿意在家里养老					
为了减轻子女照料负担，我会在养老院养老					
为了老时有伴，我更愿意在养老院养老					
在养老院比在家里更自由，我更愿意在养老院养老					
在养老院能得到及时照顾，我更愿意在养老院养老					
养老就是能吃饱穿暖					
养老不仅是要吃饱穿暖，还要吃得好、穿得体面					
我希望老了看病时有医疗保障					
我希望老了还能够给子孙做贡献					
我希望老了还能给社会做贡献					
我希望老了有人做伴，有人陪我聊天谈心					
我希望老了还能学点新东西					
我希望老了能得到子女的尊重					
我希望老了能得到年轻人的尊重					
社会养老保险是所有公民应享有的权利					
缴纳社会养老保险费是所有公民应尽的义务					
农民应享有和城市居民一样的养老保障权利					
农村与城市基础不一样，养老保障制度有所区别可以理解					
养老保障制度安排应该统一					
养老保障制度的建立应当最大限度地兼顾不同群体的不同需求					
应当允许农民以土地、实物或股权等换取社会保障					
搞农村社会养老保险，实质上是增加农民负担					
缴纳农村社会养老保险费，还不如把钱存到银行					

C12. 您家需要抚养的有____人，需要赡养的老人有____人。请逐一回答家中每位被赡养老人的养老现状。

编号	1	2	3	4
C12. 1a 与您的关系 1. 自己父亲 2. 自己母亲 3. 配偶父亲 4. 配偶母亲 5. 其他				
C12. 1b 年龄				
C12. 1B 性别 1. 男 2. 女				
C12. 1C 居住方式 1. 独居 2. 仅与配偶共居 3. 与未婚子女共居 4. 与一个已婚儿子共居 5. 与一个已婚女儿共居 6. 与多个已婚子女共居 7. 在多个子女家轮流居住 8. 在养老院居住 9. 其他（请注明）				
C12. 1C 主要生活来源 1. 自己劳动所得 2. 子女或其他亲属供养 3. 离、退休金 4. 社会养老保险金 5. 低保金 6. 离任村干部生活补贴 7. 村集体供养 8. 其他（请注明）				
C12. 1f 生活自理能力 1. 完全能自理 2. 基本能自理 3. 基本不能自理 4. 完全不能自理				
C12. 1g 饮食起居主要由谁照顾 1. 配偶 2. 儿子 3. 女儿 4. 儿媳 5. 女婿 6. 其他亲友 7. 邻居 8. 村干部 9. 专职服务人员 10. 志愿者 11. 其他（请注明）				
C12. 1h 平时的最主要交流对象 1. 配偶 2. 儿子 3. 女儿 4. 儿媳 5. 女婿 6. 其他亲友 7. 邻居 8. 村干部 9. 专职服务人员 10. 志愿者 11. 其他（请注明）				
C12. 1i 心情烦闷时的最主要倾诉对象 1. 配偶 2. 儿子 3. 女儿 4. 儿媳 5. 女婿 6. 其他亲友 7. 邻居 8. 村干部 9. 专职服务人员 10. 志愿者 11. 其他（请注明）				

C13. 您担心自己的养老问题吗?

1. 非常担心　2. 比较担心　3. 一般　4. 不太担心　5. 不担心

C14. 您认为养老的责任应该由谁来承担?(可多选)

1. 自己与配偶　2. 儿子　3. 女儿　4. 村集体或企业　5. 政府　6. 社会　7. 其他（请注明）________

C14.1 谁应该承担最主要的责任呢?（请从上面的选项中选择，并在括号中填写序号）(　　)

C14.2 在您看来，以下哪些家庭成员应该承担赡养父母的义务?(可多选)

1. 未婚成年儿子　2. 未婚成年女儿　3. 已婚儿子　4. 已婚女儿　5. 儿媳　6. 女婿

C14.3 在父母的赡养中，您认为谁的责任更大，请按照责任从大到小排序。(　　　　　　)

1. 未婚成年儿子　2. 未婚成年女儿　3. 已婚儿子　4. 已婚女儿　5. 儿媳　6. 女婿

C14.4 您是否愿意自己父母在您家里养老?

1. 是　2. 否

C14.5 您是否愿意配偶的父母在您家里养老?

1. 是　2. 否

C14.6 您能接受在女儿家养老吗?

1. 能　2. 不能

C14.7 您更愿意在儿子家养老还是在女儿家养老?

1. 儿子家　2. 女儿家

调查到此结束，再次谢谢您的合作，祝您生活愉快，家庭美满!

以下信息，请访问员记录

S1. 调查地点：________省________市________县/区________乡/镇________村

S2. 调查日期：2012 年______月______日

后　　记

本书是钟涨宝教授主持的国家社会科学基金年度重点项目“我国农村社会养老保障问题调查研究”（10ASH007）的重要成果。在项目研究设计与田野调查过程中，课题组成员万江红教授、田北海教授、张翠娥教授、龚继红副教授、狄金华副教授、李飞副教授、聂建亮同学、韦宏耀同学、冯华超同学等，不仅贡献了他们的智慧，而且深入农村基层走村访户留下了辛勤的汗水。

本书的相关章节由分别发表在《社会学研究》《中国农村观察》《公共管理学报》《社会保障研究》《妇女研究论丛》《人口与经济》《学习与实践》《软科学》《北京社会科学》《中南民族大学学报》（人文社科版）和《西北农林科技大学学报》（人文社科版）等杂志上的论文改写而成，感谢这些杂志的编辑对本项目阶段性成果的赏识，也感谢本书相关章节的合作者张翠娥、聂建亮、韦宏耀、冯华超，正是与他们的合作与交流，本书才得以完成。